유치원-어린이집
예비 초임교사를 위한

제2판

취업 진로 내비게이션

이소은 김진욱 이미애 김보경 김성인 인지선 공저

YANGSEOWON
양서원

머리말

최근 우리나라는 저출산 고령화라는 새로운 사회체제로 변화하기 시작하였다. 저출산은 영유아교육 및 보육현장뿐만 아니라 우리나라 전반에 큰 영향을 미치고 있다. 또한 고령화 사회를 지나 초고령화 사회로 빠르게 진입하고 있는 현실이다. 2015년을 기점으로 빠른 속도로 민간시장에 의존하여 형성되었던 유치원과 어린이집의 운영이 점차 줄어들고 있다. 반대로 2018년부터 추진되고 있는 유아교육 혁신방안이나 제3차 보육중장기 계획에서는 영유아 교육과 보육의 공공성을 강화하고 국·공립시설의 설치를 통해 운영을 확대해나가고 있다.

하지만 현장에서는 학기가 시작하는 3월부터 학기 내내 교사 품귀현상을 빚고 있다. 매년 수만 명의 전공자들이 졸업하지만 관련 학과의 경쟁률이 매년 낮아지고 있고, 실제적으로 현장에 취업하는 비율도 낮아지고 있다. 이는 저출산 현상으로 인한 고등학교 졸업생의 유입인구가 줄어드는 문제도 있지만 매번 지적되고 있는 열악한 근무환경을 회피하고자 하는 의도도 포함된 것이다. 또한 다양한 아동학대 사건으로 인한 학부모의 불안도는 2015년 12월을 기점으로 「영유아보육법」에 의해 설치의무가 된 영상정보처리기기로 인해 더욱 높아지고 있다. 반면 보육교사들은 근무환경이 그대로 노출되어 개인의 인권과 교사로서의 교권이 무방비하게 침해되고 있는 현실이다.

이에 본서는 유아교육 및 보육현장에서 경험을 쌓은 저자들이 모여 유아교육과 보육관련학과 학생, 예비교사, 이직을 준비하는 유치원 교사 및 보육교사에게 실제 교육현장의 유형과 각 시설 유형별 현황은 어떠한지 살펴보고, 취업준비를 위한 세부적인 이해를 도우며 취업에 성공할 수 있는 지원을 하고자 하였다. 또한 '읽어보자'와 '살펴보자'를 통해 실제 취업을 위한 준비에 대한 동일한 입장을 가진 동료들의 이야기들을 파악하고, '해보자'를 통해 다양한 취업 준비에 대해 적절한 준비를 실제로 모색해보는 내용으로 구성하였다. 그러나 본서는 취업진로 전문가가 아닌 저자들이 유아교육 및 보육기관 운영 현장경험을 바탕으로 현장 전문가의 시각으로 집필하였다는 점에서 부족함이 많음을 솔직히 인정하고 지속적인 수정과 보완의 기회를 갖고자 한다.

본서는 모두 4부 14장으로 구성되어 있으며 구체적인 내용은 다음과 같다.

1부에서는 진로교육에 대한 기초적인 내용을 다루면서 진로지도와 실제 취업을 준비하기 위한 기본적인 이해를 돕고자 하였다. 1장 진로교육에서는 기본적인 진로에 대한 개념과 진로발달 이론 및 진로교육 모형에 대해 제시하였다. 취업교육과 취업준비를 위한 단계별 준비과정과 기본적인 취업기관을 이해할 수 있는 정보공시에 대한 설명을 구성하였다. 구인공고 찾기의 실제편을 포함하여 구체적으로 취업을 준비할 수 있는 단계를 살펴보도록 제시하였다.

2부에서는 취업준비를 위해 다양한 현장의 기관유형별 실제 사례에 대한 내용을 구성하였다. 2장은 민간자본으로 운영되는 사립유치원의 유형과 국·공립유치원 확충을 위해서 국가가 직접 비용을 지원하여 운영하는 사립유치원의 또 다른 형태인 공영형 유치원에 대한 전반적인 이해를 돕도록 제시하였다. 3장에서는 사립유치원에 비해 시설 수는 적으나 안정적인 고용과 사립에 비해 높은 처우가 보상되는 국·공립유치원에 대한 설명과 함께 국·공립유치원 취업을 위한 임용고시에 대한 이해를 돕기 위한 전반적인 내용으로 구성하였다. 4장 국·공립어린이집과 5장 직장어린이집은 제4차 보육 중장기 계획의 공공성 강화에 맞춰 추진되고 있는 두 기관과 관련된 취업 정보를 중심으로 수록하였다. 마지막으로 6장에서는 국·공립 확충과 더불어 민간과의 상생을 목표로 서울에서 시작된 서울형어린이집과 서울형어린이집의 운영체제를 벤치마킹하여 전국 모델로 확대하여 운영 중인 공영형어린이집과 관련된 기관 설명 및 취업 정보로 구성하였다.

3부 취업실제에서는 실제로 취업을 준비하는 학생, 예비교사와 이직을 준비하는 현장의 초임교사들에게 실제적인 정보를 제공하도록 구성하였다. 7장 이력서와 자기소개서 준비하기에서는 이력서 작성요령, 자기소개서 작성요령에 대해서 제시하였다. 8장 포트폴리오 구성하기에서는 교사가 되기까지의 과정과 경험 속에서 취득한 다양한 자료들을 어떻게 구성하고 제시하는지에 대한 설명으로 구성하였다. 9장 면접 준비하기에서는 서류전형에 통과하여 실제 면접 평가를 받기 위해 준비해야 하는 내용을, 10장에서는 입사시험 필기 및 실기와 관련되고 요구했던 실제적인 문제, 취업준비를 위한 구체적인 자료들을 제시하여 평가를 통한 취업을 성공적으로 수행하도록 구성하였다.

4부 미래준비에서는 취업이 결정된 이후의 과정에 대해서 구성하였다. 11장 첫 출근 준비하기에서는 실제 취업이 확정되고 근무지로 출근하여 업무를 수행하기 위해 준비해야 할 내용으로 구성하였다. 12장 대학원 진학하기는 취업 이후에 자기개발을 통한 성장이 지속되도록 상위학교인 석사과정을 준비하고 계획할 수 있는 내용을 제시하였다. 13장 전문가로 성장하기에서는 교사가 교사됨을 준비하고 성장해 나가기 위한 실제 현장에서 반드시 필요한 내용을 중심으로 제시하였다. 14장 제도와 정책 이해하기는 취업현장이 실제로 중장기 보육계획 아래 변화하고 있는 미래의 계획을 반영하고 이를 준비하기 위한 대안과 취업준비생이 기본적으로 생각해 볼 이슈들을 중심으로 제시하였다.

본서를 통해 유치원 현장과 보육현장의 교사로 취업 준비를 위한 기본적인 내용을 이해하고 보다 체계적이고 구체적으로 준비하는 과정에 참여하여 자기개발을 위하여 노력하고 미래의 계획까지 수립하는 초임교사들에게 도움이 되기를 기대한다. 끝으로 이 책의 출간에 많은 도움을 주신 양서원 관계자분들에게 깊은 감사를 드린다.

2023년 1월

저자 일동

목 차

Part 01 진로교육

Contents

Contents

Part 04 미래준비

Part 01

진로교육

제1장

진로교육

1. 진로교육

1) 진로

진로(career)의 어원은 '수레가 길을 따라 굴러 간다'라는 라틴어 Carro에서 유래되었다(김인기, 2016). 한자로 진로(進路)는 '나아갈 길'을 의미한다. 즉, 진로는 한 인간으로서 가고자 하는 삶의 방향이며 길이다.

대학생은 후기 청소년기(18~23세)로, 평생을 해도 고통스럽지 않고 즐거울 수 있는 자신의 길을 찾아가는 시기이다. 부모로부터 심리적인 독립을 이루고 정체성을 확립하며 혼자의 힘으로 세상을 살아갈 준비를 갖추어 가는 시기이기도 하다. 그러나 대다수의 대학생들은 자아정체감 형성이 되어 있지 않거나 장래의 진로에 대한 확신이 없는 불안정한 상태인 경우가 많다(윤영란, 2008). 마르시아(Marcia)는 에릭슨이 말한 자아정체감의 형성기를 정체감 위기가 있을 때 사람들이 대응하는 네 가지 방식(확립, 상실, 혼미, 유예)으로 제시하였다.

- 정체감 확립 : 타인의 견해, 신념, 가치가 고려되었지만 스스로 많은 성찰과 고민을 통해 정체감을 확립하는 유형
- 정체감 상실 : 정체감 위기를 경험하지 못하고 부모가 원하는 방식대로 사는 것에 대한 갈등을 하지 않는 유형
- 정체감 혼미 : 진로를 결정하는 데 관심이 없고 심각한 어려움을 보이며 일을 해도 왜 하는지에 대한 이유를 모르는 상태에서 하는 유형
- 정체감 유예 : 자신의 능력과 사회적 요구와 부모의 기대 사이에서 고민하고 미래 진로에 대한 결정을 하지 못해 불안을 느끼는 유형

대학생은 다양한 경험을 통해 자신의 흥미와 잠재능력, 성격, 적성 등 자신을 탐색하고 이해할 필요가 있다. 대외적으로는 급변하는 사회에 대한 현실을 파악하고 미래 사회 변화 동향도 알아보아야 한다. 그러나 우리나라 교육은 고등학교까지 대학입시를 목표로 획일적인 교수·학습방법으로 진행되어 왔고 학생 자신의 적성과 진로에 대해서 여유 있고 진지하게 고민하는 시간은 매우 적었다. 그래서 대학 진학 후에 적극적으로 진로를 설계하기 위한 노력이 필요하지만 어떻게 시작을 해야 할지, 무엇을 해야 할지 등에 대해서 갈피를 잡지 못하는 경우가 많다(송동윤, 2003).

대학생들의 진로선택과 취업은 대학의 취업률과 연계되어 있고 이는 교육부의 각종 재정지원사업 및 대학평가의 주요 지표이다. 따라서 대학에서는 진로설계 및 취업과 관련된 교과목을 정규교육과정으로 개설하고 학생생활연구소, 학생상담센터, 취업정보센터, 대학청년일자리센터 등을 운영하면서 진로적성 상담, 취업컨설팅 등 다양한 진로·취업 프로그램을 제공하고 있다. 대학생은 대학에서 마련한 체계적인 진로교육과 자기주도적인 진로개발을 통해 시대와 상황에 유연하게 대처할 수 있는 역량을 키워 나갈 필요가 있다(김옥희, 2005).

2) 진로교육

진로교육은 개인이 전 생애를 거쳐 갖는 활동과 경험을 통해 자신의 적성이나 흥미, 잠재력, 가치관 등에 맞는 일을 자각하고, 탐색하고, 준비하고, 유지하며, 개선할 수 있도록 도와주는 일을 의미한다. 또한 개인이 만족스럽고 생산적인 삶을 누릴 수 있도록 진로에 대한 방향을 세우고 선택하여 그에 대한 준비를 하고, 직업에 들어가서는 계속적인 발달을 꾀할 수 있도록 돕기 위하여 제공되는 일체의 교육과정이다(Baily & Start, 1973).

대학생을 위한 진로교육은 실제로 어떤 하나의 진로를 선택하도록 하는 것이 목적이 아니다. 진로지도의 목적은 직업세계를 탐색하고 자신의 진로에 대한 의사결정능력을 신장시키고, 개인의 진로발달 단계를 고려하여 진로에 대한 의미를 인식하고 기본적인 태도를 형성하는 것이다.

3) 진로발달 이론

(1) 긴스버그의 진로발달 이론

대학생의 진로발달에 대한 긴스버그(Ginzberg, 1951)의 이론에 따르면 진로발달은 환상기, 잠정기, 현실기의 세 시기를 거치면서 이루어진다. 대학생 시기는 진로발달의 마지막 단계인 현실기로서 자신의 흥미, 능력, 가치관 등을 현실적으로 고려하여 구체적인 직업선택이 이루어지는 시기이다. 현실기는 다시 탐색단계, 구체화단계, 정교화단계로 세분화된다. 현실기에 해당하는 대학생들은 이 기간 동안 각각의 단계들을 거치면서 자신의 직업적 목표를 구체화하고 그에 맞는 훈련과정을 거쳐 그 직업에 입문하는 과업을 가져야 한다. 직업선택은 대학생들에게 있어 가장 중요한 진로발달 과업이라고 할 수 있다(황매향 외, 2005).

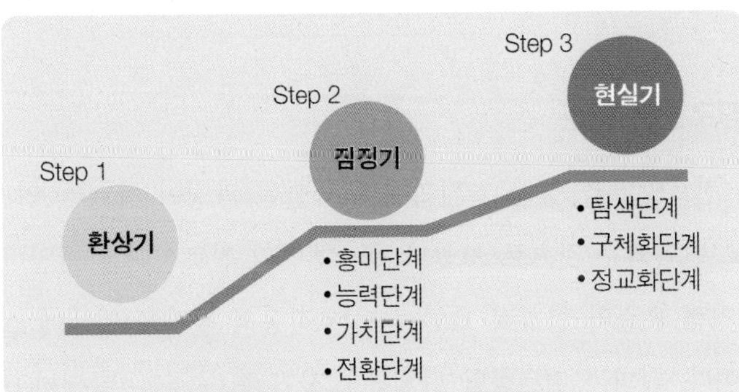

그림 1-1 긴스버그의 진로발달 이론

출처: http://www.queen.co.kr/news/articleView.html?idxno=198550

첫째, 환상기(6~11세)는 자신이 원하는 직업에 대한 소망과 환상을 그대로 직업선택에 적용하는 시기이다. 현실적인 문제를 전혀 고려하지 않는다.

둘째, 잠정기(11~17세)는 초등 고학년부터 대부분의 청소년기에 해당하는 시기이다. 청소년기에 직업에 대한 진로는 흥미단계 → 능력단계 → 가치단계 → 전환단계로 점진적으로 발달한다.

• 흥미단계 : 자신의 취미와 관심에 따라 직업을 선택한다.
• 능력단계 : 취미와 관심분야에서 능력을 발휘할 수 있을지 여부를 고민한다.
• 가치단계 : 선택한 분야가 자신의 생애목표와 부합하는지 성찰한다.
• 전환단계 : 현실적인 방해요인은 무엇이고 그 영향은 어느 정도인지를 고려한다.

셋째, 현실기(17세 이후)는 청소년기 후기에 해당하는 시기로 흥미와 능력을 종합적으로 고려하는 단계이다. 이때부터 자신이 갖추고 있는 역량이 직업에서 요구하는 조건에 어느 정도 부합하는지를 판단하여 직업을 선택한다. 또한 직업에서 요구하는 직무역량을 향상시키기 위해 실제적인 경험을 하거나 교육과 훈련을 받기도 한다.

• 탐색단계 : 자신의 진로를 알아내려고 노력하는 단계이다.
• 구체화단계 : 진로선택과 관련된 분야를 구체화하는 단계이다.
• 정교화단계 : 자신의 진로분야에 맞는 직업이나 훈련과정을 선택하는 단계이다.

(2) 슈퍼의 진로발달 이론

슈퍼(Super)는 진로발달을 성인 초기까지로 국한된 과정이 아니라 인간의 전 생애에 걸쳐 이루어지고 변화되는 것으로 보았다. 즉, 개인의 진로선택은 단일하게 이루어지는 것이 아니라 개인적 요소와 환경적 요인 간 상호작용의 결과로 일생에 걸쳐 지속적으로 변화해 가는 것이다. 슈퍼는 진로발달 단계를 성장기(출생~14세), 탐색기(15~24세), 확립기(25~44세), 유지기(45~65세), 쇠퇴기(65세 이후)의 다섯 단계로 나누어 설명하고 있다. 슈퍼에 따르면, 대학생들은 발달단계상 탐색기 후반과 확립기 초반에 속한다. 이 시기에는 개인이 선호하는 직업세계에 대해 구체적인 선택을 하고, 그 직업에서 안정과 발전을 이루면서 자아개념을 완성해 간다(김충기, 1995).

다음은 슈퍼의 진로발달 단계와 각 단계별 행동 특징이다(리상섭 외, 2014).

첫째, 성장기(출생~14세)는 가정이나 학교에서 자신이 중요하게 생각하는 인물과 자신을 동일시하며 자아개념을 발달시키는 시기이다.

둘째, 탐색기(15~24세)는 학교생활, 여가생활, 시간제 일을 통한 자아검증, 역할수행,

직업적 탐색을 하는 시기이다.

- 잠정기(15~17세) : 자신의 욕구, 흥미, 능력, 기회 등을 고려하여 진로를 선택한다.
- 전환기(18~21세) : 직업세계로 들어가기 위한 훈련을 받고 현실적인 요인을 중시한다.
- 시행기(22~24세) : 자신과 적합하다고 판단되는 직업에서 일을 시작하며, 실질적으로 해당 직업과 적합한지 시험해 본다.

셋째, 확립기(25~44세)는 자신에게 적합한 분야를 발견하고 해당 분야에서 영구적인 위치를 확보하기 위한 노력을 하는 시기이다.

- 시행기(25~30세) : 자신이 선택한 일이 적합하지 않다고 판단되면 적합한 일을 찾을 때까지 1~2번 직업 전환을 시도한다.
- 안정기(31~44세) : 진로가 본격적으로 안정되는 시기로서, 선택한 직업으로 안정감과 소속감, 지위 등을 얻게 된다.

넷째, 유지기(45~65세)는 선택한 직업에 정착하며 그것을 유지하기 위한 노력을 하는 시기이다.

다섯째, 쇠퇴기(65세 이후)는 직업전선에서 은퇴하여 다른 활동을 찾게 되는 시기이다.

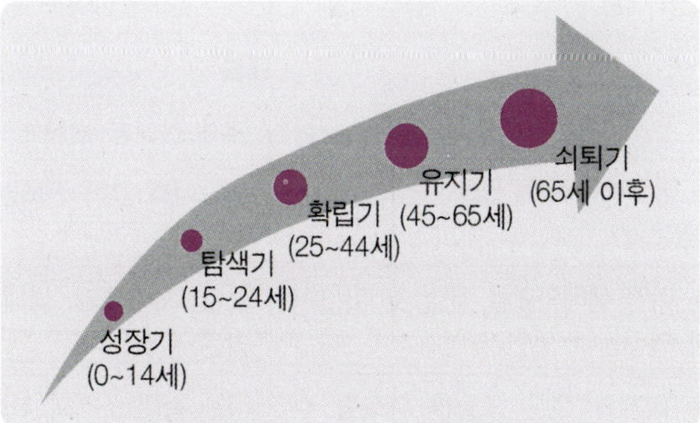

그림 1-2 슈퍼의 진로발달 이론

출처: https://m.blog.naver.com/PostView.nhn?blogId=thewildweed&logNo=221210843817&proxyReferer=https%3A%2F%2Fwww.google.co.kr%2F

진로발달 단계를 제시했음에도 불구하고 슈퍼는 진로발달이 연령발달과 관련성이

거의 없으며 오히려 각 단계에서의 전환은 개인의 성격과 환경에 의해 기능할 수 있다고 보았다. 직업선택을 유보하거나 새로운 직업세계를 탐구하는 등 다양한 경우들이 발생할 수 있다는 것이다.

4) 진로교육모형

진로교육이 도입되면서 일선 교육현장에서 진로교육을 체계적으로 이끌어 가는 지침인 진로교육모형들의 개발이 시도되었다(한미희, 2009). 국내에 발표된 모형을 살펴보면 한국교육개발원(1985)의 진로교육 개념구조모형, 김충기(1995)의 진로교육 지도단계 모형, 그리고 한국진로교육학회(1997)의 평생진로 교육모형, KRIVET(Korea ResearchInstitute for Vocational Education & Training, 한국직업능력개발원, 1998) 모형 등이 대표적인 것이다(이지연 외, 1998).

KRIVET 모형에서는 진로교육을 형식교육과 비형식교육으로 나누고 진로개발에 필요한 기초 능력으로 다음의 8가지를 제시하고 있다.

표 1-1 형식과 비형식 진로교육의 목표와 내용

	형식교육	비형식교육
목표	진로개발 기초 8가지 능력 개발	진로활성화를 통한 진로개발완성
영역	내용	
자기탐색능력	나는 누구이며, 무엇을 할 수 있는가?	내가 진실로 원하는 것은 무엇인가?
진로탐색능력	나는 어디서, 어떻게 필요한 정보를 찾을 수 있는가?	나는 끊임없이 진로탐색을 위한 학습을 하는가?
생애역할 인식능력	나는 어떤 생애역할을 가질 것이며, 책임과 의무는 무엇인가?	보다 지혜롭게 생애역할을 수행하는 방법은 무엇인가?
환경/미래 예측능력	나는 어제와 다른 오늘을 예측할 수 있는가?	나는 속한 조직과 사회의 변화를 인식하고 대처할 수 있는가?
생애설계능력	나는 미래의 삶을 계획하는가?	빠르게 변하는 현실 속에서 삶과 일에 대한 비전을 수정하고 재정립할 수 있는가?
진로결정능력	나는 결정을 위하여 얼마만큼 깊이 있는 고민과 적절한 정보를 수집하는가?	많은 대안 중 가장 현실적으로 합리적인 결정을 내릴 수 있는가?

	형식교육	비형식교육
직업기능에 부가되는 능력	나는 성실, 근면, 진실한 사람인가?	나는 책임감과 지도력과 긍정적인 자세로 일을 하는가?
진로활성화 능력	나는 계획을 추진하는 능력이 있는가?	선택한 직업에서 만족과 의미를 얻기 위해 평생학습자로서 진로개발완성의 의지를 가지고 있는가?

출처: 이지연 외(1998).

진로교육이 제시하는 비전과 목표를 달성하기 위해서는 진로개발을 위한 능력이 필요하며, 진로개발에 필요한 8가지 기초 능력을 구체적으로 살펴보면 다음과 같다.

첫째, 자기탐색능력은 자신이 무엇을 원하며, 자신이 할 수 있는 것과 할 수 없는 것의 차이를 알 수 있는 능력으로 성장과 더불어 변화하는 '나'에 대한 정확한 이해능력이다.

둘째, 진로탐색능력은 직업세계에 대한 정보와 변화를 어디서, 어떻게 찾을 수 있는지에 대한 학습탐색능력이다.

셋째, 생애역할 인식능력은 가족의 일원, 학생, 소비자, 생산자, 시민 그리고 평생 학습자라는 생애역할의 책임과 의무를 정확히 인식하고 실천할 수 있는 능력이다.

넷째, 환경과 미래의 예측 능력은 빠른 첨단정보기술, 고용체제, 산업과 직업의 변화, 요구되는 직업 기능의 변화 등 어제의 환경과 다른 오늘과 내일의 변화를 예측하는 능력이다.

다섯째, 생애설계능력은 끊임없이 변화하는 환경 속에서 앞으로 어떻게, 무엇을 하며 살 것인가에 대한 삶의 가치를 조명하고 삶의 비전을 설정하는 능력이다.

여섯째, 직업기능에 부가되는 능력은 직무와 연결된 기능적 자격요건뿐 아니라 책임감, 지도성, 긍정적 · 진취적 태도를 가질 수 있어 개인의 헌신감과 만족감을 유도할 수 있는 능력이다.

일곱째, 진로결정능력은 가치 있는 것과 비가치적인 것에 대한 정확한 자기 주체의식을 가지고 진로와 삶에 대한 가치를 명료화(value clarifying)한 후 대안들 중 현실적으로 가능한 진로를 선택하는 능력이다.

여덟째, 진로활성화능력은 급격하게 변화하는 직업생활에서 적극적인 자세로 학습하고자 하는 의욕과 변화에 보조를 맞춰 자신을 재개발할 의지를 가지고 끝까지 최선을 다하여 자신이 선택한 진로의 운영과 그 성공을 위한 실행의 의지를 갖출 수 있는 능력이다.

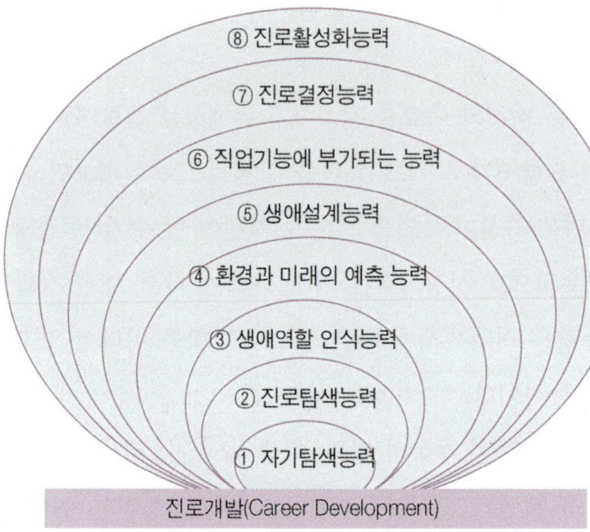

그림 1-3 진로개발 8가지 기초 능력

출처: 이지연 외(1998).

2. 취업교육

1) 취업과 취업교육

취업의 사전적 의미는 '일정한 직업을 잡아 직장에 나감'으로 설명되어 있다. 취업교육은 직업이나 직장을 찾는 활동과 정보를 수집하는 활동, 취업을 하기 위한 활동 등에 대한 교육이라 한다(김성우, 2017). 대학생 시기는 잠재적인 직업들을 탐색하고 이를 직업선택으로 확정지어야만 하는 시기이다(이건남, 2012). 우리나라에서는 청년층의 실업문제가 부각되기 시작한 2000년대 이후로 들어서면서 대학생의 취업역량과 관련된 요구가 본격적으로 보고되고 있다(박동열, 이광용, 2003; 안선영 외, 2008). 이 시기에 대학 사회는 낮은 취업률 때문에 위기에 직면했고, 이를 극복하기 위해서 대학생들의 취업 역량을 강조하며 효과적인 취업교육을 실시하는 것이 대학교육의 중요한 목표로 자리 잡기 시작하였다. 최근 들어 대학생들에게 이러한 취업역량의 중요성이 더 커지고 있는데, 대학생 시기는 졸업 후 바로 노동 시장에 진입해야 하는 취업 직전의 시기이기 때문이다.

대학에서 학생들의 취업에 도움을 주는 취업교육은 크게 두 가지 측면으로 분류할 수 있다. 첫째, 학과와 교수 측면에서 실시하는 취업지원 교육으로는 전공, 복수전공, 자격증, 외국어, 해외 어학 및 전공연수, 공모전, 현장 인턴십, 현장 실습, 주문식 교육 등이 있다. 둘째, 대학일자리센터, 학생상담센터 등 취업부서 측면에서 실시하는 취업 지원 교육으로는 취업캠프, 취업교과목 개설, 취업박람회, 다양한 취업특강(CEO 외), 취업준비 프로그램(특성화), 취업동아리, 취업멘토링, 직업체험, 인·적성(필기)검사 및 심리검사, 진로·취업상담, 취업지도, 인프라 구축, 전공관련 취업프로그램 등이 있다(오봉근, 김현우, 2016).

2) 취업 준비

많은 대학생들이 자신의 진로에 대한 준비과정과 목표 없이 취업을 준비하여 취업에 실패하거나 설령 취업을 한다고 해도 적응 및 만족감이 떨어져 조기에 퇴사하는 경우가 많아지고 있다. 직업을 선택하는 경우에는 반드시 자기분석을 통해 내가 좋아하고 잘할 수 있는 일, 전공과 관련된 직무를 선택하는 것이 매우 중요하다. 이를 바탕으로 사회에서 요구하는 직무 중 목표직무를 선택하고 관련 역량을 키워 나가야 한다. 또한 직무와 관련된 직종을 선택하고 목표 회사를 선택하여 분석하고 준비해야 한다.

그림 1-4 취업 준비 단계

(1) 1단계: 자기분석 및 자기이해 단계

자신이 어떤 일을 좋아하고 잘할 수 있는지에 대해 스스로 분석하고 자신의 전공과 관련하여 어떠한 직무와 연결될 수 있는지를 탐색하기 위한 사전 과정이다. 대학에서는 취업지원센터나 학생상담센터 등을 통해 SWOT 분석, 홀랜드 진로적성검사, MBTI 성격유형검사, 진로 및 취업상담을 진행하고 있다. 학생들은 이러한 지원 서비스를 적극 활용하여 자신에 대한 이해를 바탕으로 진로발달을 꾀할 필요가 있다.

• SWOT 분석

SWOT 분석은 보유하거나, 동원 가능하거나, 활용 가능한 자원을 가지고 자신의 강점과 약점을 경쟁자와 비교한 내부환경 분석과, 자신을 제외한 모든 외부환경의 기회와 위기를 분석한다. 이를 토대로 강점은 살리고 약점은 보완하며, 기회는 활용하고 위협은 억제하는 일종의 진로설계를 위한 나만의 마케팅 전략을 수립하는 것이다(김인기, 2016).

SWOT 분석을 통해 네 개의 전략을 이끌어 낼 수 있다.

① 공격 전략(SO) : 강점을 가지고 기회를 살리는 전략
② 우회 전략(ST) : 강점을 가지고 위협을 회피하거나 최소화하는 전략
③ 만회 전략(WO) : 자신의 약점을 보완하여 기회를 살리는 전략
④ 생존 전략(WT) : 약점을 보완하면서 위협을 최소화하는 전략

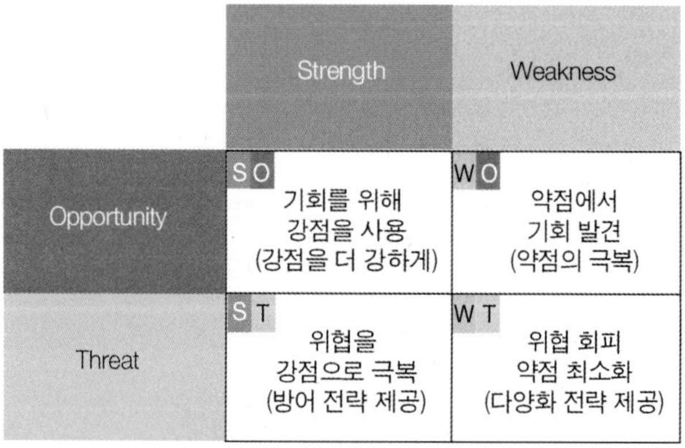

그림 1-5 SWOT 분석표

출처: http://www.eduhope88.tistory.com/258

• SWOT 분석 사례

내부역량요인 / 외부환경요인	강점요인(S) • 보육교사 자격증 취득 • 아이들을 좋아함 • 창의적 능력	약점요인(W) • 현장경험 부족 • 이론과 현실의 괴리감
기회요인(O) • 보육교사 처우 개선 • 국·공립어린이집 확충 • 직장어린이집 증가 • 미래 유망 직종	**공격전략(강점+기회)** 보육교사 자격증과 창의적 능력을 발휘하여 근무여건이 좋은 어린이집에 취업	**만회전략(약점+기회)** 취업을 목표로 하는 어린이집에 봉사, 보조교사 등의 경험을 쌓고 긍정적 평가를 받고 취업
위협요인(T) • 보육교사 증가 • 저출산으로 영유아 감소	**우회전략(강점+위협)** 창의적 능력을 발휘하여 양질의 보육을 할 수 있는 나만의 프로그램을 개발하여 운영	**생존전략(약점+위협)** 양질의 보육을 원하는 부모들이 증가, 현장경험을 쌓고 대학원에 진학하여 보육교사로서 역량 증진

(2) 2단계: 직군, 직무 선정단계

1단계의 자기분석과 자기이해를 통해 확보된 기초자료를 통해서 자신의 적성에 맞는 직군과 직무를 선택하는 단계이다. 과거의 채용은 공채로 다수의 인원을 선발하여 집체교육을 시킨 후 각 계열사로 보내 교육훈련을 받고 일을 시작하는 시스템이었다. 몇 년만 지나면 직무가 바뀌는 직무순환제가 보편적이었기 때문이다(리상섭 외, 2014). 지원자도 본인이 무슨 일을 하게 될지 구체적으로 모르는 상태로 지원했고, 인사담당자도 어떤 일을 할 사람인지 모르고 선발했다. 따라서 선발 시에 다방면에서 잘하는 사람을 뽑았고 이는 취업준비생이 갖추어야 할 스펙으로 연결되었다.

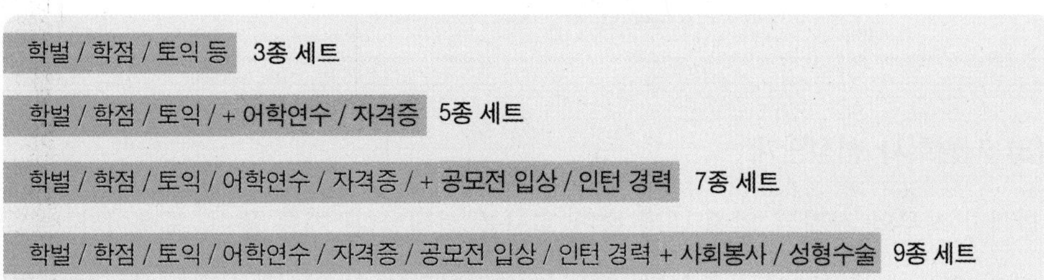

그림 1-6 취업스펙

출처: http://www.upgrade-u.tistory.com/3238

그러나 현재의 고용시스템은 어떤 일을 해야 할지 미리 정해져 있는 상태에서 선발한다. 즉 어떤 직무를 담당할지 알고 지원하며 선발한다는 의미이다. 이제는 학벌, 학점, 토익, 어학연수와 같이 직무능력과 전혀 상관없는 스펙은 실제 업무 수행에 거의 관련이 없다는 것이 밝혀지고 있다. 그리하여 최근에는 해당 직무를 잘 해낼 수 있는 직무역량을 갖춘 지원자를 선발하는 채용시스템으로 점차 옮겨가고 있다.

자기분석과 자기이해를 통해 자신에게 적합한 직무가 무엇인지를 알아보고 선택하는 것은 매우 중요하다. 직무를 선정하게 되면 직무에 필요한 자질과 기술이 무엇인지 파악하고 준비할 수 있게 된다. 이는 향후 이력서, 자기소개서, 면접 등을 성공적으로 준비하는 데 매우 중요한 필수요소가 된다. 국가직무능력표준(NCS: National Competency Standards)은 산업현장에서 직무를 수행하기 위해 요구되는 내용을 산업 부문별 · 수준별로 체계화한 것으로, 산업현장의 직무를 성공적으로 수행하기 위해 필요한 능력(지식 · 기술 · 태도)을 국가 차원에서 표준화한 것이다. NCS 홈페이지(www.ncs.go.kr)에 접속하면 분야별 검색, 세분류, 능력단위 또는 능력단위요소를 확인할 수 있다.

대분류	중분류	소분류	소분류(직무)	NCS	학습모듈
07. 사회복지·종교	03. 보육	01. 보육	01. 보육	2016	2014
07. 사회복지·종교	03. 보육	01. 보육	02. 산후육아지원	2015	2016
07. 사회복지·종교	03. 보육	01. 보육	03. 아이돌봄	2017	

그림 1-7 NCS 분류 보기

출처: https://www.ncs.go.kr

(3) 지원회사 선정단계

선택한 직무와 관련된 업종 내에 속한 회사를 선택한다. 예를 들어, 보육이라는 직무를 택한 경우에 보육교사로 근무할 수 있는 어린이집을 찾아보고 선택할 수 있다. 지역별 어린이집이나 유치원을 찾고 주요 정보들을 알아보기 위해서 어린이집 · 유치원 통합정보공시(http://www.childinfo.go.kr/main.jsp), 어린이집정보공개포털(http://info.childcare.go.kr/info/main.jsp), 유치원알리미(http://e-childschoolinfo.moe.go.kr) 등의 홈페이지를 이용하는 것이 유용하다. 세부적인 내용은 어린이집을 중심으로 살펴보고자 한다.

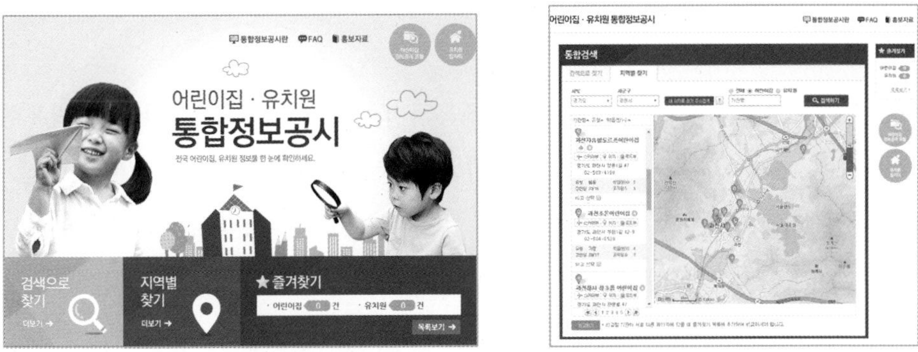

그림 1-8 어린이집 · 유치원 통합정보공시

출처: http://www.childinfo.go.kr/main.jsp

어린이집 · 유치원 통합정보공시 홈페이지를 예를 들어 설명하면, 첫 화면에 검색으로 찾기와 지역별 찾기가 나온다. 지역별 찾기나 내 위치로 찾기, 주소검색 등을 통해 자신이 사는 지역 내에 어떤 유형의 어린이집이 있는지를 파악해 놓는 것이 중요하다. 취업을 원하는 어린이집이 자신의 집 주변에 있다면 일주일에 한 번 정도의 자원봉사를 통해 어린이집을 익히고 교사나 원장에게 좋은 이미지를 형성하여 보육실습까지 한다면 취업에 긍정적인 영향을 미칠 수 있기 때문이다. 집 주변이나 지역 중심의 검색 이외에도 출퇴근이 적정한 거리에 있고 자신의 철학과 신념에 맞는 어린이집을 찾아 방문해 보는 것도 좋은 방법이다. 예를 들어 경기도 과천시라는 지역으로 검색을 해보면 이 지역의 어린이집과 유치원을 모두 찾아볼 수 있다. 기관명, 어린이집 유형(직장, 국·공립, 가정 등), 학급(반) 수, 교직원 수 등 간략한 정보들이 표시되어 있다. 여기에서 자신이 선호하는 어린이집 유형을 확인해야 한다.

또한 어린이집과 유치원은 정보공시를 통해 자세한 내용들을 제시하고 있어 기업 지원 시 기업분석과 같이 어린이집이나 유치원을 분석해 볼 수 있다. '과천청사 청초롬 어린이집'을 클릭해 보면 [그림 1-9]와 같이 자세한 정보가 나타난다. 첫 화면에 보이는 것은 요약정보이며 이외에도 어린이집 기본현황, 영유아 및 교직원, 교육·보육과정, 예·결산 등 회계, 영양 및 환경위생, 안전교육·안전점검, 평가인증에 대한 정보가 자세히 나와 있다.

① 요약

요약에서는 설립유형, 개원일, 주소지, 제공서비스 등을 확인할 수 있다. 설립유형에서는 유형에 따라 국·공립어린이집, 사회복지어린이집, 법인·단체 등 어린이집, 민간어린이집, 직장어린이집, 가정어린이집, 협동어린이집으로 분류된다. 제공서비스 항목에서는 어린이집이 일반 운영을 포함해 장애통합이나 시간연장과 같은 보육서비스를 추가로 제공하는지 여부를 확인해 볼 수 있다.

그림 1-9 과천청사 청초롬 어린이집

출처: http://www.info.childcare.go.kr/info/pnis/search/preview/SummaryInfoSlPu.jsp

② 기본현황

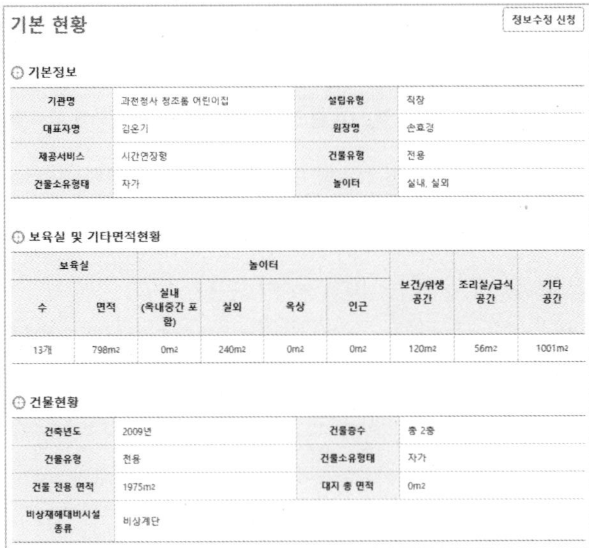

기본 현황

정보수정 신청

⊙ 기본정보

기관명	과천청사 청조롬 어린이집	설립유형	직장
대표자명	김온기	원장명	손효경
제공서비스	시간연장형	건물유형	전용
건물소유형태	자가	놀이터	실내, 실외

⊙ 보육실 및 기타면적현황

보육실		놀이터				보건/위생 공간	조리실/급식 공간	기타 공간
수	면적	실내 (옥내중간 포함)	실외	옥상	인근			
13개	798m2	0m2	240m2	0m2	0m2	120m2	56m2	1001m2

⊙ 건물현황

건축년도	2009년	건물층수	총 2층
건물유형	전용	건물소유형태	자가
건물 전용 면적	1975m2	대지 총 면적	0m2
비상재해대비시설 종류	비상계단		

그림 1-10 기본현황

기본현황에서 중점적으로 살펴보아야 할 것은 정원과 현원 및 어린이집 전용면적, 보육실면적, 놀이터 면적이다. 정원은 어린이집 전용면적, 보육실 면적, 놀이터 면적에 의해 결정된다. 이것은 어느 정도의 쾌적한 환경을 제공하고 있느냐를 간접적으로 알아볼 수 있기 때문이다. [그림 1-8]에서 과천청사 청초롬 어린이집은 정원 251명이며 현원은 182명으로 제시되어 있다. 2023년도 보육사업안내 어린이집의 정원 책정방법은 [그림 1-11]과 같다.

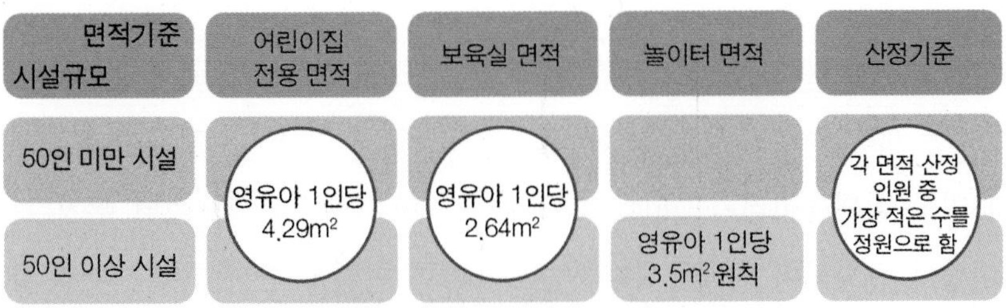

그림 1-11 어린이집 정원책정 기준

출처: 보건복지부(2023).

정원이 251명이고 보육실 면적이 798m^2이므로 영유아 1인당 3.18m^2(기준 2.64m^2)의 면적이 배분되어 있는 어린이집이다. 2.64m^2는 최소한의 기준이며 물리적으로 쾌적한 환경을 제공하기 위해서는 훨씬 더 큰 면적이 요구된다. 이 어린이집의 경우 현원이 182명이므로 영유아 1인당 4.38m^2로 비교적 여유 있는 공간에서 생활하고 있음을 알 수 있다. 어린이집 전용면적을 보면 [그림 1−10]에서와 같이 1,975m^2로 되어 있고 정원이 251명이므로 영유아 1인당 면적은 7.87m^2(기준 4.29m^2)로 비교적 여유가 있는 편이다. 현원 182명으로 할 경우에는 10.85m^2이 된다.

놀이터 면적은 영유아들이 마음껏 뛰어놀면서 자신의 생각을 자유롭게 펼칠 수 있는 공간이라는 점에서 매우 중요하다. 2018년도 보육사업안내에 나와 있는 놀이터 면적 기준은 〈표 1−2〉와 같다.

표 1−2 놀이터 면적 기준

정원	면적 산정 기준	비고
50~99인	정원×45%×3.5m^2	각 정원의 45%를 기준으로 1인당 3.5m^2 이상으로 놀이터를 설치함
100~129인	100명×45%×3.5m^2	45명 기준
130~159인	130명×40%×3.5m^2	52명 기준
160~199인	160명×40%×3.5m^2	64명 기준
200~249인	200명×35%×3.5m^2	70명 기준
250~300인	250명×35%×3.5m^2	87명 기준

※ 12개월 미만의 영아만을 보육하는 시설은 제외

250명 이상의 정원인 경우는 정원의 35% 인원에 3.5m^2를 곱하면 되므로 250명×0.35×3.5m^2= 306.25m^2가 최소한으로 필요하다. [그림 1−10]의 자료를 살펴보면 실내놀이터가 없고 실외놀이터가 240m^2 기준보다 작다. 이는 옥외놀이터 부지 확보가 어려운 특수성이 인정되어 대체놀이터(인근 놀이터)의 면적을 합산하여 인가해 준 경우일 수 있다.

어린이집 전용면적, 보육실 면적, 놀이터 면적 등은 법적인 최소한의 기준보다 높을수록 영유아들에게 보다 쾌적하고 좋은 환경을 제공하고 있을 가능성이 높으므로 자세히 살펴보아야 한다.

③ 영유아 및 교직원

영유아 및 교직원

정보수정 신청

연령별 반 현황

총정원	총현원	연령별										방과후/시간제	기타
		구분	만0세	만1세	만2세	만3세	만4세	만5세	영아혼합	유아혼합	특수/장애아		
251	182	학급/반수	5	7	8	4	4	2	0	0	0	0	18
		정원	15	35	56	60	80	40	0	0	0	0	90
		현원	12	25	47	34	32	32	0	0	0	0	88

* 만0세아반: 2017.1.1일 이후 출생, 만1세반: 2016년생, 만2세반: 2015년생, 만3세반: 2014년생, 만4세반: 2013년생, 만5세반: 2012년생, 영아혼합

반: 만0~2세, 유아혼합반: 만3~5세, 영유아혼합반: 만2~3세, 특수/장애아반: 장애영유아, 기타: 시간연장반, 휴일반, 새벽반

* 총정원은 어린이집 면적으로 산정한 인원수이므로, 연령별 정원수의 합을 의미하지 않습니다.
* 총현원은 연령별 반과 방과후/시간제반 원아수의 합입니다.
* 연령별 반의 현원수가 정원수보다 적어도 총현원수와 총정원수가 같을 경우 원아의 입소가 불가합니다.

교직원현황

총 교직원수	유형별 보육교직원								보육교사 자격		
	원장	보육교사	특수교사	치료사	영양사	간호사	조리원	사무원	1급	2급	3급
45	1	36	0	0	1	1	3	1	19	17	0

보육교사의 현기관 근속연수

연수(단위)	1년미만	1년이상 2년미만	2년이상 4년미만	4년이상 6년미만	6년이상
수(명)	20	9	7	0	0
비율(%)	55.6	25	19.4	0	0

그림 1-12 영유아 및 교직원

연령별 반 현황에서는 교사 대 아동 비율을 간접적으로 확인할 수 있다. [그림 1-9]의 만 1세(법적 기준은 1:5)의 경우 7개의 반에 25명이 재원하고 있다는 것은 교사 1인당 아동 약 3.6명의 비율임을 의미한다. 만 2세(법적 기준은 1:7)의 경우 8개 반에 47명이 재원하고 있으므로 교사 대 아동 비는 약 1:6이 된다. 교사 현황에서는 현재의 기관에

서 몇 년을 연속 근무했는지 알 수 있는데 장기근속교사와 신입교사 등이 적정한 비율인지 등을 살펴볼 필요가 있다. 뿐만 아니라 보육교사 자격 1급, 2급, 3급의 비율도 적절한지 확인해 본다. 또한 정원 100명이 넘는 경우 영양사와 간호사를 배치해야 하는 기준이 있으므로 기준대로 배치되었는지도 확인한다.

④ 교육 · 보육과정

교육·보육과정 (정보수정 신청)

⊙ 표준보육과정

2018 ▾ 년 8 ▾ 월 조회

누리과정 주당 운영시간(필수)	연간 보육계획안(필수)	월간 보육계획안(자율)
20시간	2018년 만 5세 연간교육계획안.hwp	-

⊙ 어린이집 보육료현황

항목	만0세	만1세	만2세	만3세	만4세	만5세
부모부담금	-	-	-	-	-	-

* 보육료 부모부담금(만3세~만5세)은 시도별 시도수납액에 따라 금액 상이함.

⊙ 기타필요경비

항목	세부항목	어린이집 수납액	결제주기
입학준비금	상해보험료	0	연단위
입학준비금	피복류구입비	100,000	연단위
특별활동비	특별활동비	69,000	월단위
현장학습비	현장학습비	75,000	분기
차량운행비	차량운행비	0	월단위
행사비	행사비	100,000	연단위
아침,저녁급식비	아침,저녁급식비	32,000	월단위
시도별상환비용	지자체별상환비용	0	월단위

* 수납 한도액 이내에서 아동의 연령에 따라 실제 수납액은 적을 수도 있습니다.

⊙ 특별활동

구분	활동영역	프로그램명	업체명	주당 운영횟수 (회)	1회 운영시간 (분)	프로그램 단가(원)
3세	문화/예술	오르프슐레	DK에듀캠프	1	25분	0원
3세	언어	노부영프리스쿨프로그램	이룸교육(노부영)	3	25분	38500원
3세	체육	체육	스포키드	1	25분	9000원
4세	언어	노부영프리스쿨프로그램	이룸교육(노부영)	3	25분	38500원
4세	문화/예술	오르프슐레	DK에듀캠프	1	25분	0원
4세	언어	원어민영어	베이비뉴스	2	30분	22000원
4세	체육	체육	스포키드	1	25분	9000원
5세	체육	체육	스포키드	1	25분	9000원
5세	언어	노부영프리스쿨프로그램	이룸교육(노부영)	3	25분	38500원
5세	언어	원어민영어	베이비뉴스	2	30분	22000원
5세	문화/예술	오르프슐레(음악)	DK에듀캠프	1	25분	0원

* 한달 4주 기준 예)한달에 1번 = 0.25회, 한달에 3번 = 0.75회

그림 1-13 교육 · 보육과정

교육 · 보육과정에서는 어린이집의 연간교육계획안을 볼 수 있다. 연간교육계획안에는 대략의 주제나 내용이 나와 있으나 이를 통해 어린이집의 교육특성을 파악하기는 어렵다. 월간보육계획안이나 홈페이지를 통해 보다 구체적으로 확인해보는 것이 필요하다. 이 밖에 기타필요경비 수납내역이나 특별활동프로그램을 통해 어린이집의 교육특성을 확인해 볼 수 있다. 현장학습과 특별활동을 적극적으로 하는지, 특별활동 중에서는 어느 영역을 중점적으로 다루는지를 알 수 있다. 현장학습과 특별활동비는 지자체별로 결정되는데 광주시는 현장학습비 분기별 120,000원, 특별활동비 월 80,000원이 상한액이다('22년 기준). 수혜성 비용에 대한 세부적인 내용은 매년 변경되므로 정보고시를 통해 실시간으로 확인하는 것이 가장 정확하다. 특별활동영역을 보면 언어, 음악, 체육으로 구성되어 있고, 영어에 상당한 비중을 두고 있음을 알 수 있다.

⑤ 예 · 결산 등 회계

예 · 결산 등 회계를 보면 예 · 결산 총괄표, 세입계산서, 세출예산서, 세입결산서, 세출결산서가 나와 있다. 중점적으로 볼 것은 세입결산서와 세출결산서이다. 실제 어린이집 운영에 있어서 보육의 질은 보육교사의 질을 넘어설 수 없다는 신념이 있다면 훌륭한 교사의 채용, 교사 재교육 등에 예산을 집중할 것이고 영유아의 영양에 중점을 둔다면 급간식비 예산의 비중이 커질 것이다. 이처럼 예산은 운영자의 철학과 신념을 드러낸다.

예·결산 등 회계 정보수정 신청

예·결산 총괄표 | 세입 예산서 | 세출 예산서 | 세입 결산서 | 세출 결산서

예산 (2018년) 단위(천원)

세입 예산서			세출 예산서		
예산액(A)	전년도 예산액(B)	증감(A-B)	예산액(A)	전년도 예산액(B)	증감(A-B)
2,072,141	2,063,035	9,106	2,072,141	2,063,035	9,106

결산 (2017년) 단위(천원)

세입 결산서			세출 결산서			
예산액(A)	수납액(B)	미수납액(A-B)	예산액(A)	예산현액(B)	지출액(C)	잔액(B-C)
2,063,035	1,944,805	118,230	2,066,377	2,063,035	1,944,800	118,235

그림 1-14 예 · 결산 등 회계

2017년 세출결산서 단위(천원)

과목						예산액	* 예산현액	지출액	잔액	비고
관		항		목						
100	인건비	110	원장인건비	111	원장급여	38,812	40,412	39,524	888	
				112	원장수당	15,952	13,483	12,990	493	
		120	보육교직원인건비	121	보육교직원급여	891,684	907,684	903,967	3,717	
				122	보육교직원수당	331,107	322,193	314,687	7,506	
		130	기타인건비	131	기타인건비	11,400	11,400	8,490	2,910	
		140	기관부담금	141	법정부담금	111,191	109,191	107,338	1,853	
				142	퇴직금및퇴직적립금	98,990	105,990	99,521	6,469	
1000	예비비	1010	예비비	1011	예비비	621	672		672	
200	운영비	210	관리운영비	211	수용비및수수료	88,441	96,741	89,013	7,728	
				212	공공요금및제세공과금	2,900	2,660	2,578	82	
				213	연료비				0	
				214	여비	1,200	1,200	542	658	
				215	차량비	17,160	17,160	15,840	1,320	
				216	복리후생비	11,604	14,340	13,208	1,132	
				217	기타운영비				0	
		220	업무추진비	221	업무추진비	1,200	1,800	1,489	311	
				222	직책급	4,200	4,200	4,200	0	
				223	회의비	2,660	2,660	1,941	719	
300	보육활동비	310	기본보육활동비	311	교직원연수연구비	5,425	7,925	6,594	1,331	
				312	교재교구구입비	[illegible]	[illegible]	[illegible]	[illegible]	
				313	행사비	26,380	17,270	11,205	6,065	
				314	영유아복리비	800	800		800	
				315	급식비	239,904	226,195	190,295	35,900	
400	수익자부담경비	410	선택적보육활동비	411	특별활동비지출	90,180	83,180	53,325	29,835	
		420	기타필요경비	421	기타필요경비지출	23,966	23,966	20,441	3,525	
500	적립금	510	적립금	511	적립금				0	
600	상환반환금	610	차입금상환	611	단기차입금상환				0	
				612	장기차입금상환				0	
		620	반환금	621	보조금반환금				0	
				622	보호자반환금				0	
				623	법인회계전출금				0	
700	재산조성비	710	시설비	711	시설비		5,600	5,577	23	
				712	시설장비유지비	15,280	7,280	6,787	493	
		720	자산구입비	721	자산취득비	2,400	3,600	2,307	1,293	
800	과년도지출	810	과년도지출	811	과년도지출				0	
900	잡지출	910	잡지출	911	잡지출				0	

그림 1-15 세출결산서

[그림 1-12]를 보면 원장을 제외한 보육교직원은 42명이다. 보육교직원 인건비는 급여와 수당으로 구성되는데 지출액은 모두 합쳐 약 12억 7천만 원 정도 된다. 이를 교직원 수로 나누면 평균 3천23만 원의 연봉을 받고 있음을 알 수 있다. 다만 교사 호봉이나 보육교직원의 유형에 따라 다르므로 구체적인 것은 어린이집의 교사를 통해서만 확인이 가능함에 유의해야 한다. 급간식비의 경우 지출액이 2억 2천6백만 원인데 교직원 43명과 원아 182명, 총 225명을 12개월 24일로 나누면 일일 급간식비는 대략 3,480원(기준 1,745원)이 된다. 기준보다 훨씬 많은 비용을 급간식비로 사용하고 있음을 알 수 있다.

⑥ 영양 및 환경 위생과 안전교육 · 안전점검

이 영역에서는 통학차량을 운영하는지 여부에 대해서 확인이 필요하다. 최근 혹서기에 원아의 승하차 확인 미비로 인한 안전사고가 발생하여 사회적 문제가 되고 있다. 통학차량을 운영하는 경우 보육교사는 오전 일찍 통학차량을 타고 등원지도를 해야 하며, 승하차 상황을 확인하고 담임교사에게 통보하는 책임이 따르게 된다는 점을 고려해야 한다.

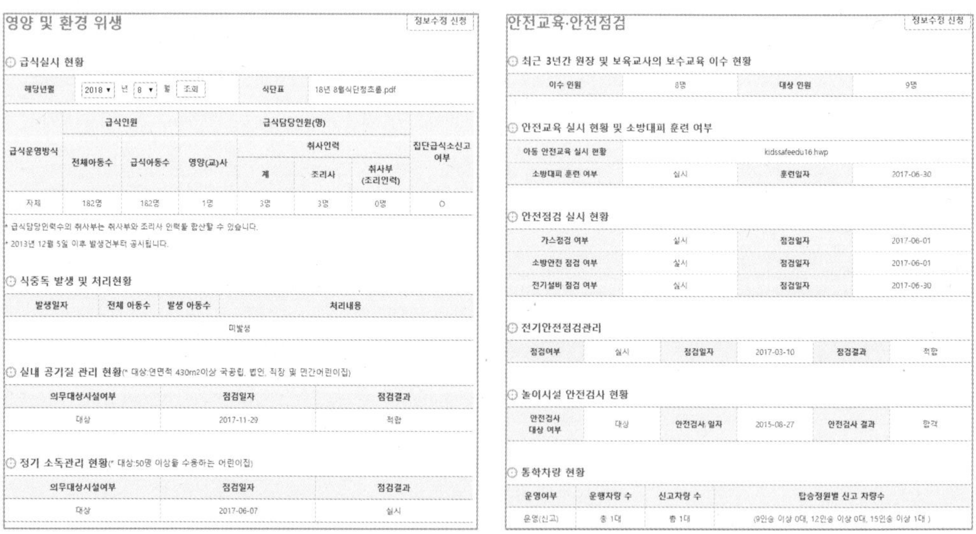

영양 및 환경 위생

정보수정 신청

급식실시 현황

해당년월	2018 ▾ 년 8 ▾ 월 조회	식단표	18년 8월식단정조름.pdf

급식운영방식	급식인원		급식담당인원(명)				집단급식소신고 여부
	전체아동수	급식아동수	영양(교)사	취사인력			
				계	조리사	취사부 (조리인력)	
자체	182명	182명	1명	3명	3명	0명	O

* 급식담당인력수의 취사부는 취사부와 조리사 인력을 합산할 수 있습니다.
* 2013년 12월 5일 이후 발생건부터 공시됩니다.

식중독 발생 및 처리현황

발생일자	전체 아동수	발생 아동수	처리내용
미발생			

실내 공기질 관리 현황(* 대상:연면적 430m2이상 국공립, 법인, 직장 및 민간어린이집)

의무대상시설여부	점검일자	점검결과
대상	2017-11-29	적합

정기 소독관리 현황(* 대상:50명 이상을 수용하는 어린이집)

의무대상시설여부	점검일자	점검결과
대상	2017-06-07	실시

안전교육·안전점검

정보수정 신청

최근 3년간 원장 및 보육교사의 보수교육 이수 현황

이수 인원	8명	대상 인원	9명

안전교육 실시 현황 및 소방대피 훈련 여부

아동 안전교육 실시 현황	kidssafeedu16.hwp		
소방대피 훈련 여부	실시	훈련일자	2017-06-30

안전점검 실시 현황

가스점검 여부	실시	점검일자	2017-06-01
소방안전 점검 여부	실시	점검일자	2017-06-01
전기설비 점검 여부	실시	점검일자	2017-06-30

전기안전점검관리

점검여부	실시	점검일자	2017-03-10	점검결과	적합

놀이시설 안전검사 현황

안전검사 대상 여부	대상	안전검사 일자	2015-08-27	안전검사 결과	합격

통학차량 현황

운영여부	운행차량 수	신고차량 수	탑승정원별 신고 차량수
운영(신고)	총 1대	총 1대	(9인승 이상 0대, 12인승 이상 0대, 15인승 이상 1대)

그림 1-16 영양 및 환경 위생과 안전교육 · 안전점검

⑦ 평가제

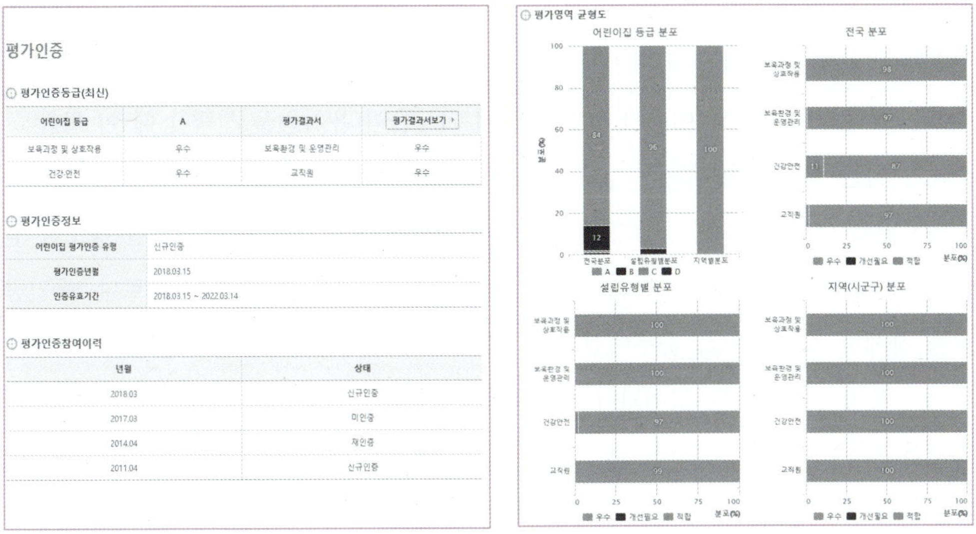

그림 1-17 평가인증

평가제에서는 평가제 등급을 확인할 수 있으며 평가결과서까지 볼 수 있다. 구체적으로 평가영역 균형도에서는 각 영역별 평가가 자세히 나타나 있으며 평가인증이력의 확인을 통해 얼마나 신뢰할 만한 기관인지도 알아볼 수 있다. 유치원의 경우는 유치원을 검색하여 동일한 방법으로 검색해 볼 수 있다.

3. 구인공고 찾기의 실제

1) 유치원 교사 구인

유아교육과를 졸업하여 새 출발을 하는 새내기 유치원 선생님들! 정말 많은 유치원이 있지만, 새 출발을 위해 본인의 교육철학이 맞는 좋은 유치원을 차근차근 알아보자.

보통 교사들이 생각하는 좋은 유치원 환경이란, 안정된 교육과정으로 전통과 역사가 있으며 5년 이상 재직한 교사가 많고 구인공고가 자주 올라오지 않는 유치원을 말한다. 교사들이 5년 이상 재직한 사람들이 많다는 것은 그만큼 근무환경도 좋고, 유치원의 체계가 잡혀 있어 교사들의 선호도가 높기 때문이다. 또한 그런 경우 교사들의 이직률이 높지 않기 때문에 구인공고가 올라오는 경우가 드물다. 구인공고가 자주 올라오는 원은 나름대로의 이유가 있기 때문에 교사들이 유치원을 선택할 때 이 또한 고려해야 하는 항목이다.

유치원을 선택할 때 재직 중인 선생님이나 선배들의 조언을 듣고 정확한 정보를 얻는 것도 중요하다. 사립유치원은 각 유치원마다 기본 호봉 외 수당도 다르니, 구인공고를 자세히 보고, 수당, 근무여건 등도 꼼꼼하게 챙기는 것이 필요하다.

어느 유치원이나 일단 겪어봐야 하겠지만 어느 원이나 장단점이 있으니 우선순위를 정해서 원을 선택하고 면접을 보는 것이 좋다. 급여는 어떤지, 휴가는 얼마나 되는지, 원장의 교육관은 어떤지, 교사들의 관계는 어떤지 등을 면접할 때 원장에게 묻기도 하고 원의 분위기를 살펴야 한다.

유치원교사들은 보통 고가네(http://www.gogane.com/) 사이트를 가장 많이 이용한다. 구인, 구직뿐 아니라 각자의 이야기, 근무여건 등에 대한 이야기를 소통하는 공간으로 이용한다. 먼저 각 구인지역을 골라 체크하여 구인직종을 선택하면 전국 각 지역의 구인공고를 볼 수 있다.

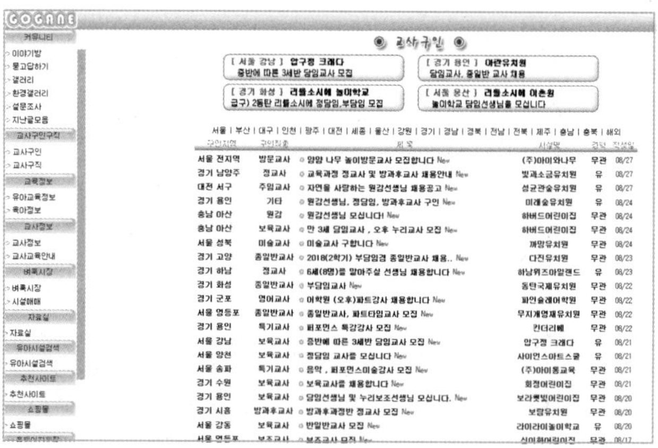

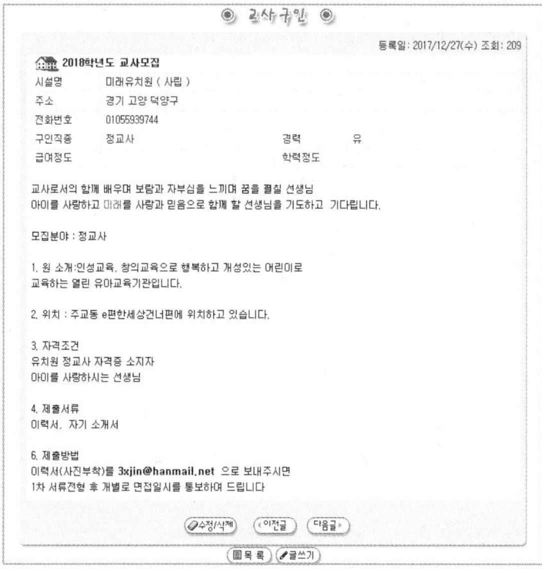

그림 1-18 고가네

출처: http://www.gogane.com

또한 각 지역별 교육지원청 사이트에서 구인공고란을 확인하면 공립유치원의 기간제교사뿐 아니라 행정직, 사립유치원의 구인공고도 볼 수 있다.

그림 1-19 지역별 교육지원청 구인공고

출처: http://www.kengy.go.kr

그 외에 유치원 교사잡, 키드키즈 등에서 다양한 유치원 교사의 구인공고를 접할 수 있다.

그림 1-20 유치원 교사잡

출처: http://www.yuchiwongoosajob.com

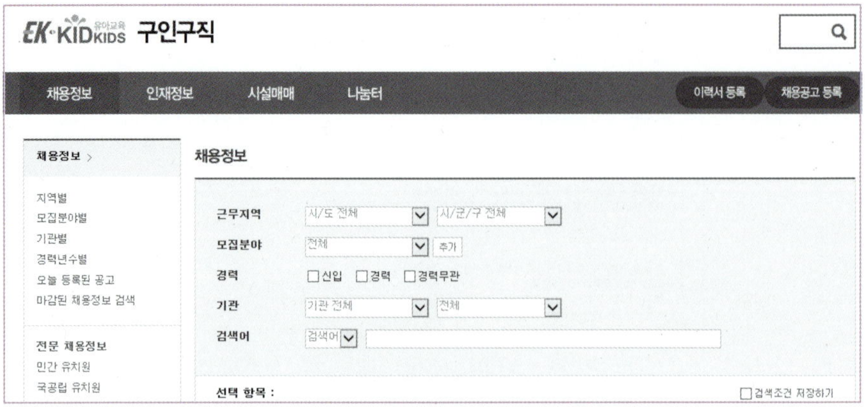

그림 1-21 키드키즈

출처: http://www.job.kidkids.net

2) 어린이집 보육교사 구인

국·공립어린이집의 교사가 되기 위해서는 무엇보다 먼저 어디서 채용하는지를 알아야 할 것이다. 지극히 기본적이고 당연한 일이지만 채용 시기나 채용 공고를 찾지 못해 응시를 하지 못하는 경우도 있다. 국·공립어린이집은 정부정책에 따라 그 수가 꾸준히 늘어날 것으로 보이기 때문에 항상 내가 지원할 수 있는 범위(거주지 기준)에 위치한 육아종합지원센터 홈페이지와 지방자치단체(시청, 구청) 홈페이지를 주시하고 있어야 한다. 여기저기 찾기가 번거롭고 너무 범위가 넓다면 모든 정보가 취합되는 중앙육아종합지원센터 홈페이지에 자주 들어가서 정보를 수집해야 하며, 메인 페이지의 구인구직을 살펴보며 새로운 공고가 뜬 것이 있는지 확인하도록 한다. 자주 홈페이지를 드나들어 손품을 팔 수밖에 없음을 기억하자.

해보자

- 여러분들이 현재 거주하고 있거나 혹은 취업하고 싶은 지역은 어디인가?
- 중앙육아종합지원센터의 구인구직 배너를 클릭하여 자신이 거주하거나 출퇴근이 용이한 곳의 구인란을 잘 살펴보도록 합시다.

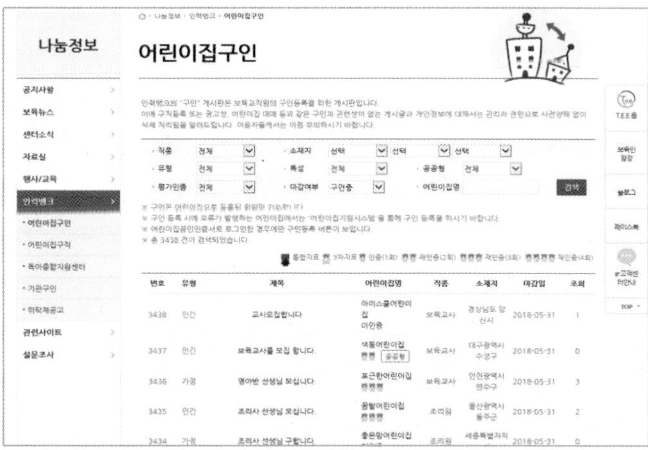

(1) 보육교직원 채용 조건

보육교직원의 구체적인 채용 조건을 살펴보면 다음과 같다.

임면권자는 시행령 제21조 보육교사 자격기준에 해당하는 자로서 보육교사 국가자격증을 발급받은 자를 채용하여야 한다. 다만, 자격증 발급을 신청하고 자격검정이 완료되어 자격증 발급이 예정된 자(자격번호가 부여된 자)는 자격증을 발급받은 것으로 보며, 이 경우 국가자격증 발급 여부는 보육통합정보시스템에 보육교직원 등록 시 조회가 가능하다. 보육교사의 출산휴가, 육아휴직, 장기 병가 등의 사유 발생 시 채용하는 대체교사(기간제교사)도 보육교사 자격기준을 갖춘 자를 채용하여야 한다.

채용방법에 있어서, 국가 또는 지방자치단체로부터 보육교직원의 인건비를 보조받는 어린이집의 경우 보육교직원의 채용은 공개경쟁을 원칙으로 하며, 국·공립어린이집의 경우 국가 또는 지방자치단체의 장이 선발고사 등을 통하여 별도로 보육교사를 채용·배치할 수 있다. 공개경쟁을 통하여 채용이 확정된 자는 구비 서류를 준비하여야 하고 임면권자는 채용 예정자에게 구비 서류를 제출받아 자격의 적격 여부를 판단, 관련 서류를 보관하여야 하므로 국·공립 보육교직원 채용에 응시하여 합격한 경우 다음의 서류를 준비하여 제출하여야 한다.

공통서류

- 인사기록카드 〈시행규칙 별지 제7호 서식〉
- 주민등록등본
- 채용신체검사서(공무원 채용 신체검사서 기준, 잠복결핵 포함)
- 보육교사 국가자격증 사본
  (국가자격증 발급 예정자는 자격증 취득 후 자격증 사본 구비)
- 장애 영유아를 위한 보육교사는 이를 증명하는 장애 영유아를 위한 보육교사 자격, 특수학교 교사 자격증, 치료사 자격을 증명하는 서류를 요한다.
- 「아동청소년의 성보호에 관한 법률」 제56조, 아동학대 관련법에 따라 어린이집에 취업하거나 사실상 노무를 제공하는 자 또는 취업하려 하거나 사실상 노무를 제공하려는 자(이하 "취업자 등")에 대해 성범죄 경력 및 아동학대 관련 범죄조회를 경찰청온라인시스템(http://crims.police.go.kr)을 통하여 신청하고 확인하여야 하므로 취업 예정자는 성범죄 경력 조회에 동의하여야 한다.

서류를 제출해야 시스템을 통한 인사기록카드 등록이 가능하다. 임신육아종합포털(www.childcare.go.kr)〈어린이집〈보육교직원〈인사기록카드를 클릭하여 등록한다.

(2) 보육교직원 채용 시기

보육교직원의 정기적인 채용 공고는 신학기를 앞둔 12월부터 집중적으로 발표되나, 학기 중에도 결원이 생길 경우에는 1개월 이내에 신규 교직원을 채용하게 되어 있으므로 수시로 채용 공고를 확인하는 것이 필요하다. 다만, 시설별 잦은 이동은 경력 관리에 있어서 도움이 되지 않으므로 가능하면 3월 학기 시작 때 임용되어 2월까지 학기를 채워 마무리를 하도록 하는 것에 유의하도록 하자.

<table>
<tr><th>시기</th><th>12월</th><th>1월</th><th>2월</th><th>3월</th><th>4월</th><th>5월</th><th>6월</th><th>7월</th><th>8월</th><th>9월</th><th>10월</th><th>11월</th></tr>
<tr><td>예비
교사</td><td>서류
접수</td><td>면접
진행</td><td>정규
졸업</td><td colspan="5">학기 중 채용 일정은 대체
(출산, 육아휴직 등) 및
학기 중 퇴사로 인한 공백 발생</td><td>하계
졸업</td><td colspan="3">학기 중 퇴사</td></tr>
<tr><td>어린
이집</td><td colspan="3">정기 채용</td><td colspan="5">수시 채용</td><td>정기
채용</td><td colspan="3">수시 채용</td></tr>
</table>

(3) 어린이집의 보육교사 채용 공고

다음은 K시의 시청 홈페이지와 K시 육아종합지원센터에 업데이트된 보육교직원 채용 공고이다. 보통 채용 공고는 15일 동안 게시하도록 하고 있으므로 잘 살펴보고, 서류접수 일정과 면접 일정, 제출 서류 등을 미리 잘 챙기도록 하자. 또한 정기 채용 시에는 다음과 같이 한꺼번에 모아서 공고를 내는 경우가 많다.

서식 1 국 · 공립어린이집의 채용 공고 예시

○○○○년도 ○○시 국 · 공립어린이집 보육교직원 공개 채용 계획서			
목적	영유아의 전인적인 성장과 발달을 돕고, 보호자의 경제적 · 사회적 활동을 원활하게 하여 가정복지에 기여함을 목적으로 운영되고 있는 어린이집에 영유아들을 위해 사랑으로 최선을 다 할 보육교직원을 공개 채용하고자 합니다.		
공개채용	모집인원	총00명	○○ 어린이집 – 1명(일반교사 1명) ○○ 어린이집 – 2명(일반교사 2명) ○○ 어린이집 – 3명(일반교사 3명) ○○ 어린이집 – 1명(일반교사 1명) ○○ 어린이집 – 5명(유아특수교사 1명/일반교사 2명 누리보조교사 1명/운전기사 1명) ○○ 어린이집 – 1명(일반교사 1명) ○○ 어린이집 – 5명(일반교사 4명/시간연장교사 1명) ○○ 어린이집 – 1명(누리보조교사 1명)
	채용 공고 기간	○○○○년 12월 1일(금) – ○○○○년 12월 15일(금)까지	
	원서 접수 기간	○○○○년 12월14일(목) – ○○○○년 12월 15일(금) 오후 18시까지(2일간) *해당 시설 접수*	
	서류전형 합격자 발표	○○○○년 12월 16일(토) – 개별통보	
	면접일 및 장소	○○○○년 12월 19일(화) – 오후 00:00 장소 : ○○○ 어린이집	
	최종합격자 발표	○○○○년 12월 20일(수)- 10시 개별통보	
	면접 심사 위원	○○○, ○○○, ○○○, ○○○, ○○○	

이처럼 정기 채용 시에는 각 지자체별 국 · 공립 분과에서 한꺼번에 공고를 내고 한꺼번에 다면 면접을 보는 경우가 많으므로 공고를 주시하여야 할 것이다.

서식 2 **채용 공고 예시**

○○ 어린이집에서 근무할 보육교사를 아래와 같이 모집합니다.

관심 있는 분들의 많은 지원 바랍니다.

- 아 래 -

• 모집인원: 보육교사 1명
• 지원자격: 보육교사 자격증 소지자
• 모집지역: 서울 ○○구 ○○대로 ○○(○○동)
• 급여 및 처우: 보건복지부 보육교직원 인건비 지급기준
• 지원서 접수기간: ○○○.07.19.(목) ~ ○○○○.07.23.(월)
• 접수방법: ○○○○ 홈페이지(www.000.000)를 통한 온라인 접수
  - 홈페이지 메인 화면 우측 하단의 '교직원 채용' 메뉴 이용
  - 제출서류: 최종학교졸업증명서, 최종학교성적증명서, 보육교사자격증, 경력증명서(해당자)
  ※ 온라인지원서 접수시 첨부 파일로 제출(JPG 파일만 가능)
• 전형절차: 서류전형, 면접/필기/인성검사 등 어린이집 내부 채용 절차에 따름.
  - 서류전형 합격자에 한하여 면접 일정 개별 통보합니다. (E-mail 및 SMS)
  - 모든 전형결과는 교직원모집 페이지 '채용결과'에서 확인할 수 있습니다.
• 문의처: ○○○○ 어린이집(○○-○○○-○○○○)

(4) 보육교직원 채용 절차 알기

보육교직원의 채용 주체인 어린이집 설치자는 자격 기준을 갖춘 자를 채용하여야 하고, 보육교직원의 임면 절차는 어린이집에서 임면 보고 서류를 구비하여 채용 후 14일 이내에 시·군·구청장에게 임면 보고하여야 한다. 시·군·구청장은 각 자격별 자격증명 서류로 교직원의 적격성을 확인하고 결격사유 조회 및 범죄경력 조회를 하는 절차를 거친다.

보육교직원의 임면권자는 국·공립어린이집의 경우 시장·군수 또는 구청장이 임면하나 법인, 단체 또는 개인에게 위탁 운영하는 경우로서 교직원 임면권을 수탁자에게 위임한 경우에는 수탁자가 임면한다. 즉, 국·공립어린이집을 시·군·구에서 개인에게 위탁한 경우 위탁받은 개인이 임면권자가 되는 것이다. 이 경우, 수탁기관이 변경되는 일이 발생하였을 때에도 교직원의 신분 보장이 되도록 노력하여야 한다고 명시되어 있으

므로(보육사업안내) 위탁운영체가 변경되어도 교직원의 계속 근로가 변경되는 경우는 거의 없다.

서울시의 경우는 국·공립어린이집 보육교직원 공적관리시스템 구축을 위해 전국 최초로 '서울시 보육서비스지원센터'를 설치하여 본격 가동을 시작하였다. 국·공립어린이집 취업을 희망하는 보육교사는 여성가족재단에서 운영하는 서울시 인력풀에서 신청 가능하며, 서울시여성가족재단 홈페이지(www.seoulwomen.or.kr)를 통해 사전시험 접수 및 교육기수 선택을 한 뒤 선정시험을 치르면 된다.

교육내용은 ① **보육공공성**(보육철학 및 보육목표 이해), ② **인권감수성**(영유아인권, 교사의 책무성과 리더십, 성인지 감수성), ③ **보육전문성**(보육프로그램 운영, 현장실습) 등의 과정으로 구성된다.

총 40~48시간(이론 32시간, 실습 8~16시간)의 교육과정을 이수한 뒤 평가(이론+실습)를 거쳐 이를 통과한 보육교사들이 국·공립어린이집 보육교사 인력풀에 진입하게 된다. 이후 '서울시보육서비스지원센터' 홈페이지를 통해 국·공립어린이집 채용을 위한 구인·구직 활동을 지원하게 된다. 단, 이는 서울시 소재 국·공립어린이집에 한하여 지원되는 시스템임을 기억하자.

보다 더 자세한 사항은 다음의 사이트를 방문하여 참고하도록 하자.

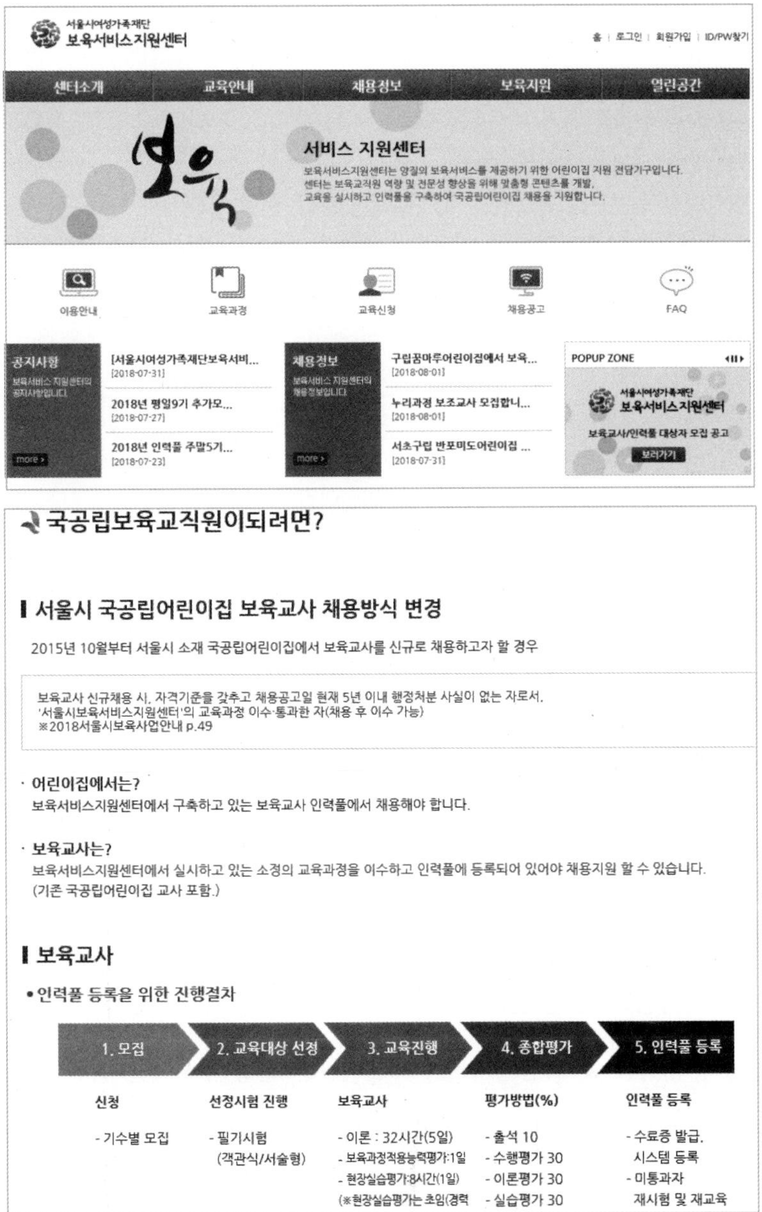

그림 1-22 서울시여성가족재단

출처: http://www.child.seoulwomen.or.kr/eduHopeUtdstate.do

서울특별시 보육서비스지원센터의 역할

- 보육교사 공적지원시스템 체계 마련 및 운영보육교직원 모집 후 사전시험, 교육, 평가를 통과한 교사의 경우 교사의 경력과 거주지 등을 인력풀에 등록하여 어린이집에서 교사 채용 시 인력풀 자료로 활용할 수 있도록 자료를 제공한다.
- 국·공립어린이집 구인구직 정보제공, 보육교직원 모집, 선발, 교육, 인력풀 등록 등의 절차를 거쳐 국·공립어린이집 채용을 위한 정보를 제공한다.
- 보육교직원 콘텐츠 개발, 전문성 향상 및 역량 강화 교육 실시, 서울시 보육철학과 보육공공성의 이해, 보육정책의 이해, 인권 및 젠더 감수성, 교사의 윤리 및 책무, 현장 중심의 보육과정 및 프로그램 등에 대한 내용으로 교육이 이루어진다.
- 보육교직원 상담 및 권리구제를 통한 근로환경 개선 네트워크 및 자조모임 활성화, 고충 상담 및 처리, 분쟁조정 등을 통하여 보육교사의 권리 구제를 향상하기 위한 지원체계를 마련한다.
- 국·공립어린이집 운영 지원, 서울시 국·공립어린이집의 운영을 위한 통합 지원체계를 마련하고, 가이드라인을 제공하여 효율적인 원 운영이 이루어지도록 한다.

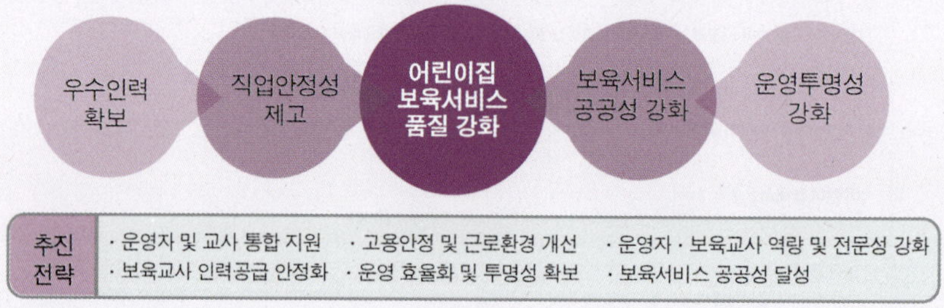

(5) 입사서류 작성과 면접 준비

어린이집이나 유치원 등 취업을 위한 목표 기관을 선정한 후에는 기관이 요구하는 입사서류(이력서, 자기소개서, 포트폴리오 등)를 작성하고 지원 결과에 따라 면접 등을 준비하도록 한다. 세부적인 내용은 7장부터 10장까지의 취업의 실제편에서 살펴보기로 한다.

본 장에서 살펴본 구인구직 찾기의 내용은 유치원, 어린이집 설립주체별로 상이하므로 구체적 내용은 각 장의 상세내용을 확인하도록 하자.

참고문헌

김성우(2017). 대학의 창·취업교육이 창·취업의도에 미치는 영향에 관한 실증연구. 건국대학교 대학원 박사학위논문.

김옥희(2005). 진로만다라 과제학습이 대학생의 진로준비행동에 미치는 영향. 진로교육연구, 18(1), 151-167.

김인기(2016). 성공취업진로. 양서원.

김충기(1995). (미래를 위한) 진로교육 : 자기성장을 위한 합리적 접근. 양서원.

리상섭, 김인숙, 박제일, 석기용, 김창환, 김소현, 노윤신, 최지은(2014). 직업 · 진로설계. 양서원.

박동열, 이광용(2003). 여자전문대학의 진로지도 프로그램 개발을 위한 요구분석. 농업교육과 인적자원개발, 35(1), 103-117.

보건복지부(2023). 2023 보육사업안내.

송동윤(2003). 대학 차원의 인적자원개발 전략과 대학생의 진로선택의 관계에 있어서 진로인식의 조절효과에 관한 연구. 연세대학교 대학원 석사학위논문.

안선영, 양안나, 금지헌(2008). 항구대학교 환경교육과 학생들의 진로전망인식과 진로준비 고찰. 환경교육, 21(1), 82-96.

오봉근, 김현우(2016). 대학의 취업교육 서비스품질과 대학생 개인특성이 교육성과에 미치는 영향. 의사결정학연구, 24(2), 53-79.

윤영란(2008). 진로집단상담이 대학생들의 진로결정 자기효능감에 미치는 영향. 교육문화연구, 14(2), 125-145.

이건남(2012). 대학생의 구직역량 개발을 위한 교육요구도 분석. 직업교육연구, 31(3), 199-225.

이지연, 진미석, 정윤경(1998). 한국인의 진로유형에 따른 진로교육모형 개발. 한국직업능력개발원.

한국직업능력개발원(1998). 직업교육훈련의 공급 및 수요 활성화 방안 연구. 한국직업능력개발원.

한미희(2009). 팀 수행에 영향을 미치는 요인에 관한 연구 : 계획된 행동이론을 중심으로. 호서대학교 대학원 석사학위논문.

황매향, 김연진, 전방연, 배소정, 장송옥, 이승구(2005). 진로탐색과 생애설계. 학지사.

Baily, L. J., & Start, K. (1973). *Career education: New approaches to human development*, Bloomington, Illinois: Mcnight Company.

Ginsberg, E. (1951). *Occupational Choice: A Approach to General Theory*, New York: Columvia University Press.

http://www.queen.co.kr

http://blog.naver.com/thewildweed

http://www.eduhope88.tistory.com/258

http://www.upgrade-u.tistory.com/3238
http://www.ncs.go.kr
http://www.childinfo.go.kr
http://www.info.childcure.go.kr
http://www.gogane.com
http://www.kengy.go.kr
http://www.yuchiwongoosajob.com
http://www.job.kidkids.net
http://www.child.seoulwomen.or.kr

Part 02

취업준비

제2장

사립유치원과 공영형유치원

개인이나 법인이 설립하여 운영하는 유치원을 사립유치원이라 한다. 교사 선발은 유치원별 면접을 통해서 결원 시마다 실시한다. 본 장에서는 사립유치원에 대한 이해, 현황, 취업준비 절차에 대해 살펴보도록 한다.

읽어보자

유치원 재약정 체결

학부모 유아학비 부담은 ⬇ 사립유치원 공공성은 ⬆ 더불어키움(공영형) 유치원 재약정 처분을 통한 사업 지속·확대

서울시교육청(교육감 조희연)은 지난 2월 9일 학교법인 인아학원(한양제일유치원) 및 재단법인 대유유치원과 더불어키움(공영형) 유치원 업무협력 재약정을 체결했다.

더불어키움(공영형) 유치원이란, 서울시교육청이 2017년 전국 최초로 시도한 새로운 형태의 혁신모델로, 한양제일유치원, 대유유치원, 명신유치원, 영천유치원 총 4개원이 운영중이다.

그동안 서울시교육청이 더불어키움(공영형) 유치원으로 선정된 유치원에 재정적 지원(인건비, 운영비 등)과 교육적 지원(맞춤형 컨설팅 등)을 통해 유치원과 부단히 노력한 결과, 더불어키움(공영형) 유치원의 학부모, 유아, 교직원의 만족도가 높고, 공공성을 갖춘 법인 운영의 장점을 실감할 수 있는 괄목할 만한 성과가 나타난 것으로 분석되었다.

이 중 한양제일유치원과 대유유치원은 약정 만료기한(2022년 2월)이 다가와서 서울시교육청에 재지정을 요구하였고, 서울시교육청은 해당 유치원의 지난 5년간 운영현황을 종합평가한 후 3년간 재약정 협약을 체결하였다.

최초 시행한 재약정 협약은 유치원 운영상황, 약정사항 위반·이행여부, 교육청 예산 여건 등 모든 상황을 종합적·객관적으로 평가·고려하여 결정한 것으로, 더불어키움(공영형) 유치원 정책이 일회성으로 그치는 것이 아니라, 지속·유지를 보장하는 전국 유일한 사례라는 점에서 의의가 있다.

앞으로도 서울시교육청은 더불어키움(공영형)유치원의 종합평가를 통한 재약정 체결로 사업 지속성을 확보하고, 추가 선정 공모도 함께 할 계획이며 '더 질 높은 교육, 더 따뜻한 교육, 더 평등한 교육'이라는 교육적 가치를 지향하며, 건전한 사립유치원 모델 이상의 가치를 넘어 유아학교(유아 무상·의무교육)로 가기 위한 필수적 실험학교의 역할을 수행할 수 있도록 최선의 노력을 다할 것이다.

출처: 서울시교육청(2022).

1. 유치원의 이해

우리나라의 유아교육기관은 「유아교육법」에 근거하여 설치되고 운영되는 교육부 산하의 유치원과 「영유아보육법」에 근거하여 위탁을 받아 영유아를 보육하는 보건복지부 산하의 어린이집으로 분류된다. 유치원은 「교육기본법」 제9조, 「유아교육법」 제2조에 근거하여 유아의 교육을 위하여 설립·운영하는 학교를 말한다. 유아는 만 3세부터 초등학교 취학 전까지의 어린이를 말하며, 유치원은 유아를 대상으로 운영하는 학교이다.

유치원은 「유아교육법」 제7조에 따라 국·공립유치원과 사립유치원으로 구분된다. 국·공립유치원은 국가 또는 지방자치단체가 설립하고 운영하는 유치원이고, 사립유치원은 개인이나 법인이 설립하고 운영하는 유치원이다. 사립유치원은 학교, 재단, 사단, 사회복지법인이 운영하는 법인유치원과 개인이 운영하는 사인유치원으로 구분된다. 그 외 종교단체나 군부대 등에 설립된 사립유치원도 있다. 설립 유형에 따른 분류는 다음의 표와 같다.

표 2-1 설립 유형에 따른 유치원 분류

구분	유형
국·공립유치원	국립유치원
	공립유치원: 단설유치원, 병설유치원
사립유치원	법인: 학교법인, 재단법인, 사단법인, 사회복지법인
	종교단체: 기독교, 천주교, 불교, 기타 종교단체
	개인
	군부대 및 기타

2. 사립유치원의 유형

1) 사립유치원

사립유치원은 법인 또는 개인이 설립·경영하는 유치원을 말하며, 학교법인인 경우 대학의 부속 유치원으로서 대학에서 운영하고, 종교법인인 경우 그 종교단체에서 운영하고 있다.

이외에 「유아교육법」 제16조에 따른 외국인 유치원이 있다. 외국인 유치원이란 국내에 체류 중인 외국인의 자녀를 교육하기 위하여 설립된 유치원을 말하며, 설립 기준·교육과정·수업 연한·학력 인정과 그 밖에 설립·운영에 필요한 사항은 대통령령으로 정하고 있다. 현재 공공성이 확보된 사립유치원을 공영형 사립유치원으로 지정하고 시범운영을 통하여 단계적으로 확대하고 있다.

사립유치원은 국·공립유치원에 비해 교육비 부담이 많으나 차별화된 교육과정과 특별활동 운영으로 학부모들의 만족도가 높은 편이다. 유아교육과를 졸업한 학생들도 별도의 임용시험 없이 면접으로만 선발되는 사립유치원에 취업 선호도가 높다.

2) 공영형유치원

공영형 사립유치원은 재정 지원을 통해 학부모 부담을 경감하면서 이에 상응하는 공공성을 확보하여 국·공립에 준하는 운영을 하는 사립유치원으로, 발전기본계획(2018~2022)은 다음과 같다.

첫째, 사립유치원 학부모의 부담을 완화하여 공·사립 간 격차를 완화하는 것이다. 특수학급 운영, 저소득층 우선 입학 등 사립유치원의 공공성을 강화하고자 2018년 시범운영(15개 내외)을 실시하여 지역별 공영형 사립유치원 모델을 개발하고 추후 법령 개정 등을 통한 안정적 기반을 마련한 후 단계적으로 확대하고 있다. 법인 또는 법인 전환(예정) 유치원이 일정 비율 이상의 개방이사를 선임하여 운영상 공공성을 확보한 경우 선정·지원한다. 이는 유치원 운영비의 최대 50%까지 지원하여 학부모 부담을 국·공립유치원 수준으로 경감하도록 유도하고, 원아 수 등 유치원 규모에 따라 지원액을 조정한다.

둘째, 공공위탁을 통한 운영방식을 다양화하기 위해 교육청이 사립유치원 매입을 통해 유치원을 설치하고 민간 경영자가 위탁·운영할 수 있도록 제도 기반을 마련한다. 유치원 민간 위탁 시 심사 기준을 투명화하고, 공립에 준하는 운영 점검·평가로 책무성을 확보한다. 도심 지역 등 유치원 설립용지 확보가 어려운 지역 위주로 추진하되, 위탁된 유치원은 유치원 운영 전반을 공립에 준하게 운영한다.

셋째, 기존 사인(개인)이 경영하는 사립유치원을 법인 형태로 전환하여 유치원 공공성을 강화하고 국·공립과 사립 간 건전한 상생이 가능하도록 지원한다.

넷째, 소규모·설립자 위주로 운영되는 사립유치원의 특수성을 반영한 별도 학교법인 요건 및 지원책을 마련하여 법인 전환 활성화를 추진한다.

다섯째, 사립유치원 재인가 기간 단축(「유아교육법 시행규칙」 개정 등)으로 현장의 불편을 최소화할 수 있는 방향과 병행하여 추진한다.

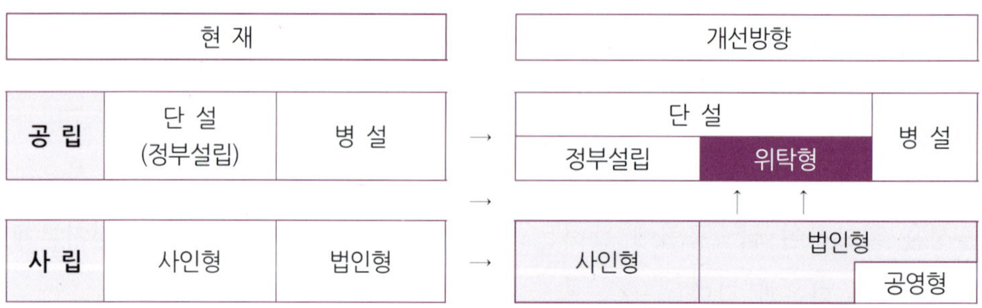

그림 2-1 유치원 유형 다양화 방향

출처: 교육부(2018b).

해보자

현재 전국의 공영형유치원의 설립 혹은 전환(변경)된 현황에 대해 확인해 보자.

읽어보자

더불어키움(공영형) 유치원

1. 더불어키움(공영형) 유치원이 궁금해요.

➜ 학부모 유아학비 부담을 경감할 수 있도록 재정을 지원하여 교육경쟁력을 높이고, 법인에 개방이사를 과반수 배치하여 유치원을 투명하고 건전하게 운영하도록 하는 사립유치원의 혁신 운영 모델입니다.

2. 더불어키움(공영형) 유치원으로 선정되면 유치원 운영주체는 누구인가요?

➜ 더불어키움 유치원으로 선정되면 교육청은 예산, 컨설팅, 평가 등을 지원하게 되고, 유치원의 운영주체는 해당법인(경영자)입니다.

3. 더불어키움(공영형) 유치원의 예산지원 기준은 어떻게 되나요?

➜ 예산은 유치원별 여건에 따라 교직원 인건비는 증명이 가능한 범위에서 공무원 수준으로 지원되고, 운영비는 학부모로부터 별도의 원비를 받지 않아도 운영이 가능할 정도의 공립유치원 수준으로 지원하게 되며, 그 밖에 시설환경개선과 교재교구 구입 예산이 지원됩니다.

4. 선정 및 운영현황

구분	2017학년도		2018학년도	
	한양제일유치원	대유유치원	명신유치원	영천유치원
지역	서대문구	강서구	영등포구	성북구
학급/모집정원	3학급/64명	4학급/90명	5학급/112명	3학급/64명
운영기간	2017. 3.~2022. 2. (재약정 체결 → 3년간 재약정 추진)		2018. 3.~2023. 2.	

읽어보자

서울시교육청, 전국 최초 부모협동 조합형유치원 '꿈동산아이유치원' 설립

2019년 3월 12일에 열린 부모협동 조합형유치원의 개원소식입니다.

'꿈동산아이유치원'은 유치원에 재원하고 있는 유아들의 학습권 보호를 위해(관내 사립유치원 중) 설립자가 사망한 유치원을 부모협동 조합형유치원으로 전환한 형태입니다.

부모협동 조합형유치원은 학부모들이 사회적 협동조합을 결성하여 직접 유치원을 설립·운영하는 새로운 모델로서, 사회적 협동조합이 주체가 되어 직접 유치원을 공동으로 운영·관리하게 됩니다.

'꿈동산아이유치원' 설립 과정은 공공시설을 임대하여 개원하는 유치원입니다. 건물임차에 소요되는 비용 등은 조합원들의 출자금으로 마련합니다. 이번에 전국 최초로 꿈동산유치원 사회적 협동조합을 설립자로 하는 공공건물 임대형 유치원이 설립되었습니다.

부모협동 조합형유치원은 국공립유치원은 아니지만 학부모 등으로 구성된 사회적 협동조합이 직접 유치원을 경영하게 됨으로써 유치원이 보다 투명하고 공정하게 운영될 수 있을 것이라고 기대되는 모델입니다. 학부모들의 희망사항 등을 고려하여 교육과정을 운영하는 등 유치원 운영의 효율성이 더욱 높아질 것으로 기대하고 있습니다.

서울시교육청은 사회적 협동조합 유치원이 성공적으로 정착할 수 있도록 운영형태를 지속적으로 점검·모니터링 할 예정입니다.

출처: 서울특별시교육청 학교지원과 학교설립팀.

3. 유치원의 현황

1) 유치원 수 변화 추이

2012~2016년 동안 유치원 수는 2012년 8,538개원에서 2016년 8,987개원으로 5.3%(449개원) 증가하였으며, 국·공립유치원의 경우 3.8% 증가, 사립유치원의 경우 6.9% 증가하여 사립유치원의 증가폭이 다소 컸다. 설립 유형별 분포를 살펴보면, 국·공립유치원의 비율은 2012년 53.0%에서 2016년 52.3%로 약간 감소한 반면, 공립 단설의 비율은 2012년 2.0%에서 2016년 3.4%로 점차 증가 추세였다. 2022년 전국 유치원 현황은 다음과 같다.

표 2-2 2022년 유치원 현황

시도	유치원수				학급수				교원수				원아수			
	계	국립	공립	사립	계	국립	공립	사립	계	국립	공립	사립	계	국립	공립	사립
총합계	8,562	3	5,113	3,446	35,799	17	13,675	22,107	53,696	25	21,318	32,353	552,812	255	167,230	385,327
서울	788	-	293	495	3,995	-	1,269	2,726	6,446	-	1,636	4,810	66,524	-	15,971	50,553
부산	394	-	136	258	2,176	-	566	1,610	3,410	-	882	2,528	36,308	-	7,921	28,387
대구	329	-	116	213	1,778	-	430	1,348	2,879	-	662	2,217	32,272	-	6,366	25,906

시도	유치원수				학급수				교원수				원아수			
	계	국립	공립	사립	계	국립	공립	사립	계	국립	공립	사립	계	국립	공립	사립
인천	396	-	191	205	2,034	-	690	1,344	2,909	-	846	2,063	35,427	-	8,589	26,838
광주	288	-	136	152	1,209	-	305	904	1,826	-	471	1,355	20,998	-	3,827	17,171
대전	255	-	105	150	1,276	-	334	942	1,947	-	454	1,493	20,405	-	3,805	16,600
울산	191	-	93	98	856	-	313	543	1,167	-	412	755	14,779	-	4,471	10,308
세종	64	-	62	2	443	-	434	9	1,034	-	1,020	14	6,422	-	6,311	111
경기	2,175	-	1,282	893	10,488	-	3,996	6,492	14,247	-	5,413	8,834	153,149	-	47,216	105,933
강원	359	1	276	82	961	4	516	441	1,384	6	768	610	13,168	55	5,839	7,274
충북	324	1	247	76	1,074	7	637	430	1,689	10	1,102	577	14,993	105	7,840	7,048
충남	498	1	376	121	1,616	6	751	859	2,623	9	1,381	1,233	23,647	95	8,474	15,078
전북	501	-	370	131	1,548	-	691	857	2,298	-	1,332	966	18,740	-	7,247	11,493
전남	516	-	422	94	1,317	-	810	507	2,293	-	1,626	667	16,285	-	8,338	7,947
경북	682	-	464	218	2,064	-	774	1,290	3,147	-	1,323	1,824	31,365	-	8,905	22,460
경남	683	-	442	241	2,673	-	964	1,709	3,981	-	1,746	2,235	42,385	-	12,532	29,853
제주	119	-	102	17	291	-	195	96	416	-	244	172	5,945	-	3,578	2,367

출처: 교육부(2022).

2) 취원 대상 연령 유아 수의 변화

유치원 취원 연령인 만 3·5세 유아의 2012 2016년 주민등록인구를 살펴보면, 2014년에 감소하다가 2016년까지 다시 상승하였고 2017년 다시 감소하였다. 연도별 출생아 수를 보면 2013년부터 출생아 수가 44만 명 미만으로 감소하여 취원 대상이 되는 2017년 이후부터 취원 대상아 수는 더욱 감소하였다. 2021년 통계청 자료를 살펴보면 출생아 수는 26만 6백 명으로 전년 대비 1만 1천 8백명 감소하여 합계 출산율은 출생 통계 작성(1970년) 이래 최저치를 보인다.

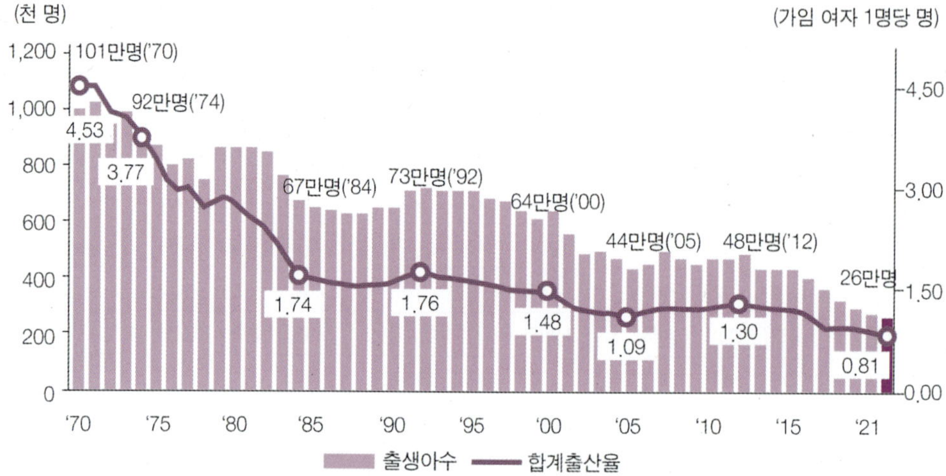

그림 2-2 연도별 출생아 수 및 합계출산율

출처: 통계청(2022).

3) 유치원 취원 현황

설립 유형별 유치원 취원 유아 수는 2017년 4월 기준 총 694,631명으로, 2016년 704,138명에 비해 9,507명(1.4%)이 감소하였다. 이는 2012년 613,749명 대비 80,882명(13.2%)이나 증가한 것으로, 누리과정의 도입으로 취원율이 증가한 것이다.

2017년 4월 기준 각 연령별 취원 현황으로 만 3세 유아는 161,172명, 만 4세 유아는 256,361명, 만 5세 이상 유아는 277,098명으로 나타났다. 2022년 4월 기준 유치원 원아수는 국·공립 167,485명, 사립 385,327명으로 총 552,812명으로 나타났으며, 이는 유치원 취원 원아 수는 증가하고 있으나, 저출산 현상이 심각하게 나타나고 있음을 보여주고 있다.

4) 유치원 설립·교원 현황

설립 유형별 유치원 현황을 살펴보면 2022년 4월 기준 국·공립유치원은 5,116개원, 13,692학급이고, 사립유치원은 3,446개원, 22,107학급이 운영되고 있다. 설립 유형별 교원 현황을 살펴보면 2022년 4월 기준 담임교원 수는 국·공립의 경우 21,318명, 사립의 경우 32,353명으로 공립 유치원의 수는 증가하고, 사립 유치원의 수는 점점 감소하는 추이를 나타내고 있다.

표 2-3 설립 유형별 유치원 및 학급 수

구분		2013	2014	2015	2016	2017	2022
국·공립	원	4,577	4,619	4,678	4,696	4,747	5,116
	학급	8,220	8,693	9,283	9,810	10,395	13,692
사립	원	4,101	4,207	4,252	4,291	4,282	3,446
	학급	22,377	24,348	24,792	25,980	26,074	22,107

출처: 교육부(2022).

4. 사립유치원 지원하기

살펴보자

안녕하세요? 4년제 대학 졸업 후 유치원에 취업하고 싶은 학생입니다. 아동학과 계열을 졸업해도 유치원에 취업이 불가능하다고 알고 있습니다. 유치원 정교사자격증 취득방법에 대해 알아보고 있습니다. 요즘 보육교사 관련해서 말들이 많아서요. 주변 분들 말들 들어보니 유치원 정교사자격증을 취득해 두면 안정적이고 취업도 더 잘된다고 해서 앞으로의 전망이 괜찮은지 알려주세요. 그리고 유아교육대학원도 고민 중이라 혹시 유치원 정교사자격증 취득 대학원에서도 되나요?

➲ 유치원 교사가 되기 위해서는 전문대학이나 4년제 대학교에서 유아교육과/아동교육과를 전공하거나, 사이버대학 등을 통해서 소정의 보육과 교직학점을 이수해야 한다. 교육대학원 또는 교육부장관이 지정하는 대학원의 교육과에서 유아교육을 전공하는 경우에도 유치원 정교사 자격을 취득할 수 있다. 유치원교사와 관련된 국가자격증으로는 교육부가 주관하는 유치원 정교사 1급, 2급이 있다. 대학에서 유아교육을 전공하거나, 교육대학원 또는 교육부장관이 지정하는 대학원의 교육과에서 유치원 교육과정을 전공하면 무시험검정으로 유치원 정교사 2급 자격을 취득할 수 있다.

출처: daum 카페 유치원의 임용고시.

유치원 교사는 교육현장에 처음으로 입문하는 초임교사를 거쳐 성숙기에 이르기까지 교직경력에 있어 다양한 단계를 맞이한다. 카츠(Katz, 1972)는 유아교사 관심사를 교직경력에 따라 생존기–강화기–갱신기–성숙기로 구분하고 각 수준에 나타나는 특징에 대한 연구를 제시하였는데, 교직 생활 최초 1년에 해당되는 초임교사들은 교사로서 적응하기 위한 직접적인 많은 문제에 고심하게 된다. 초임교사들이 교직에 적응을 하기 위해서는 본인들의 자격기준과 상위 자격기준에 대한 이해와 함께 교직에 입문하기 위한 여러 절차 및 여러 직무 역할에 대한 지식이 필요하다. 그에 대한 사항은 다음과 같다.

1) 유치원 교원의 자격기준

원장과 원감, 교사는 정교사(1급 · 2급), 준교사는 자격기준에 해당하는 사람으로서 대통령령이 정하는 바에 따라 교육부장관이 검정 · 수여하는 자격증을 받은 사람이어야 한다.

표 2-4 유치원 교원의 자격기준

자격 종별	자격기준
원장	1. 유치원의 원감자격증을 가지고 3년 이상의 교육경력과 소정의 재교육을 받은 자 2. 학식 · 덕망이 높은 자로서 대통령령이 정하는 기준에 해당한다고 교육부장관의 인정을 받은 자
원감	1. 유치원 정교사(1급)자격증을 가지고 3년 이상의 교육경력과 소정의 재교육을 받은 자 2. 유치원 정교사(2급)자격증을 가지고 6년 이상의 교육경력과 소정의 재교육을 받은 자
정교사(1급)	1. 유치원 정교사(2급)자격증을 가진 자로서 3년 이상의 교육경력을 가지고 소정의 재교육을 받은 자 2. 유치원 정교사(2급)자격증을 가지고 교육대학원 또는 교육부장관이 지정하는 대학원의 교육과에서 유치원 교육과정을 전공하여 석사학위를 받은 자로서 1년 이상의 교육경력이 있는 자
정교사(2급)	1. 대학에 설치하는 유아교육과 졸업자 2. 대학(전문대학 및 이와 동등 이상의 각종 학교와 「평생교육법」 제31조 제4항에 따른 전문대학학력인정 평생교육시설을 포함한다)졸업자로서 재학중 소정의 보육과 교직학점을 취득한 자 3. 교육대학원 또는 교육부장관이 지정하는 대학원의 교육과에서 유치원 교육과정을 전공하고 석사학위를 받은 자 4. 유치원 준교사자격증을 가진 자로서 2년 이상의 교육경력을 가지고 소정의 재교육을 받은 자
준교사	1. 유치원 준교사 자격검정에 합격한 자

1. 원장 · 원감, 초 · 중등교육법의 규정에 의한 교장 · 교감, 교육장 · 장학관 · 장학사 · 교육연구관 · 교육연구사의 경력연수는 교육경력연수로 볼 수 있다.
2. 이 표 중 전문대학에는 종전의 초급대학 · 전문학교 및 실업고등전문학교를 포함한다.

살펴보자

좋은 교사의 특징에 대해 알고 싶어요.

➲ ① 인성: 유아 사랑, 유아 이해, 모범, 유아 존중, 도덕성, 인내, 너그러움, 모성, 엄격, 일관성, 긍정적 사고, 활발함, 성실성, 원만한 대인관계, 세심함, 믿음직함 등

② 건강: 신체건강, 정신건강

③ 지식: 유아에 대한 지식, 전공지식, 교양 등

④ 교수능력: 교육과정 구성능력, 교육과정 실천능력, 발달 조장능력, 학부모 관계능력, 다재다능함, 환경 구성능력, 반성적 사고능력, 관찰력, 순발력, 민감성, 창의성, 융통성 등

⑤ 교육관: 교육철학 및 신념, 교육에의 열정, 자부심, 책임감 및 소명감, 공평함, 전문성 향상 노력 등 교직 태도 및 직업윤리와 관련된 특성

출처: 조경자(2007).

2) 사립유치원 교원임면 보고 절차

유치원에 채용이 되면 임면보고 절차에 따라 교육청에 보고를 하여야 한다. 교육부의 질의 · 회신(사립유치원 교사의 신원조사에 관해)에 따라 경력교사라 할지라도 임용권자(원상)가 바뀔 경우에는 신규교사 임용에 준하여 신원조사를 다시 실시한다. 관내(지역사회) 이동 및 타 교육지원청에서 이동(이직) 시 모두 신원조사를 실시하고 있다. 임용예정자는 보통 임용예정일 5주 전(충분한 시간 필요)에 신원조사 의뢰를 요청하여야 경력 손실을 예비할 수 있다.

신원조사 제출 서류

① 신원조사 의뢰공문
② 신원진술서(2017. 2. 22. 개정)
③ 개인정보 제공 동의서 2부(원본) (도장 불가, 꼭 본인 자필 서명)
④ 기본증명서(상세) 2부(원본), 주민번호 표시, 최근 3개월 이내 발급분만 인정

신원조사 의뢰 이후, 임용 전 준비사항

최근 3개월 이내 서류만 인정, 임용일 전 완료되어야 함

- 성범죄, 아동학대관련범죄 전력 조회(유치원 → 경찰서)
- 공무원채용 신체검사(임용대상자 → 지정병원)

교원 채용 절차

1. 채용 공고
2. 채용절차 진행
3. 임용예정자 결정

↓

신원조사 의뢰용 서류 제출

교사 → 유치원 → 교육지원청
1. 기본증명서 1부
2. 신원진술서(약식) 2부
3. 개인정보동의서 1부

교사 준비 서류

1. 경력증명서(전임유치원 면직 보고 후)
2. 채용신체검사서(임용전 완료)
3. 교원자격증
4. 교육공무원 인사기록카드
5. 원장 : 취임승낙서(자필)

↓

신원조사 의뢰

유치원 → 교육지원청→경찰서
(법정소요기한 1개월)

결격사유 조회

유치원 → 등록기준지
(임용예정교원)
(약 2주 정도 소요)

성범죄경력 및 아동학대 관련 범죄전력 조회 의뢰

유치원 → 경찰서
(온라인 발급 가능)

↓

각종 결과 확인 후 임용 확정

임용제청서 작성

- 법인 : 원장 → 법인이사회보고 (회의록 작성)
- 사인 : 원장 → 설립자보고

임명장 전달

설립자→교사

임용대장 작성

인사기록카드 원본 및 임용대장 기록·관리 철저

↓

교육청 임용보고 (임용 후 7일 이내)

1. 설립자가 날인한 임용보고 공문 1장
2. 교육공무원 인사기록카드(직인 날인)
3. 교원자격증 사본(원본 지참)
4. 임명장 사본 1부
5. 임용제청서 사본 1부(원장 제외)/취임승낙서(자필) 사본 1부(원장)
6. 경력증명서 각 1부(해당자만)
7. 채용신체검사서 1부
8. 성범죄경력 및 아동학대 관련 범죄전력 조회 회신서 사본 1부
9. 결격사유 조회 회보서 사본 1부
10. 이사회 회의록 사본 1부(법인)

그림 2-3 사립유치원 교원 임용업무 절차흐름도

서식 1 **[별지 제21호 서식] 〈개정 2017.2.22.〉**

신 원 진 술 서(약식)

성 명		한 자		주민등록번호		[사진] 사진파일 가능 (3cm×4cm)· (3.5cm×4.5cm)
등록기준지						
주소						
실거주지						

직 장	직장명 : 소재지 :	연락처	직장전화 : 휴 대 폰 : E-mail :

학 력	학 교 명	기간	전공학과	학 위	소 재 지
		. . ~ . .			
		. . ~ . .			
		. . ~ . .			

경 력	기관·업체 및 정당·사회단체명	기간	직책(직급)	상 벌 관 계(일자)
		. . ~ . .		
		. . ~ . .		
		. . ~ . .		

해 외 거 주 사 실	거주 국가	기간	거주 목적	동반 가족
		. . ~ . .		
		. . ~ . .		

병 역	군별	기간	병과	최종 계급	미 필 사 유
		. . ~ . .			

배우자 부모 자녀	관 계	성 명	생년월일	관 계	성 명	생년월일
	배우자			子		
	父			子		
	母			子		

1. 위 내용은 사실과 다름이 없으며, 기재사항 누락 및 허위기재 사실이 있을 경우 「국가공무원법」 등 관계법령에 따라 불이익을 받을 수 있다는 사실을 고지 받았음을 확인합니다.
2. 사실관계 확인을 위하여 「개인정보보호법」 제15조(개인정보의 수집·이용)에 따라 개인정보의 수집·이용에 동의합니다.

년 월 일

작 성 자 성명 인(서명 또는 날인)

개인정보 제공 동의서(약식)

• 본인은 신원조사기관이 본인에 대한 신원조사를 실시할 필요가 있다는 것과 개인정보(범죄 경력 등 민감정보 포함. 이하 동일) 수집 목적 등 아래 유의사항을 이해하였으며, 이를 위해 「개인정보보호법」 등에 의해 보호되고 있는 본인의 개인정보를 동법 제15조(개인정보의 수집·이용)의 규정 등에 따라 신원조사기관에 제공하는데 동의합니다.
• 이에 따라, 개인정보 보유기관장은 원활한 신원조사를 위해 본인에 관한 개인정보를 해당 신원조사기관에게 제공하여 줄 것을 요청합니다.
• 본인이 서명한 동의서 복사본은 원본과 동일하게 유효하다는 것을 인정합니다.

유의사항 (개인정보 수집 목적 · 관리방법, 정보제공 동의 거부 가능 고지)
• 수집된 개인정보자료 · 개인정보 제공 동의서는 신원조사 목적으로만 사용되고, 「공공기록물관리에관한법률」에 따라 관리 · 폐기되며 수집하려는 개인정보의 항목은 아래와 같습니다. • 개인의 자유로운 의사에 따라 정보 제공동의를 거부할 수 있습니다. 다만, 이 경우 신원조사를 원활히 진행할 수 없음을 알려드립니다.

년 월 일

성명 (서명)

■ 본인 동의

성 명	생년월일	서 명	
		개인정보 제공 동의	민감정보 제공 동의
		자필 서명	자필 서명

※ 신원조사를 위해 수집되는 정보자료 항목

개인정보	민감정보
■ 주민 조회자료(경찰청)	■ 범죄경력 · 수사 · 수배 조회자료(경찰청)

개인정보 보유기관장 귀하

신원조사가 완료되면 교육지원청에서 유치원으로 통보(DCMS 게시)한다. 신원조사가 완료된 이후 7일 이내에 임용보고 서류를 갖추어 교육지원청에 제출하여 임용보고를 완료하여야 한다.

신원조사 의뢰 이후, 임용 전 준비사항

① 임용장 사본 1부
② 임용제청서 사본 1부
③ 겸직 여부 확인 및 개인정보제공동의서 1부
④ 졸업증명서 사본 또는 최종학력증명서 사본 1부
⑤ 교원자격증 사본 1부(원본 지참)
⑥ 경력증명서 원본 1부
⑦ 공무원 채용신체검사서 1부
⑧ 성범죄 경력 및 아동학대 관련 범죄 전력 조회 회신서 1부
⑨ 결격사유 조회회보서 1부
⑩ 교육공무원 인사기록카드 1부

임용서류는 교육지원청에 인편제출(직접 가서 제출)하여야 한다. 신원조사회보 및 모든 서류가 완료된 이후 임용이 가능하며 임용일자 소급은 불가하므로 범죄경력조회서, 신체검사서 모두 임용일 이전 발급해 두어야 한다. 초임교사로 유치원에 취업하는 첫 임용도 중요하지만, 개인적 사정에 의하여 근무 중 퇴직하여야 할 경우에는 임용과 반대로 해임을 하여야 하는데, 임용과 해임을 줄여서 임면이라고 한다. 취업 후 이직을 준비하기 위해 퇴직절차를 거쳐야 하므로 해임관련 서류와 절차에 대해서도 알아두면 좋다.

해임보고도 임용보고와 같이 7일 이내 보고하게 되어 있다. 퇴사하는 교사는 해임절차를, 그리고 그 자리에 신규 교사를 임용하게 되므로 인편으로 제출할 때 임용서류와 면직(해임)서류를 유치원에서 교육지원청으로 제출한다. 제출 서류는 다음과 같다.

면직 시 제출 서류사항

① 사직원 1부
② 면직제청서 1부
③ 서약서 1부
④ 의원 면직 사유 확인서 1부

해임일자에 유의하여야 한다. 해임일자는 실제 근무한 날짜 다음날로 모든 서류를 작성(사직서 포함)하여 제출하여야 한다. 즉, 당해 2월 28일까지 근무하였다면 3월 1일자로 해임보고서를 작성하여 제출하도록 한다.

3) 교원의 복무

교직원은 학기 중 복무 규정을 준수하여야 하며, 출·퇴근 등 근무 시간 준수를 철저히 하고 무단 결근, 무단 지각 및 무단 이석, 출장을 빙자한 사적 용무 처리를 금지한다.

교원의 복무규정에 대한 용어를 정리하면 다음과 같다.

표 2-5 교원 복무규정 관련 용어

용어	내용
출근	근무 시작 시간까지 근무 장소(사무실 또는 현장)에 도착하는 것
지각	근무 장소에 근무 시작 시간 이후에 출근하는 것
조퇴	근무 종료 시간 이전에 퇴근하는 것
외출	근무시간 중 개인 용무를 위하여 근무 장소 외부로 나간 후, 근무 종료 시간 이전에 돌아오는 것
퇴근	그날의 업무를 종료하고 근무 종료 시간 이후에 근무 장소를 떠나는 것
결근	출장, 휴가 등의 정당한 사유 없이 근무 종료 시간까지 출근하지 아니하는 것
출장	상사의 명에 의하여 정규 근무지 이외의 장소에서 공무를 수행하는 것 (* 공무와 무관한 사항에 대하여 출장 처리를 해서는 안 됨)

출처: 국가공무원 복무·징계 관련 예규, 인사혁신처 예규 제39호.

4) 사립유치원 교사의 보수

유치원 현황에서 살펴본 것과 같이 국·공립유치원과 사립유치원은 설립유형이 다르고 급여 차이를 해소하려고 노력하고 있으나 아직은 격차가 있다. 사립유치원 교사의 보수는 3장에 제시된 유치원 교원 봉급표에 해당하는 각 교사의 경력에 따른 호봉에 국가에서 지원되는 각종 수당과 함께 유치원별로 책정되어 있는 수당을 합산한다.

국가에서 지원되는 교원 기본급 보조지원대상은 사립유치원 교원 정원기준(초등교육정책과-14266,'08.09.)에 따라 교육지원청에 임용 보고된 원장, 원감, 담임교사(방과후과정반 포함)이다. 지원 기준을 살펴보면 다음과 같다.

- 교원별

구분	원장	원감	담임교사		비고
			교육과정반	방과후과정반	
지원 인원	1명	1명	편성학급당 담임교사 1명	세부지원 기준 참조	• 편성학급은 인가학급을 초과할 수 없음 • 1학급당 1담임 원칙으로 담임수당 지급 • 단, 2학급 이하인 유치원의 원장 또는 원감이 담임업무를 수행할 경우에는 담임수당 지원 가능 • 장기근속수당은 교원 경력 5년 이상에 한함
지원 금액	• 교육청 수당 77만원(2023년 기준) → 원장, 원금은 위 수당에서 담임수당 제외 • 장기근속수당 월 3만원 (참고: 매년 변경이 될 수 있으므로 해당 년도의 자료를 확인)				

- 방과후과정반
  - 편성학급 1학급: 정원에 상관없이 담임교사 1명에게 지원
  - 편성학급 2학급 이상: 매 학기 시작일 기준 방과후과정반 전체 유아 20명당 담임교사 1명에 대해 지원

* 단, 매 학기 시작일(3월, 8~9월) 기준으로 방과후과정반 유아 수 20명을 충족하였으나 학기 중 감소한 경우, 매월 1일을 기준으로 유아 16명당 담임교사 1명에게 지원 가능
예시) 3월 20명, 4월 16명: 지금, 3월 18명, 4월 16명 : 미지급

• **장기근속수당**: 공무원 보수규정(별표 22 교육공무원 등의 경력환산율표 1. 교원경력)에 따라 매월 1일 기준으로 교원 경력 5년 이상인 자

출처: 교육부(2019).

읽어보자

국·공립 – 사립 교원 간 임금 격차 해소

사립유치원 교원의 기본급이 국 · 공립유치원 교원에 준할 수 있도록 단계적 개선이 이루어지도록 2017년 유아교육혁신방안을 발표하였다. 이는 2018년부터 2022년까지 추진할 계획이다. 2018년부터 향후 5년간 6만 원씩 단계적으로 인상하여 공 · 사립유치원 교원 간 기본급 격차를 완화한다.

공 · 사립유치원 교원 임금(기본급) 격차 변동 추이

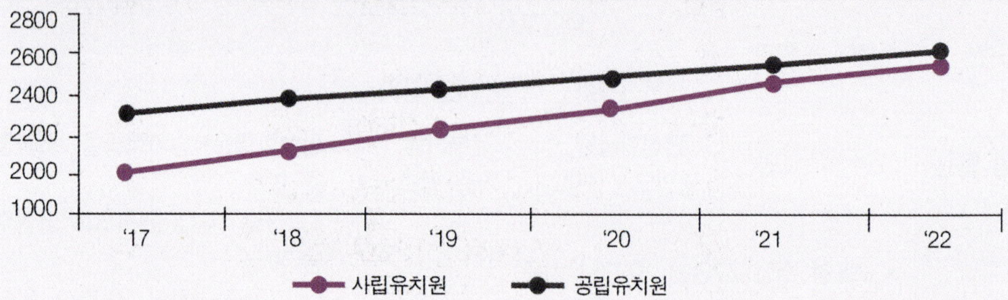

출처 : 교육부(2017).

현재 2023년 사립유치원의 처우개선비는 해마다 지속적으로 인상되고 있으며(2023년 기준 처우개선비 77만원), 사립유치원 교원복지 법제화 추진과 함께 지속적인 체제 개선이 이루어질 계획이다.

본 장에서는 유아교육과를 졸업하여 유치원으로 취업을 희망하는 유치원 2급 정교사자격증을 취득하는 취업준비생을 위해 사립유치원을 중심으로 살펴보았다. 다음 장은 국·공립유치원의 취업을 위한 임용고시를 중심으로 살펴보고자 한다.

참고문헌

교육부(2017). 유아교육혁신방안.
______(2018a). 교원자격검정 실무편람.
______(2018b). 유아교육정책과 보도자료.
______(2019). 2019년도 시립유치원 교원 기본급 보조 지원계획.
______(2022). 교육통계자료.
국가공무원 복무 · 정계 관련 예규, 인사혁신처 예규 제39호.
서울시교육청(2022). 유아교육과 유아교육지원팀.
서울특별시교육청 학교지원과 학교 설립팀.
조경자(2007). 예비교사들이 인식한 좋은 유아교사의 특성. 미래유아교육학회지, 14(4), 561-586.
통계청(2022). 인구동향조사.

http://cafe.daum.net/kindertest
https://youtu.be/3BtvlFjptlI
[유튜브 '초인딱세' 채널]

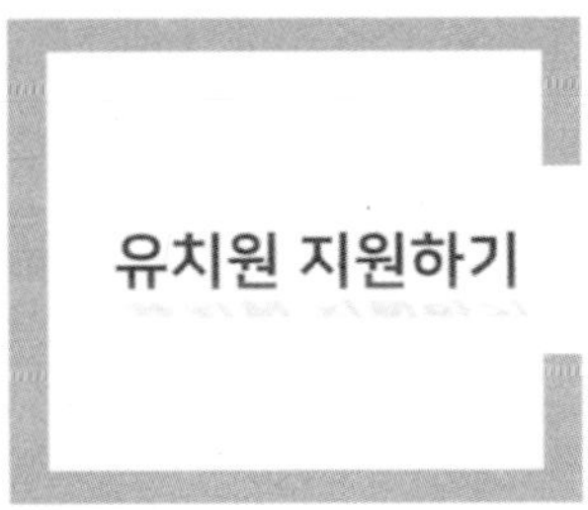

제3장

국·공립유치원과 임용고시

국가가 설립·경영하는 유치원을 국·공립유치원이라고 하며 교원 선발은 임용고시를 통해서 연 1회 실시한다. 본 장에서는 국·공립유치원에 대한 이해와 취업을 위한 임용고시 준비에 대한 내용을 살펴보도록 한다.

읽어보자

국·공립유치원 유치원 확충

2018년 우리 사회를 떠들썩하게 만든 사립유치원 사안이 발생하였다. 교육부는 대책들을 담아 '유치원 공공성 강화 방안'을 내놓았고, 핵심 중 하나는 국·공립유치원 확충으로 취원율 40%를 조기 달성하겠다고 천명하였다. 당초 2022년 달성을 2021년으로 한 해 앞당겨 600학급 이상 확충하여 원아 10명 중 4명은 국·공립유치원에 다니도록 하겠다는 것이다.

전체적으로 학급은 많이 만들었지만 빈자리가 있고, 국·공립유치원을 선호한다고 생각했는데 채워지지 않았다. 코로나19로 아예 유치원에 오지 않다 보니 그럴 수 있고 또는 접근성 떨어지는 장소에 확충해서 그럴 수도 있으나 원인 분석이 필요하다.

사립유치원 문제 이후 정부는 여러 정책들을 추진하였고, 에듀파인을 도입하고 입학 시스템을 안착시켰으며, 사 정보를 공개하고 회계부정에 대한 형사처벌 근거를 만들어, 투명성 제고는 한층 좋아졌다. 반면, 국·공립유치원 확충은 더디며, 사립유치원의 법인화는 시작도 못하고 있다. 우리나라는 국·공립유치원 취원율이 낮고 개인 사립유치원은 많아 제도 개선이 필요하다. 신뢰이익을 최대한 보장하면서 점진적으로 변화를 모색해야 한다.

출처: 오마이뉴스(2022. 3. 21)

1. 국·공립유치원의 이해

국립유치원은 국가가 설립·경영하는 유치원으로(「유아교육법」 제7조 제1항), 현재 우리나라에는 세 곳이 국립대학교에 부설되어 있다. 공립유치원은 지방자치단체가 설립 · 경영하는 유치원으로, 설립 주체에 따라 시립유치원과 도립유치원으로 구분할 수 있다. 공립유치원은 유치원 자체의 단독 건물과 유아교육 전공 원장, 원감이 있는 단설유치원, 그리고 「유아교육법」 제9조와 「초 · 중등교육법」 제2조에 따른 초등학교 · 중학교 및 고등학교에 병설된 병설유치원으로 나누고 있다(한국유아교육학회, 1997). 다시 말해, 초등학교 교장과 교감이 원장, 원감 겸직을 하는 1~2학급 병설유치원, 초등학교 교장이 원장 겸직을 하고 유아교육전공 원감이 있는 3학급 이상 병설유치원과 유아교육전공 원장, 원감이 있는 단설유치원이 있다. 첫째, 병설유치원은 초등학교 관내에 설립되고, 원장은 초등학교 교장이 겸임하게 되며, 대개 1~2학급으로 운영된다. 둘째, 지역특성, 인구동향(국공립 분담률), 기관 현황 등을 고려하여 시 · 도교육청별로 단계적으로 신 증설하여 국 · 공립유치원을 40% 이상 확대하고 있다. 셋째, 국 · 공립유치원 확대를 통한 국가 책임을 강화하기 위해 단계적으로 추진해 나갈 전망이다.

그림 3–1 단설유치원

공립유치원의 조직 유형을 살펴보면, 1학급과 유치원 원감이 없는 2, 3학급 병설유치원, 전임 원감이 배치된 2, 3학급 병설유치원, 유치원 원장이 배치된 단설유치원으로 나뉜다. 1학급과 유치원 원감이 없는 2, 3학급 병설유치원은 초등학교 교장과 교감이 겸임으로 운영되고 있으며, 유치원 원감이 배치된 3학급 이상의 공립유치원도 초등학교에 병설되며 초등학교의 교장이 원장을 겸임하게 된다. 단설유치원의 경우에는 유치원 단독 건물의 독립유치원으로 원장, 원감은 유아교육을 전공한 전임 관리자이다. 국·공립유치원의 조직 유형을 살펴보면 다음과 같다.

표 3-1 공립유치원 조직 유형

조직유형	분류 기준				비고 (관리자 유형)
	유치원의 형태	학급 수	원감현황	원장현황	
1학급 공립	초등학교에 병설	1학급	초등교감이 겸임	초등교장이 겸임	비전임
전임 원감이 없는 2, 3학급 공립	초등학교에 병설	2, 3학급	초등교감이 겸임	초등교장이 겸임	비전임
전임 원감이 배치된 3학급 이상 공립	초등학교에 병설	3학급 이상	유아교육전공 원감	초등교장이 겸임	부분전임
단설유치원	단독 건물의 독립유치원	5학급 이상	유아교육전공 원감	유아교육전공 원장	완전전임

출처: 이순자(2008).

2. 국·공립유치원의 교원

국·공립유치원 교사가 되기 위해서는 유치원 정교사자격증을 소지한 자로서 국·공립유치원 교사 임용 후보자 선정 경쟁시험을 통해 선발되어야 하며 교육 공무원의 신분을 가진다.

「유아교육법」 및 「유아교육법 시행령」에 따라 국·공립유치원에는 학급을 담당하는 담임 교사가 1명 이상 배치되며, 3학급 이상의 국·공립유치원에는 보직교사가 1명씩 배치되고 보직교사에게는 가산점과 함께 보직교사 수당금이 지급된다. 「유아교육법」상 국·공립유치원 교원 배치 조항은 다음과 같다.

표 3-2 국·공립유치원 교원 배치 조항

구분	법령	조항
교원	유아 교육법 제20조	① 유치원에는 교원으로 원장 · 원감 · 수석교사 및 교사를 두되, 대통령령으로 정하는 일정 규모 이하의 유치원에는 원감을 두지 아니할 수 있다(개정 2010. 3. 24., 2011. 7. 25.) ② 유치원에는 교원 외에 촉탁의사, 영양사, 간호사 또는 간호조무사, 행정직원 등을 둘 수 있다. ③ 유치원에 두는 교원과 직원(이하 "교직원"이라 한다)의 정원 · 배치 기준 등에 관하여 필요한 사항은 대통령령으로 정한다.
	유아 교육법 시행령 제23조	① 법 제20조에 따라 유치원에는 원장·원감 외에 학급마다 교사 1명 이상을 배치하여 학급을 담당하게 한다. 다만, 2학급 이하인 유치원의 경우에는 원장 및 원감이 학급을 담당할 수 있다. ② 법 제20조 제1항에서 "대통령령으로 정하는 일정 규모 이하의 유치원"이란 2학급 이하의 유치원을 말한다. ③ 방과후 과정을 운영하는 유치원에는 각 학급 담당교사 외에 방과후 과정 운영을 담당할 교사를 1명 이상 둘 수 있으며, 유치원별 방과후 과정 운영 담당 교사의 배치기준은 관할청이 정한다(개정 2012. 4. 20.) ④ 유치원에는 교사 중에서 다음 각 호의 구분에 따른 수의 보직 교사를 둘 수 있다. 다만, 11학급 이하의 유치원으로서 교육부장관이 지정하는 연구학교에는 다음 각 호의 구분에 따른 수보다 보직교사 1명을 더 둘 수 있다(개정 2013. 3. 23., 2015. 11. 30.) 1. 3학급 이상 5학급 이하의 유치원: 1명 2. 6학급 이상 11학급 이하의 유치원: 2명 3. 12학급 이상의 유치원: 3명 이상 ⑤ 제4항에 따른 보직교사의 명칭은 관할청이 정하고, 유치원별 보직교사의 종류 및 그 업무분장은 원장이 정한다.

국·공립유치원 교사는 교육공무원으로서 공무원 보수체계에 해당하는 보수를 받게 되며, 출신학교, 임용 전의 교육 경력 등에 따라 초임 호봉을 확정 받게 된다. 우리나라 교원의 보수는 학력, 자격 및 경력과 직무의 곤란성 및 책임의 정도에 따라 대통령령(대통령령 제21979호, 2010. 1. 7. 일부개정)으로 정하고 있으며 민간의 임금, 표준 생계비 및 물가변동 등을 고려하여 책정된다. 보수와 관련된 몇 가지 용어를 살펴보면 다음과 같다(공무원 보수규정 제4조).

첫째, '보수'란 봉급과 그 밖의 각종 수당을 합산한 금액을 말한다. 다만, 연봉제 적용대상 공무원은 연봉과 그 밖의 각종 수당을 합산한 금액을 말한다.

둘째, '봉급'이란 직무의 곤란성과 책임의 정도, 직책별로 지급되는 기본급여 또는 직무의 곤란성과 책임의 정도 및 재직 기간, 계급(직무등급이나 직위를 포함한다) 등에 따라 다르다.

셋째, '수당'이란 직무여건 및 생활여건 등에 따라 지급되는 부가급여를 말한다.

넷째, '승급'이란 일정한 재직 기간의 경과나 그 밖의 법령 규정에 따라 현재의 호봉보다 높은 호봉을 부여하는 것을 말한다.

유치원 교사는 교육 공무원으로서 공무원의 보수체계에 따라 해당되는 보수를 받게 되는데, 「헌법」 제31조 제6항에서 학교교육 및 평생교육을 포함한 교육제도와 그 운영, 교육재정 및 교원의 지위에 관한 기본적인 사항은 법률로 정한다고 되어 있다.

보수	봉급	수당	승급
봉급+각종 수당	기본급여	부가급여	호봉이 올라감

그러므로 보수는 호봉별로 지급되는 봉급(기본급여)과 그 밖의 각종 수당을 합산한 금액이다. 국·공립유치원과 사립유치원 교사의 보수는 보수체계의 기준, 보수를 산출하는 방식, 수당 등이 달리 적용되므로 차이가 있다. 국·공립유치원 교사는 교육공무원으로 「공무원 보수·수당 관련 규정」에 의해 보수가 결정되며, 사립유치원 교사의 보수는 「교원지위향상을 위한 특별법」 제3조에 국·공립학교 교원의 보수 수준으로 유지, 우대하여야 한다고 규정하고 있다.

유치원 교사에게 지급되는 봉급액의 기준은 호봉이며, 교사 근무기간 1년 단위로 한 호봉씩 승급된다. 교사의 보수는 각 호봉과 각종 수당을 합산한 금액이며, 수당의 금액에 따라 보수에 차이가 있다. 즉 국·공립유치원은 공무원 수당 관련에 따른 모든 수당을 모두 받을 수 있지만, 사립유치원의 경우에는 호봉별로 지급되는 봉급액과 교육청에서 지원되는 처우개선비와 기관의 재량에 따라 지급되는 담임수당, 상여수당 등에 따라 보수의 차이가 난다.

교육공무원에게 지급되는 상여수당으로 대우공무원 수당 월봉금액의 4.1%, 정근수당 본봉의 0~50%로 연 2회, 정근수당금(월 5~13만 원), 성과 상여금이 있고 가계보전수당으로는 가족수당, 자녀학비보조수당, 육아휴직수당이 있다. 그 외 교직수당과 담임수당, 정액급식비, 명절휴가비 연 2회, 시간외 수당이 있다. 유치원 교사의 호봉별 봉급액은 다음과 같다.

표 3-3 2023년도 유치원 교원 봉급표

(월 지급액, 단위: 원)

호봉	봉급	호봉	봉급
1	1,728,900	21	3,295,182
2	1,781,276	22	3,416,815
3	1,834,363	23	3,537,431
4	1,887,349	24	3,658,251
5	1,940,741	25	3,779,070
6	1,993,930	26	3,900,398
7	2,046,611	27	4,026,812
8	2,099,088	28	4,153,021
9	2,152,379	29	4,284,926
10	2,210,653	30	4,417,441
11	2,267,707	31	4,549,448
12	2,325,981	32	4,681,251
13	2,431,952	33	4,815,190
14	2,538,330	34	4,948,722
15	2,644,607	35	5,082,356
16	2,751,087	36	5,215,583
17	2,856,346	37	5,331,521
18	2,966,487	38	5,447,459
19	3,076,018	39	5,563,702
20	3,185,651	40	5,679,233

비고: 유치원 · 초등학교 · 중학교 · 고등학교의 기간제교원에게는 제8조에 따라 산정된 호봉의 봉급을 지급하되, 고정급으로 한다. 다만, 「교육공무원법」 제32조 제1항 제4호에 따른 기간제교원의 봉급은 14호봉을 넘지 못하며, 「교육공무원임용령 제13조 제2항에 따라 시간제로 근무하는 기간제교원으로 임용된 사람에게 지급하는 월봉급액은 해당 교원이 정상근무 시 받을 봉급월액을 기준으로 하여 근무시간에 비례하여 지급한다.

교육청이 사립유치원을 사들여 국·공립으로 전환하는 매입형유치원의 대상은 적어도 교사 20명 이상 근무하고 있는 대형 사립유치원이다. 매입형유치원은 점점 증가하고 있으나 교사의 고용승계가 안 되다 보니 많은 교사들은 임용고시에 합격하지 않는 이상 실직을 하게 된다. 따라서 학부 때부터 임용고시를 준비하는 학생이 늘어나고 있으나, 2023학년도 임용고시 현황을 살펴보면, 급격히 신규 선발이 감소하였다(임용고시 부분 참고). 다음에서는 매입형유치원의 신청과 선정 방법에 대해 알아보자.

읽어보자

1. 매입형유치원 신청

- 신청 자격 → 자가소유, 단독건물, 6학급 이상 인가받아 설립·운영 중인 사립유치원
  - 매입 대상 건물 전체를 유치원으로 활용할 수 있어야 함
  - (평가 점수가 같을 경우 등) 건축연면적 1,400㎡ 이상 우선 선정
  - 단독부지 우선 선정, 공유부지(대지권 비율 등)는 예외적으로 인정
  - 건물 전체가 동일인 소유이어야 하며, 저당권, 용익권(임차권 포함)이 설정된 경우 매입 계약 전까지 권리의무 관계가 종결되어야 함
  - 사립유치원은 공모 신청서 제출 시 운영위원회 자문결과(전환 동의 내용 등이 포함된 회의록)를 제출해야 함

2. 매입형유치원 선정 방법

- 1차 심사(70점) - 신청 유치원 대상 정량평가(서류평가)
  - ⇨ 자치구 내 공립유치원 수, 서민거주 밀집지역, 취원대상 유아 수, 건물노후도, 시설 여건 등을 고려하여 평가
- 2차 심사(30점) - 1차 심사 결과 선정된 유치원 정성평가(현장평가)
  - ※ 1차 심사 결과 상위 2배수 이내 선정(유치원 평가 결과 등에 따라 변동 가능)
    - ⇨ 통학 여건, 교육 환경, 편의 시설, 주변 위해시설 등을 고려하여 평가
- 1~2차 심사 결과를 합계하여 매입형유치원 추진위원회에서 심의 후 선정
- 교육부 자문: 선정된 유치원을 교육부 자문위원회에 심사(자문) 의뢰

3. 임용고시

1) 임용고시란?

교육부는 2018년부터 2022년까지 매년 약 500개의 공립유치원 학급을 증설하고, 국·공립유치원의 취원율을 40%로 확대함으로써 유아교육의 공공성을 공고히 하였다. 유아교육의 공교육화 경향은 사립유치원 교사들에게 현 교직에 대한 불안감을 증대시키면서 국·공립유치원 교직에 대한 관심으로 이어지고 있다. 공립유치원 학급의 증설은 신교 교원의 수요를 증대시켰는데, 이에 따라 2013년에는 152명에 불과했던 공립유치원 신규 교원의 채용이 2015년에는 616명, 2016년 703명, 2017년에는 604명으로 지속적으로 높은 수치를 보이고 있다(한국교육개발원, 2018). 그러나 출생률의 감소에 따른 사회적인 변화에 따라 2023학년도 공립유치원 선발 인원은 2022학년도보다 27.1% 감소한 422명이다. 따라서 유치원 교사의 안정적인 근무를 보장하는 임용고시제도에 대한 정책의 변화에 따른 정보숙지가 필요하다고 본다.

임용고시란 공립유치원·초등학교·특수학교(유치원·초등)교사 임용후보자 선정경쟁 시험으로 근거법령 「교육공무원법」(개정 2016. 1. 27.) 및 「교육 공무원 임용령」(개정 2016. 1. 6.)과 「교육 공무원 임용 후보자선정경쟁시험규칙」(개정 2014. 8. 8.)에 의한 국·공립 교사가 되기 위한 등용문이라고 할 수 있다. 「유아교육법」에 의하여 설립된 각 시·도의 '공립(도립·시립)유치원'에 근무하는 유치원 교사를 선발하는 시험을 의미한다. 유치원 임용시험은 1년에 1번 1, 2차에 걸쳐 진행된다. 보통 11월경에 시험이 시행되나, 시기에는 변동이 있을 수 있을 수 있으므로 교육청에서 발표되는 시행공고를 확인해야 한다. 1차 시험은 교직논술과 교육과정으로 진행되고, 2차 시험의 경우 교직적성 심층면접, 교수·학습 과정안 작성, 수업실연 등으로 이루어져 있으며, 각 시·도별로 차이가 있다. 임용시험은 공무원 시험과 달리 거주지 제한이 없으며, 지역별 선발 인원을 확인하고, 원하는 지역을 선택해서 시험에 응시할 수 있다.

유치원의 유형은 크게 국·공립과 사립으로 구분되는데 그중에서 국·공립유치원은 임용고시를 통한 공개 경쟁으로 교사를 선발한다. 유아교육을 전공한 학생이라면 누구나 한번은 임용고시 도전을 통한 국·공립유치원교사가 되고 싶은 꿈을 가지고 있다. 누구나 임용고시를 통한 교육공무원이 되고 싶은 이유는, 선발된 교사는 교육공무원 즉, 국·공립 초·중·고등학교 교원처럼 동일한 교육법에 의해 신분을 보장받고 그에 준하는 처우와 복지를 누릴 수 있기 때문이다.

궁금해요

교육부, 저출산 현상에 따른 임용절벽! 2023학년도 공립유치원 교사 422명 선발

교육부와 전국 시·도교육청은 2023학년도 공립유치원 교사 임용후보자 선정경쟁시험 시행계획을 각 시·도교육청 홈페이지를 통해 확정·발표하였다. 각 시·도교육청별로 치러질 2023학년도 공립유치원교사 임용시험 신규선발 규모는 422명으로, 지난 2022학년도보다 27.1% 감소하였다.

2023학년도 시도별 공립유치원교사 임용(후보자 선정경쟁)시험 선발 인원

시도	서울	부산	대구	인천	광주	대전	울산	세종	경기	강원	충북	충남	전북	전남	경북	경남	제주	계
선발 인원	10	25	3	31	3	2	10	10	47	16	17	34	22	58	50	73	11	422

('18. 9. 13. 10:00, 시·도교육청 시행계획 공고 기준)

교육부에 따르면 임용시험 선발 규모를 발표하였는데, 서울이 10명(-76.2%), 대구가 3명(-70.0%), 경기가 47명(-56.5%), 인천이 31명(-52.3%)을 모집한다.

유아 특수교사의 경우 총 105명을 선발하는데, 경기가 90명(-73.0%), 경남이 12명(-78.2%), 대전이 4명(-77.8%), 전남이 7명(-76.7%) 선발한다.

이와 같은 임용절벽 현상은 공립유치원 임용고시에만 해당하는 것이 아닌, 초, 중, 고등 전체 학년에 해당하는 심각한 현상이다.

출처: 교육부(2022b).

읽어보자

2022학년도 최종합격자의 합격수기

안녕하세요? 저는 초수로 최종합격한 경기 합격생입니다. 저는 대학교를 졸업하자마자 바로 1년 올인하였습니다. 대학 때도 공부를 잘하거나 열심히 한 것은 아니었고, 의지도 약한 사람이라 처음 임용을 시작하였을 때 모든 것이 새롭고 어려웠습니다. 또한 주변에 임용 붙으신 분도 없고 정보를 얻을 곳도 없기에 더욱 막막하였습니다. 그러나 무슨 일이 있어도 꼭 1년 안에 합격해야겠다는 마음과 ○○쌤과 ○○쌤만 믿고 의지하면 된다는 마음으로 공부를 하였더니 너무 감사하게 그 꿈을 이룰 수 있었습니다.

공부해야 할 과목			
개론	각론	해+지	기출
사상가	신체운동+동작교육	총론 (구성방향+목적+편성·운영+교수·학습방법)	기출논술 (기출 1번씩 들리기) *원고지 교정부호 정리
발달	건강·안전	신체운동·건강	
부모	의사소통	의사소통	
교사론 +교원능력개발평가+법	사회관계 (빌딩이론+사회교육)	사회관계	
놀이(+규칙 있는 게임)	예술경험 (미술+음악+연수자료)	예술경험	
교육과정(이론+역사) +복지	자연탐구(수학+과학) +카미 - 드브리스	자연탐구	
유아 평가		평가 (누리과정운영평가+유아평가)	
운영관리+혼합연령 +교육 환경		운영환경	
+피아제 +비고츠키	유아교육법/아동복지법+장애(이론+법) 7대 안전/시설관련 법 그 외/아동 학대 외/ 안전 교육 시간	숫자 따로 외우기 (시간, 칼로리, 공식 등)	

▌시기별 공부 및 공부 방법

✎1차 시험

➲ 1) 한국사

저는 1월부터 개론과 함께 병행하여 오전에는 한국사, 오후에는 개론공부를 진행하였습니다. 또한 한국사가 3급 이상이면 되어, 중급으로 준비하였고 강의는 EBS에서 무료로 하는 최**선생님의 강의를 들었습니다. 책을 사기는 하였지만 빈칸을 채워넣는 것이 머릿속에 잘 들어오지 않는다고 느껴 최**선생님께서 하시는 판서를 강의 들으면서 그대로 옮겨 적으며 공부하였습니다. 공부를 시작할 때 이미 시험까지 한달도 안 남은 시점이라 강의는 매일 3-5개 정도 듣고 복습하였고, 전날 적은 판서는 다시 보며 복습하였습니다. 또한 2주 정도 남았을 때는 3개년 치 한국사 기출 문제를 뽑아 매일 풀고 틀린 부분은 다시 보며 안 외워지는 것은 모아두었다가 최대한 자주 보려고 노력하였습니다. 저는 한국사를 매번 삼국시대에서 끝내던 사람이라 지식이 아주 부족한 상태였습니다. 그러나 80점대로 무난하게 통과한 것을 보면 1. 강의를 들을 것, 2. 적어도 기출은 꼭 꼭 풀어볼 것! 이 두 가지만 한다면 충분히 통과하실 것이라고 생각됩니다. (추가적으로 전년도에 고급을 따겠다고 하다가 30점대 맞은 기억이 있어서 정말 흥미가 있으신 분이 아니라면 그냥 빠르게 자격충족 될 정도만 따도 충분할 것 같아요)

➲ 2) 논술

저는 이번 논술 점수가 19점으로 논술 덕에 붙었다고 해도 과언이 아닐 정도로 걱정했던 것에 비해 높은 점수를 받았습니다. 그 이유에 대해 생각해보니 무엇보다 꾸준한 연습이 중요하다는 생각이 들었습니다. 3~4월에는 일주일에 1~2번 정도 쓰고 강의 듣고 스스로 첨삭하고 모범답안을 보았습니다. 처음에는 정말 한 글자도 써지지 않아서 하나 쓰는데 2시간 이상 걸렸던 적도 있었습니다. 그러나 그런 경험이 모여 발전해나갈 수 있다고 생각하여 끝까지 써보려고 하였습니다. 5~7월에는 일주일에 2번 이상은 써보려고 노력하였습니다. 이때 각론과 문제풀이 진도로 인해 논술에 권태기가 와서 미루지 않기 위해 유일하게 1차 공부 때 스터디를 하였습니다. 2명이 논술을 쓰고 서로 첨삭해 주고 다시 쓰는 등으로 진행하였는데 다른 사람의 글을 보니 보다 객관적으로 판단할 수 있어 도움이 많이 되었다고 생각합니다. 8~9월에는 일주일에 3번 이상은 썼습니다. 오히려 졸릴 때 논술을 쓰면 1시간 안에 써야 한다는 생각에 잠도 깰 수 있어서 공부하다가 졸릴 때 논술을 썼습니다. 또한 8월에 논술 강의가 끝나기 때문에 미루지 않도록 월, 수, 금 오전 2시간은 논술을 쓰고 첨삭하는 날로 정해 놓았습니다. 10월부터는 정말 중요하기 때문에 정말 매일 매일 논술 시험보는 시간에 맞춰 시험 보는 것처럼 썼습니다.

논술에 권태기가 왔을 때 '어차피 논술은 16~20점대 사이라는데 그냥 교육과정에 더 집중할까?'라는 생각이 든 적이 있습니다. 절대 아닙니다! 논술점수를 16~20점대 사이로 주는 것도 절대 아니고, 1점도 아니고 소수점으로 당락이 갈리는 시험이라 정말 어느 것 하나 포기하거나 덜 준비하면 안 됩니다. 또한 혹시 ○○쌤께 첨삭받을 기회가 온다면 꼭 받으세요.

➲ 3) 효과적인 암기방법

저에게 있어 가장 효과적인 암기 방법은 자주 보는 것이었습니다. 저는 학원에서 나누어주는 포스트잇에 암기 내용을 적어 계속 보고 외웠습니다. 본격적으로 암기를 시작한 것은 시험 80일 정도 남기고였고, 그 전에는 자주 읽고 이해를 하였습니다. 아마 이해가 어느 정도 되어 있는 상태라 암기가 더 빠르게 되지 않았나 싶습니다. 쓰는 것보다는 입으로 말하면서 외웠습니다. 뿐만 아니라 많은 선생님께서 사용하시는 방법처럼 앞 글자를 따서 외우기도 하였습니다. 이 방법은 의사소통과 교사론 파트 등 단계를 외울 때 큰 도움이 되었다고 생각합니다.

➲ 4) 하루 일과운영 방법

저는 대략적으로 9월 전까지는 공부: 9:00-13:00, 점심 및 낮잠: 13:00-15:00, 공부 15:00-20:00, 저녁 및 운동 20:00-21:30, 공부: 21:30-24:00로 하루 일과를 운영하였습니다. 9월부터는 시험이 다가와 시험 시간에 맞춰 오전 공부 시간을 08:00-24:00로 하였습니다.

저는 잠이 많은 사람이라 공부 다음으로 중요한 것이 잠이었습니다. 따라서 낮잠 시간을 꼭 넣어서 점심에 30분 이상은 잘 수 있도록 하였습니다. 또한 이 시험은 장기전이라 생각하여 체력 증진을 위해 운동을 꾸준히 하였습니다. 처음 1-3월에는 앉아있는 연습을 하려고 노력하였습니다. 따라서 긴 시간을 앉아 있음에도 실제로 공부한 시간은 3-4시간밖에 안되는 날도 많았습니다. 그러나 점차 앉아 있는 것에 익숙해지다 보니 시험전에는 순공부 시간이 9-10시간 정도 될 수 있었습니다. 시간은 스톱워치를 사용하여 화장실 가는 시간이나 강의 시간 등 공부 외의 시간은 제외하고 집중하는 시간을 재어서 기록하였습니다. 그러나 무엇보다도 양보다는 질! 오래 앉아 있는 것보다 집중하는 것이 중요하고, 짧게 여러 번보다는 한 번에 앉았을 때 길게 집중하는 것이 중요하다고 생각합니다.

✎2차 시험 대비 학습 계획 및 실천방법

➲ 1) 심층면접

저는 대학 갈 때도 면접을 본 적이 없어서 가장 걱정하는 부분이었습니다. 실제로도 답변 내용이 빈약하여 매번 충분히 답을 못하고 시간이 많이 남아 고민하였습니다. 이에 1차 발표 전에는 강의를 들으며 면접에 대한 이해도를 높였습니다. 1차 발표 후에는 발표 전에 열심히 준비하지 않은 것을 후회하며 개인적으로는 강의를 다시 들었습니다. 또한 스터디 외에도 심층면접 교재의 문제를 보고 혼자 답변을 하거나 친구에게 영상통화를 걸어 답변을 해보았습니다. 유아 교육과는 상관없는 친구들도 면접 자세나 톤 등을 봐주었습니다. 오히려 가까운 사람들과 안 하던 것을 하려니 더 긴장되고 잘하고 싶은 욕심이 생겨 이 또한 도움이 되었다고 생각합니다. 뿐만 아니라 여러 답변을 하다 보니 공통된 답변이 나올 수 있는 부분이 있어 가정, 지역사회, 아동학대 등 분야별로 정리하여 외웠습니다. 또한 왔다 갔다 할 때 스터디 시 촬영한 것을 들으며 발음이나 내용 보완해야 할 부분에 대해 다시 생각해보고 스스로 다시 답변을 하며 걸어 다녔습니다. 면접에 있어 가장 중요한 것은 두괄식으로 이야기하는 것이라 생각합니다. 유창하게 이야기를 한다면 너무 좋겠지만 저는 그런 능력이 단기간 안에 높이기 어려워 깔끔하고 말하고자 하는 바가 무엇인지 분명하게 전달될 수 있게 하려고 노력하였습니다.

➲ 2) 수업실연

저는 학생 때도 부끄러워 모의수업을 많이 해보지 않았고 경험이라곤 실습 때밖에 없어 수업도 정말 어려웠습니다. 개인적으로 모범 동영상을 많이 찾아보았습니다. 경기도는 자유형이 나온다곤 하지만 수험생 입장에서는 혹시나 하는 마음에 이야기 나누기, 동화, 동시 등과 관련된 것도 모두 준비했습니다. 다양한 수기를 참고하여 유아 중심 발문을 수집하고 제 수업에 녹여낼 수 있도록 하였습니다. 스터디에서는 실전처럼 25분 구상하고 실연한 후 나눔까지 연결해서 진행하였습니다. 처음에는 15분 중 6분 안에 수업이 끝날 정도로 아주 심각한 상황이었습니다. 그러나 스터디원 선생님들께서 제가 부족한 부분을 함께 고민해주시고 아이디어를 제공해주셔서 발전해 나갈 수 있다고 생각합니다. 또한 스터디가 끝난 후 집에 와서 다시 한번 혼자 시연을 해보았습니다. 기출문제를 토대로 소재를 바꿔서 연습도 하고, 여러 지역의 문제를 하나씩 뽑아서 연습도 해보았습니다. 모든 문제를 자신이 해본다면 너무 좋지만 다 할 수 없다면 스터디원들이 나눠서 시연한 후 아이디어를 추가하는 시간을 가지는 것도 큰 도움이 되었다고 생각합니다.

➲ 3) 시험 당일의 의상, 유의사항 등

의상의 경우 이틀 내내 어두운 녹색 원피스를 입었고, 화장은 피부와 반짝이 없이 아이라인, 눈썹 정도를 그렸습니다. 고사장에서 정말 누가 봐도 면접복을 입으신 분들도 있고 평상복을 입으신 분들도 있었습니다. 화장도 풀메이크업을 하신 분, 아예 하지 않은 분도 계셨습니다. 이를 봤을 때 적당히 자신에게 맞고 깔끔하게 준비하면 된다는 생각이 들었습니다.

꿀팁은 시험 시작 전 조금 일찍 고사장에 가서 미리 시험 보는 교실을 보고 눈익힘 해두는 것입니다. 시험전에 찾아본 자료를 통해 배치를 어느 정도 예상했지만 그래도 직접 눈으로 보니 기다리는 시간 동안 머릿속에서 시뮬레이션을 할 수 있어 보다 덜 긴장되었습니다. 2차는 무엇보다 잘 웃고 자신의 답에 대한 확신이 없어도 자신 있게 정답처럼 말하며 후회없이 이야기하고 오는 것이 중요하다고 생각합니다. 정말 누가 봐도 간절함이 느껴져야 한다고 생각합니다.

출처: http://www.immisun.com

2) 임용고시 응시자격

모집분야	2023학년도 임용고시 응시자격
유치원교사	준교사 이상의 유치원 교사자격증 소지자 또는 2023년 2월 이내 취득 예정자
특수학교 유치원 교사	준교사 이상의 특수학교 유치원 교사자격증 소지자 또는 2023년 2월 이내 취득 예정자

*응시연령: 제한없음(2006학년도(2005년 시행)임용 시험부터 폐지)
(현직 유치원 및 어린이집 교사도 응시 가능함)

임용시험에 응시하기 위해서는 교원자격(증), 3급 이상 한국사능력검정시험 자격증이 필요하다.

교원자격증(2급 정교사자격증) 취득을 위해서는 크게 세 가지 방법을 선택할 수 있다.

① 교육대학 또는 사범대학(유아교육학과) 교육과정 이수

② 일반대학 교직이수

③ 교육대학원 교원양성 과정 진학 후 학점(전공+교직) 이수

한국사능력검정자격증 취득방법을 살펴보면 다음과 같다.

한국사능력검정시험은 국사편찬위원회 주관으로, 보통 1년에 4회 정도 진행된다. 시험은 고급(1, 2급), 중급(3, 4급), 초급(5, 6급)으로 나뉘며, 교원임용 시험을 위해서는 3급 이상 자격증을 취득해야 한다.

중, 고급 시험은 오지선다형 객관식 50문항으로 구성되며, 문항별로 1~3점으로 점수가 차등 분배되어 있다. 각 등급별 커트라인은 아래와 같다.

고급		중급	
1급	70점 이상	3급	70점 이상
2급	60~69점		

읽어보자

시험공고는 언제 나고, 언제 시험을 보나요?

➲ 시험공고문은 대략 5월경에 예정공고가 발표되고, 10월경 공고문이 발표됩니다.
10월에 나오는 공고문에 1~3차 시험 일정과 합격자 발표일이 같이 안내됩니다.
시험장소의 경우 1차 시험 장소는 시험 1주 전경 안내가 되며, 2차와 3차 시험 때는 합격자 발표일에 시험장소도 함께 공지합니다.
1차 시험은 대략 11월 2주 토요일로 추측됩니다.
2022년 대비 시험 때 11월 둘째 주 토요일에 시험을 봤기 때문에 이렇게 추측하고 있습니다. 정확한 시험 일정 및 접수 일정은 10월에 발표되는 시험공고문을 보시면 아실 수 있습니다.

참고 2019학년도에는 교육부가 국·공립유치원 확충과 유치원 유형 다양화 차원에서 상반기에도 공립유치원 임용후보자 선정 경쟁시험을 진행하였다. 서울 59명을 포함하여 전국적으로 521명을 추가 선발하기 위해 6월 1일(토)에 전국적으로 임용후보자 선정 경쟁시험이 치루어졌다.

3) 임용고시 일정 및 준비 사항

공립유치원 임용시험 일정은 다음과 같으며, 다음 장의 공고문을 확인하면서 준비하면 된다.

표 3-4 국·공립유치원 임용시험 일정표

시험예정공고 (5월 중순)	임용시험 일정 안내 (변동 가능성이 있음)
시험시행공고 (10월 초)	지역별 선발 유무 및 선발 인원을 확인하여 지역 선택
원서접수 (10월 중순)	응시지역에 원서 접수
1차 시험 장소 공고 (11월 중순)	• 지역별 고사장 확인 및 수험표 출력 • 이동 경로 및 타 시·도로 시험을 볼 경우 숙박 장소를 미리 결정해 두어야 함

<table>
<tr><td rowspan="3">1차 시험
(11월 중순)</td><td>1교시 교직논술
(9:00-10:00)</td><td>20점</td><td>유치원교직 · 교양 전 영역-논술형 1문항</td></tr>
<tr><td>2교시 교육과정 A
(10:40-11:50)</td><td rowspan="2">80점</td><td rowspan="2">유치원 교육과정 전 영역
-기입형, 서술형 16문항 내외</td></tr>
<tr><td>3교시 교육과정 B
(12:30-13:40)</td></tr>
<tr><td>1차 시험 합격자 발표
(12월 말)</td><td colspan="3">• 모집 인원의 1.5배수를 선발
1차 시험이 끝난 직후 2차 시험 준비로 돌입하여 스터디를 구성하고, 수업 실연 및 심층 면접 준비를 본격적으로 준비</td></tr>
<tr><td>2차 시험
(다음해 1월 초)</td><td colspan="3">• 지역별 수업 실연, 심층 면접 및 교수 학습 과정안 작성에 대한 2차 시험</td></tr>
<tr><td>시험예정공고
(5월 중순 최종합격자 발표)
(다음해 1월 말)</td><td colspan="3">• 공립유치원 신입 교사연수에 참석하기 위해 임용을 위한 서류 준비</td></tr>
</table>

향후 국가에서도 국 · 공립유치원에 대한 유치원 수에 대한 확충안을 발표하였으나, 출생률이 감소함에 따라 교사의 감축 상황이 당분간은 계속될 전망이다. 지속적으로 임용의 문이 넓어지고 있었으나, 2023년도의 최종확정안을 보면 저출산에 따른 교사 임용 티오가 줄어, 경기지역을 예로 들면 42 대 1의 높은 경쟁률을 나타내었다. 그러나 앞으로 교사 대 아동 비율이 줄어들 것이라는 정부 대책에 따라 추이를 전망해 볼 필요가 있다. 2023학년도 지역별 공립유치원 임용시험 응시접수 현황은 다음과 같다.

표 3-5 2023학년도 지역별 공립유치원 임용시험 응시원서 접수 현황

지역	선발인원	접수인원	경쟁률
서울	9	679	75.44
경기	43	1,832	42.60
인천	28	873	31.18
강원	14	375	26.79
대전	2	61	30.5
충북	15	320	21.3

지역	선발인원	접수인원	경쟁률
충남	31	682	22.00
대구	3	112	37.33
부산	23	547	23.78
경북	46	681	14.8
경남	68	1,027	15.10
울산	9	199	22.11
광주	2	73	36.50
전북	20	471	23.6
전남	54	702	13.00
제주	10	240	24.00
세종	9	247	27.44

출처: www.immisun.com

읽어보자

유치원 임용시험 출제 및 채점 방식은 어떻게 되나요?

1. 1차 시험

교시	시험과목	출제범위 및 내용
1	교직논술	모집분야에 교직 · 교양 전 영역
2	교육과정 A	유치원 교육과정 전 영역
3	교육과정 B	

2. 2차 시험

시험과목	출제범위 및 내용
교직적성 심층면접	교사로서의 적성, 교직관, 인격 및 소양
교수·학습과정안 작성	교육과정의 일정 단원 또는 주제에 대한 교수 학습과정안 작성
수업실연	교사로서의 학습지도 능력과 의사소통 능력

* 구체적인 사항은 각 시·도교육청의 공고문 참고

3. 출제위원 자격 및 선정

① 다음 중 하나에 해당하는 자

- 조교수 이상의 자격을 소지한 대학의 전임 교원
- 정부출연연구기관 또는 국·공립연구기관 연구원
- 국·공·사립 교원(교장, 교감, 교사, 장학사(관), 연구사(관) 포함)으로서 5년 이상의 교직 경력자

② 인력풀 응모 : 본 홈페이지의 '출제인력공모' 참조

③ 선정 방법 : 인력풀 응모자의 일정, 전공, 경력 등을 종합적으로 고려하여 후보자를 추천하고, '출제위원단 후보자선정심사위원회'의 심의를 거쳐 최종 선정

4. 출제 원칙

① 초등학교(유치원, 특수학교) 교사로서 갖추어야 하는 교과 전문성을 종합적으로 평가하는 문항을 출제함.

② 교육 현장에서 실제로 필요한 지식과 기능, 소양을 평가하는 문항을 출제함.

③ 분석, 적용, 문제해결 능력과 같은 고등정신 능력을 중점적으로 평가하는 문항을 출제함.

④ 교원양성기관의 교육과정을 충실히 이수한 자면 무난히 풀 수 있는 문항을 출제함.

⑤ 평가의 목표 및 내용이 특정 영역이나 학설(이론)에 치우치지 않고, 해당 분야 전반에 걸쳐 고르게 출제함.

출처: 한국교육과정평가원 유치원 임용시험 공고.

표 3-6 2022학년도 공립유치원 교사 임용시험 경쟁률 및 합격선

모집분야		선발인원	접수인원	1차 합격자 인원	1차 시험 합격선	최종 합격자 인원	최종 합격선	경쟁률	비고
서울	일반	39	1,562	60	76.33	39	159.56	40.04:1	
	장애	3	4	3	53.33	3	139.43	1.33:1	
경기	일반	100	3,048	150	75.00	100	166.87	30.48:1	
	장애	8	8	1	비공개	-	-	1.00:1	
인천	일반	60	1,226	114	73.00	60	165.97	20.43:1	
	장애	5	4	1	비공개	1	비공개	0.80:1	
강원	일반	20	483	45	71.00	20	156.2	24.15:1	
	장애	2	2	1	비공개	1	비공개	1.00:1	
대전	일반	1	66	2	비공개	1	비공개	66.0:1	
	장애	1	1	1	비공개	1	비공개	1.00:1	

모집분야		선발인원	접수인원	1차 합격자 인원	1차 시험 합격선	최종 합격자 인원	최종 합격선	경쟁률	비고
충북	일반	14	335	25	73.00	14	166.83	23.9:1	
	장애	1	-	-	-	-	-	-	
충남	일반	36	822	56	73.33	36	170.67	22.83:1	
	장애	3	1	-	-	-	-	0.333:1	
대구	일반	9	212	14	73.00	9	163.49	23.56:1	
	장애	1	-	-	-	-	-	-	
부산	일반	46	780	75	72.67	46	163.06	16.96:1	
	장애	4	1	-	-	-	-	0.25:1	
경북	일반	44	725	73	72.00	44	162.60	16.48:1	
	장애	4	2	-	-	-	-	0.50:1	
경남	일반	74	1,181	130	72.00	74	166.07	15.96:1	
	장애	6	1	1	비공개	1	비공개	0.17:1	
울산	일반	10	203	15	72.00	10	161.76	20.30:1	
	장애	1	1	-	-	-	-	1.00:1	
광주	일반	4	167	7	74.00	4	169.40	41.8:1	
	장애	1	-	-	-	-	-	-	
전북	일반	24	663	45	73.00	24	168.80	27.63:1	
	장애	2	3	-	-	-	-	1.50:1	
전남	일반	36	704	65	72.00	36	169.20	19.56:1	
	장애	2	-	-	-	-	-	-	
제주	일반	8	239	14	72.00	8	165.8	23.88:1	
	장애	0	-	-	-	-	-	-	
세종	일반	9	345	16	74.67	9	170.00	38.33:1	
	장애	1	1	-	-	-	-	1.00:1	

출처: www.immisun.com

궁금해요

Q 이번 2023년 2월에 졸업하게 될 유아교육학과 학생입니다. 임용고시를 준비하고 있는데요... 강의나 기타 자료를 얻을 수 있는 학원이나 사이트를 알고 싶어요. 주위 친구들은 모두 일단 유치원이나 어린이집에 취업을 한다고 하고, 교수님들도 취업을 권하시는데 전 좀 더 시간이 걸리더라도 공립유치원에 들어가서 교육공무원이 되고 싶거든요. 유치원 임용고시 전문 학원이나 사이트 등을 알고 싶어요.

A 국·공립유치원 임용고시 선발인원이 늘어나면서 임용고시 학원도 많아졌다. 어느 학원, 어느 강사가 잘 가르친다는 소문보다는 본인의 노력과 본인에게 맞는 학원과 강사를 선택하는 것이 필요하다. 또한 의지만 있다면 독학으로도 충분히 합격할 수 있다. 다음의 사이트에 들어가면 강사마다 강의 및 자료 등을 샘플로 얻을 수 있으니 확인해 보자.

〈전공〉

* 유아임용 아이미소 소통과 나눔(임미선·박성희 임용고시)
* NICEDU 김지영의 유아임용
* 김현숙 유아임용 연구소
* 류민영의 유아임용고시 마니또
* 빈성선의 유아임용카페
* 박수민의 유아임용의 정석
* 배지윤 유치원 임용고시
* Ph.D. 백청일의 유치원임용고시
* 실비아킴과 함께 하는 유치원 임용고시
* 이지선 유아임용
* 정주원의 임용!! 유치원 교육과정
* http://www.immisun.com/

출처: daum 카페 유치원의 임용고시.

참고문헌

교육부(2018). 유아교육정책과 보도자료.

______(2022a). 교육부 통계자료

______(2022b). 교원정책과

법무부(2015 일부개정). 유아교육법.

______(2016 개정). 교육공무원법.

______(2016 개정). 교육기본법.

법제처(2016). 유아교육법 시행령.

서울특별시교육청. 학교지원과 학교설립팀.

이순자(2008). 공립유치원 교사의 유치원 조직구조 유형에 따른 교직생활 특성 탐구. 열린유아교육 연구, 13(5). 6.

한국교육개발원(2018). 교육통계서비스 DB.

한국교육과정평가원 임용시험 공고.

한국유아교육학회(1997). 유아교육사전. 한국사전연구사.

http://cafe.daum.net/kindertest

http://www.immisun.com

제4장

국 · 공립어린이집

읽어보자

"서울시 보육정책 엄마아빠 행복 프로젝트 아이 키우기 좋은 서울 만든다."

오세훈 시장은 0~9세 자녀를 둔 엄마 아빠의 가장 현실적인 육아부담을 덜어주고 양육활동이 존중받는 사회 분위기를 조성해 아이 키우기 좋은 서울을 만들기 위한 '엄마 아빠 행복 프로젝트'를 발표했습니다. 아이가 중심이 아닌 엄마 아빠(양육자)의 행복에 초점을 맞춘 서울시 최초 종합계획으로 5년간 14조 7천억이 투입된다고 합니다. '엄마 아빠 행복 프로젝트'는 안심돌봄, 편한 외출, 건강힐링, 일생활균형 4대 분야 28개 사업으로 구성됩니다. 안심돌봄은 육아조력자 돌봄수당 및 바우처 지급, 등하원전담 아이돌봄 지원, 영유아 공보육 초등돌봄 시설확충, 긴급돌봄 제공기관 확대, 아픈 아이 일시돌봄 병원동행 서비스, 영아 틈새보육 강화를 내용으로 하고 있고, 편한 외출을 위해 엄마 아빠 VIP존 조성, 가족화장실 확대, 가족우선 주차장 조성, 서울 엄마 아빠 택시 운영, 서울키즈 오케이존 지정 등의 내용을 담고 있습니다. 건강힐링을 위해 출산맘 행복동행 마사지, 산후 우울증 정신건강 서비스를 제공하고 아이 키우며 일할 수 있는 여건 조성을 위해 엄마 아빠 육아휴직 장려금 지원, 가사 서비스 바우처 신설 등의 내용을 담고 있습니다.

출처: 내손안에 서울(2022. 8. 18.).

읽어보자

경기도 내 국·공립어린이집 이용률 시·군별 최대 4배 격차

부모들의 선호도와 만족도가 높은 경기도 내 국·공립어린이집 이용률이 시·군별로 최대 4배 가까운 격차를 보이는 것으로 나타났다.

8일 경기도에 따르면 2021년 말 기준 도내 전체 어린이집은 1만136곳이며, 이 가운데 국·공립어린이집은 12%인 1천220곳이다. 가정 5천163곳(51%), 민간 3천236곳(32%)으로 대부분을 차지하고 있으며, 그 다음으로 직장 291곳, 법인·단체 102곳, 협동 65곳, 사회복지법인 59곳 등의 순이다. 시·군별로 전체 어린이집 중 국·공립어린이집이 차지하는 비율을 보면 최대 3배 이상 차이를 보인다. 과천(29%), 연천(27%), 양평(23%), 하남(22%) 등 4곳은 국·공립 비율이 20%대인 반면 용인(6%), 수원(7%), 광주(9%), 여주(9%), 의정부(9%), 파주(9%) 등 6곳은 10% 미만이다. 그나마 2018년 여주, 의정부, 수원 등이 1~3%대 비율을 보인 것과 비교하면 증가한 것이다. 2019년 9월 영유아보육법 개정 시행에 따라 새로 짓는 500세대 이상 아파트 단지에 국·공립어린이집 설치가 의무화된 것이 국·공립 증가세에 영향을 미쳤다. 지난해 말 기준 도내 어린이집에 다니는 전체 원아 가운데 국·공립어린이집 원아 비율(현원 기준 이용률)은 20.1%로, 5명 중 1명만 국·공립어린이집에 다니고 있다. 시군별 이용률도 지역에 따라 최대 3.8배 차이를 보인다. 시·군별 이용률을 보면 과천(38%), 연천(36%), 하남(34%), 오산(34%), 성남(32%), 광명(32%) 등 6곳은 30%대인 반면 여주(10%), 광주(12%), 수원(13%) 등 13곳은 10%대에 머물러 있다. 시·군별 국·공립어린이집 비율은 보육 수요의 차이와 함께 대규모 아파트 단지 건립, 도시와 농촌 등 지역 특성, 재정 여건, 정책 의지 등이 복합적으로 작용한 결과로 분석된다. 이런 가운데 도는 국·공립어린이집을 2026년까지 2천곳 이상으로 늘려 국·공립과 직장, 공공형을 포함한 공공보육 이용률을 현재의 31.5%에서 50%로 끌어올릴 계획이다. 김동연 경기도지사는 지난달 페이스북에 국·공립어린이집 확대 방침을 밝히며 "아이들의 안전한 보호와 성장은 국가의 책임"이라며 "아이 한 명 한 명을 미래의 소중한 자산으로 키우기 위해 경기도가 더 노력하겠다"고 강조했다.

출처: 연합뉴스(2022. 10. 8).

1. 국·공립어린이집의 이해

어린이집의 역할은 취업, 학업, 질병 등의 이유로 자녀를 양육할 수 없는 경우, 아동의 건전한 발달을 돕기 위한 목적으로 어린이집을 이용하는 영유아에게 최선의 이익을 고려한 적극적인 보호와 교육서비스를 제공하는 것이다. 또한 다양한 영유아 개개인의 특성과 환경을 고려한 접근과 함께 동등한 기회를 제공받을 수 있도록 하는 것이 본연의 역할이라 할 수 있다.

국·공립어린이집은 「영유아보육법」에 의거, 국가나 지방자치단체가 설치·운영(위탁운영 포함)하는 어린이집(직장어린이집 제외)으로 상시 영유아 11인 이상을 보육할 수 있는 시설을 말한다. 국가 및 지방자치단체의 장이 인가절차 없이 직접 설치하되, 어린이집 수급계획 등을 포함한 보육계획을 사전에 수립, 지방자치단체의 경우 설치 시 지방보육정책위원회의 심의를 거쳐 설치한다(보건복지부, 2022b).

국·공립어린이집은 믿고 맡길 수 있는 어린이집에 대한 영유아 부모의 선호도가 높은 편으로 영유아 부모들의 지속적인 확충 요구가 있어 왔다. 이에 부응하여 정부는 국·공립어린이집의 설치를 꾸준히 확대해 오고 있으며 앞으로도 확충해 가겠다는 기조이다.

해보자

- 이처럼 부모들이 국·공립어린이집을 선호하는 이유는 무엇일까?
- 부모들이 선호하는 어린이집의 기준은 무엇일까?
- '좋은 어린이집의 선택 기준'에 대한 여러분들의 의견을 나눈 후 '좋은 어린이집'의 기준을 세워보자.

부모들이 국·공립어린이집을 선호하는 이유는 무엇일까? 다양한 이유가 있겠지만 국가가 어린이집을 설치·관리하므로 보육서비스의 질이 보장될 것이라는 기대가 크기 때문이다.

학부모들의 만족도를 높이고 보육서비스의 질 제고를 위해서는 다양한 요건들이 갖추어져야 하겠지만 무엇보다 역량 있는 교사의 선발이 필수적이라 할 수 있다. 국·공립어린이집은 학부모들의 높은 선호도와 더불어 교사들의 취업 선호도 또한 높은 편이다. 국·공립어린이집은 보육교직원 인건비 지급 기준에 따라 급여를 지급하고 있어 재직하는 교사의 처우에 있어서도 교사들의 만족도가 높은 편이다. 따라서 취업 예정인 교사들에게 유용하고 올바른 정보 제공이 무엇보다 필요하다. 적을 알고 나를 알면 공략이 쉽듯이 국·공립어린이집의 운영에 대하여 구체적인 정보를 가지고 문을 두드리는 것이 더 유리하지 않을까? 자, 그럼 국·공립어린이집의 운영은 어떻게 이루어지는지 구체적으로 알아보도록 하자.

읽어보자

"아동 건강한 성장 위해 적극적인 보육정책 추진"

대통령실 대변인실은 11일 오후 공지를 통해 "윤석열 정부는 2025년까지 2750여 개소의 국공립 어린이집을 확충한다는 계획을 차질없이 추진하고 있으며 관련 예산은 실질적으로 삭감되지 않았다"고 했다. 그러면서 "입지가 좋아 이용자 만족도가 높은 공동주택 내 리모델링을 통한 국공립어린이집은 2022년 390개소에서 2023년 435개소로 오히려 45개소 증가했다"고 주장했다.
대통령실은 "이를 통해 공공보육시설 이용률을 50%까지 올리는 등 부모의 양육부담을 완화하고 아동의 건강한 성장을 지원하기 위해 적극적인 보육정책을 펼치고 있다"고 강조했다.

부모급여를 통해 정부는 만 0세 아동에게 내년 70만원, 2024년부터 100만원을 준다. 만 1세 아동에게는 내년 35만원, 2024년부터 50만원을 지급할 예정이다.
대통령실은 이에 대해 "부모급여는 부모의 양육 비용 부담을 낮추고자 국가와 사회가 그 비용의 일부를 지원하기 위한 것"이라며 "부모급여를 수령한다고 해서 국공립 어린이집 등의 이용이 어려워지는 것은 아니다"고 설명했다.

출처: 매일신문(2022. 10. 12)

2. 국·공립어린이집 현황

1) 국·공립어린이집의 수 변화 추이

전국의 전체 어린이집 수는 '21년 말 기준 33,246개소로 '20년 대비 6% 감소한 것으로 나타났다. 전체 어린이집 수 중 민간과 가정어린이집은 74.1%(24,636개소)를 차지하고 있고, 국·공립어린이집이 차지하는 비율은 5,437개소로 전년 대비 18.2%가 증가하였다. 국·공립어린이집 비율을 50%까지 늘리겠다는 계획을 가지고 있으나 아직은 증강의 폭이 미미한 편이다.

용어 정리

- 국·공립 : 국가나 지방자치단체가 설치·운영하는 어린이집
- 사회복지법인 : 「사회복지사업법」에 따른 사회복지법인이 설치·운영하는 어린이집
- 법인·단체 등 : 각종 법인이나 단체 등이 설치·운영하는 어린이집으로 대통령령으로 정하는 어린이집
- 가정 : 개인이 가정이나 그에 준하는 곳에 설치·운영하는 어린이집
- 부모협동 : 보호자들이 조합을 결성하여 설치·운영하는 어린이집
- 직장 : 사업주가 사업장의 근로자를 위하여 설치·운영하는 어린이집
- 민간 : 위 어린이집에 해당하지 않는 어린이집

표 4-1 어린이집 유형별 설치·운영 현황

2021년 12월 31일 기준(단위: 개소)

		2018	2019	2020	2021
어린이집 수	계	39,171	37,371	35,352	33,246
	(전년 대비,%)	-2.70	-4.60	-5.40	-6.00
	국·공립	3,602	4,324	4,598	5,437
	사회복지법인	1,377	1,343	1,316	1,285
	법인·단체 등	748	707	671	640
	민간	13,518	12,568	11,510	10,603
	가정	18,651	17,117	15,529	13,891
	협동	164	159	152	142
	직장	1,111	1,153	1,216	1,248

출처 : 보건복지부(2021).

2) 취원 대상 연령 아동(영유아) 수의 변화

아동 인구는 「아동복지법」 제3조 제1호에서 규정하고 있는 만 18세 미만인 사람을 뜻한다. 유엔아동권리협약 제1조의 목적상 "아동"이라 함은 아동에게 적용되는 법에 의하여 보다 조기에 성인 연령에 달하지 아니하는 만 18세 미만의 모든 사람을 말한다.

아동 인구 현황은 전체 아동 인구의 전반적인 현황을 나타내는 통계 자료로서 최근 5년간의 아동 인구수와 아동 인구가 총 인구에서 차지하는 비율의 추이를 나타낸다. 우리나라 아동 인구수는 1970년대 정점을 기록한 이후 계속 감소하고 있는 추세로, 1970년대에는 약 1,600만 명으로 전체 인구의 49%를 차지하였으나, 2010년대 이후 처음으로 900만 명대에 진입하였으며 앞으로도 아동 인구는 감소할 것으로 보인다. 저출생 현상이 장기화되고, 고령화가 심화될수록 아동 인구의 감소는 더욱 가속화될 것으로 전망되어 출산율 제고를 위한 효과적인 정책 수립이 요구된다.

표 4-2 아동 인구 지역별 현황

(단위: 명, %)

	2017	2018	2019	2020	2021
합계	8,480,447	8,176,335	7,928,907	7,710,946	7,483,944
서울	1,404,967	1,329,310	1,277,981	1,227,792	1,173,816
부산	491,887	472,343	455,670	442,776	428,695
대구	399,139	381,331	366,094	352,737	338,746
인천	490,472	472,888	458,390	443,334	432,106
광주	272,417	260,042	250,112	241,381	233,384
대전	263,207	249,543	237,783	228,182	219,070
울산	208,500	199,861	193,047	186,950	179,967
세종	66,834	74,768	80,513	83,214	85,513
경기	2,313,378	2,266,245	2,223,563	2,190,957	2,151,071
강원	235,464	224,893	217,388	211,536	205,720
충북	262,948	254,140	246,187	239,792	233,067
충남	362,295	352,133	341,552	332,379	323,460

	2017	2018	2019	2020	2021
전북	302,482	287,479	274,429	263,774	253,190
전남	295,837	281,867	270,670	261,470	252,214
경북	408,233	390,774	377,416	365,104	353,786
경남	579,947	558,471	540,294	523,311	505,713
제주	122,440	120,247	117,818	116,257	114,426

출처: 행정안전부(2021).

표 4-3 총 인구 중 아동(0~17세) 인구 구성비

(단위: 명, %)

	2017	2018	2019	2020	2021
총 인구수	51,778,544	51,826,059	51,849,861	51,829,023	51,638,109
아동 인구수	8,480,447	8,176,335	7,928,907	7,710,946	7,483,944
비율(구성비)	16	16	15	15	15

출처: 행정안전부(2021).

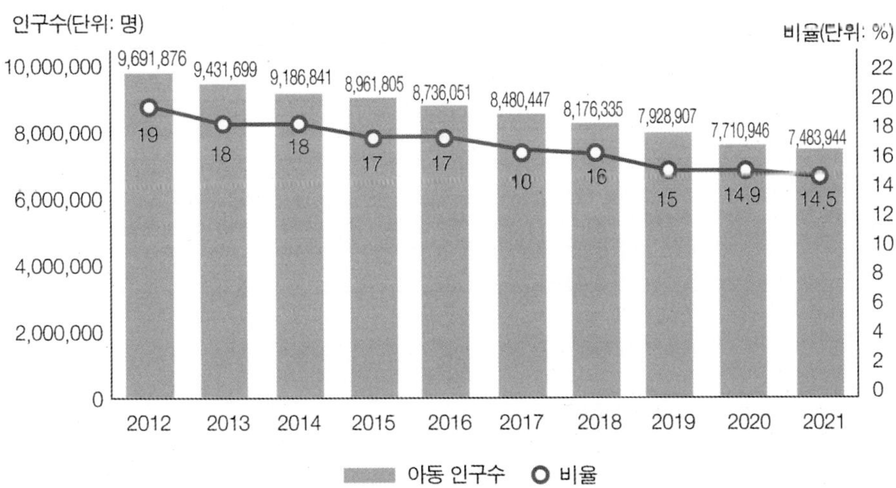

그림 4-1 총 인구 중 아동인구 구성비

출처: 행정안전부(2021).

3) 국·공립어린이집 취원 현황

전국 시·군·구 및 어린이집에서 보육통합정보시스템에 입력한 어린이집 및 이용 아동 현황 자료에 의한 통계 자료를 보면 어린이집 이용 아동 수는 '21년 말 기준 1,184,716명으로 '19년 대비 감소한 것으로 나타났다. 이 중 사회복지법인, 법인·단체 등 어린이집, 직장, 가정, 협동, 민간어린이집을 제외한 순수한 국·공립어린이집에서는 268,967명을 보육하고 있으며 민간은 535,428명을, 가정은 208,842명을 보육하고 있다. 국·공립어린이집의 취원율은 증가하고 있으나 21년 말 기준으로 여전히 전체 1,184천 명 중 744천 명이 민간·가정을 이용하고 있다. 이는 전체의 62.8%에 해당하며 국·공립은 전체의 22.7%가 이용하고 있다.

표 4-4 어린이집 유형별 보육아동 현황

2021년 12월 31일 기준(단위: 명)

어린이집 유형별	2019	2020	2021
합계	1,365,085	1,244,396	1,184,716
국·공립	232,123	253,251	268,967
사회복지법인	86,775	78,322	72,085
법인·단체 등	38,538	34,066	30,998
민간	664,106	578,196	535,428
가정	273,399	230,444	208,842
협동	4,121	3,716	3,465
직장	66,023	66,401	64,931

출처: 보건복지부(2021).

4) 국·공립어린이집 교직원 현황

보육교직원은 어린이집 영유아의 보육, 건강관리 및 보호자의 상담, 그 밖의 어린이집의 관리·운영 등의 업무를 담당하는 자로서 어린이집 원장 및 보육교사와 그 밖의 직원을 말한다.

통계 자료에 의하면 2015년 이후 보육교직원의 수는 2019년까지 증가하다가 저출산으로 어린이집이 폐원함에 따라 점차 줄어들고 있다.

2021년 말 기준 보육교직원 중 보육교사가 236,085명으로 전체의 75.6%를 차지한다.

최근 3년간의 자료에 의하면, 어린이집에 재원하고 있는 아동 수는 감소하는 데 비해 보육교직원이 증가하였다는 것은 아동 대 교사 비율의 조정과 함께 누리교사, 영아보조교사 등 아동보육의 질 제고와 보육교사들의 처우 개선을 위한 정부의 노력이 반영된 결과라고 할 수 있다.

향후 정부에서는 영아반 담임교사의 업무부담 경감을 위한 보조교사 지원을 계속하며, 보육교사의 연가, 보수교육 참석 등의 지원을 위해 대체교사를 지속 배치하고, 영아반 교사근무환경개선비 지속 지원 등으로 보육교직원의 근로 환경 및 처우개선을 위한 정책을 차츰 지속적으로 추진해 나갈 전망이다. 또한 국·공립어린이집의 지속적 확충 및 우수 민간어린이집 지원 등 다양한 정책을 통한 보육서비스의 질적 수준 향상을 도모해 나갈 방침이다.

표 4-5 보육교직원 현황

(단위: 명)

	2015	2016	2017	2018	2019	2020	2021
계	321,067	321,766	330,217	333,420	331,444	325,669	321,116
(전년 대비,%)	3.0	0.2	2.6	1.0	-0.6	-1.7	-1.4
어린이집 원장	42,338	40,901	40,085	38,975	37,168	35,119	33,087
보육교사	229,116	229,548	235,704	239,996	239,973	237,966	236,085
기타	49,613	51,317	54,428	54,449	54,303	52,584	51,944

* 기타: 의사, 간호사, 영양사, 사무원, 취사부, 운전원, 관리원 등
출처: 보건복지부(2021).

살펴보자

- 전문대 졸업 후 국·공립어린이집 교사는 불가능한가요?

- 국·공립어린이집에서 근무하면 50세 넘어서도 근무할 수 있나요?

- 사회복지과에 재학중이여서 졸업하면 보육교사2급 자격증도 발급 받습니다 혹시 보육교사 2급 자격증으로 국·공립어린이집교사는 불가능한가요?

- 유치원 정교사 2급 자격증이 없어도(보육교사 자격증만 있어도) 임용고시 봐서 국·공립어린이집에 취업할 수 있나요?

출처: 네이버 지식인(2022. 9. 19) 발췌.

해보자

- 여러분은 국·공립어린이집에 대해 어떤 정보들을 알고 싶은가? 여러분들이 궁금한 국·공립어린이집에 대한 질문들을 포스트잇에 적어 브레인스토밍을 해보고 질문목록을 만들어 구성해보자.

- 국·공립어린이집 운영의 긍정적 효과에는 무엇이 있을까? 서로의 의견을 다함께 이야기해보자.

3. 국·공립어린이집 지원을 위한 사전 준비

한 아이를 제대로 잘 키우기 위해서는 온 마을이 함께 해야 한다는 말이 있다. 보육의 공공성 강화가 이를 뒷받침하는 정책이기도 하다. 중요한 것은 국·공립어린이집의 양적 확대뿐만 아니라 질적 향상이 보장되어야 한다는 것이다. 이를 위해서 기본적으로 위탁체 선정의 공공성과 투명성을 보장하여야 하고 예비교사들은 이러한 부분을 잘 이해하여 지원하고자 하는 곳이 자신의 보육철학과 부합하는지를 파악해야 할 것이다.

대부분의 국·공립어린이집은 어린이집 위탁운영의 심사를 거쳐 위탁운영을 하게 되므로 이를 인지하고 사전에 수탁체의 운영방향에 알맞은 준비를 하는 것이 무엇보다 필요하다고 본다.

서울시의 경우 서울시여성가족재단과 보육서비스 지원센터를 중심으로 '믿고 맡길 수 있는 서울시 국·공립어린이집'을 위해 '인력풀'을 가동한다. 교사의 채용 공고부터 최종 등록까지 전 과정이 운영되고 있고, 서울시 국·공립어린이집 보육교직원 데이터베이스(DB)가 구축돼 채용, 교육 등에 대한 지속적 지원도 가능하다.

서울시여성가족재단 보육서비스지원센터

- 보육교사 : 선정시험(이론시험+면접) → 교육 및 평가 → '인력풀' 등록 → 어린이집 지원 → 면접 → 합격
- 어린이집 : 채용 공고 및 인력풀 현황 확인 → 보육교사 선별 및 면접 → 채용결정 → 임면보고의 과정으로 진행된다.

이외에도 센터는 역량 및 전문성 강화를 원하는 보육교사를 위한 '맞춤형' 교육프로그램 개발 지원, 보육교사 근로환경 개선을 위한 고충상담, 자조모임 구성 및 지원 등 다양한 사업을 펼친다.

문의 : 서울시여성가족재단 02-810-5063, 보육서비스지원센터 홈페이지

국·공립어린이집을 포함한 어린이집 교사가 되기 위한 필수적인 요소인 보육교사의 자격기준에 대하여 알아보자.

어린이집에서 보육교사로 근무하기 위해서는 보육교사 자격 기준에 해당하는 자로서 보건복지부장관이 검정·수여하는 국가자격증을 받은 자로 보육교사 자격은 다음과 같이 1, 2, 3급으로 나누어진다(법 제21조).

1) 보육교사 자격기준 ('14. 3. 1. 시행)

등 급	자격기준
보육교사 1급	1. 보육교사 2급 자격을 취득한 후 3년 이상의 보육업무 경력이 있는 사람으로서 보건복지부장관이 정하는 승급교육을 받은 사람
	2. 보육교사 2급 자격을 취득한 후 보육 관련 대학원에서 석사학위 이상을 취득하고 1년 이상의 보육업무 경력이 있는 사람으로서 보건복지부장관이 정하는 승급교육을 받은 사람 ※ 보육교사 2급 자격을 취득한 후 보육관련 대학원 입학 전에 1년 이상의 보육업무 경력도 인정. 단, 대학원 재학기준 중 보육업무 경력 인정 불가
보육교사 2급	1. 전문대학 또는 이와 같은 수준 이상의 학교에서 보건복지부령으로 정하는 보육관련 교과목 및 학점을 이수하고 졸업한 사람
	2. 보육교사 3급 자격을 취득한 후 2년 이상의 보육업무 경력이 있는 사람으로서 보건복지부장관이 정하는 승급교육을 받은 사람 ※ 전문대학 또는 이와 같은 수준 이상의 학교에서 보육관련 교과목과 학점 중 일부를 이수하고 전문학사학위 이상을 취득한 경우, 이후 대학(교) 또는 학점은행제에서 나머지 교과목과 학점을 이수하고 반드시 전문학사학위 이상을 다시 취득해야 함
보육교사 3급	고등학교 또는 이와 같은 수준 이상의 학교를 졸업한 사람으로서 보건복지부령으로 정하는 교육훈련시설에서 정해진 교육과정을 수료한 사람

* 보육관련 대학원이라 함은 학과(전공) 및 학위명에 '보육, (영)유아, 아동'의 단어가 포함된 대학원, 보육관련 교과목 이수기준으로 인정한다. (보육관련 교과목 최소 15학점 이상 이수 여부를 확인하여 인정)

※ 보육업무 경력이라 함은 다음에 한한다.

1) 어린이집에서 어린이집의 원장, 보육교사, 특수교사 또는 치료사로 근무한 경력 2) 육아종합지원센터에서 육아종합지원센터의 장, 보육전문요원, 특수교사, 대체교사 또는 시간제보육 담당 보육교사로 근무한 경력 3) 법 제26조의2제2항에 따른 시간제보육서비스지정기관에서 기관의 장 또는 시간제보육 담당 보육교사로 근무한 경력 2) 『유아교육법』에 따른 유치원에서 원장, 원감, 수석교사 또는 교사로 근무한 경력* 『유아교육법』 제20조 규정에 따라 유치원에서 교원(원장, 원감, 수석교사, 교사)으로 근무한 경력 및 같은 법 제23조에 의해 유치원에서 기간제 교사(「교육공무원법」 제32조 제1-5호에 따라 기간제 교원)로 근무한 경력은 인정하되, 강사·명예교사 등으로 근무한 경력은 해당하지 않음. * 자격취득 및 승급을 위한 경력으로, 호봉인정 근무경력과는 다른 개념임 * 「남녀고용평등과 일·가정 양립 지원에 관한 법률」에 따른 육아휴직 기간 및 육아기 근로시간 단축의 사용으로 실제 근무하지 않은 시간, 「근로기준법」 및 「산업재해보상보험법」에 따른 업무상 재해로 인한 병가기간(1개월 이상)은 보육업무 경력에서 제외

2) 보육교직원 임면보고 절차

(1) 보육교직원의 채용

보육교직원의 채용은 어린이집 설치자가 채용주체가 되어 채용조건을 갖춘 자를 채용한다. 법인, 단체 또는 개인법인, 단체 또는 개인에게 위탁 운영하는 경우로서 교직원 임면권을 수탁자에게 위임한 경우에는 수탁자가 임면권자가 된다.

채용시 공통의 구비서류로 인사기록카드, 주민등록등본, 공무원 채용기준신체검사서, 성범죄 경력 조회 및 아동학대 관련 범죄 전력 조회 회신서, 근로계약서와 4대 보험 가입 증명서를 필수로 구비하고, 보수교육(장기 미종사자) 수료증 또는 경력증명서도 해당자는 구비한다.

(2) 임면보고

어린이집에서 적격한 보육교직원의 채용이 이루어졌다면 채용 후 14일 이내 시·군·구청장에게 구비서류를 갖추어 임면보고를 한다. 시스템을 통해 임면보고가 가능하다.

(3) 적격성 확인

어린이집에서 보육교직원의 임면보고가 이루어지면 시·군·구청장은 원장, 보육교사, 특수교사, 장애영유아를 위한 보육교사, 치료사, 간호사, 영양사, 조리사 등의 자격증명 서류를 통해 보육교직원 자격의 적격성을 확인한다.

(4) 결격사유 조회 및 범죄경력조회

시·군·구청장은 법 제20조에 의해 결격사유 조회 및 범죄경력조회를 하고 문제가 없을 시 경력관리시스템에 입력함으로써 임면이 승인된다.

3) 보육교직원의 복무

보육교직원의 복무 규칙은 각 원의 상황에 맞게 규정할 수 있겠으나 통상적으로 다음의 사항들을 참고하여 준수할 수 있도록 하는 것도 좋겠다.

1. 항상 예절을 존중하고 상호 겸양경애하며 어린이집의 명예와 신용을 손상치 아니하도록 한다.
2. 법령과 어린이집의 제 규정 및 단체생활에 필요한 질서와 규율을 엄수한다.
3. 보육대상 영유아(이하 '영유아'라 한다)나 영유아의 부모(이하 '보호자'라 한다) 등 어린이집 고객에 대하여는 봉사의 정신으로 친절히 대한다.
4. 시간을 엄수하고 업무를 성실하고 책임 있게 수행하며 무단으로 직장을 이탈하지 아니한다.
5. 어린이집 시설을 애호하고 물품을 절약하며 모든 재해의 예방에 힘쓴다.
6. 어린이집 및 영유아, 보호자의 기밀을 타인에게 누설치 아니하며 업무상 사례 또는 증여를 받지 아니한다.
7. 항상 자기 직무에 대하여 충분한 자각과 책임을 가지고 필요한 지식과 교양을 적극 체득하여야 하며 어린이집의 설립·운영목적과 경영목표의 달성을 위하여 최선을 다한다.
8. 공·사의 구분을 명확히 하고 전통적인 어린이집 기강을 유지하고 개선한다.
9. 시설장의 지시·명령에 복종하여 직무를 수행하며 시설장은 소속 종사자의 인격을 존중하여 민주적으로 업무를 수행하도록 한다.
10. 보육교직원은 영유아의 위생에 영향을 미치는 다음 각 호의 사항을 수시로 점검하여야 한다.
    ① 영유아의 감기, 독감, 홍역 등 유행성 질환 감염 여부
    ② 영유아의 피부, 머리, 손톱, 발톱, 치아상태
    ③ 종사자의 의복 청결상태 및 피부상처 여부 등 업무 전후 위생상태
    ④ 보육실, 교재 교구실, 조리실, 놀이터 등 보육시설 청소상태
    ⑤ 침구 및 기저귀 등의 위생상태
    ⑥ 욕실, 화장실, 세면도구 등의 청결 및 위생상태
    ⑦ 기타 영유아의 위생에 영향을 미칠 수 있는 사항 전반
11. 보육교직원은 영유아의 안전관리를 위하여 다음 각 호의 사항을 준수하여야 한다.
    ① 직무상 아동학대를 알게 된 때에는 즉시 원장을 경유하여 아동보호전문기관(아동학대 예방센터)에 신고하여야 한다.
    ② 영유아가 성폭력 범죄의 피해자인 사실을 안 때에는 즉시 원장을 경유하여 수사기관에 신고하여야 한다.
    ③ 직무상 청소년 대상 성범죄가 발생한 사실을 알게 된 때에는 즉시 원장을 경유하여 수사기관에 신고하여야 한다.

4) 보육교직원의 보수 체계

국고보조어린이집(정부지원어린이집)의 인건비 책정은 호봉 사전 기준으로 적용함을 원칙으로 하나, 기타 미지원 어린이집은 다른 법령에서 특별히 규정한 경우를 제외하고는 호봉 기준을 달리 정하거나 인건비 책정 시 호봉을 적용하지 아니할 수 있다. "호봉"이란 근무경력의 기간에 따라 1년을 단위로 인건비 책정을 달리하는 기준을 말하고 "호봉승급"이란 일정한 재직기간의 경과에 의하여 현재의 호봉보다 높은 호봉을 부여하는 것을 말한다. 초임호봉은 1호봉으로 하되 호봉인정은 근무경력 1년을 1호봉씩으로 하여 획정한다. 초임호봉 획정에 반영되지 않은 1년 미만의 잔여기간은 다음 호봉승급 기간에 산입하여 호봉산정이 가능하다. 보육교사의 급여는 보육사업안내의 인건비 지급기준에 의해 지급되는 금액 외에 각종 수당이 지자체별로 보육교직원 개별 계좌로 직접 이체됨을 참고하자.

표 4-6 2023년도 보육교직원 인건비 지급기준

(단위 : 원)

호봉	원장		보육교사		조리원	
	연지급액	월지급액	연지급액	월지급액	연지급액	월지급액
1	26,343,600	2,195,300	25,189,200	2,099,100	24,148,800	2,012,400
2	26,948,400	2,245,700	25,299,600	2,108,300	24,242,400	2,020,200
3	27,694,800	2,307,900	25,380,000	2,115,000	24,312,000	2,026,000
4	28,468,800	2,372,400	25,524,000	2,127,000	24,356,400	2,029,700
5	29,193,600	2,432,800	25,959,600	2,163,300	24,398,400	2,033,200
6	30,298,800	2,524,900	26,648,400	2,220,700	24,436,800	2,036,400
7	31,294,800	2,607,900	27,230,400	2,269,200	24,495,600	2,041,300
8	32,403,600	2,700,300	27,667,200	2,305,600	24,532,800	2,044,400
9	33,246,000	2,770,500	28,231,200	2,352,600	24,584,400	2,048,700
10	34,120,800	2,843,400	28,860,000	2,405,000	24,622,800	2,051,900
11	35,126,400	2,927,200	29,721,600	2,476,800	24,811,200	2,067,600
12	36,084,000	3,007,000	30,572,400	2,547,700	25,111,200	2,092,600
13	36,828,000	3,069,000	31,156,800	2,596,400	25,592,400	2,132,700
14	37,585,200	3,132,100	31,776,000	2,648,000	26,127,600	2,177,300

호봉	원장		보육교사		조리원	
	연지급액	월지급액	연지급액	월지급액	연지급액	월지급액
15	38,637,600	3,219,800	32,455,200	2,704,600	26,626,800	2,218,900
16	39,380,400	3,281,700	33,386,400	2,782,200	27,344,400	2,278,700
17	40,142,400	3,345,200	34,124,400	2,843,700	27,907,200	2,325,600
18	40,988,400	3,415,700	34,830,000	2,902,500	28,580,400	2,381,700
19	41,766,000	3,480,500	35,464,800	2,955,400	29,223,600	2,435,300
20	42,475,200	3,539,600	36,168,000	3,014,000	29,890,800	2,490,900
21	43,507,200	3,625,600	37,279,200	3,106,600	30,931,200	2,577,600
22	44,276,400	3,689,700	38,006,400	3,167,200	31,575,600	2,631,300
23	44,961,600	3,746,800	38,613,600	3,217,800	32,186,400	2,682,200
24	45,651,600	3,804,300	39,303,600	3,275,300	32,769,600	2,730,800
25	46,431,600	3,869,300	39,934,800	3,327,900	33,409,200	2,784,100
26	47,154,000	3,929,500	40,564,800	3,380,400	33,990,000	2,832,500
27	47,822,400	3,985,200	41,113,200	3,426,100	34,423,200	2,868,600
28	48,516,000	4,043,000	41,713,200	3,476,100	35,001,600	2,916,800
29	49,154,400	4,096,200	42,370,800	3,530,900	35,554,800	2,962,900
30	49,852,800	4,154,400	42,942,000	3,578,500	36,132,000	3,011,000

* 보육교사: 간호사, 영양사, 특수교사, 치료사 포함.
출처: 보건복지부(2023).

5) 보육교사 자격 취득을 위한 보육실습 기준

보육실습에 관한 기준은 2017년 1월 1일 이후부터 정원 15인 이상으로 평가인증을 유지하는 어린이집 또는 교육과정과 방과후 과정을 운영하는 유치원(교육청에 방과후 과정 운영 유치원으로 등록되어야 함)에서 실시하여야 한다. 기본적인 실습 기간은 6주, 240시간 이상을 원칙으로 하되, 2회에 나누어 실시할 수 있다. 평일 오전 9시부터 오후 7시 사이에 하루 8시간을 초과할 수 없으며 실습 지도교사는 실습지도 이전에 보육교사 1급 또는 유치원 정교사 1급 자격증을 소지한 사람이어야 하고 실습 지도교사는 동일한 실습 기간 내에 1명당 보육실습생을 3명 이내로 지도하여야 한다.

교사는 이론과 실천적 능력을 갖추어야 하는 사람으로 특히 영유아 교사는 교육으로만 그치는 것이 아니라 영유아의 발달을 고려한 양육의 역할도 수행해야 하므로 실습의 의미는 매우 크다고 하겠다. 예비교사의 실습은 교육전문가로서의 전문성을 함양하기 위한 중요한 과정으로 준비과정에서의 이론 적용, 학습지도 기술의 함양, 인격의 도야 등 현장을 통해 얻을 수 있는 실천적 경험이 더욱 강조된다.

보육실습생은 학생의 신분을 유지하면서도 보육실습기관의 낯선 공간에서 교사라는 새로운 역할을 담당해야 한다. 영유아와 부모는 실습생을 교사로 대하지만, 보육교사와 원장은 예비교사의 역할을 배우고 있는 학생으로서 대하게 된다. 실습생은 이 두 역할을 잘 수행해야 한다는 심적 부담뿐 아니라, 출퇴근이 정해진 규칙적인 생활, 새롭게 만난 보육교사 및 부모와의 인간 관계 형성, 다양한 업무 수행, 영유아와의 상호작용 및 활동 진행 등도 새롭게 경험하게 된다. 보육실습생이 느끼는 이러한 심리적·신체적 어려움은 낯선 경험을 할 때 누구나 느낄 수 있는 것이다. 현장에서 보육실습을 성공적으로 마친다면, 실습생은 지식, 기술, 태도 측면에서 모두 성장해 있는 자신을 발견할 수 있고, 자신의 노력에 대한 만족감을 얻게 될 것이다.

교육 및 보육실습은 앞으로 유치원과 어린이집 교사 자격증을 받고 교사가 되고자 준비하는 학생이 유아교육현장에서 예비교사로서 갖추어야 할 인성, 지식, 기술 등을 직접 경험해 보는 과정일 뿐만 아니라, 유치원 정교사 또는 보육교사 자격증 취득을 위한 핵심적인 과정이기도 하다. 이러한 실습의 목적은 교사자격을 취득하기 위해 법령이 규정하는 바를 이수하는 것을 의미하며 실습생에게 보육교사의 전문성 확보를 위해 필수적으로 이수해야 하는 교과인 동시에 자신의 보육역량에 대한 이해를 높이는 자기평가의 기능이 있다고 하겠다(한국보육진흥원, 2017).

보육실습은 사전실습, 정규실습(본실습), 사후실습으로 구분할 수 있다.

(1) 사전실습

사전실습은 정규실습 전에 진행되는 정규실습의 준비과정으로 주로 보육현장을 관찰하거나 보조교사 역할을 수행하면서 보육현장에 대한 이해를 높이는 데 목적이 있다.

박은혜 외(2014)는 사전실습의 효과를 다음과 같이 말하고 있다. 사전실습을 통해 실습기관을 방문하여 관찰하고 교육, 보육활동, 하루일과, 영유아의 발달 수준 등을 파악하고 일부 수업에 참여함으로써 유아교육 현장에 대한 이해를 도와 정규실습에 대한 두려움을 줄일 수 있다. 그뿐만 아니라, 정규실습을 체계적으로 준비함으로써 효율적으로 실습을 실행할 수 있게 된다.

구체적으로 사전실습의 과정을 살펴보면, 보육실습생은 실습기간 사전 3~4일 전에 유무선 전화를 통해 방문 시간을 허락받은 후 약속된 시간에 방문하고, 보육실습에 필요한 다양한 사전지도를 받는다. 사전에 실습기관을 방문하여 보육실습기관의 위치, 주변 거리, 교통편, 소요시간 등을 확인한다. 또한 보육실습기관의 현황(보육교직원, 학급현황, 일반영유아와 장애영유아 보육현황, 보육환경 및 시설 등)을 파악하고, 원장과 지도교사의 이름을 숙지한다. 보육실습 기간 동안 보육실습생이 지켜야 할 준수사항과 유의사항을 지도받고 이를 숙지하며, 보육실습기관의 학급의 유형과 특성(연령, 성비, 영유아의 특성, 일과 등)을 사전에 파악해 둔다.

보육실습기관의 운영방침, 운영계획, 보육프로그램 등을 사전에 파악하고 보육실습기간 중 보육기관에서 계획한 대내외 행사 일정을 파악해 둔다. 또한 실습생은 실습에 필요한 준비물(명찰, 실습일지, 메모장, 필기도구, 앞치마 등)을 꼼꼼하게 점검하여 준비하고, 보육실습생 신상카드, 보육실습생 서약서, 보육실습 동의서, 신분증, 보건소의 전염성 질환(간염, 결핵, 장티푸스, 성병 등)에 대한 건강진단결과서(구 보건증)를 준비한다.

(2) 정규실습

정규실습은 교사로서의 역할 경험뿐만 아니라 교사자격 취득을 위한 필수적인 과정으로, 오리엔테이션을 받고 연령별 로테이션으로 수업 참관을 하며 체계적으로 진행된다. 정규실습은 대학 등의 양성기관이 실습기관에 공식적인 업무 협약 속에 추진되고 있는 과정으로 실습현장에서 실습지도교사와 대학 지도교수 간의 협력과 지도 속에서 엄밀하면서도 체계적인 과정을 통해 이루어지고 있다. 6주 240시간의 정규 실습기간 동안 관찰과 보조교사 역할을 수행하면서 부분수업, 연계수업, 종일수업 또는 연구수업 등을 경험하고 관찰, 놀이 및 활동지도, 일과지도, 생활 및 행동지도, 사무관리 등을 6주간에 걸쳐 경험한다.

- 부분수업은 지도교사가 계획한 하루 일과 중에서 하나를 배분 받아 실습생이 직접 계획하고 준비하여 수업해 보는 과정으로 어려운 부분보다는 쉬운 부분을 선택하여 진행하는 것이 바람직하며, 반드시 교육계획안을 작성하여 실시한다.
- 연계수업은 부분수업 경험이 있는 실습생이 하루 일과 중에서 연계되어 진행되는 두 가지 활동을 직접 경험해 가는 과정이다.
- 전일수업은 부분수업과 연계수업을 진행한 경험을 가진 실습생이 하루 종일의 일과를 책임지고 수업활동 등을 계획, 준비, 실행해 보는 과정이다.

구체적으로 정규실습 중에 해야 할 일들에 대하여 살펴보면 다음과 같다.

① 관찰과 기록

보육시설의 하루 일과는 매우 바삐 진행된다. 잊어버릴 염려도 있으므로 앞치마에 항상 수첩과 메모지를 넣어두고 그때그때 관찰사항을 기록하거나 기억할 수 있는 단어를 메모해 두자.

매일 1명의 집중관찰 대상 영유아를 선정하여 일과 시간대별 행동이 모두 포함되도록 관찰하는 것이 좋다. 상황이나 사건을 발달 영역, 표준보육과정의 영역 또는 흥미영역 중심으로 분류하여 기록하고 관찰을 통해 영유아의 개별적 흥미, 놀이행동, 영유아가 지니고 있는 기술, 지식, 태도나 또래 관계 특성 등을 파악할 수 있도록 한다. 일과 중 자세한 기록이 어려우므로 중요 사항 중심으로 약식 기록을 하고 일과 종료 후 곧바로 약식 기록 내용에 기초해서 구체적으로 작성하도록 한다.

관찰한 내용을 중심으로 영유아의 행동에 대해 분석할 수 있도록 실습 지도교사와 협의하도록 한다.

영유아를 관찰할 때 중점적으로 볼 내용

- 영유아들이 자발적, 능동적 또는 수동적으로 놀이에 참여하는가?
- 영유아들이 선호하는 영역과 선호하지 않는 영역은 어디인가?
- 잘 가지고 노는 놀잇감은 무엇인가?
- 놀이가 오래 진행되지 않고 중간에 흐지부지 끝나지 않는가?
- 놀이하는 동안 놀이에 대한 아이디어를 자주 내고, 다른 친구의 놀이에도 관심을 가지며 서로 의견을 주고받는가?
- 활동에서 함께 정한 규칙 또는 기본적인 규칙을 지키는가?
- 사용하려고 하는 자료를 다른 친구가 사용하고 있을 때 물어보고 가져가는가?
- 새로운 의견이나 자신의 느낌을 놀이에서 적절히 표현하는가?
- 대·소집단 활동 시 주의집중 또는 산만함의 정도는 어떠한가?

② 보육실습일지 작성

보육실습일지는 실습생의 보육실습 내용을 파악하고 보육실습 기간의 보육실습 지도가 충분히 이루어졌는지 알 수 있는 공식문건이다. 일반적으로 보육실습일지는 실습생의 출근부, 보육실습기관 현황, 보육실습 일정, 일일 보육실습내용, 가정연계 및 행사 등으로 구성된다.

또한 보육실습일지는 보육실습생이 보육실습 기간 동안 자신의 보육실습 내용을 기록하고, 반복적으로 읽어보며 정리하고, 자기 평가를 통한 반성적 사고를 하는 공간으로, 실습생과 실습 지도교사, 실습기관과의 의사소통의 장이라 할 수 있다.

일과운영 시간의 흐름에 따른 보육내용을 기록하고 지도교사와 충분히 협의하여 기록하도록 한다.

③ 보육활동 계획안 작성

참여실습 등을 통해 실습생은 실습기관과 실습 지도교사와 충분한 사전협의를 거쳐 보육활동 계획안을 작성하고 활동하여야 한다. 이때 지도교사는 난이도가 낮은 것부터 시작하고 지도교사는 주제의 전개양상, 영유아 발달의 적합성, 주간 계획안과 영유아의 흥미, 행사 및 반의 특별한 상황 등을 고려해 보육활동 계획안을 작성하도록 지도

하고 실습생의 역량을 고려하여야 한다.

반일 또는 일일 보육활동 계획안 작성 시 유의할 점은 다음과 같다.

반일 또는 일일 보육활동 계획안 작성 시 유의할 점

- 영유아의 흥미와 요구를 반영하여 영유아의 전후 경험이 맥락적으로 연결되도록 고려한다.
- 일과 운영은 학급의 일과를 충분히 반영하여 일관성 있게 계획한다.
- 영유아의 흥미와 요구, 놀이, 사전경험, 지역적 특성, 계절 등에 기초하여 계획한다.
- 날씨 변화, 특별한 상황이 발생할 경우를 대비하여 대안을 준비한다.
- 일과 흐름을 안내하는 전이활동(정리정돈, 화장실 다녀오기, 실내외 이동하기 등)의 상호작용을 계획안에 반영한다.
- 영유아와 풍부한 상호작용을 할 수 있도록 계획한다.
- 한 가지 보육활동을 마무리짓고 다음 보육활동으로의 전이(transition) 전략을 기술한다.
- 배변 및 손씻기, 간식·식사지도, 정리 정돈, 낮잠지도와 같은 일상생활 지도 전략을 함께 진술한다.

④ 평가

보육실습 평가란 보육실습의 목표, 내용, 평가 등 일련의 보육실습과정을 객관적·과학적으로 검토하는 것으로, 평가는 실습의 마무리 단계로 인식하고 있으나 목표설정에서부터 계획 그리고 마지막인 평가단계에 이르기까지 각 단계에 필요한 평가활동이 이루어져야 한다.

평가는 실습 과정을 성공적으로 수행하기 위한 지도 관리의 일환이며, 성공적이고 효과적인 보육실습을 하기 위해서 실습생에게도 반성적 사고를 통한 평가의 역할이 매우 중요하다. 실습기관의 원장, 지도교사, 실습생이 각자의 역할에 충실할 때 제대로 된 평가가 수행되므로 보육실습생에게 자기 이해나 성취 정도를 파악하게 하며, 교사로서의 성장 및 개인별 진로 설정에 도움을 준다.

평가는 실습생이 대학 또는 양성교육기관에서 배운 지식과 익힌 기술을 보육현장에 얼마나 객관적으로 적용할 수 있는가를 파악하는 활동으로 목표달성, 실습 성취도, 실습생의 역량, 실습생의 미비점 보완 등을 알 수 있게 하는 중요한 역할을 수행하기 때문에 엄중한 준비와 관리 속에서 객관적이고 합리적으로 수행되어야 한다.

실습의 규정을 이해하고 다음의 정규실습 과정 예시를 참고하여 실습 일정에 대한 이해를 돕도록 하자.

표 4-7 보육실습 평가서

보 육 실 습 평 가 서

성 명:
생 년 월 일:
보육실습기관명:
보육실습기간: 20 년 월 일 ~ 20 년 월 일

평가영역(배점)	평가항목		배점	점수
근무태도와 자질 (20점)	근무사항	출석, 결석, 지각, 조퇴 등	5	
	태도	성실성, 근면성, 친절, 적극성, 복장 및 용모, 예절	5	
	자질	영유아 존중, 책임감, 인성, 열의	5	
	관계형성	실습지도교사와의 관계 동료실습생과의 관계	5	
보육활동 계획과 실행 (30점)	보육활동 계획	영역별, 반일(일일)보육활동 계획의 적합성과 충실한 준비	15	
	보육활동 실행	영역별, 반일(일일)보육활동의 효과적이고 적절한 실행 정도	15	
예비보육 교사로서 역할수행(30점)	영유아 행동 및 놀이 관찰, 보육환경 관찰		5	
	보육일과 진행 보조와 일상생활지도		10	
	영유아 상호작용과 놀이 참여		15	
보육실습일지 작성 (10점)	구체적이고 충실한 보육실습일지 작성과 일일자기평가 및 지도교사 평가 반영		10	
총평 (10점)	실습기간동안 예비보육교사로서 향상 정도		10	
총 점			100	

20 년 월 일
보육실습 지도교사: (인)
어린이집 원 장: (인)

표 4-8 정규실습 과정 예시

주	실습형태	실 습 내 용	준 비
1주	사전참여 실습	• 어린이집의 운영 철학 및 보육서비스 등의 특징 파악 • 어린이집 보육교직원들과 친밀감 형성 • 모든 연령의 반 참여 관찰 : 일과운영, 보육환경, 영유아-교사 상호작용 등. 영아반과 유아반 고르게 경험. 실습기관 지침에 따라 순서는 융통성 있게 운영) • 보육실습일지 작성과 지도교사의 평가 • 보육 활동 운영 실습	관찰기록 보육실습일지
2주		• 실습반 영유아와 친밀감 형성하기 • 보조교사로서의 역할 수행하기 • 실습반 관찰(일과운영, 보육환경, 영유아-교사 상호작용 등) • 3주차 영역별 보육활동 선정 및 계획안 제출과 지도교사의 평가	관찰일지 보육실습일지 보육계획안
3주	보육활동 운영실습	• 영역별 보육활동 실습 • 영역별 보육활동 선정 • 연계활동 계획안 제출 • 자기평가, 지도교사 평가	보육실습일지 보육계획안
4주		• 연계활동실시 • 자기평가, 지도교사 평가 • 반일(일일) 계획안 제출 • 연계활동 자료 준비 및 제작 • 반일(일일) 계획 협의	보육실습일지 보육계획안 연계수업자료
5주	보육활동 운영실습	• 반일(일일) 보육활동 실시 • 자기평가, 지도교사 평가 • 반일(일일)활동 자료 점검 • 사후 참여 실습	보육실습일지 보육계획안 수업자료
6주	사후참여 실습	• 참여 관찰(일과운영, 보육환경, 영유아-교사 상호 작용 등) • 보조교사 역할 수행하기 • 보육 실습일지 작성 • 최종 어린이집 실습 평가회(원장, 지도교사 등 참여)	실습일지 및 기타 실습관련 서류 제출

<table>
<tr><th colspan="2">주</th><th>1일차</th><th>2일차</th><th>3일차</th><th>4일차</th><th>5일차</th></tr>
<tr><td colspan="2">사전방문과 교육</td><td colspan="5">• 사전방문하여 실습 오리엔테이션을 실시함
• 보육실습 일정과 내용, 준비물, 준비서류 및 기타 유의사항 합의</td></tr>
<tr><td>사전 참여 실습</td><td>1주</td><td colspan="5">• 어린이집의 운영 철학 및 보육서비스 등의 특징 파악
• 어린이집 보육교직원들과 친밀감 형성
• 모든 연령의 반 참여 관찰: 일과운영, 보육환경, 영유아 - 교사 상호작용 등, 영아반과 유아반 고르게 경험. 실습기관의 지침에 따라 순서는 융통성 있게 운영
• 보육실습일지 작성과 지도교사의 평가</td></tr>
<tr><td rowspan="8">보육 활동 운영 실습</td><td rowspan="2">2주</td><td colspan="5">• 실습 반 영유아와 친밀감 형성하기
• 보조교사로서의 역할 수행하기</td></tr>
<tr><td colspan="2">• 실습 반 관찰(일과운영, 보육환경, 영유아 - 교사 상호작용 등)</td><td colspan="3">• 3주차 영역별 보육활동 선정 및 계획안 제출과 지도교사의 평가</td></tr>
<tr><td rowspan="2">3주</td><td></td><td>영역별 보육활동 실습</td><td></td><td>영역별 보육활동 실습</td><td></td></tr>
<tr><td></td><td>자기평가, 지도교사 평가</td><td>영역별 보육활동 선정</td><td>자기평가, 지도교사 평가</td><td>연계활동 계획안 제출</td></tr>
<tr><td rowspan="2">4주</td><td></td><td>연계활동 실시</td><td></td><td></td><td></td></tr>
<tr><td>연계활동 자료 준비 및 제작</td><td>자기평가, 지도교사 평가</td><td colspan="2">반일(일일)보육 계획 협의</td><td>반일(일일) 보육 계획안 제출</td></tr>
<tr><td rowspan="2">5주</td><td></td><td></td><td>반일(일일) 보육활동 실시</td><td></td><td></td></tr>
<tr><td colspan="2">반일(일일)보육 활동 자료 점검</td><td>자기평가, 지도교사 평가</td><td></td><td></td></tr>
<tr><td>사후 참여 실습</td><td>6주</td><td colspan="3">• 참여 관찰(일과운영, 보육환경, 영유아 - 교사 상호 작용 등)
• 보조교사 역할 수행하기
• 보육 실습일지 작성</td><td>최종 어린이집 실습 평가회 (원장, 지도교사 등 참여)</td><td>실습일지 및 기타 실습관련 서류 제출</td></tr>
</table>

표 4-9 어린이집 유아반(3~5세) 보육실습 내용 예시

주	실 습 내 용
1주	• 관찰 기록 - 흥미영역 구성 및 활동 준비, 하루일과의 진행과정 관찰 - 유아와 유아, 유아와 보육교사 간 상호작용 및 보육교사의 업무 관찰 • 유아반의 일과 특성 이해하기 • 1주차 관찰 및 보육실습에 대한 평가: 지도교사, 보육실습생
2주	• 유아 놀이 관찰 및 유아와 보육교사, 유아 - 유아, 유아 - 교구 간의 상호작용 관찰 기록 • 유아와 친밀감 형성하기 • 3주차 보육활동계획 및 검토 - 영역별 보육활동에 대한 계획안 작성: 지도교사의 검토 및 지도 받기 - 계획한 보육활동에 필요한 자료 및 교재교구 준비 영역별 보육활동 실습 • 2주차 보육실습 및 보육활동에 대한 평가: 지도교사, 보육실습생
3주	• 유아 놀이 관찰 및 유아와 보육교사 유아 - 유아, 유아 - 교구간의 상호작용 관찰 • 영역별 보육활동 실습 - 흥미영역 활동 2회 진행 및 보육활동에 대한 평가: 지도교사, 보육실습생 • 4주차 보육활동계획 및 검토 - 연계활동 및 대소집단 활동에 대한 계획안 작성: 지도교사의 검토 및 지도 받기 - 계획한 보육활동에 필요한 자료 및 교재교구 준비 • 3주차 보육실습 및 보육활동에 대한 평가: 지도교사, 보육실습생
4주	• 유아 놀이 관찰 및 유아와 보육교사 유아 - 유아, 유아 - 교구 간의 상호작용 관찰 • 연계활동 및 대소집단 활동 준비 및 진행 - 연계 보육활동 1회, 대소집단 보육활동 1회 진행 - 보육활동에 대한 평가: 지도교사, 보육실습생 • 5주차 보육활동계획 및 검토 - 반일 또는 일일보육(흥미영역 활동 2개, 대집단 활동 1개, 실외자유선택 활동 1개 포함)에 대한 보육활동계획안 및 반일(일일)계획안 작성: 지도교사의 지도 받기 - 계획한 보육활동에 필요한 자료 및 교재교구 준비 • 4주차 보육실습 및 보육활동에 대한 평가: 지도교사, 보육실습생
5주	• 유아 놀이 관찰 및 유아와 보육교사 유아 - 유아, 유아 - 교구 간의 상호작용 관찰 • 반일(일일) 보육활동 점검 및 준비 • 반일(일일) 보육활동 진행 및 보육활동에 대한 평가: 지도교사, 보육실습생 • 5주차 보육실습 및 보육활동에 대한 평가: 지도교사, 보육실습생
6주	• 유아 놀이 관찰 및 유아와 보육교사 유아 - 유아, 유아 - 교구 간의 상호작용 관찰 • 반일(일일)보육활동 실습 - 보육활동과 관련된 환경구성 • 보육실습 최종 평가회: 원장, 지도교사, 보육실습생 • 보육실습 종료(보육실습생 평가표, 보육일지, 출근부 정리)

(3) 사후실습

사후실습은 정규실습 이후에 이루어지는 실습으로 실습생의 의사에 따라서 자율적으로 진행되기 때문에 실습생과 실습기관이 협의하여 진행된다. 실습생은 실습기관에서 보조교사로서 수업참여, 기관행사 지원, 환경 구성 및 교수자료 제작 등의 경험을 통해 현장에 대한 이해를 심화함으로써 예비교사로서의 자질과 능력을 키워가는 기회가 된다. 실제로 본인이 실습한 기관과 협의를 통하여 사후실습 일정을 정하고 구체적으로 업무를 분담 받거나, 본인이 할 수 있는 부분을 제시하여 조율하는 것이 좋다.

(4) 자원봉사

자원봉사는 실습이 끝나고 실습했던 기관을 방문하여 하는 경우도 있고, 실습을 하기 전에 먼저 실습할 기관을 방문하여 실시하는 경우도 있다.

전통적으로 자원봉사(自願奉仕)는 '도움이 필요한 사람에 대해 아무런 대가 없이 직접적인 서비스를 제공하는 활동'으로 정의되었으나, 현대적 개념에서는 '지역사회의 발전과 변화를 가져오기 위한 계획적이고 조직적인 사회행동'으로까지 그 범위가 확대되고 있다. 자원봉사는 사회 또는 공공의 이익을 위한 일을 자기 의지로 행하는 것을 말한다. 자원봉사에 임하는 사람은 다양한 형태로 보상을 얻는다. 예를 들어 보람이나 경험 등의 정신적 보상이나 교통비나 식사비, 소정의 활동비 등을 제공받는 금전적 보상이 있을 수 있다. 또한 그 밖에도 취업 또는 진학에 도움이 되는 경력을 쌓기 위한 목적에서 자원봉사를 하기도 한다. 어떤 기준으로 자원봉사인지 그렇지 않은지를 나눌지에 대해서는 다양한 견해가 있다(위키백과).

자원봉사의 동기는 일반적으로 주위의 누군가를 돕고 싶거나, 지역사회 혹은 국가를 위해 무엇인가를 하고 싶은 이타주의(altruism)적인 면과 개인의 건전한 이기적 동기(Self-interest) 즉, 새로운 분위기, 새로운 경험에의 열망, 직업을 찾는 데 도움이 되는 기술과 능력을 계발하고자 하는 의지, 주위의 신뢰와 인정을 받고 싶은 동기로 나뉠 수 있는데, 흔히 이 양자가 결합되어 나타나기도 한다. 실습기관에서의 자원봉사는 자신의 능력 계발과 더불어 취업에 도움이 될 수 있는 계기가 되기도 하므로 도전해 보는 것도 좋겠다.

(5) 실습생 관계 서류

실습생 관계 서류

- 대학 또는 양성교육기관의 보육실습 협조 공문
- 보육실습생 신상카드
- 보육실습생 서약서
- 보육실습 동의서
- 보육실습 확인서: '어린이집지원시스템'을 통하여 보육실습 확인서를 출력한 경우 첨부서류를 제출하지 않아도 됨
- 보육실습 평가서: 직인 날인 후 대학 및 양성기관으로 재송부
- 보육실습생 신분증 사본
- 아동학대, 성성범죄 경력 조회 동의서 및 회신서
- 보건소의 전염성 질환(간염, 결핵, 장티푸스, 성병 등), 건강진단결과서(구 보건증)

6) 자격증 발급신청 및 교부 절차

자격증 발급에 필요한 교과목을 모두 이수하고 실습을 마친 후 보육교사 자격증을 신청하는 과정이 남아있다. 예비 보육교사의 원활한 어린이집 취업 지원을 위하여 하반기 졸업(수료) 예정자(대학, 보육교사 졸업, 수료 예정자 5인 이상)를 대상으로 '보육교사 자격증 단체신청'을 진행하고 있다. 5인 미만 및 개인은 단체신청이 불가하고 동일 자격급수, 동년도 졸업(예정) 또는 수료자에 한해 가능하다. 발급신청 절차는 보육인력 국가자격증 홈페이지에 접속(http://www.chrd.childcare.go.kr)하여 홈페이지 회원 가입 후, 인터넷으로 자격증을 신청 후 수수료를 결제한다. 이후 관련 서류를 구비하여 등기우편으로 다음의 주소로 제출한다. 처리기간은 서류접수 완료일(인터넷 신청+수수료 결제+서류제출)로부터 14일(공휴일 제외)이 소요되며 "나의 진행현황" 화면에서 조회 가능하고 자격번호는 졸업(수료)일 이후에 확인이 가능하다. 접수된 구비서류 및 수수료는 홈페이지 "나의 진행현황"에서 "서류 접수 완료"로 확인되는 시점부터는 일체 반환이 불가하다.

◎ 보내실 곳 - 서울특별시 용산구 청파로 345 주연빌딩 5층 한국보육진흥원 교직원지원국 자격관리팀 (☎ 1661-5666)

표 4-10 보육교사 자격증 발급 제출서류

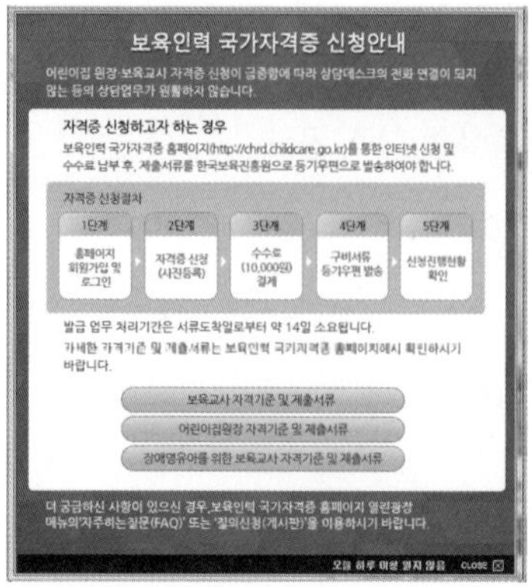

제출서류 유의사항

- 인터넷 신청 후, 자격기준별 제출서류를 등기우편으로 한국보육진흥원에 제출해야만 자격증 발급절차 진행이 가능합니다.
- 경력 시작 시점에 따라 자격 인정 일자가 달라질 수 있으므로 최초의 보육업무 경력증명서부터 제출하여 주시기 바랍니다.
- 서류 도착 이후 수수료 및 서류 반환은 일체 불가합니다.
- 한국보육진흥원은 자격취득을 위한 서류 보완이 필요할 경우 민원사무 처리에 관한 법률에 의해 제출서류 외에 추가 서류의 제출을 요청할 수 있습니다.
- 자격증 발급 시, 인터넷 신청단계에서 등록하신 사진 파일로 제작되므로 서류 제출 시, 증명사진 원본은 제출하지 않으셔도 됩니다.

보육교사 1급	
자격기준	**제출서류**
1. 보육교사 2급 자격을 취득한 후 3년 이상의 보육업무 경력이 있는 사람으로서 보건복지부장관이 정하는 승급교육을 받은 사람	① 보육교사 2급 자격증 사본 ② 경력증명서 원본 ③ 승급교육 수료증명서 원본 또는 승급교육 수료증 사본 ④ 사진파일(인터넷 신청 시 사진 등록) ⑤ 자격증 발급신청서(인터넷 신청 후 출력)
2. 보육교사 2급 자격을 취득한 후 보육 관련 대학원에서 석사학위 이상을 취득하고 1년 이상의 보육업무 경력이 있는 사람으로서 보건복지부장관이 정하는 승급교육을 받은 사람	① 보육교사 2급 자격증 사본 ② 석사학위증명서 원본 ③ 경력증명서 원본 ④ 승급교육 수료증명서 원본 또는 승급교육 수료증 사본 ⑤ 사진파일(인터넷 신청 시 사진 등록) ⑥ 자격증 발급신청서(인터넷 신청 후 출력)

보육관련 대학원
가. 학과(전공) 및 학위명에 '보육, (영)유아, 아동'의 단어가 포함된 대학원 나. 가의 경우가 해당되지 않을 경우 보육관련 교과목 이수기준으로 인정 (보육관련 교과목 최소 15학점 이상 이수하고 석사 학위를 취득한 경우 인정)

보육교사 2급	
자격기준	제출서류
1. 전문대학 또는 이와 같은 수준 이상의 학교에서 보건복지부령으로 정하는 보육 관련 교과목 및 학점을 이수하고 졸업한 사람	① 보육관련 교과목 및 학점을 이수하고 졸업한 학교의 졸업증명서 원본 ② 보육관련 교과목 및 학점을 이수하고 졸업한 학교의 성적증명서 원본 ③ 보육실습확인서 원본 ④ 사진파일(인터넷 신청 시 사진등록) ⑤ 자격증 발급신청서(인터넷 신청 후 출력)
2. 보육교사 3급 자격을 취득한 후 2년 이상의 보육업무경력이 있는 사람으로서 보건복지부장관이 정하는 승급교육을 받은 사람	① 보육교사 3급 자격증 사본 ② 보육업무 2년 이상 경력증명서 원본 ③ 승급교육 수료증명서 원본 또는 승급교육 수료증 사본 ④ 사진파일(인터넷 신청 시 사진 등록) ⑤ 자격증 발급신청서(인터넷 신청 후 출력)

※ 학점은행제로 보육관련 교과목 및 학점(17과목 51학점-보육실습포함)을 이수하여 학위를 취득하시는 경우 반드시 학위취득 이후에 보육교사 자격증을 신청하시기 바랍니다.

※ 전문대학 또는 이와 같은 수준 이상의 학교에서 보육관련 교과목과 학점 중 일부를 이수하고 전문학사학위 이상을 취득한 경우, 이후 대학(교) 또는 학점은행제에서 나머지 교과목과 학점을 이수하고 반드시 전문학사학위 이상을 다시 취득해야 함

보육교사 3급	
자격기준	제출서류
고등학교 또는 이와 같은 수준 이상의 학교를 졸업한 사람으로서 보건복지부령으로 정하는 교육훈련시설에서 정해진 교육과정을 수료한 사람	① 졸업증명서 원본(양성교육과정 수료 이전) ② 교육훈련시설 수료증 원본 ③ 교육훈련시설 성적증명서 원본 ④ 보육실습확인서 원본 ⑤ 사진파일(인터넷 신청 시 사진 등록) ⑥ 자격증 발급신청서(인터넷 신청 후 출력)

다음의 경우 장애영유아를 위한 보육교사 자격증도 취득할 수 있다. 대부분 대학에서는 장애영유아를 위한 보육교사 자격도 취득할 수 있게 과목 개편이 되어 있으므로 함께 취득하는 것이 취업에 도움이 되리라 생각한다. 장애 영유아를 위한 보육교사 자격증 취득에 필요한 자격기준과 제출서류는 다음과 같다.

자격기준	제출서류
다음 각 호의 자격을 모두 갖춘 사람 1. 「영유아보육법」 제21조 제3항에 따른 보육교사 2급 이상의 자격증을 소지한 사람 2. 보건복지부령으로 정하는 특수교육 또는 재활 관련 교과목 및 학점을 「고등교육법」 제2조에 따른 학교에서 이수하거나 「학점인정 등에 관한 법률」 제7조에 따라 인정받은 사람	① 보육교사 2급(1급) 자격증 사본 ② 특수교육 또는 재활관련 교과목 및 학점을 이수한 성적증명서 원본 ③ 사진파일(인터넷 신청 시 사진 등록)* ④ 자격확인서 발급신청서(인터넷 신청 후 출력)
「장애아동복지지원법」 시행령 부칙 제2조에 의한 경과조치에 따라 직무교육(온라인 및 집합교육)을 이수한 사람	① 직무교육 이수증** ② 사진파일(인터넷 신청 시 사진 등록) ③ 자격확인서 발급신청서(인터넷 신청 후 출력)

* 「고등교육법」 제2조에 의한 (전문)대학 등에서 시간제로 특수교육 또는 재활관련 교과목 및 학점을 이수한 경우 국가평생교육진흥원 발행 성적증명서 원본 제출
** 이수증 자격구분이 '장애영유아를 위한 보육교사'인 경우에 한함

좀 더 자세한 안내는 보육교직원 통합정보 시스템(https://chrd.childcare.go.kr)에 접속하면 알 수 있으므로 참고하자.

본 장에서는 국·공립어린이집의 취업을 희망하는 예비교사를 위해 국·공립어린이집의 이해, 현황, 취업 준비에 대해 살펴보았다. 지역사회 내에서 지방자치단체가 설립·운영하는 기관으로서 안정적인 취업처가 될 수 있다. 향후 지속적으로 설치할 계획이 있는 만큼, 관심을 가지고 변화 추이를 지켜보며 취업을 준비해보자.

참고문헌

김길수, 황현숙, 길현주(2016). 새내기 유아교사가 알아야 할 교직실무 101가지. 동문사.
김병찬(2005). 예비교사들은 교육실습을 통해 무엇을 경험하는가? 한국교육행정학회 23 (3). 319-351.
김재환(2003). 유아교육기관의 교직문화 진단 연구. 숙명여자대학교 대학원 박사학위논문.
김진아, 이종희(2008). 보육종사자가 지각한 보육시설의 조직문화. 한국영유아보육학회, 119-149.
류미향, 김성숙(2013). 교사 자질로서 인간관계 능력에 관한 고찰: 예비교사를 중심으로. 육아지원연구, 8(20), 155-176.
박은혜(2009). 유아교사론. 창지사.
박은혜, 주운주(2014). 반성적 실천을 위한 유아교육실습. 창지사.
백은주, 조부경(2004). 유치원 교사의 전문성 발달수준 자기평가 도구 개발. 유아교육연구, 24(4), 95-117.
보건복지부(2021). 2021 보육사업안내.
__________(2022a). 보육통계.
__________(2022b). 2022 보육사업안내.
__________(2023). 2023 보육사업안내.
서울특별시 교육청(2007). 유치원교직실무 편람. 서울시 교육청.
유미림, 인재천(2015). 영유아 교사의 직무이해를 위한 교직실무. 동문사.
정미라 외(2014). 어린이집의 조직특성과 교사의 효능감, 조직몰입 및 소진의 구조적 관계. 육아지원연구.
중앙육아종합지원센터(2014). 어린이집 설치운영 길라잡이.
한국보육진흥원(2017). 어린이집에서의 보육실습 지도. (재)한국보육진흥원.
행정안전부(2021). 주민등록인구통계.

네이버 지식인. 2022. 9. 19.
연합뉴스. 2022. 10. 8.
매일신문. 2022. 10. 12.
내손안에 서울. 2022. 8. 18
http://www.youa.sen.go.kr
http://www.childcare.go.kr/
http://www.central.childcare.go.kr/ccef/main.jsp
http://www.kcpi.or.kr/
http://www.mohw.go.kr/react/index.jsp
http://www.kicce.re.kr/kor/index.jsp
http://mediahub.seoul.go.kr/archives/1058588

https://www.index.go.kr

https://www.yna.co.kr/view/AKR20221006167800061?input=1195m

https://youtu.be/v7VVUQcY-ns

[유튜브 '초인딱세' 채널]

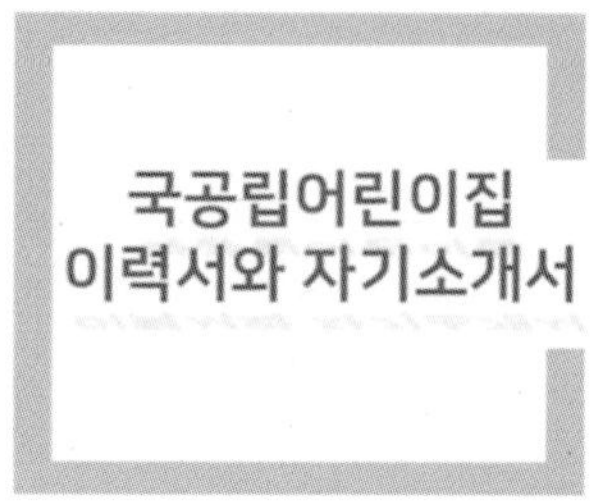

제5장

직장어린이집

읽어보자

"하나금융, 국내 최대 규모 '상생형 직장어린이집' 개원"

하나금융은 2018년부터 1500억의 예산을 수립하고 총 100개의 어린이집을 확충하기로 하였다. 하나금융그룹은 11일 인천 청라 하나드림타운에 '청라 상생형 하나금융 공동 직장어린이집'을 개원했다고 밝혔다. 이 어린이집은 연면적 3,960㎡(1,200평)에 300여 명이 다닐 수 있는 국내 최대 규모 어린이집으로, 인근 중소기업 자녀와 하나금융 자녀가 절반씩 이용할 수 있다. 하나금융은 이런 어린이집을 총 100곳 지을 예정인데, 이번이 58번째 개원이다.

어린이집에는 디지털, 인공지능(AI) 등 스마트 환경과 인터랙티브 놀이공간, 미디어콘텐츠 제작 어린이 방송실 등의 첨단시설을 갖췄다. 1층은 18개 보육실과 10개의 중간 마당이 정원과 놀이터로 이어지게 했으며, 건물 2층 지붕은 잔디 언덕으로 구성해 아이들이 직접 지붕에 올라가 자연을 밟고 느낄 수 있도록 했다.

함영주 하나금융그룹 회장은 "이곳에서 아이들이 협력과 상생의 가치를 배우고 창의적이며 조화로운 인성을 갖춘 미래의 인재로 자라나길 바란다"며 "심각한 서출산 문제와 경력단절 문제를 해결하고, 상생의 기업문화 조성과 지역균형 발전을 위해 하나금융이 앞장설 것"이라고 밝혔다.

출처 : 한국일보(2022. 5. 11.).

제4차 저출산 고령사회 기본계획은 '모든 세대가 함께 행복한 지속가능 사회'라는 비전을 제시하고, 이를 위해 기본 관점을 전환한 것이다(보건복지부, 2020). 기본관점의 전환이란, 개인의 권리 향유 보장, 인구구조 변화에 대한 대응 등의 세 가지의 정책 추진 방향과 이에 따른 세부 과제를 제시하고 있는 것이다. 저출산을 극복하기 위한 다양한 노력이 그동안 추진되어 왔는데, 이는 3차 저출산고령사회대책(2016~2020년)을 보완하는 게 목적이어서 놀랄 만한 정책은 보이지 않는다. 제4차 저출산 고령화 기본계획의 주요내용은 첫째, 기본 관점의 전환으로 국가발전전략을 전환하고 이에 걸맞은 정책적 실천을 하는 것이다. 전자는 국가발전전략을 '노동력 · 생산력'의 패러다임이 아니라 '삶의 질 제고' 패러다임으로 전환하겠다는 것이고, 후자는 가족지원 투자를 OECD 평균 수준으로 확대하고 일자리 · 주거 등 청년층의 사회구조적 문제에 대해 대책을 강화하는 등 핵심 정책에 대해 과감하게 투자하고 생애주기의 유연한 이행을 지원한다는 것이 특징적이다.

둘째, 개인의 권리 향유 보장으로 함께 일하고 함께 돌보는 사회로 전환하고, 아동의 기본권을 보장한다는 것이다.

셋째, 인구구조 변화에 대한 대응으로 모두의 역량이 발휘될 수 있는 기반을 강화하고, 인구구조 뉴노멀에 대비한다는 것이다. 이러한 기본관점의 전환은 국가의 책무성을 강화하고 일-가정 양립문화 조성이 절대적으로 필요한 시대적 요구가 잘 반영된 것으로 볼 수 있다. 따라서 국 · 공립 확충과 더불어 직장어린이집에 대한 수요가 지속적으로 증가할 것으로 기대된다. 이에 본 장에서는 직장어린이집에 대한 기본적 이해와 함께 취업 준비를 위한 다양한 정보를 살펴보고자 한다.

살펴보자

- 직장어린이집에 들어가기 위해서 필요한 자격증이나 기본적인 정보를 알려주세요!
- '안녕하세요? 저는 국립 4년제 다니는 학생입니다. 졸업 시 보육교사 자격증 2급이 나옵니다. 제가 직장어린이집에서 일하고 싶은데 졸업 후 바로 취업하는 것이 어려울까요? 졸업하기 전에 따로 준비하면 좋은 자격증이라든지 스펙이 있다면 알려주세요!
- 유아교육과 3년제 대학교 2학년에 다니고 있는 학생입니다. 직장어린이집으로 취업 생각하고 있는데 어린이집은 임용 없이 취업 가능하다고 알고 있는데 직장어린이집은 취업할 때 임용고시가 필요한가요? 그냥 어린이집과 직장어린이집의 차이점은 뭔가요? 3년제 대학교 나와도 어린이집 취업 가능할까요?
- 현재 4년제 유아교육학과에 재학 중입니다. 직장어린이집에 취업하고 싶은데 방학 동안 또는 재학 중 어떤 것들을 준비해야 도움이 될까요? 그저 학과 공부에만 충실히 하고 지역아동센터에서 봉사활동을 하는 것이 전부입니다. 직장어린이집 취업을 준비하시는 분들은 포트폴리오에 어떤 활동을 넣으시나요? 정말 정보가 없어서 이렇게 상담 드립니다.
- 직장어린이집 보육교사 어떤곳이 비정규직이고 정규직인지 알 수 있는 방법이 있나요? 그리고 재단어린이집도 정규직인가요?

출처: 네이버 지식인(2022.10.31.) 발췌

1. 직장어린이집의 이해

「영유아보육법」 제10조 어린이집의 종류에서 제시한 직장어린이집은 사업주가 사업장의 근로자를 위하여 설치 · 운영하는 어린이집으로 정의하고 있다. 또한 '국가나 지방자치단체의 장이 소속 공무원 및 국가나 지방자치단체의 장과 근로계약을 체결한 자로서 공무원이 아닌 자를 위하여 설치 · 운영하는 어린이집을 포함한다'라고 제시하고 있다. 직장어린이집은 단독 또는 공동으로 설치 · 운영할 수 있으며, 사업장 내 또는 사업장 외에 설치할 수 있다. 직장어린이집 운영시간은 일반적으로 어린이집 운영시간을 원칙으로 하되, 사업장의 근무 특성에 따라 탄력적으로 조정할 수 있다(동법 제14조).

「영유아보육법」 이외에도 직장어린이집에 대한 규정은 「남녀고용평등과 일 · 가정 양립 지원에 관한 법률」에서도 그 근거를 찾아 볼 수 있다. 제21조 제1항에서 '사업주는 근로자의 취업을 지원하기 위하여 수유 · 탁아 등 육아에 필요한 어린이집(직장어린이집)을 설치하여야 한다'라고 하였고 직장어린이집을 설치하여야 할 사업주의 범위 등 직장어린이집의 설치 및 운영에 관한 사항은 「영유아보육법」에 따른다(동조 제2항)고 규정하였다. 이에 고용노동부장관은 근로자의 고용을 촉진하기 위하여 직장어린이집의 설치 · 운영에 필요한 지원 및 지도를 하여야 하고(동조 제3항), 고용노동부장관은 제21조에 따라 직장어린이집을 설치하여야 하는 사업주 외의 사업주가 직장어린이집을 설치하려는 경우에는 직장어린이집의 설치 · 운영에 필요한 정보 제공, 상담 및 비용의 일부 지원 등 필요한 지원을 할 수 있다(동법 제21조의2)고 하였다. 이에 따라 직장보육지원센터를 설립하여 운영하고 있다.

직장어린이집의 설치와 운영을 전문적으로 지도 · 감독하고 있는 직장보육지원센터에서는 가정, 기업, 국가의 세 가지 측면에서 직장어린이집의 설치 효과에 대해 긍정적인 입장을 제시하고 있다. 근로자인 가정 내 부모의 입장에서는 자녀 양육지원 및 보육의 경제적 혜택과 임신과 출산 및 육아로 인한 경력단절을 극복할 수 있다는 것이다. 직장어린이집을 이용하는 자녀의 측면에서는 질적으로 우수한 보육서비스의 혜택과 동시에 부모와의 심리적 거리가 가까워 심리적 안정에 도움을 준다. 기업의 입장에서는 우수인력 확보, 생산성 증가, 대외 홍보를 통한 기업 이미지나 위상의 제고의 효과성을 볼 수 있다. 우수인력 확보는 창의성 높은 여성 인력의 확보에 유리하며, 이직률 저하로 인해 안정적인 인력을 확보할 수 있다. 생산성 증가는 직원의 근무태도가 향상되고 높은 직무만족도를 통해 직업윤리 의식이 발달하며 직장에 대한 애사심, 경영주에 대한 신뢰도, 직무수행에 대한 책임의식 발달을 의미한다. 또한 가정친화경영으로 대내외적으로 고객 신뢰도가 향상되고 긍정적 기업 이미지 홍보라는 차원에서 대외홍보 및 기업의 이미지와 위상을 높이는 데 효과적이다. 직장어린이집 설치의 효과는 국가적으로 우수한 여성 인력의 경제활동 참가율 제고로 국가의 지속발전 가능성에 긍정적 영향을 주며 출산율을 높이고 미래세대의 건전한 육성을 통해 국제 경제 성장의 잠재력이 향상되는 것이다.

그림 5-1 직장어린이집의 설치 효과

해보자

- 여러분은 직장어린이집에 대해 어떤 정보들을 알고 싶은가?
- 여러분들이 궁금한 직장어린이집에 대한 질문들을 포스트잇에 적어 브레인스토밍을 해보고 질문목록을 만들어 구성해보자.
- 위에서 제시한 직장어린이집의 설치 효과 이외에 또 다른 긍정적 효과에는 무엇이 있을까? 서로의 의견을 다함께 이야기해보자.

「남녀고용평등과 일·가정 양립 지원에 관한 법률」과 「영유아보육법」에서는 "상시 여성근로자 300인 이상 또는 근로자 500인 이상을 고용하고 있는 사업장"은 직장어린이집을 설치하여야 한다고 명시하여 설치 의무 미이행 사업장에 대한 이행명령을 할 수 있다. 시·도지사, 시장·군수·구청장은 「영유아보육법」 제14조에 따른 사업장의 사업주가 직장어린이집의 설치 등 의무를 이행하지 아니하는 경우에는 상당한 기간을 정하여 그 의무를 이행할 것을 명할 수 있다(「영유아보육법」 제44조의2). 이행명령을 이행하지 않은 경우 그 명령의 이행에 필요한 상당한 기간을 정하여 그 기간 내에 이행할 것을 다시 명할 수 있으며, 이를 이행하지 아니하는 경우에는 명령이 있었던 날을 기준으로 하여 1년에 2회, 매회 1억 원의 범위에서 이행강제금을 부과·징수할 수 있다(「영유아보육법」 제44조의3).

의무사업장 여부를 판단하기 위한 상시 근로자의 수 산정은 전체 기업 규모가 아닌 단위사업장을 기준으로 하며, 이 경우 '사업장'은 사업이 행하여지고 있는 인적·물적 시설이 존재하는 장소적 범위를 중심으로 보는 개념으로서 동일 장소에 소재하여야 한다. 또한 '상시근로자'는 임시직, 정규직, 일용직 등을 총망라하여 평균적으로 사용하는 근로자를 의미한다. 즉 직장어린이집 설치 의무는 국가 및 지자체에도 적용되며, 둘 이상의 국가행정기관이 청사를 공동으로 사용하면 이를 하나의 사업장으로 본다(「영유아보육법 시행령」 제20조 제2항).

법으로 직장어린이집의 설치를 강제하는 만큼 어린이집 운영비는 사업주가 보조하도록 규정한다. 사업주 단독 또는 공동으로 직장어린이집을 설치한 경우 또는 지역어린이집과 위탁계약을 맺은 사업주는 직장어린이집의 운영 및 수탁 보육 중인 영유아의 보육에 필요한 비용의 100분의 50 이상을 보조하여야 한다(「영유아보육법」 시행령 제25조). 직장어린이집이 통상적으로 보육의 질이 높아 학부모 만족도가 높은 이유는 사업주가 운영비의 50% 이상을 보조하기에 예산수립이 보다 유용하기 때문이지만 지속적으로 국가가 부담해야 할 보육의 책무성이 과도하게 기업에게 부과되고 있다는 비판도 제기되고 있다.

2. 직장어린이집 현황

직장어린이집은 2021년 말 1,248개소로 2019년 1,153개에서 3년 사이 소폭 증가하였는데, 이는 이행강제금 부과가 시행된 2016년 이전인 2015년부터 지속적인 성장세를 보여 전체 어린이집의 3.75%로 운영되고 있다(보건복지부, 2022).

1) 직장어린이집의 변화 추이

표 5-1 어린이집 유형별 설치 · 운영 현황

2021년 12월 31일 기준(단위: 개소)

구 분		계	국·공립	사회복지법인	법인·단체 등	민간	가정	협동	직장
2021		33.246	5.437	1.285	640	10.603	13.891	142	1.248
		100%	16.35%	3.86%	1.92%	31.9%	41.8%	0.42%	3.75%
2020		35.352	4.958	1.316	671	11.510	15.529	152	1.216
		100%	14.02%	3.72%	1.91%	32.5%	43.9%	0.42%	3.43%
2019		37.371	4.324	1.343	707	12.568	17.117	159	1.153
		100%	11.57%	3.59%	1.89%	33.6%	45.8%	0.42%	3.08%

출처: 보건복지부(2022).

직장어린이집에 취업하기 위해서는 실제적으로 근무가 가능한 위치에 어린이집이 운영되고 있는가를 파악할 필요가 있다. 2021년 말 기준으로 보육통계(2022)를 살펴보면 각 시 · 군 · 구별로 직장어린이집의 설치 현황도 쉽게 파악할 수 있다. 본 장에서는 전체 1,248개소 직장어린이집이 각 시 · 도에 분포되어 있는 현황을 〈표 5-2〉로 제시하였다.

표 5-2 전국 시 · 도 직장어린이집 설치 · 운영 현황

2021년 12월 31일 기준(단위: 개소)

구 분	계	국·공립	사회복지법인	법인·단체 등	민간	가정	협동	직장
계	33,246	5,437	1,285	640	10,603	13,891	142	1,248
서울특별시	5,049	1,811	23	92	1,162	1,637	28	296

구 분	계	국·공립	사회복지 법인	법인·단체 등	민간	가정	협동	직장
부산광역시	1,668	284	77	31	593	615	9	59
대구광역시	1,187	216	109	17	448	355	5	37
인천광역시	1,803	256	11	10	637	809	4	76
광주광역시	1,002	116	99	21	317	419	3	27
대전광역시	1,101	89	39	9	278	620	5	61
울산광역시	720	92	13	5	318	250	5	37
세종특별자치시	343	102	9	4	77	135	0	16
경기도	10,136	1,220	59	102	3,236	5,163	65	291
강원도	954	141	104	37	292	323	5	52
충청북도	1,042	125	105	27	373	370	3	39
충청남도	1,625	158	112	43	511	744	2	55
전라북도	1,115	117	128	81	356	400	1	32
전라남도	1,051	187	153	45	327	301	2	36
경상북도	1,617	187	80	36	648	610	1	55
경상남도	2,357	295	91	42	832	1,033	4	60
제주도	476	41	73	38	198	107	0	19

출처: 보건복지부(2022).

〈표 5-2〉에 제시된 시 · 도별 직장어린이집의 실제 시 · 군 · 구 설치 현황을 살펴보려면 중앙육아종합지원센터(http://central.childcare.go.kr)의 보육정책 내 보육통계자료를 살펴보거나 통계청(http://kostat.go.kr)의 보육통계를 검색하여 알아볼 수 있다. 직장어린이집의 경우 서울특별시에 가장 많은 296개소가 운영 중에 있으며 25개 구별로는 〈표 5-3〉과 같은 분포로 설치되어 운영 중에 있다.

표 5-3 서울특별시(시 · 군 · 구) 직장어린이집 설치 · 운영 현황

2021년 12월 31일 기준(단위: 개소)

구분		계	국·공립	사회복지 법인	법인·단체 등	민간	가정	협동	직장
계		33,246	5,437	1,285	640	10,603	13,891	142	1,248
서울특별시	소 계	5,049	1,811	23	92	1,162	1,637	28	296
	종로구	74	32	2	1	7	3	0	29
	중구	65	23	0	7	3	10	0	22
	용산구	113	35	2	7	18	38	1	12
	성동구	163	81	0	3	21	49	0	9
	광진구	162	56	0	0	56	45	1	4
	동대문구	190	76	0	3	44	59	0	8
	중랑구	204	64	0	5	68	64	1	2
	성북구	226	88	2	12	45	72	2	5
	강북구	135	62	1	2	45	21	2	2
	도봉구	188	66	1	2	49	66	1	3
	노원구	332	93	2	0	41	188	1	7
	은평구	232	84	0	7	89	47	1	4
	서대문구	142	62	0	2	35	37	1	5
	마포구	193	81	0	5	30	56	4	17
	양천구	263	87	0	1	46	121	0	8
	강서구	341	93	1	5	88	136	3	15
	구로구	286	97	3	5	63	106	3	9
	금천구	140	56	1	10	38	28	0	7
	영등포구	234	81	2	2	44	70	0	35
	동작구	186	70	1	2	42	62	1	8
	관악구	203	84	2	5	49	57	1	5
	서초구	179	88	0	1	28	39	2	21
	강남구	190	63	0	0	47	43	1	36
	송파구	357	104	2	3	95	134	1	18
	강동구	251	85	1	2	71	86	1	5

출처: 보건복지부(2022).

읽어보자

직장어린이집 이행강제금 부과하자 설치율 '쑥'

영유아보육법 제14조(직장어린이집의 설치 등)에 의하면 대통령령으로 정하는 일정 규모 이상의 사업장의 사업주는 직장어린이집을 설치하여야 한다. 다만, 사업장의 사업주가 직장어린이집을 단독으로 설치할 수 없을 때에는 사업주 공동으로 직장어린이집을 설치 · 운영하거나, 지역의 어린이집과 위탁계약을 맺어 근로자 자녀의 보육을 지원하여야 한다.

법적으로 명시하고 있는 직장어린이집의 설치 의무는 이행강제금 부과 및 미이행사업장의 명단 공개 등으로 그 책임성을 강조하고 있다.

다음의 기사를 찾아서 읽거나 혹은 검색 키워드 '직장어린이집 이행강제금 부여'로 살펴본 후 정부의 노력이 직장어린이집 설치에 어떤 영향을 미치는지에 대해서 서로의 의견을 소통해보자.

- http://www.safetimes.co.kr/news/articleView.html?idxno=114049
- 네이버 검색 키워드 "직장어린이집 이행강제금"

2) 직장어린이집 영유아 수의 변화

직장어린이집을 이용하는 영유아는 2021년 말 기준 현원 64,931명이 재원하고 있다. 어린이집의 개소수는 증가함에도 불구하고 저출산, 교사 대 아동 비율의 조정으로 인해 재원 영유아 수가 감소하고 있다. 2019년부터 2021년까지의 이용 영유아 현황은 〈표 5-4〉와 같다.

표 5-4 어린이집 유형별 보육아동 현황

2021년 12월 31일 기준(단위: 명)

구분		계	국·공립	사회복지법인	법인·단체 등	민간	가정	협동	직장
2021	계	1,184,716	268,967	72,085	30,998	535,428	208,842	3,465	64,931
	남	613,695	139,664	38,046	16,150	277,125	107,330	1,873	33,507
	여	571,021	129,303	34,039	14,848	258,303	101,512	1,592	31,424
2020	계	1,244,396	253,251	78,322	34,066	578,196	230,444	3,716	66,401
	남	644,496	131,303	41,100	17,710	299,290	118,878	2,010	34,205
	여	599,900	121,948	37,222	16,356	278,906	111,566	1,706	32,196
2019	계	1,365,085	232,123	86,775	38,538	664,106	273,399	4,121	66,023
	남	705,867	119,993	45,411	20,101	343,060	140,965	2,205	34,132
	여	659,218	112,130	41,364	18,437	321,046	132,434	1,916	31,891

출처: 보건복지부(2022).

3) 직장어린이집 보육교직원 현황

영유아들에게 양질의 보육서비스를 제공하는 보육교직원의 경우에는 2021년 말 기준 20,479명이 재직 중에 있다. 2019년부터 2021년까지의 보육교직원 재직현황은 〈표 5-5〉와 같다.

표 5-5 어린이집 연도별 보육교직원 현황

2021년 12월 31일 기준(단위: 명)

구 분		계	국·공립	사회복지법인	법인·단체 등	민간	가정	협동	직장
2021	계	321,116	67,191	17,673	7,351	123,655	83,758	1,009	20,479
	남	11,261	1,305	1,754	579	6,511	880	22	210
	여	309,855	65,886	15,919	6,772	117,144	82,878	987	20,269
2020	계	325,669	59,974	18,313	7,695	129,306	89,552	1,030	19,799
	남	11,598	1,207	1,797	610	6,845	914	23	202
	여	314,071	58,767	16,516	7,085	122,461	88,638	1,007	19,597
2019	계	331,444	50,436	18,835	8,062	139,344	95,763	1,043	17,961
	남	12,392	1,094	1,861	647	7,542	1,017	27	204
	여	319,052	49,342	16,974	7,415	131,802	94,746	1,016	17,757

출처: 보건복지부(2022).

직장어린이집에 재직 중인 보육교직원은 2021년 말 기준 총 32만 명 중 2만여 명이 재직하고 있다.

23년부터 시행되는 제4차 보육중장기 기본계획에서는 국、공립어린이집과 병행하여 직장어린이집을 지속적으로 확충해 나갈 계획이라고 밝혔다. 이는 부모의 이용만족도 현황이 직장어린이집이 1순위, 국·공립어린이집이 2순위이기에 부모의 수요와 요구를 반영한 결과로 볼 수 있다. 실제로 〈표 5-5〉와 같이 2019년 말 기준 17,757명의 교사가 2021년 말 기준 20,479명으로 증가한 것을 보면, 실제 저출산으로 인한 영유아는 줄어들고 있음에도 불구하고 교사의 현황이 증가한 것은 직장어린이집의 확충 결과로 볼 수 있다.

해보자

• 여러분들이 현재 거주하거나 혹은 취업하고 싶은 지역은 어디인가?

• 취업하고 싶은(출퇴근이 가능하거나 혹은 직장어린이집에서 사택을 제공하는 경우도 포함) 어린이집의 시·군·구 현황에 대해 그림과 같은 방법으로 조사해보자.

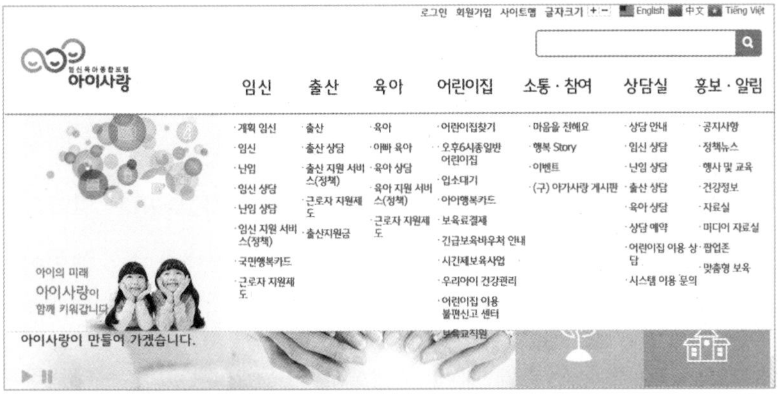

• 아이사랑 보육포털(http://www.childcare.go.kr/) 내 어린이집 찾기 메뉴를 클릭하고 본인이 출근이 가능한 거리이거나 취업하고 싶은 지역(시·군·구)를 검색조건에 두고 시설 유형을 직장어린이집으로 설정하여 조회해보자.

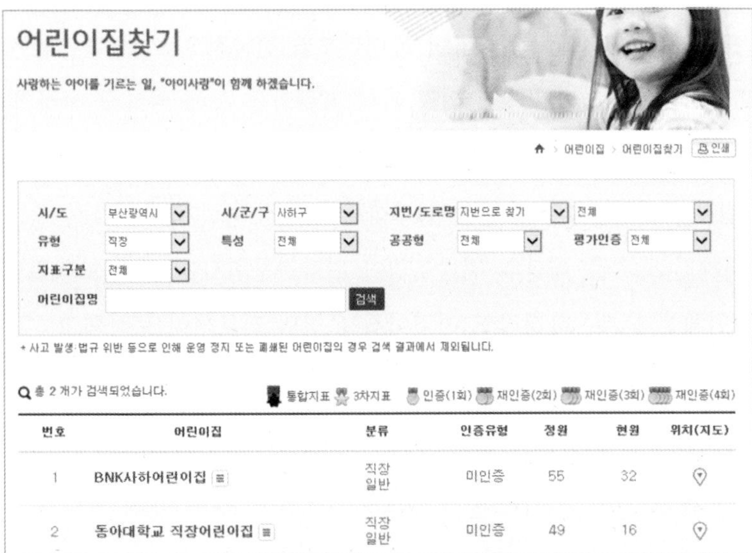

직장어린이집에 대한 기본적인 이해와 주변 지역에서 취업 가능한 직장어린이집을 검색해보았는가? 다음은 직장어린이집의 위탁운영 방법과 위탁 세부과정에 대해 살펴보고 다른 유형(국·공립, 민간 등)의 어린이집과 다르게 운영되는 차이점은 무엇이고 공통점은 무엇인지 자세히 살펴보도록 하자.

4) 직장어린이집 운영방안

대부분의 직장어린이집은 어린이집 운영에 대한 최종적인 관리 책임을 위임하고 권한을 부여하는 것으로 유료나 무료로 위탁체에 맡겨 운영하고 있다. 위탁운영은 전문적으로 어린이집을 운영하는 법인이나 단체가 있으며 혹은 대학이나 개인이 국·공립 어린이집이나 직장어린이집을 운영하는 것으로 활성화되고 있다.

위탁운영에 대한 장점과 단점에 대해 상당 기간 논란이 되었다. 위탁운영과 관련된 다양한 문제점을 극복할 필요성이 대두되었고, 질 높은 보육서비스 제공을 위한 보육사업의 전문성 제고에 대한 요구는 위탁 심사의 공통 기준을 마련하고 수탁기관의 선정 방식 절차와 기준에 대한 투명성을 강조하게 되었다. 즉 국·공립어린이집 위탁체 선정 관리 표준안을 대안으로 제시하여 2013년부터 전국적으로 통일된 기준과 운영의 형평성을 확보하게 되었다. 위탁체 선정 관리 표준안을 통해 위탁체 선정의 객관성과 공정성, 투명성을 도모하였으며 더불어 직장어린이집 위탁 심사 관련 기준에서도 국·공립어린이집 위탁체 선정 표준안을 참고하도록 권장하고 있다(보건복지부, 2022).

김미정, 최혜진(2011)은 대학의 위탁운영이 위탁전문회사에 비해 보육전담인력이나 전문적인 지원체계가 부족하더라도 어린이집 운영의 전문성이 보장되고, 우수 보육교직원 확보가 가능하므로 보육의 전문 인력을 확보하기에 가장 적합한 위탁방식이라고 하였다. 이를 위해 대학은 보다 적극적인 위탁 참여의 필요성을 인식하고 참여방안을 모색하여야 하며, 직장과 대학은 동반자적 산학협력 관계로 직장어린이집 위탁운영을 강화할 필요가 있다고 제안하였다.

서식 1 **일반 기업 직장어린이집 운영규정 예시**

00 직장어린이집 운영규정

제정 0000. 00. 00. 규정 제555호
개정 0000. 00. 00. 규정 제574호

제1장 총칙

제1조(목적) 이 규정은 00회사(이하 "회사"라 한다) 직원 자녀의 양육 편의를 도모하며 건전하고 올바른 양육을 지원하기 위한 직장어린이집의 운영과 관련하여 필요한 사항을 규정하는 것을 목적으로 한다.〈개정 0000.00.00〉

제2조(명칭) 직장어린이집의 명칭은 "회사 00 직장어린이집"(이하 "어린이집"으로 한다)이라 칭한다.〈개정 0000.00.00〉

제3조(운영) 어린이집에 대한 운영은 직원 후생복지를 위하여 후생복지담당 부서에서 담당한다.

제4조(위탁운영) ① 회사는 어린이집을 운영할 능력을 갖춘 법인·단체 또는 개인에게 위탁하여 운영하게 할 수 있다.〈개정 0000.00.00〉
② 제1항의 규정에 의하여 어린이집을 위탁운영할 때에는 회사는 수탁자와 어린이집 운영에 필요한 사항에 관하여 계약을 체결하여야 한다.
③ 제2항의 규정에 의한 위탁기간은 2년으로 하며, 심사에 의하여 기간을 연장할 수 있다.〈개정 0000.00.00〉

제2장 조직과 임무

제5조(교직원 구성) 어린이집에 대한 교직원의 구성은 원장, 보육교사, 취사원으로 구성한다.

제6조(교직원 임면) ① 교직원은 수탁자가 임면하되 원장의 임면시 회사의 승인을 얻어야 한다.
② 어린이집 교직원의 신규임용은 영유아보육법령에 따른다. 다만, 영유아 보육관련 프로그램 개발 및 연구업무 지원을 위하여 특별 채용할 수 있으며, 보육교사 및 기타 교직원의 임면사항을 회사에 보고하여야 한다.
③ 어린이집의 대체교사, 자원봉사자 및 일용직은 원장이 임면한다.
④ 어린이집 교직원의 신규임용을 포함한 교직원 임면시 영유아 관련법령이 정한 서류를 제출하여야 하며, 대체교사와 자원봉사자 및 일용직 등도 원장이 정한 서류를 제출하여야 한다.

제7조(직무) ① 원장은 어린이집을 대표하고 시설운영 전반을 총괄하며, 시설물 관리 및 직원들의 업무수행을 총괄하는 권한과 책임을 갖는다.

② 보육교사는 영유아의 발달단계에 적절하게 안전·건강·영양·교육서비스를 관리할 책임을 갖는다.

③ 취사원은 영유아의 영양 및 위생관리의 책임을 갖는다.

제8조(교직원의 수 및 자격 등) ① 어린이집 교직원의 수와 자격은 제5조 및 영유아보육법령에 의하여 필요한 교직원을 두되, 교직원의 수는 보육 영유아 정원 및 현원의 변동에 따라 조정할 수 있다.

② 어린이집의 원활한 운영관리를 위하여 보육교사 중에서 주임교사를 둘 수 있고 지역사회 인사, 학부모, 학생 등을 자원봉사자로 활용할 수 있다.

③ 어린이집의 원활한 운영관리와 보육프로그램 개발 등 보육관련 연구업무, 예체능 특별활동의 지원을 위하여 예산의 범위 내에서 필요한 인원을 일정기간 일용직으로 활용할 수 있다.

제9조(운영위원회) ① 어린이집 운영의 자율성과 투명성을 높이고 회사 실정 및 특성에 맞는 보육을 실시하기 위하여 어린이집 운영위원회(이하 "운영위원회"라 한다)를 설치·운영한다.

② 운영위원회는 회사측 대표, 수탁자측 대표, 어린이집 원장, 보육교사 대표, 학부모 대표 등 5인 이상 10인 이내로 구성한다. 이 경우 학부모 대표가 2분의 1이상이 되도록 구성하며, 위원장은 보육교직원이 아닌 위원 중에서 호선한다.〈개정 0000.00.00〉

③ 운영위원회 회의는 분기별 1회 정기회의를 개최하고, 필요시 운영위원 3분의 1이상의 발의로 임시회의를 소집할 수 있으며, 재적위원 과반수 출석 및 출석위원 과반수의 찬성으로 의결한다.〈개정 0000.00.00〉

④ 운영위원회는 다음 각 호의 사항을 심의할 수 있다.〈개정 0000.00.00〉

1. 어린이집 예산 및 결산에 관한 사항
2. 영유아의 건강·영양 및 안전에 관한 사항
3. 보육시간·보육과정의 운영방법 등 어린이집의 운영에 관한 사항
4. 그 밖에 어린이집 운영에 대한 제안 및 건의사항

제3장 원아관리

제10조(보육정원) 보육아동의 총 정원은 인가정원에 준하며, 보육연령별 정원은 어린이집 운영을 고려하여 회사와 협의를 통해 별도로 정할 수 있다.

제11조(입소대상) 어린이집 입소대상은 회사 임직원의 자녀 중 만 1세 이상부터 만 6세 미만의 취학 전 자녀를 원칙으로 한다. 다만, 수용인원과 수요여건에 따라 필요시 보육대상 연령을 조정하여 운영할 수 있다.

제12조(입소순위 등) ① 어린이집 입소순위는 회사가 정하는 기준에 따른다. 〈개정 0000.00.00〉

제13조(입소절차) ① 자녀를 입소시키고자 할 때에는 별지 제1호 서식에 의한 입소신청서를 원장에게 제출하여야 한다.

② 원장은 입소 여부를 결정하여 보호자에게 통보하여야 한다.

제14조(퇴소) ① 원아의 퇴소신청은 퇴소일 15일 전까지 통보하며, 보육료 환불은 일할 계산에 의한다.

② 개인적인 사정에 의하여 1개월 동안 결석한 경우 퇴소 처리하며, 재입소를 희망할 경우 제12조에 따라 입소할 수 있다

③ 원아가 2주간 무단 결석한 경우 강제 퇴소 처리하며, 재입소 할 수 없다.

제15조(운영기준) ① 보육시간은 평일 07:30부터 19:30까지 하며 토요일, 공휴일은 휴원을 원칙으로 한다. 다만, 보호자의 근로시간 등을 고려하여 보호자 및 그 영유아에게 불편을 주지 않는 범위에서 원장이 미리 영유아의 보호자에게 동의를 받은 경우에는 보육시간 및 보육일을 조정할 수 있으며 이 경우 회사와 협의하여 시행한다.〈개정 0000.00.00〉

제16조(보육프로그램 운영) 어린이집 수탁자는 영유아보육법령에 의하여 영유아의 연령과 발달수준 및 흥미와 요구에 적합하도록 교육, 영양, 건강, 안전, 부모교육, 지역사회교류 등에 관한 단 · 중 · 장기 보육프로그램 계획을 수립하여 운영하여야 한다.

제17조(건강 및 안전관리) ① 원장은 원아의 건강관리를 위해 가정에서 원아의 정기 건강검진을 실시할 수 있도록 안내하며, 원아의 건강검진 결과사본은 어린이집에 비치한다.

② 원장은 원아의 건강상태에 이상이 있다고 판단될 경우 지체없이 보호자에게 연락하여야 한다.

③ 원장은 원아가 전염될 우려가 있는 질병을 앓고 있는 경우 보호자에게 등원금지를 지시할 수 있다.

④ 원장은 어린이집의 안전사고를 대비하여 보험(원아상해보험, 교직원산재보험, 손해배상책임보험 등)에 가입하여야 한다.

⑤ 원장은 직원 및 원아에 대한 소방훈련 및 안전교육을 월 1회 실시한다.

제18조(영양관리) 급식과 간식은 필요한 영양을 골고루 섭취할 수 있도록 취사원이 매월 식단표를 작성하고 그에 따라 시행하여야 한다.

제19조(보육기록 등 비치) 영유아 보육에 필요한 원아의 생활기록부, 출석부 및 영유아 보육일지, 시설운영일지, 일일안전점검표, 일일위생점검표 등을 기록 비치하여야 한다.

제4장 재정관리

제20조(보육료) ① 보육료는 정부지원시설 보육료 수납 한도액으로 책정한다.

② 보육료는 납부 통지서를 발부하여 회사 어린이집의 지정된 계좌로 납부하도록 한다.

③ 보육료 이외의 잡부금을 징수할 경우 보호자와 협의하여 결정하되 회사의 승인을 받아 시행한다.

④ 보육료는 입소 및 퇴소시 일할계산을 원칙으로 하며, 본 규정에서 정하지 않은 사항에 대하여는 정부 보육사업안내지침에 따른다. 단 출산, 육아휴가 및 질병을 사유로 해당 월 15일 이상 장기결석 할 경우에는 해당월 보육료의 50%를 환불한다.

제21조(운영비 지원) ① 회사는 어린이집의 연간 운영비를 보육료 수입액(기타 수입포함)으로 충당하며, 부족한 금액은 회사 예산으로 지원한다.

② 어린이집 지원금액은 매월 초 5일까지 어린이집 명의의 예금계좌로 입급한다. 단, 예산사정으로 기한 내 지급이 곤란한 경우는 그 사유가 해소된 날까지로 한다.

제22조(회계) ① 어린이집 회계연도는 3월 1일에 시작하여 다음연도 2월 말일에 종료한다.〈개정 0000.00.00〉

② 모든 수입은 세입으로 하고 모든 지출은 세출로 하며, 내용과 산출기초자료를 명백하게 유지·관리하여야 한다.

③ 세입과 세출은 균형을 유지하도록 하여야 한다.

제23조(예산편성) ① 어린이집 원장은 회사의 예산지침이 시달된 날로부터 20일 이내에 사업계획 및 예산서를 편성하여 제출하고 회사의 승인을 거쳐 확정·집행한다.

② 예산확정이 불가피하게 지연될 경우 경상경비는 전년도에 준하여 집행하고 추후에 협의절차를 거친다.

③ 어린이집의 예산·회계에 관한 세부기준은 사회복지법인 및 사회복지시설 재무·회계 규칙과 회사의 예산회계규정을 준용한다.〈개정 0000.00.00〉

제24조(추가경정예산) 예산편성 후 발생한 사유로 인하여 예산을 변경할 필요가 있을 때에는 추가경정예산을 편성하고 그 사유를 명시한 서류를 첨부하여 회사와 협의하여 집행한다.

제25조(결산) 결산서는 매분기 및 회계연도 종료 후 20일 이내에 작성하여 회사에 제출한다.

제26조(감독) ① 회사는 어린이집 운영에 대하여 매년 1회 정기감사를 시행하고, 필요시 수시감사를 할 수 있으며, 어린이집 원장은 이에 협조하여야 한다.

② 어린이집 원장은 제1항의 규정에 의한 감사결과, 회사의 시정요구가 있을 때에는 시정요구가 있는 날로부터 15일 이내에 시정결과를 서면으로 회사에 제출하여야 한다.

제27조(준용) 이 규정에 규정되지 아니한 사항은 영유아보육법, 관련법령 및 위탁협약서를 준용하도록 한다.

별표 1 **어린이집 입소순위(제12조 관련)〈신설 0000. 00. 00.〉**

어린이집 입소순위 및 점수 기준표

입소 순위	적용 항목	점수
1 순위	• 부모가 모두 취업중이거나 취업을 준비 중인 영유아	200점
	• 자녀가 3명 이상인 가구의 영유아	200점
	• 영유아가 2자녀인 가구의 영유아	100점
	•「한부모가족지원법」 제5조의 규정에 의한 보호대상자의 자녀	100점
	•「장애인복지법」 제2조의 규정에 의한 장애인 중 보건복지부령이 정하는 장애등급 이상에 해당하는 자의 자녀	100점
	•「다문화가족지원법」 제2조 제1호에 따른 다문화가족의 영유아	100점
	• 제1형 당뇨를 가진 경우로서 의학적 조치가 용이하고 일상생활이 가능하여 보육에 지장이 없는 영유아	100점
2 순위	• 입양된 영유아	50점
	• 재원아동의 형제·자매	50점
3 순위	• 1, 2순위에 해당하지 않는 일반 영유아	-

※ 입소순위 산정

1. 입소신청자가 각 순위 항목에 중복 해당되는 경우, 해당 항목별 점수를 합하여 고득점자 순 입소한다. 다만, 2순위 항목만 있는 경우 점수합계가 같더라도 1순위보다 우선순위가 될 수 없다.
2. 3자녀 이상 가구의 자녀 및 맞벌이 부부의 자녀는 각 200점을 부여하되, 3자녀 이상이면서 맞벌이인 경우 추가 300점을 부여한다.
3. 동일순위 내 경합이 있을 경우 신청일 순으로 순위를 부여한다. 단, 정기모집은 추첨에 의한다.

별지 제1호 서식 **입소신청서〈개정 0000.00.00〉**

입 소 신 청 서

<table>
<tr><td rowspan="4">아
동</td><td>성 명</td><td colspan="3">생 년 월 일(　　개월)</td><td>혈액형</td><td>성 별</td></tr>
<tr><td></td><td colspan="3"></td><td></td><td></td></tr>
<tr><td></td><td colspan="3"></td><td></td><td></td></tr>
<tr><td></td><td colspan="3"></td><td></td><td></td></tr>
<tr><td rowspan="6">보
호
자</td><td rowspan="2">성 명</td><td>부 :</td><td rowspan="2">연락처</td><td colspan="3" rowspan="2">사무실 :
자 택 :
핸드폰 :</td></tr>
<tr><td>모 :</td></tr>
<tr><td>주 소</td><td colspan="5"></td></tr>
<tr><td>현근무지</td><td colspan="5">부 :　　　　　　　　　모 :</td></tr>
<tr><td>입소자격</td><td colspan="5">1. 한부모 가정 (　)　　2. 장애인복지법 (　)
3. 다자녀영유아 2인 (　)　4. 다문화가족지원법 (　)
5. 맞벌이 (　)　　6. 그 외 (　)</td></tr>
<tr><td>입사년도</td><td colspan="2"></td><td colspan="2">특이사항</td><td></td></tr>
<tr><td colspan="7">회사 00직장 어린이집 운영규정 제13조 제1항 규정에 의하여 00회사 00직장 어린이집 입소를 신청합니다.

20　　년　　월　　일

신청인 :　　　　　　　　(인)

첨 부 : 가족관계증명서 1부
재직증명서 1부
기타 증빙서류(장애인복지법 관련 등)

00회사 00 직장 어린이집 원장 귀하</td></tr>
</table>

직장어린이집 위탁체 선정은 다음의 사이트에서 그 내용을 확인할 수 있다.

그림 5-2 직장어린이집 위탁체 선정에 관한 예

출처: http://www.central.childcare.go.kr

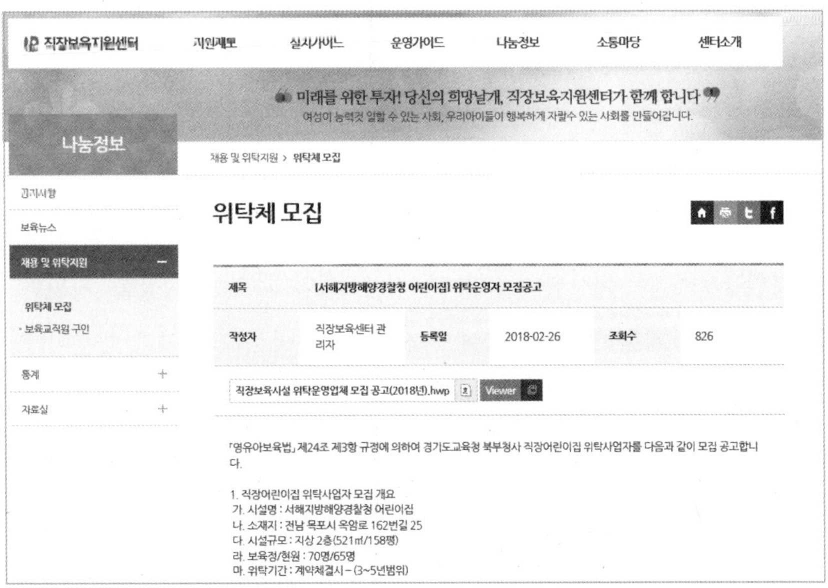

그림 5-3 직장어린이집 위탁체 선정에 관한 예

출처: http://www.www.kcomwel.or.kr

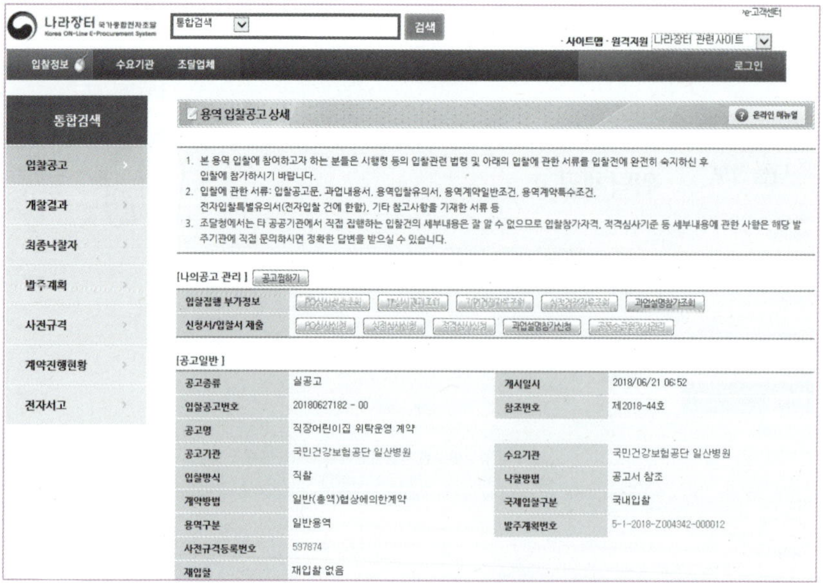

그림 5-4 용역공고 내 직장어린이집 위탁체 선정에 관한 예

출처: http://www.g2b.go.kr

3. 직장어린이집 취업을 위한 사전 준비

직장어린이집의 보육교사 채용은 정시채용과 수시채용으로 구분된다. 정시채용은 보통 매년 10월 중순 기준으로 시작하여 12월 초순까지 진행된다. 직장어린이집은 재직상담을 통해 10월 이전에 재직자들의 재직 여부를 확인한 후 퇴직자를 확정한다. 이는 매년 사업주(회사)와 예산협의를 통해 전체 세입의 50% 이상을 지원받고 그중 65~70%를 인건비로 지출하므로 세출에 가장 큰 비중이 인건비이기 때문이다. 이렇게 새로 신규 보육교직원을 채용하게 될 때 어린이집 전체 운영에 대한 재정관리를 위해 다음해 예산에 적합한 경력, 신입 보육교사를 채용하게 된다.

1) 자격과 실습 후 자원봉사

중앙육아종합지원센터 기관 구인 게시판을 통해 본 2023학년도 보육교직원 모집공고를 살펴보면 위탁운영의 40% 이상을 운영하고 있는 대표적인 전문업체 모아맘 보육재단, 한솔 어린이재단, 푸르니 보육재단의 지원자격 기준은 다음과 같다.

표 5-6 보육재단 지원자격 기준의 예

위탁전문업체	정기 보육교직원 모집 공고 시 지원자격 기준
모아맘 보육재단	보육교사 자격증 2급 이상 소지자(우대사항: 4년제 대졸 또는 석사 이상) (23년 02월 졸업예정으로 자격증 취득예정자 지원 가능)
한솔 어린이재단	보육교사 자격증 2급 이상 소지자(2023년 2월 졸업예정으로 자격증 취득 예정자 가능)
푸르니 보육재단	보육교사 자격증 소지자(2023년 2월 졸업예정으로 자격증 취득 예정자 가능)

자격취득을 위한 실습기준은 국·공립에서 제시한 기준과 동일하다. 다만 직장어린이집의 경우에는 실습을 통한 현장평가가 사전에 이루어지게 되어 신입 초임 보육교사의 경우는 실습을 통해 원장이나 동료 경력 교사들에게 정성적인 평가를 먼저 받는 기회가 된다.

보통 실습지를 선정할 때 학과의 추천기관, 집에서 가까운 거리, 아는 지인의 추천 등 개인적으로 모두 다 다른 상황에서 실습지를 선정하게 된다. 하지만 직장어린이집의 취업을 준비하는 취업준비생이라면 실습지를 선정할 때부터 사전에 많은 계획과 정보수집 등의 노력이 필요하다. 또한 위에서 제시한 전문위탁업체의 경우에는 많은 보육교사를 직원으로 보유하고 있는 형태이지만 각 어린이집 산하 소속 보육교직원으로 배치를 하는 경우에는 원장이 직접 교사의 채용과 퇴직에 대해서도 절대적인 관리 권한을 갖게 된다. 즉, 각 재단에서 일시적으로 혹은 지역별로 구인절차에 대해서 공개적으로 동일한 시기에 실시된다고 하더라도 이미 실습기간 동안 사전평가가 완료되는 경우가 있어 조기취업에 대한 기회나 혹은 추천 입사와 같은 효과가 있다. 실습기준은 2017년부터 총 6주 240시간 동안 진행되고 있으므로 실습지를 선정할 때부터 취업과 연계될 수 있는 가능성을 고려하여 최종적으로 결정할 수 있다. 실습 이후에는 사후실습이라고 하여 자원봉사 형태의 현장적응 훈련을 받을 수 있다. 각 원별로 혹은 재단의 인턴과정을 통해 운영되고 있는 사례를 살펴보고자 한다.

2) 인턴십 과정

개인위탁이나 직영위탁 직장어린이집의 경우에는 본 실습 이후에 사후실습을 통한 자원봉사가 실제적인 인턴십 과정이며 현장 직무능력을 훈련해 나가는 과정으로 원장과 예비교사가 개인적 일정을 협의해서 진행된다. 직장어린이집을 전문으로 위탁운영하고 있는 전문위탁업체에서는 공식적인 인턴십 프로그램을 통해 예비 보육교사들의 현장 적응 훈련, 기업에 대한 홍보, 우수인재 영입을 목적으로 실시하고 있다. 인턴십 과정은 공지를 통해 학교 공문이나 홈페이지 게시 등의 방법으로 공개전형으로 이뤄진다. 각 위탁업체에 따라서 프로그램의 시간은 다르므로 제시되는 예가 절대적인 기준이 되지는 않는다. 다만 취업을 목적으로 사전 인턴십 프로그램과정에 선발되고 이수하여 과정을 수료하게 된다면 취업 시 가산되는 효과는 매우 크다. 업체에서 직접 실시하는 경우도 있고, 각 원별 상황에 맞게 원별로 실시되는 경우도 있으므로 각 예비교사의 입장과 상황에 맞게 인턴십 과정을 선별하여 참여해 보는 것도 직장어린이집 취업을 위한 준비 전략이라 할 수 있겠다.

예 1 인턴십 공문을 통한 학교 학과 홈페이지 내 공지사항의 예

00 재단에서는 00 어린이집에 관심 있는 졸업예정자를 대상으로 아래와 같이 00 인턴십 프로그램을 진행할 예정입니다. 인턴십 프로그램 우수 이수자는 00 어린이집 우선 취업 기회를 제공할 예정이오니 많은 참여 바랍니다.

보육현장에 관심 있는 졸업예정자를 대상으로 질 높은 보육과 관련된 이론교육과 현장실습교육(자격 취득 현장실습과는 별도) 실시하고 우수 이수자에게는 00 어린이집 우선 취업 기회 제공합니다.

이론교육(00시간)

- 0000년 0월 00일(0요일) ~ 0월 0일(0요일) 총 00차
- 장소: 00동 소재 000

현장실습(2주간)

- 0000년 0월 00일 ~ 0월 00일 중 연속 2주 선택 00어린이집에서 실습

1. 모집 대상: 아동·보육관련학과, 유아교육학과 0000년 2월 졸업예정자 중 00 어린이집 취업 희망자
2. 모집 인원: ○○명
3. 접수 기간: 0월 0일(월) ~ 0월 0일(금)
4. 심사 방법 및 일정
   - 기간 내에 접수된 인턴십 지원서로 서류심사 후 집단 면접
   - 합격자 발표: 0월 0일(금) e-mail과 문자메세지로 개별 통지
5. 접수 방법
   - 00재단 홈페이지(www.000.000) 커뮤니티 → 공지사항
     '000 인턴십 프로그램 안내'의 첨부 지원서 양식 작성.

예 2 **인턴십 간담회에 대한 00 재단 홈페이지 내 공지사항의 예**

지난 0월부터 진행되고 있는 00 재단 '00 인턴십 프로그램'의 간담회가 0월 00일 개최되었습니다. 올해로 0회를 맞이한 '00 인턴십 프로그램'은 00 어린이집과 보육교사에 관심있는 졸업예정자를 대상으로 매년 실시되고 있습니다. 인턴십에 참여한 학생들은 지난 0-0월에 00 어린이집에서 1주간의 현장실습을 진행하였습니다. 이 날 간담회에서는 현장실습 경험을 바탕으로 '00 보육 프로그램의 특징'과 '00 교사로서의 역할' 등에 대한 토론이 이루어졌습니다.

이날 토론에서는 00 프로그램과 00 교사에 대해 새롭게 알게 된 바와 생생한 현장교육 에피소드를 인턴십 참여 학생들의 목소리를 통해서 직접 들을 수 있었습니다. 또한 00 보육 프로그램과 교사의 역할에 대한 간단한 질의응답도 진행되어 00 어린이집에 대한 이해도를 높이고 서로의 느낀 바와 경험한 바를 나누는 시간이 되었습니다.

00 인턴십 프로그램은 향후 '놀이지도', '부모와의 소통' 등에 대한 추가적인 이론교육을 통해서 예비 보육교사의 전문성 향상을 도모합니다. 이론교육 및 현장교육을 성실히 마친 참여 학생은 인턴십 프로그램 수료증을 수여받게 되며 00 인턴십 프로그램은 9월에 종료될 예정입니다.

예 3 **인턴십 수료식에 대한 00 재단 홈페이지 내 공지사항의 예**

> 지난 0개월간 진행되었던 00 인턴십 프로그램이 0월 0일 수료식을 끝으로 종료되었습니다. 00 어린이집과 보육교사에 관심 있는 졸업예정자를 대상으로 매년 실시되고 있는 00 인턴십 프로그램은 올해로 0회째를 맞이하였습니다. 00 인턴십 프로그램에는 총 46명의 학생이 참여하였으며 10회의 이론 강의와 1주일 간의 00 어린이집 현장실습으로 이루어졌습니다.
>
> 이 날 수료식에 앞서 인턴십에 참여한 학생들은 그동안 배웠던 이론과 실무에 대한 내용을 점검하는 시간을 가졌으며, 수료식에 참석한 00 재단 000 이사는 인턴십 참여 학생들에게 수료증을 나누어주며 어린이집 교사가 되기 위한 첫발을 내딛은 학생들을 격려하고 축하하였습니다.

인턴십 과정은 초기에는 무료로 진행되었으나 '대학생 직장어린이집 준비과정'으로서 유료교육으로 실시하는 경우도 있다.

1. 과정명 : 대학생 직장어린이집 교사 준비과정(2기)

① 교육일자 : 0000년 00월 00일(0요일) 10시~17시 30분(3일/총 16시간)

② 강의 주제 및 내용

- 주제 : 직장어린이집과 창의융합 프로그램 이해 Ⅰ
  내용 : 직장어린이집 인사제도 이해, 직장어린이집 견학, 창의 융합 프로그램 이해
- 주제 : 창의 융합 프로그램Ⅱ & 자기 이해
  내용 : 자기 이해, 자연놀이 도슨트, 함께놀이 프로그램 이해
- 주제 : 창의 융합 프로그램 이해 Ⅲ
  내용 : 책 놀이 프로그램 이해, 직장어린이집 선배와의 대화

③ 신청 기간 : 0000년 00월 00일까지(서류 심사 후 합격자 개별 통보)

④ 신청 방법 : 별도 제공 지원서 이메일 접수(00@000.000 / 담당: 000 대리)

⑤ 교육비 : 25만 원 / 1인 (중식, 교재, 직장어린이집 견학 포함)

2. 신청 대상 : 직장어린이집 보육교사를 희망하는 관련학과 졸업예정자

3. 장소 : 000시 000구 0000로 000 000빌딩

참고문헌

김미정, 최혜진(2011). 직장보육시설 대학위탁 현황 및 위탁운영에 대한 시설장과 보육교사의 인식. 열린유아교육연구. 16(1).

보건복지부(2020). 제4차 저출산고령화기본계획.

_________(2021). 보육통계.

_________(2022). 보육사업 안내.

한국일보 2022.5.11

네이버 지식인 2022.10.31. ‘직장어린이집’ 검색.

https://www.law.go.kr

https://www.childcare.go.kr

https://www.g2b.go.kr

https://www.educare.or.kr

https://www.kcomwel.or.kr

https://www.kostat.go.kr

https://youtube.com/watch?v=v7VVUQcY-ns&t=220s

[유튜브 ‘초인딱세’ 채널]

제6장

서울형·공공형어린이집

1. 서울형과 공공형어린이집

1) 서울형어린이집의 이해

서울형어린이집은 일정 기준과 조건을 갖춘 어린이집을 실사와 평가, 심의를 거쳐 서울형어린이집으로 공인하여 맞춤보육, 안심보육, 클린운영으로 보육서비스 수준을 향상시키고 보육료는 국·공립 수준으로 맞추어 학부모의 부담을 줄이고자 서울시에서 지정하는 어린이집이다. 신규 공인과 재공인으로 구분하여 공인된 서울형어린이집은 정부지원(국·공립)어린이집 운영기준을 적용받는다.

서울형어린이집의 신규 공인 신청대상은 「영유아보육법」 제13조의 규정에 의하여 설치된 서울소재 어린이집으로서, 사회복지법인어린이집, 법인·단체 등 어린이집, 민간어린이집, 가정어린이집, 협동어린이집 중 정부 미지원 어린이집을 대상으로 한다.

공인결정기준은 필수지표를 충족하고 종합 평가점수 85점 이상인 어린이집으로 공인기간은 3년이며 유효기간 만료 전 공지된 재공인 계획에 따라 재공인을 신청하여 유지할 수 있다. 신규 공인 외 현재 공인이 유지되고 있는 어린이집의 경우에는 재공인을 신청하여 유효기간을 연장할 수 있다. 공인 품질관리 및 양질의 보육서비스 향상을 위해 공인 후 3년마다 평가하여 조건을 갖춘 곳에 재공인하며 공인기간 동안 인건비 및 운영비를 지원하여 우수한 보육인프라로서 기능을 할 수 있도록 지원한다.

읽어보자

보육의 공공성 강화를 위한 서울형어린이집 정책

- 서울형어린이집 공인제도의 두 가지 목적은 다음과 같다.

  첫째 : 민간 보육시설의 질을 향상시켜 국·공립 보육시설의 높은 대기 수요를 완화한다.

  둘째 : 믿고 맡길 수 있는 보육시설을 주변에 확보하여 양육환경기반을 조성, 출산율을 높이고자 한다.

- 보육의 공공성을 강화하는 서울형어린이집의 주요정책
  - 맞춤보육서비스 제공
  - 안심보육서비스 제공
  - 클린보육
  - 보육인력 전문성

서울형어린이집으로 공인을 받으려면 평가 및 심사를 거쳐야 하는데 공인절차 과정의 세부 내용은 다음과 같다. 각 보육시설에서 신청서류를 작성하여 제출하면 자치구에서 신청요건을 확인하게 되고, 실사단의 현장확인을 통해 자료평가, 자체평가, 방문평가를 실시 후 실사단의 종합평가와 심의위원회 심의를 거쳐 공인 심의를 하게 된다.

서울형어린이집 평가 및 심사단계(2022)

4월		5월		6월		7월		7~9월		10월		11월		12월
재공인 평가 공고	⇨	재공인 신청 및 설명회 개최	⇨	자체 평가 (어린이집)	⇨	자체평가 결과보고 및 준비기간	⇨	현장 실사	⇨	현장 평가 결과 발표	⇨	소명 절차 진행	⇨	최종 결과 발표

출처: 서울특별시(2022).

서울형어린이집 공인절차 과정 세부내용

단계	구분	내용
신청 (원장)		서울형어린이집으로 재공인받고자 하는 어린이집은 관할 자치구(보육담당 부서)에 신청서류를 작성하여 제출
↓		
신청 요건 확인 (자치구)	자치구	• 신청자격: 서울시 각 자치구에서 인가받아 운영 중인 어린이집으로서 공고일이 속한 달 이전 6개월간 정원 충족률(현원/정원×100)이 평균 60% 미만이거나 6개월 기간 중 1개월이라도 현원이 11명 미만 어린이집 제외 • 각 단계를 거친 후 최종결과 발표를 통해 2022년 서울형어린이집 재공인 대상 결정, 각 단계 기준을 충족해도 최종결과 발표 시까지 부적절 사례가 발견되면 최종 미통과 될 수 있음, 최종 통과 여부는 최종결과 발표 시 안내
↓		
현장 확인 (실사단)	평가지표	• 보육서비스 21개 지표, 기본운영 16개 지표, 가점 2개 지표, 감점 2개 지표 총 41개 지표 총 75점
	자체평가 (기관)	• 평가지표에 의거 어린이집 자체평가 실시 • 결과 보고 및 개선
	현장평가 (실사단)	• 동일지표로 현장실사단(2인 1조)이 현장방문평가 실시 • 현장평가 결과 기준 미충족(소명절차 진행)
↓		
공인심의	실사단 종합평가	• 서울형어린이집 공인 적격성 및 실사자 종합 소견 • 소명자료 검토
	심의위원회 심의	• 서울형어린이집 공인심의위원회 심의

출처: 서울특별시(2022).

2022년 서울시에서는 서울형어린이집으로 운영되고 있는 재공인 시설을 대상으로 배점 구성 및 평가 내용에 따라 재공인 시범평가를 실시했다. 서울형어린이집 재공인 시범평가의 목적은 공인 품질관리 및 양질의 보육서비스 향상을 위해 공인(재공인) 후 3~5년마다 평가하여 조건을 갖춘 곳에 재공인하고, 공인기간 동안 인건비 및 운영비를 지원하여 우수한 보육인프라로서 기능을 하기 위함이다. 평가방법은 평가 당일 오전 9시경 전화 안내 후 현장실사자가 어린이집을 2인 1조로 방문한다. 현장실사 시 어린이집에서 준비해 놓은 지표별 평가 관련 증빙 서류를 확인하며, 현장실사는 재공인지표를 준거로 관련 서류 확인 및 관찰, 면담 등의 방법으로 평가가 진행된다. 실사 후 심의위원회를 통해 최종 공인이 된다면 3년 공인은 필수지표를 충족하고 총점 85점 이상(기본운영 영역 65% 이상 충족)이 기준이며, 5년 공인은 필수지표를 충족하고 총점 95점 이상(기본운영 영역 95% 이상 충족)을 기준으로 한다. 단, 5년 공인의 경우 공인 3년 차에 필수지표만 확인하고, 이후 재공인 평가 시 공인 3년 차에 확인한 필수지표 내용은 제외한다.

서울형어린이집 재공인 시범 평가 배점 구성 및 평가 내용

<table>
<tr><td colspan="8">공인(3년) : 필수지표 충족하고 총점 85점 이상 (기본운영 영역 65% 이상 충족)
공인(5년) : 필수지표 충족하고 총점 95점 이상 (기본운영 영역 95% 이상 충족)
※ 5년 공인의 경우 공인 3년 차에 필수지표만 확인
이후 재공인 평가 시 공인 3년 차에 확인한 필수지표 내용 제외</td></tr>
<tr><td>구분
I.
필수지표</td><td colspan="7">① 비상재해대비시설은 현행 기준을 충족하고 있으며, 안전한 지점까지의 경로 확보
② (민간·법인) 어린이집 평균 현원이 11명 이상이고, 평균 정원충족률 60% 이상(가정) 어린이집 평균 현원이 10명 이상이고, 평균 정원충족률 60% 이상
③ 모든 수입·지출은 어린이집 운영비 통장을 사용하고, 어린이집의 모든 통장은 어린이집 명의
④ 기본운영 영역 65%(5년 공인: 95%) 이상 충족으로 운영의 투명성 및 재정의 건전성 확보
⑤ 부적절 지출이 있는 경우, 현장 평가 전까지 모두 시정(운영비 통장에 반납)
⑥ 친인척 미채용('19. 3. 1.부터 적용)</td></tr>
<tr><td rowspan="8">II.
평가지표</td><td colspan="7">o 현장실사(2개 영역 37개 항목) 점수 : 75점(가점 +2점, 감점 -4점)</td></tr>
<tr><td>분야</td><td>총배점</td><td>영역</td><td>점수</td><td>항목</td><td colspan="2">평가내용</td></tr>
<tr><td rowspan="2">보육서비스</td><td rowspan="2">42점</td><td>안심보육</td><td>32점</td><td>15개</td><td colspan="2">• 비상통로와 비상구의 활용 가능 여부, 재해대책 마련 등
• 위험요인 안전관리 및 비상시 예방 및 훈련 등
• 어린이집 환경 및 교구 위생 및 건강진단 등
• 급·간식 제공 및 위생 여부 등
• 취약·맞춤보육 실시여부 및 부모부담 최소화 등</td></tr>
<tr><td>보육교직원 전문성</td><td>10점</td><td>6개</td><td colspan="2">• 보육교사 전문성 향상 노력, 우수 보육교사 확보 등</td></tr>
<tr><td rowspan="2">기본운영</td><td rowspan="2">33점</td><td>운영투명성</td><td>10점</td><td>5개</td><td colspan="2">• 부모와 의사소통 활성화 및 어린이집 정보공개 등</td></tr>
<tr><td>재정건전성</td><td>23점</td><td>11개</td><td colspan="2">• 재무·회계 규칙 준수 및 예·결산 투명 운영 등</td></tr>
<tr><td rowspan="2">가, 감점</td><td>+2점</td><td>가점</td><td>+2점</td><td>2개</td><td colspan="2">• 보육환경 개선을 위한 지원 여부
• 어린이집 예산 집행률 확인</td></tr>
<tr><td>-4점</td><td>감점</td><td>-4점</td><td>2개</td><td colspan="2">• 차량운행 시 안전 소홀
• 어린이집 평균현원 11명 미만</td></tr>
<tr><td rowspan="2">기타</td><td rowspan="2">기타</td><td rowspan="2">15점</td><td colspan="3">심의위원회 평가</td><td>실사자 종합 평가</td><td>자치구 평가</td></tr>
<tr><td colspan="3">8점</td><td>4점</td><td>3점</td></tr>
</table>

출처: 서울특별시(2022).

재공인 평가 현장실사 준비서류

<table>
<tr><td colspan="2">공통서류</td><td>• 보육교직원 현황(임용일, 자격 구분, 총경력, 보수교육 이수내역 등 확인 가능 자료)
• 보육교직원 자격증 사본, 경력증명서, 급여대장
• 아동 명단, 보육료 대장, 아동출석부
• 보육일지, 운영일지, 근무상황부, 가정통신문
• 어린이집인가증, 건축물대장, 등기부등본, 임대차계약서(전, 후)
• 어린이집 소유의 모든 통장 내역서</td></tr>
<tr><td rowspan="3">안심
보육</td><td>안전
급식
건강</td><td>• 비상연락체계, 응급처치 동의서(비상연락망 포함)
• 보육교직원 및 전체 원아 건강검진 결과서
• 식단표, 공동구매 협약서(해당 어린이집)
• 사진이 첨부된 재난대비 훈련(소방대피 훈련)기록 등</td></tr>
<tr><td>취약·
맞춤
보육</td><td>• 어린이집 운영안내서 등(취약·맞춤보육 안내 및 취약·맞춤보육 운영계획서 등 포함)
• 취약·맞춤보육 중 야간연장, 24시간, 휴일보육을 운영한 경우 매월별 실적 확인이 가능한 이용 아동 명부
• 취약·맞춤보육 프로그램 계획서, 실행기록, 평가서
• 근로계약서</td></tr>
<tr><td>보육
교직원
전문성</td><td>• 보육교직원 명단, 자격증 사본, 업무분장표, 보수교육 수료증, 근로계약서, 급여명세서
• 교사교육 수료증 혹은 교사교육 연간계획 및 교육 실행기록 등</td></tr>
<tr><td colspan="2">기본운영</td><td>• 세입·세출 예산서, 결산서, 총계정원장, 현금출납부, 수입·지출결의서, 통장(내역서)
• 융자금 관련 증빙자료(은행여신거래증명서 또는 원리금상환내역서)
- 융자금 통장 내역(대출원금, 대출이자, 이자율 표시내역서)
- 연도별 매월 대출원금 및 이자납부 내역서(최종납부 월 포함 - 누적금액 표시)
• 융자금 이자납부 통장이 있는 경우 대출 관련 서류 일체
(대출 은행을 옮긴 경우 최초 대출 시 은행 통장도 함께 준비)
• 사업계획서(적립과 공사내역 지출이 있을 경우)
• 보험 관련 증빙자료
(계약자·계약 기간·주피보험자·수익자·보험료·환급금 사항 표시 된 증권 등 관련 서류)
- 연도별 매월 보험료 납부 내역서(최종납부 월 포함 - 누적 금액 표시)
- 보험해약 환급금 안내서(계약자용) 및 해약 환급률이 표시된 자료
• 인사기록카드, 급여대장
• 사회보험 가입(납입)증명서, 퇴직연금(퇴직적립금) 가입(납입)증명서
• 차입금 관련 서류(해당 어린이집)</td></tr>
</table>

출처: 서울특별시(2022).

서울형어린이집 재공인 총 배점은 102점으로 기본요건 10점, 현장실사 75점, 가점 +2점, 감점 -4점과 기타 15점이며 필수지표 충족과 총점 85점 이상이어야만 공인을 유지하여 서울형어린이집으로 운영할 수 있게 된다. 좀 더 자세히 살펴보면, 기본 요건은 평가인증 점수를 등급별로 반영하여 적용한다. 현장실사는 안전급식건강, 취약-맞춤보육, 보육교직원 전문성 영역으로 이루어진다. 실사자 종합소견은 원장, 어린이집의 회계 및 운영의 징성적 종합의견과 점수 부여를 확인하여 쌍방 확인 후 이루어진다. 자치구 평가는 행정처분 여부, 민원사항 등 운영의 건전성을 확인 후 실시된다. 공인심의위원회는 필수지표, 회계부정 및 주요내용 종합심사로 이루어진다.

2) 공공형어린이집의 이해

공공형어린이집은 우수한 어린이집을 지정하여 운영비를 지원하고 보다 강화된 운영기준을 적용하여 양질의 보육을 영유아에게 제공하는 우수 보육인프라로서 기능할 수 있도록 지원하는 정책이다. 공공형어린이집은 서울형어린이집을 전국 형태로 적용한 보육정책 사례로 세부적인 공인기준이나 지원기준은 서울형과 다소 다르다. 공공형어린이집의 지원 대상은 「영유아보육법」 제10조의 어린이집으로 2022년 보육사업안내에 따라 인건비를 지원받는 '정부지원어린이집'과 공공기관 또는 고용보험기금으로부터 운영비를 지원받는 직장어린이집을 제외한다. 공공형어린이집과 관련된 자료는 한국보육진흥원(https://www.kcpi.or.kr/thebcc/main/)에서 살펴보기로 하자. 공공형어린이집의 시설현황과 아동현황은 임신육아 종합 아이사랑에서 시·군·구별로 확인할 수 있다. 공공형어린이집은 서울형 정책사업이 국·공립 확충의 일환으로 부모들에게 호응 받는 성공한 사업으로 인식되어 이를 서울시를 제외한 지역으로 확대하게 된 것이다. 정부에서는 부모들이 믿고 맡길 수 있는 높은 수준의 보육서비스를 제공하는 보육인프라 구축을 위해 2011년 7월부터 '공공형어린이집' 사업을 추진하였다.

살펴보자

공공형어린이집의 선정기준

1. 시·도별 사업계획 공고일 현재, 평가 및 평가인증 유효기간 내의 등급 또는 점수가 최상위등급 또는 2차·3차 지표 시범사업인 경우 90.00점 이상인 어린이집
   - 지정 공고일 이후 평가 및 평가인증 결과가 최상위등급이 아닐 경우, 지정 대상에서 제외
2. 영유아보육법령 및 지침에 따라 적절하게 운영되고 있는 어린이집
   ※ 반별 정원 탄력편성, 교직원 배치기준 준수 등

세부 지정기준

기준 보육교사 공통 적용기준

- 기본보육 담임교사에 대해서만 적용(연장보육 전담교사 및 시간제보육 담당교사 제외)
- 원장이 보육교사 겸직일 경우, 원장은 보육교사 산정에서 제외
- 유치원 정교사 및 특수교사는 1급 보육교사에 포함
- 출산·육아휴직 중인 보육교사는 1급 비율, 관련학과, 근속 보육교사 비율에 포함
- 대체교사의 경우 담임 보육교사 급여 지급 수준 산정 시 포함

가. 공통기준

- 건물소유형태
- 어린이집 대표자와 원장 동일인 여부
- 정원충족률
- 연장반 운영 및 전담교사 채용 여부
- 누리과정을 운영 중인 어린이집의 누리과정 보조교사 최소 기준 이상 채용 여부
- 영유아보육법에 따른 원장 및 보육교사의 보수교육 이수여부
- 담임 보육교사 급여 지급 수준
- 현 어린이집에서 근속한 보육교사 비율

나. 지역별 자율평가

- 취약보육서비스 운영 여부
- 시간제보육 운영 여부
- 최근 3년간 대표자 변경 여부
- 열린 어린이집 지정 여부
- 최근 6개월간 급간식재료비 기준 이상 지출여부
- 1급 보육교사 비율
- 영유아 관련학과 전문 학사학위를 소지한 보육교사 비율
- 원장의 전문성
- 기타 지역별 자율 평가 항목(1점)

2. 서울형어린이집의 현황

1) 서울형어린이집의 변화 추이

서울특별시 보육포털서비스에서 서울시 자치구 25개 행정동의 시설유형별 어린이집은 국·공립, 법인, 민간, 가정, 부모협동, 직장, 법인·단체 등 5,049개 시설로 검색된다. 그중 시설특성을 서울형으로 검색하면 서울시에서 2022년 10월 말에 검색되는 서울형어린이집은 654개 시설임을 찾아볼 수 있다. 25개구의 서울형어린이집 시설은 다음 표와 같다.

표 6-1 서울형어린이집의 현황표

2022년 10월 말 기준

번호	자치구	서울형어린이집 개소수	번호	자치구	서울형어린이집 개소수
1	종로구	1	14	마포구	14
2	중구	2	15	양천구	30
3	용산구	4	16	강서구	26
4	성동구	2	17	구로구	35
5	광진구	12	18	금천구	22
6	동대문구	6	19	영등포구	4
7	중랑구	32	20	동작구	5
8	성북구	17	21	관악구	34
9	강북구	16	22	서초구	5
10	도봉구	33	23	강남구	2
11	노원구	59	24	송파구	24
12	은평구	21	25	강동구	13
13	서대문구	15	서울형어린이집 전체 시설조회 수		654

출처: 서울특별시(2022).

2) 서울형어린이집 영유아의 취원 현황

서울형어린이집은 최근 정부의 국·공립어린이집 확충 계획에 따라 서울형에서 국·공립으로의 전환이 이루어지고 있다. 이에 따라 서울형어린이집으로 운영되어 온 시설이 급속도로 줄어들어 서울형어린이집의 영유아 취원 현황 및 교직원 현황도 급격하게 감소되어 가고 있다.

표 6-2 서울시 전체 보육시설 유형별 현황(2021년)

(단위: 개소, 명, %)

		전체	국·공립	민간	가정	기타
전체	보육시설 수	5,049 (100.0)	1,811 (35.9)	1,162 (23.0)	1,637 (32.4)	439 (8.7%)
	이용 아동 수 (현원)	182,922 (100.0)	85.501 (46.7)	54,604 (29.9)	23,846 (13.0)	18,971 (10.4)

출처: 서울특별시(2022).

3) 서울형어린이집 운영방안

서울형어린이집은 보육품질 평가 후 통과기준 이상인 어린이집에 대해 공인하고 국공립어린이집과 동일한 기준 적용을 원칙으로 한다. 기준의 내용은 보육료 및 필요경비 수납기준, 보육교직원 보수기준, 서울시 국공립어린이집 예산편성 및 지출기준(직책급, 원장 수당 지급 기준 및 성과급 기준, 해외연수비) 등이 속한다. 다만 서울형어린이집에 대해 별도로 정한 경우에는 해당 규정을 적용한다. 맞춤(취약)보육(야간보육, 휴일, 24시간, 장애아통합, 다문화통합)을 1개 이상 실시함을 원칙으로 한다. 모든 비용은 영유아보육법, 사회서비스 이용 및 이용권 관리에 관한 법률, 사회복지사업법 등 관련 법령과 지침(정부 보육사업안내, 서울시보육사업안내), 기타 서울시 정책에 적합하고 어린이집 운영과 관련 있는 정당하고 건전한 비용만 예산집행(수입, 지출)할 수 있다.

2019년 3월 1일부터 대표자 및 원장의 배우자·친인척(6촌 이내의 혈족 및 4촌 이내의 인척) 신규 채용은 불가하지만, 신규공인 신청 어린이집은 신청일 기준으로 대표자 및 원장의 배우자·친인척이 채용되어 있지 않아야 한다. 직계존비속은 6촌 이내의 혈족에 포함하고 기존 보육교직원과 친인척 관계에 있는 원장 신규 채용이 불가하다. 어린이집 설치 및 운영기준 준수(영유아보육법령 및 보건복지부 지침 준수)와 비상재해대피시설 기준, 정원·입소 우선순위·반편성 기준, 인건비 지원 어린이집 인건비 지급기준 등을 필수로 준수하여 운영해야 한다. 보육교직원에게 특정 종교 권유 및 종교활동에 따른 행·재정적 차별을 금지하고 어린이집 보육 운영시간 중 일체의 종교행위를 금지한다.

서울형어린이집의 어린이집 보육교직원 인건비 등 지급기준은 정부의 '보육교직원 인건비 지원기준'에 따른다. 원장은 '보육교직원 인건비 지원기준' 범위 내에서 인건비를 지급하고 보육교사 등이 서울형어린이집 공인 이전의 급여가 기준보다 높은 경우 어린이집에서 부담으로 조정 지급한다. 특별한 사유가 있는 경우를 제외하고 사무원 등 기타종사자에게 보육교사 수준 이상의 인건비 지급을 지양한다. 친인척에게 정부의 '보육교직원 인건비 지원기준'보다 상향지급이 불가하고 원장 직책급, 원장 수당 지급기준 및 성과급, 해외연수비는 서울시 국공립어린이집 예산 편성 및 지출기준에 따라 지급한다. 대표자 겸 원장의 경우 '장기근속가산' 금액 추가지급 가능하고 장기근속가산 지급은 원장 총급여(실제 호봉별 월지급액+직책급+원장 수당 지급 기준의 나.항목의 합산액)의 1/12을 매월 지급한다. 다만 별도 채용 원장의 경우(근로자)는 퇴직적립금 적용 대상이다. 어린이집 운영비 중 잉여금 활용 수당지급의 기준은 당해연도 어린이집 세입세출 결산 후 발생한 잉여금은 다음 회계연도에 예산편성하여 운영비로 사용하되, 수당으로 지급하는 금액은 잉여금 발생분의 50% 범위 내에서 보육교직원에게 형평성을 고려하여 편성·지급한다.

표 6-3 서울형어린이집 호봉지원 체계

구분	서울형어린이집 호봉지원 체계
원장	• 월지급액(1호봉)의 80% 지원(정원 21인 이상 어린이집에 한하며, 정원 20인 이하 어린이집 또는 정원 21인 이상 어린이집 중 현원 20인 이하 어린이집 제외) ※ 단 가정어린이집 원장이 보육교사를 겸직하는 경우 매년 원장 2호봉 기준으로 지원
영아반 교사	• 월지급액의 80% 지원
유아반 교사	• 월지급액의 30% 지원
조리원(1인)	• 월지급액의 100% 지원
시간연장 어린이집 전담교사	• 월지급액의 80%

사회의 변화와 인구구조의 변경에 따라 서울형, 서초형, 마포형 등 각 지자체의 특색 사업으로 다양한 사업들을 통해 민간, 가정 유형에도 지속적인 재정지원을 하고 있다. 따라서 인근 기관에 '인건비 지원 어린이집'의 설치 여부를 파악해 보는 것도 필요하다.

3. 공공형어린이집의 현황

1) 공공형어린이집의 변화 추이

공공형어린이집은 평가제 유효기간 내의 등급 및 점수가 최상위등급, 90.00점 이상인 어린이집을 대상으로 최상위등급을 유지하여야 하고 부모로부터 받는 보육료를 정부 지원 단가(국·공립어린이집 보육료)와 동일하게 수납하며 공공형어린이집으로 지정된 다음 월부터 적용한다. 공공형어린이집 지정 이후 부모부담 보육료를 미수납하는 대신 회계연도 중간에 필요경비를 인상하여 추가 수납은 불가하다. 필요경비(특별활동비 등)의 지자체별 수납한도액 준수보육교사 월 급여를 국·공립어린이집 1호봉(최저 수준임) 이상으로 지급해야 한다. 국·공립어린이집 보육교사 인건비 1호봉 기준을 준용한다. 열린어린이집으로 지정되어 운영해야 하는데 세부적인 내용은 첫째, 개방성으로 공간요건은 모든 보육실에 복도 창문 또는 보육실 문에 투명창이 설치되어야 한다. 온라인 소통창구로는 어린이집 카페, SNS, 블로그 등을 운영해야 한다. 급식·주방을 공개하여 학부모에게 식단 및 급식사진(중식)을 매일 온라인 공개하고 주방을 상시 공개 할 수 있어야 한다. 둘째, 참여성은 연 1회 부모만족도 조사를 실시하고, 신입원아 부모오리엔테이션을 실시해야 한다. 연 2회로 부모 개별 상담, 부모교육을 실시하고 분기별 1회씩 어린이집 운영위원회와 부모참여프로그램을 실시해야 한다. 부모참여란 부모와 영유아가 함께 참여하는 프로그램은 필수로 2회 운영하고, 나머지 2회는 급식 보조, 일일교사 등 다양하게 구성하여 운영하는 것을 말한다. 연중 부모어린이집 참관이 지속 가능해야 하는데 연 1회 부모참여활동 수요조사, 반기별 1회는 부모참여활동을 정기 안내해야 한다.

2) 공공형어린이집 설립유형별 현황

표 6-4 유형별 공공형어린이집 현황(2022년 3월 말)

단위: 개소(%)

년도	민간	가정	법인·단체 등	사회복지법인	합계
2018	1,292 (54.6)	1,059 (44.7)	14 (0.6)	2 (0.1)	2,367 (100.0)
2022	1,121 (49.4)	1,135 (50.0)	11 (0.5)	2 (0.1)	2,268 (100.0)

출처: www.kcpi.or.kr

공공형어린이집은 2018년 기준 2,367개소에서 2022년 3월 말 기준 2,268개소로 소폭 감소했으나, 가정어린이집은 1,059개소에서 1,135개소로 증가하였다. 어린이집 유형별 각 시·도의 현황은 다음의 표와 같다.

표 6-5 공공형어린이집 유치현황(2022년 3월 말)

단위: 개소(%)

년도	부산	대구	인천	광주	대전	울산	세종	경기	강원	충북	충남	전북	전남	경북	경남	제주	합계
2018	161 (6.8)	117 (5.0)	133 (5.6)	97 (4.1)	147 (6.2)	106 (4.5)	19 (0.8)	611 (25.8)	112 (4.7)	93 (3.9)	114 (4.8)	112 (4.7)	89 (3.8)	158 (6.7)	173 (7.3)	125 (5.3)	2,367 (100.0)
2022	184 (8.1)	99 (4.4)	134 (5.9)	91 (4.0)	127 (5.6)	95 (4.2)	15 (0.7)	628 (27.7)	100 (4.4)	92 (4.1)	85 (3.7)	100 (4.4)	87 (3.8)	139 (6.1)	168 (7.4)	125 (5.5)	2,268 (100.0)

출처: www.kcpi.or.kr

2018년 11월 말 공공형어린이집 설립유형별 현황 결과를 살펴보면, 민간과 가정 시설에서 대부분 공공형어린이집으로 운영되고 있다. 2018년에는 총 2,367개소 중 민간어린이집을 운영하는 시설에서는 54.6%로 가장 많은 시설이 공공형어린이집으로 운영되고 있다. 근소한 차이지만 두 번째로 가정어린이집 시설에서 44.7%가 공공형어린이집으로 운영되고 있다. 2022년에도 전체 개소 수는 줄었지만 이 비율은 그대로 유지되고 있다. 법인·단체나 사회복지법인단체에서는 몇몇 어린이집이 운영되고 있을 뿐이다. 2022년 3월 기준 시·도별로 공공형어린이집 유치현황을 살펴보면, 경기도 628개소, 경상남도 168개소, 부산 184개소, 경상북도 139개소 순으로 공공형어린이집 형태로 운영되고 있다는 것을 알 수 있다.

3) 공공형어린이집 정원구간별 현황

표 6-6 정원구간별 공공형어린이집 현황(2022년 3월 말)

단위: 개소(%)

구분	20인 이하	21~49인	50~99인	100인 이상	합계
유지현황	1,137 (50.0)	375 (16.5)	565 (24.9)	195 (8.6)	2,268 (100.0)

출처: www.kcpi.or.kr

〈표 6-4〉와 같이 전체 공공형어린이집의 현황이 50%로 지정되었는데, 어린이집 정원구간별 인원 구분이 20인 이하로 50%를 형성하고 있는 것과 같다고 해석할 수 있다. 국·공립 어린이집을 확충해나가면서 민간과 가정 어린이집을 국·공립으로 전환하는 형식과 공공형어린이집으로 지정하는 것은 국가의 책무성을 강화하고 있다는 것임을 알 수 있다.

4) 전체 보육아동 대비 공공형어린이집 이용 아동 현황

표 6-7 공공형어린이집 이용 아동 현황(22년 3월 말)

(단위: 명)

구분	계	국·공립	사회복지법인	법인·단체 등	민간	가정	부모 협동	직장
전체	995,968	256,907	59,235	26,021	436,208	154,573	2,961	60,063
공공형	80,150 (8.0)	-	119 (0.2)	512 (2.0)	63,117 (14.5)	16,402 (10.6)	-	-

출처: www.kcpi.or.kr

전체 보육아동 대비 공공형어린이집 이용 아동 현황을 살펴보기 위해서 먼저 2022년 3월 말 기준으로 전국의 각 유형별로 어린이집을 이용하는 보육아동을 살펴본 결과, 민간어린이집 이용 아동 수가 63,117명으로 가장 많고, 가정어린이집 이용 아동 수는 16,402명으로 두 번째로 많았다.

5) 공공형어린이집 지원기준과 운영기준

공공형어린이집에 지원되는 운영비는 다양하다. 공공형어린이집의 운영비 지급원칙은 어린이집의 교사 수, 반 수, 아동현원 등을 토대로 운영비 산정 · 지급을 원칙으로 한다. 운영비 지급방식은 전월 말일 24시 현황을 기준으로 해당 월 운영비를 지급하는 것이다. 단, 다음 각 항목은 운영비 산출을 위한 기준이며, 운영비 사용용도를 제한하는 것은 아니다. 공공형어린이집 담임 보육교사의 급여는 국가 수준의 호봉대로 지원되고 있다. 급여 지원 수준은 국·공립과 동일하다. 처우개선비, 근무환경개선비 등 국가·지자체가 직접 교사에게 지급하는 비용 및 시간외 근무수당은 지역마다 다르게 지급되고 있다. 매년 1월부터는 당해 연도 1호봉 이상 지급하고, 보육교사 경력 등에 따라 차등 지급하여야 한다. 월 지급액으로 기본급, 제수당 등 원장이 보육교사에게 지급하는 금액을 포함한다. 4대 보험료, 퇴직적립금 산정은 월 지급액 기준(보육사업안내 참고)을 참고한다.

이상으로 서울형어린이집과 공공형어린이집의 운영체계와 지원에 관한 내용을 살펴보았다. 서울시에서 운영하고 있는 서울형어린이집은 민간어린이집의 공공성을 강화하기 위한 정책으로 서울시에서만 서울형어린이집으로 공인하여 인건비 및 운영비를 지원함으로써 국·공립어린이집 수준의 보육서비스를 제공할 수 있도록 운영되고 있다. 공공형어린이집의 취지는 우수한 어린이집을 선정하여 운영비를 지원하고 양질의 보육을 영유아에게 제공하는 등 우수 보육 인프라로서 기능할 수 있도록 하는 것이다. 서울형어린이집과 공공형어린이집으로 공인되어 어린이집을 우수하게 운영하기 위해서는 엄격한 선정조건과 지표에 따라 원장과 교사가 협력하여 준수해야 하는 과업이 따른다. 교사는 이에 따른 부담스러운 업무분담이 수반되지만 전문직 교사로서 다양한 경험과 경력을 이루어가는 단계라고 생각한다면 초임교사에게 추천하고 싶은 어린이집이다.

초임교사로서 지원체계가 국·공립에 준하는 서울형어린이집과 공공형어린이집에 입사하여 체계적인 보수와 안정적인 업무내용 파악으로 전문가로서 보육의 기반을 현장에서 배워나갈 수 있다면 카츠의 교사 발달단계 초기단계인 생존기의 어려운 시기를 동료교사와 전문지식을 배워가며 교사로서 안정된 시작을 할 수 있을 것으로 기대한다.

참고문헌

보건복지부(2022).

서울특별시(2022). 서울형어린이집 재공인 시범평가 설명회 자료집.

https://www.kcpi.or.kr/

https://child.seoulwomen.or.kr/

https://child.seoulwomen.or.kr/

http://iseoul.seoul.go.kr/

https://www.kcpi.or.kr/

http://www.aseoul.co.kr/

https://youtu.be/wtRQiZ0spko

[유튜브 '초인딱세' 채널]

Part 03

취업실제

제7장

이력서와 자기소개서 준비하기

읽어보자

대학생도 ESG경영에 관심, 78% "알고있다"

취업 플랫폼 잡코리아는 남녀 대학생 649명을 대상으로 ESG(환경·사회·지배구조) 경영 인지 정도를 조사한 결과 '무엇을 의미하는지 알고 있다'는 응답이 78.6%라고 15일 밝혔다. 응답자 중 의미와 중요성에 대해 정확히 알고 있다는 결과는 50.1%였고, 28.5%는 '대략적으로만 알고 있다'고 답했다. 나머지 21.4%는 이번 조사를 통해 ESG 경영을 처음 들어봤다고 답했다.

지난해 동일 조사 결과와 비교해 보면 1년 새 대학생들 사이에 ESG 경영의 관심과 인지 정도가 크게 높아진 것을 확인할 수 있었다. 잡코리아는 지난해에도 대학생을 대상으로 동일 조사를 실시한 바 있나. 2021년 조시에서는 'ESG 경영은 처음 들어봤다'고 답한 이들이 45.7%로 과반에 달했고, 'ESG경영 의미와 중요성에 대해 정확히 알고 있다'고 답한 이들은 21.8%에 그쳤었다.

대학생들이 취업 목표 기업을 정할 때 ESG경영 유무가 어떤 영향을 미치는지도 조사했다. 올해 조사에서 ESG경영의 뜻과 의미를 알고 있다고 답한 대학생을 대싱으로 '취업을 준비한다면, 기업의 ESG경영 유무를 확인할 것인가?' 질문한 결과, 49.6%가 '그렇다'고 답했다.

대학생들이 기업의 ESG경영 유무를 확인하려는 이유(복수응답)는 앞으로 ESG 경영을 실천하는 기업이 성장할 것이기 때문이 응답률 69.2%로 가장 높게 나타났다. 이 외에도 ESG경영을 실천하는 기업의 근무 환경이 더 우수할 것 같아서(53.0%) 환경보호와 사회문제 등을 중요하게 생각하는 나의 가치관과 맞아서(24.5%) 등이다.

특히 ESG 중 '기업의 사회적 기여' 부분에 관심이 큰 것으로 조사됐다. 노동과 인권, 동반성장 등 사회문제 해결에 가장 적극적으로 나서야 한다는 의견이 45.5%로 가장 많았다.

출처: 머니투데이(2022. 9. 15.).

이력서, 자기소개서 작성하기는 실제 취업을 위한 가장 커다란 관문이라 할 수 있다. 취업하고자 하는 곳에 본인을 가장 잘 드러내 보이는 서류가 바로 이력서와 자기소개서이기 때문이다. 자신을 어필할 수 있는 이력서와 자기소개서를 작성하려면 우선 자신에 대하여 객관적으로 알아볼 필요가 있다. 그 방법 중 하나로 자아분석을 통하여 자신을 좀 더 객관적으로 파악하고, 자신의 미래를 구체적으로 계획해 보는 기회를 가지도록 하자.

1. 자아분석 및 미래설계

1) 자아분석

여러분은 취업 준비를 위하여 구체적으로 무엇을 하고 있는가?

자신에 대해 갖는 태도를 말하는 자아개념은 자신이 자신을 어떠한 존재로 인지하고 있는지를 의미하는 것이라 할 수 있다. 대체적으로 자아개념이 높은 사람은 자신을 긍정적으로 받아들이고 자신이 하는 일에 긍지를 가지며 자신을 통제할 수 있다는 것을 의미한다. 이러한 뜻으로 보면 자아개념이 높은 교사는 교사의 역할을 좀 더 효율적으로 수행할 수 있다고 볼 수 있다.

자아개념은 자신의 생애 설계와 개발 및 평가에 큰 영향을 주는 개념이다. 그러므로 자신에 대한 바른 인식과 가족 및 친구관계, 업무 처리에 대한 인식 등을 점검하여 자아개념을 분석해 보는 것이 필요하다. 무엇보다 보육교사는 양육자 · 교육자 · 관리자로서 무한한 가능성을 지닌 영유아들을 돌보는 일을 주 업무로 하므로 자아개념을 잘 이해하는 것이 중요하다.

〈표 7-1〉을 통하여 자아개념을 측정해 보고, 아니다(1점) / 가끔(2점) / 자주(3점) / 항상(4점)으로 환산하여 전체 문항에 대한 답을 총 합산하고, 자신의 총점을 다음의 자아개념 측정결과의 해석과 비교하여 나 자신의 자아개념에 대하여 이해해 보자.

다음의 물음을 읽고 자신을 잘 나타내거나 나 자신에 대해 생각하는 것과 일치하는 칸에 체크해보자.

표 7-1 자아개념 분석표

문항				
1. 나는 나 자신을 절대로 무시하지 않는다	아니다	가끔	자주	항상
2. 나는 친구들과 잘 어울린다	아니다	가끔	자주	항상
3. 나의 집은 행복한 가정이다	아니다	가끔	자주	항상
4. 우리 식구들은 나를 신뢰한다	아니다	가끔	자주	항상
5. 나는 이성에게 좋은 인상을 준다	아니다	가끔	자주	항상
6. 나는 남들에게 친절하다	아니다	가끔	자주	항상
7. 나의 가족관계는 원만하고 형제간에 우애가 있다	아니다	가끔	자주	항상
8. 나는 누가 뭐라고 해도 쉽게 흔들리지 않는다	아니다	가끔	자주	항상
9. 나는 현실을 받아들이고 수용하는 편이다	아니다	가끔	자주	항상
10. 나의 마음은 자주 변하지 않고 한결같다	아니다	가끔	자주	항상
11. 나의 부모는 나를 매우 사랑하신다	아니다	가끔	자주	항상
12. 문제가 생기면 피하지 않고 해결하는 편이다	아니다	가끔	자주	항상
13. 나는 타인들에게 인기가 있다	아니다	가끔	자주	항상
14. 남들은 나를 어려워하지 않고 가까이하려 한다	아니다	가끔	자주	항상
15. 가족들과 대화를 많이 하며 많은 위로를 받는다	아니다	가끔	자주	항상
16. 친구들은 나를 신뢰하는 편이다	아니다	가끔	자주	항상
17. 처음 만나는 사람과 어색해 하지 않고 말을 잘한다	아니다	가끔	자주	항상
18. 나는 지적능력이 있으며 정서적으로 성숙되어 있다	아니다	가끔	자주	항상
19. 나는 솔직하고 명쾌한 성격을 가지고 있다	아니다	가끔	자주	항상
20. 나는 성적으로 매력이 있다고 생각한다	아니다	가끔	자주	항상
21. 어려서부터 인정을 많이 받았고 칭찬도 꽤 받았다	아니다	가끔	자주	항상
22. 나는 나 자신을 비하하지 않는다	아니다	가끔	자주	항상
23. 나는 머리가 좋은 것으로 생각한다	아니다	가끔	자주	항상
24. 나는 감정과 이성의 균형이 잡혀 있다고 생각한다	아니다	가끔	자주	항상
25. 나는 가족들을 많이 이해하고 있다	아니다	가끔	자주	항상

아니다(1점)/ 가끔(2점)/ 자주(3점)/ 항상(4점)
출처: 조승제(2017).

당신의 자아개념은 어떻게 평가되고, 측정 결과에 대한 해석에 대하여 얼마나 동의하는가?

당신의 자아개념을 측정해 보고 측정 결과의 단계별 심리상태의 관계를 참고해 보자.

읽어보자

자아개념 측정 결과의 단계별 심리상태의 관계

(0-25점) 자아개념이 매우 빈곤해서 괴로움이 많다. 자기의 능력, 성격, 행동, 가정, 사회성 등에 대해 아무런 확신도 자신감도 없어서 세상사는 것이 힘들고 마음이 무겁다. 열등감에 사로잡혀 있는 경우가 많으며 불안, 우울을 경험하고 세상에 태어나기를 잘못했다고 생각할 수도 있다. 마음 속에는 원망과 불평이 심각하며, 타인과 자신에 대해 확신이 없고, 대인관계를 두려워하며, 아마도 노이로제에 시달릴 수 있다.

(26-50) 자아개념이 아주 약한 것은 아니지만 그래도 자신감이 없을 때가 더러 있고 때로는 자신감이 없고 남의 앞에 나서는 것을 싫어하며, 대인관계에 대한 두려움도 있을 것 같다. 마음이 허전하고 열등감을 느낄 때도 있으며 남에게 이끌려서 소극적으로 행동할 때가 많으며 마음에 걸리는 것들이 아직 많이 있어서 대화의 대상이 필요할 수 있다.

(51-75) 자아개념이 건전하고 성숙하며 자신감이 있다. 어디에나 적절히 잘 적응하며 너무 교만하거나 자신을 과신하지도 않는다. 자존감(self-esteem)이 높으므로 동성 또는 이성 간의 교제도 원만하고 결혼 생활과 자녀 또는 부모와의 관계도 원만하게 잘 적응할 것이다. 특히 학교나 직장에서의 인간관계가 좋고 자기를 적절히 수용하므로 큰 문제가 없을 것이다.

(76-100) 자아개념이 건강하고 원만하며 성숙하다. 자신에 대해 이해가 충분히 되어 있고, 자신감이 있어서 대인관계를 원만하게 형성하고 유지할 수 있으며, 곤란한 대인관계를 잘 대처하고 자신을 수용한다. 가정적으로 건강하며 부모와 형제와의 가족관계가 사랑하는 관계로서 서로 지지하고 격려하는 생산적인 관계이다. 어떤 일을 해도 자기능력을 잘 발휘할 수 있고 이성 관계와 결혼 생활의 적응도 좋으며, 사는 것에 만족하고 즐거움을 느끼며 매사에 진취적일 것이다.

출처: 조승제(2017).

살펴보자

• 대학생 취업준비 몇학년 때부터 해야 하나요?

지금 2학년인 대학생인데요. 이력서에 적을 만한 건 뭐가 있을까 해서요 ㅠㅠ. 자격증 수료증 말고 대외활동도 이력서에 적을 수 있나요? 대학생이 최대한 많이 준비해두면 좋을 게 뭐가 있나요??

취업준비를 하는데 취업 자소서 작성하는 게 너무 어려워요. 직무 역량 관련해서 작성하라고 하는데,, 경험도 별로 없고 ㅜㅜ

• 면접 준비 걱정입니다. 어떻게 준비해야될지도 모르겠고 너무 막막한데요. 그래도 미리 준비해 가는 게 좋을거 같아서 어떻게 준비해 보는게 좋을까요?

• 신규보육교사 이력서 어떻게 작성하나요?

출처: 네이버 지식인(2022. 3. 22.) 발췌

2) 미래설계

오늘날 우리는 하루가 다르게 변화하는 시대에 살고 있다. 알파고와 더불어 등장한 4차 산업시대에서 빠르게 생성되고 소멸되는 직업들 중 자신에게 적합한 직업을 선택하고 직업을 선택하는 데 있어서 유의사항에 대하여 알아보자. 직업은 사람이 살아가면서 당면하게 되는 현실적인 문제와 더불어 자신의 정체성을 완성해 가는 삶의 중요한 과정이자 선택의 문제이기도 하다. 직업의 특성에 따라 주어지는 의무와 권리가 다르고, 자신이 선택한 직업을 통해서 자신의 꿈을 실현하기도 하고 사회로부터 자신의 능력을 인정받기도 한다. 그 과정에서 성취감과 만족감, 보람을 느끼기도 한다.

다양한 직업 중에서 선택한 유아교사라는 직업의 성공적인 미래설계를 위해서는 목표를 설정하고 계획을 수립하여 구체적인 실천 과정이 필요하다. 스스로에게 다음과 같은 질문을 던져보고 질문에 대한 답을 찾아보는 것도 자신의 미래설계에 있어서 많은 도움이 되리라 생각한다.

표 7-2 성공적인 미래설계를 위한 질문들

목표
1. What : 진정 원하는 것은 무엇인가?
2. Why : 왜 원하는가?
3. Where : 현재 내가 있는 곳은 어디인가?
4. When : 언제까지 목표를 달성할 것인가?
5. How : 목표달성을 위한 구체적인 방법은 무엇인가?
6. Who : 누구의 도움을 받을 것인가?

출처: 이민규(2003).

2. 취업준비 점검하기

4차 산업시대라고 하는 오늘날 빠르게 생성되고 소멸되는 직업들 중 유아교사를 선택한 이상 교직의 특성을 이해하고 자신의 미래에 대한 확실한 비전을 가지고 있어야 할 것이다.

자신이 지원하는 유아교육기관에 대한 구체적인 근무조건, 안정성, 발전가능성, 임금 등의 구체적인 환경을 알아보고, 학력, 전공, 자격 및 면허, 경력 등 직무 수행과 관련한 외적 환경도 체크하는 것이 필요하다. 직무 수행에 있어서 가장 중요하다고 할 수 있는 자신의 적성이나 흥미, 성격 등의 내적 환경도 분석해 보는 것이 반드시 필요하다고 할 수 있는데 이는 스스로 확인하기 어려운 부분이 있으므로 적성검사 등을 통해 규명할 수 있다.

자신이 잘하는 것과 주변 사람들에게서 인정받은 활동 등을 적어보고 예시의 표를 통하여 점검도 해 보자.

1) 적성검사를 통한 자기의 강점 이해하기

해보자

주관식 적성검사

문1) 당신 자신이 생각하기에 잘한다고 여기거나 재주가 있다고 생각되는 구체적인 활동이나 내용(교과 성적 등)을 10가지쯤 적어보세요. 단, 당신이 하고 싶어 하거나 잘하고 싶은 활동은 아닙니다.	**문2)** 당신의 부모나 형제, 친구 등 당신을 매우 잘 아는 사람들로부터 들은 것 중, 자신이 잘한다는 활동이나 내용이 무엇인지 10가지를 적어 보세요.
위의 활동들을 아래의 11가지 적성유형에 따라 구분해 보고, 자기의 적성이 무엇인지 찾아봅시다. 어떤 유형의 적성들이 나타났나요?	위의 활동들을 아래의 11가지 적성유형에 의해 구분해 보세요. 어떤 유형의 적성들이 나타났습니까?

11가지 적성유형

① 일반적 능력　② 언어능력　③ 공간지각능력
④ 수리계산 능력　⑤ 응용추리 능력　⑥ 작동원리 이해력
⑦ 척도 이해력　⑧ 운동수공 능력　⑨ 학습 기억력
⑩ 사무지각 능력　⑪ 형태지각 능력

적성유형	의미	관련 직업
언어능력	정확한 의사소통을 위한 단어선택, 어휘연상, 문장이해, 의사발표 능력	사회과학연구가, 평론가, 논설위원, 판사, 검사, 아나운서
공간지각능력	입체적 공간관계를 이해하는 능력으로 실제물체를 회전 또는 분해했을 때의 형태를 상상하는 능력	제도, 설계, 건축, 미술, 가구 등 입체구성 능력을 요구하는 직업
수리계산 능력	정확하게 빠르게 계산하는 능력	사무계통의 직업, 경리, 전자계산 관련 직업
응용추리 능력	원리를 추구하고 응용하는 능력	자연/사회과학연구가, 판사, 검사, 공안직, 소설가
작동원리 이해력	각종기계 기무 및 물리학적 원리를 이해하고 추리하는 능력	토목/기계 수리기술자, 조립기술자, 각종 이공학 시설분야 및 공장기술자
척도 이해력	척도, 그래프, 차트, 계기 등을 신속하고 정확하게 읽는 능력	이공학, 화학, 생물, 수학, 의학 등의 과학 분야와 실업 및 기술 분야직
운동수공 능력	운동감각의 정확성과 신속히 반응하는 능력	인쇄기능직, 정말 과학기계 등의 조립직, 악기연주, 공예직업 등에 관련된 예능직
학습 기억력	복잡한 자료나 항목 등의 분류 및 상징, 기호를 학습하고 암기하는 능력	경리, 전화교환 등의 사무분야, 안내원, 비서, 판매원
사무지각 능력	문자나 기호를 정확하고 신속하게 비교 식별하는 능력	전자계산 계통, 경리, 전화교환, 서기, 타자수 등의 사무직
형태지각 능력	실물이나 도해를 정확하고 빠르게 비교 변별하는 능력	사진, 제판/제도 등의 사무분야와 도안, 디자인 등의 응용미술분야, 기타 기능직

출처: 조승제(2017).

2) 사고양식 검사를 통해 자기 이해하기

사고양식이란 개인이 선호하는 사고방식으로, 능력 그 자체이기보다는 능력을 사용할 수 있는 방법을 의미한다. 즉 실제로는 각 개인이 같은 능력을 가졌다 하더라도 서로 다른 사고양식을 가질 수 있으며 개인이 직면하는 과제에 따라 자신의 사고양식을 바꿀 수 있음을 의미한다. 비슷한 성격적 특성을 가진 사람이라도 사고양식은 다를 수 있다.

스턴버그와 와그너(Sternberg & Wagner, 1991)에 의해 제작된 사고양식 검사(TSIMSG Thinking Styles Inventory)를 활용하여 개인의 사고양식을 살펴보자.

다음은 사고양식에 대한 내용이다. 각 문항이 교사 자신을 얼마나 설명하고 있는지 그 정도를 나타내는 곳에 표시해 보자.

표 7-3 사고양식 체크리스트

번호	내 용	전혀 아니다	아니다	보통이다	그렇다	매우 그렇다
1	나는 전체적인 문제보다 특정 세부의 문제를 다루는 것이 좋다					
2	생각을 말하거나 글로 쓸 때 나는 중요한 생각 하나에만 집중한다					
3	과제를 할 때 나는 동료들과 함께 생각하고 서로 이야기하며 판단하는 것이 좋다					
4	어떤 일을 시작하기에 앞서 나에게 필요한 일부터 우선 순위를 정하는 편이다					
5	어려움에 직면했을 때 나는 나 나름대로의 생각과 전략을 이용해서 문제를 해결한다					
6	어떤 주제에 대해서 이야기할 때 나는 전체적인 면보다는 세부적이고 개별적인 사실들이 더 중요하다고 생각한다					
7	나는 세부적인 일에는 거의 주의를 기울이지 않으려고 한다					

번호	내 용	전혀 아니다	아니다	보통이다	그렇다	매우 그렇다
8	나는 정해진 규칙에 따라 문제해결 방법을 구상한다					
9	나는 다른 사람들과 의논하지 않고 일의 모든 측면을 혼자 해결하는 것이 좋다					
10	나 스스로 일의 방식을 성하고 그 방식대로 일이 진행되고 있는지를 파악해 보려고 한다					
11	나는 문제해결을 하는 데 가장 적합한 방법을 찾아 이용하기 위해 신중을 기한다					
12	나는 미리 정해진 지침(지시)에 따라 진행되는 일을 좋아한다					
13	어떤 일을 할 때 나는 표준이 되는 규칙이나 방법을 고수하는 편이다					
14	나는 나 나름대로의 방식을 이용할 수 있는 문제가 좋다					
15	의사결정을 해야 할 때 나는 내 판단에 의존하여 결정한다					
16	나는 모든 일에 중요성을 똑같이 부여하기 때문에 일의 순서에 상관없이 지금 하고 있는 일을 미루고 다른 일을 하는 것이 어렵지 않다					
17	토론을 하거나 글을 쓸 때 나의 의견과 다른 사람의 의견을 연관시키려고 한다					
18	나는 내가 해야 하는 일이 세부적인 사항들보다 전체적인 효과에 관해 더욱 신경을 쓴다					
19	어떤 일을 하고 있을 때 그 일의 부분적인 사항들과 최종 목표와의 관계를 파악할 수 있다					
20	나는 어떤 일을 수행하는 방법들을 비교 평가할 수 있는 상황이 좋다					
21	중요하게 해야 할 일이 많을 때 시간에 상관없이 내가 할 수 있는 만큼 많이 하려고 노력한다					
22	어떤 일을 맡았을 때 과거에 사용되었던 방법과 아이디어들을 그대로 따르려고 한다					

번호	내 용	전혀 아니다	아니다	보통 이다	그렇다	매우 그렇다
23	내 의견과 반대되는 견해나 아이디어를 점검하고 평가하려는 경향이 있다					
24	내가 참여하고 있는 일을 위해 상세한 정보나 구체적인 자료들을 수집하고 싶어 한다					
25	어려운 문제들을 다룰 때 그 문제들의 중요성과 우선 순위에 대해 생각을 많이 한다					
26	나는 지정된 규칙에 따를 수 있는 상황을 좋아한다					
27	어떤 주제에 대해 논의하거나 평가할 때 나는 동료들의 의견에 따른다					
28	나는 정해진 규칙에 따라 해결하는 문제나 과제를 좋아한다					
29	나는 동료들이 좋다고 받아들인 일이나 과제에 참여하는 것이 좋다					
30	해결해야 할 중요한 일이 여러 가지 있을 때 나와 동료들에게 가장 중요한 것 하나를 선택한다					
31	나는 명확한 구조, 확실한 계획, 분명한 목적이 있는 일을 하는 것이 좋다					
32	어떤 일을 하고 있을 때 나는 내 생각대로 시작하고 싶디					
33	해야 할 일이 많을 때 우선순위를 분명하게 한다					
34	나는 팀의 구성으로서 다른 사람들과 상호작용할 수 있는 활동에 참여하는 것이 좋다					
35	나는 사소해 보이는 것일지라도 문제의 모든 측면들을 다루고 싶어 한다					
36	어려움에 직면하면 기존에 해 오던 방법으로 문제를 해결하려고 한다					
37	나는 과제나 문제를 혼자 해결하고 싶어 한다					
38	나는 주제의 전반적인 측면들이나 전체적인 효과를 강조하는 경향이 있다					

번호	내 용	전혀 아니다	아니다	보통이다	그렇다	매우 그렇다
39	문제를 풀거나 과제를 할 때 정해진 규칙이나 지시에 따르려고 한다					
40	토론을 하거나 글을 쓸 때 생각나는 것은 무엇이나 다 이용한다					
41	어떤 일을 하고 있을 때 나는 다른 사람들과 정보나 아이디어를 교환하려고 한다					
42	나는 서로 다른 의견이나 생각들을 평가하고 연구할 수 있는 일이 좋다					
43	의사결정을 할 때 중요한 요인 하나에만 집착하려는 경향이 있다					
44	나는 세부적인 주의를 기울여야 하는 문제가 좋다					
45	나는 기존의 생각이나 방식보다는 새롭고 더 좋은 방법을 찾고 싶어 한다					
46	나는 다른 사람들과 상호작용하고 함께 일하는 상황이 좋다					
47	한 가지 문제를 해결하면 중요한 다른 많은 문제들이 해결될 것이라고 생각한다					
48	나는 기본적이고 세부적인 것이 아니라 전체적인 주제를 다루는 일이 좋다					
49	중요하게 처리해야 할 일이 여러 가지 있을 때 나에게 가장 중요한 일 한 가지만 한다					
50	나는 다른 사람들의 계획이나 방법을 평가할 수 있는 문제나 과제를 좋아한다					
51	중요하게 해야 할 일이 여러 가지로 있을 때 나보다는 동료들에게 중요한 일을 먼저 하려고 한다					
52	어려움에 처하게 되면 새로운 전략이나 방법을 지도해서 문제를 해결하려고 한다					
53	나는 한 번에 한 가지 일만 집중하고 싶다					
54	나 혼자 독립적으로 완수할 수 있는 일이 좋다					

번호	내 용	전혀 아니다	아니다	보통이다	그렇다	매우 그렇다
55	무언가를 시작할 때 해야 할 일의 목록을 만들고 중요성의 순서를 매기는 것을 좋아한다					
56	나는 나 나름대로의 분석이나 평가 혹은 비교하는 과정이 포함되어 있는 일이 좋다					
57	나는 과거에 다른 사람들이 사용하지 않았던 새로운 방식으로 일하고 싶다					
58	어떤 일을 시작할 때 동료들과 가장 관계있는 부분에 초점을 맞춘다					
59	나는 다른 일을 시작하기 전에 지금 하고 있는 일을 끝내야 한다					
60	토론을 하거나 글을 쓸 때 내 생각의 범위와 내용을 이해할 수 있도록 전체적인 윤곽을 제시하고 싶어한다					
61	나는 과제의 전체적인 효과와 중요성보다는 부분적인 측면에 더 주의를 기울인다					
62	나는 다른 사람들에게 의존하지 않고 내 생각을 스스로 실천할 수 있는 상황이 좋다					
63	나는 문제해결 방식을 개선하기 위해 기존의 방법들을 바꾸고 싶어 한다					
64	나는 오래된 문제를 다른 방법으로 해결하기 위해 새로운 방법을 모색해 보는 것이 좋다					

출처: 백은주, 서명순(2008).

3) 취업준비도 자체 점검해보기

취업준비도는 자기 분석, 직업과 기업분석, 그리고 직무분석 등을 통해 취업 정보와 전략을 실행하는 것(조승제, 2017)이다. 다음 진단표를 통해 자신의 취업준비도를 점검해 보도록 하자.

취업준비도에 대한 자기 분석을 실시 후, 자신의 장점을 강화하고 단점을 보완하기 위한 방안을 구체적으로 세워보자.

표 7-4 취업준비도 점검 진단표

번호	문항 내용	매우 동의	동의	보통	아님	매우 아님
1	마음에 두고 있는 직업목록에서 한 가지 직업을 선택할 수 있다					
2	관심을 가지고 있는 업체에 대한 취업정보(취업방법, 보수, 승진제도, 전망)을 수집할 수 있다					
3	취업설명회, 취입박람회, 취업프로그램, 취업동아리 등에 참여하고 있다					
4	취업 관련도서, 인터넷 검색을 통해 정보 수집을 하고 있다					
5	이력서 버전이 직종에 따라 각각 다르게 작성되어 있다					
6	자기소개서를 남들과 다르게 창의적으로 작성할 수 있다					
7	모의 면접에 참여해 본 적이 있다					
8	지금 면접을 본다면 효과적으로 자기 PR 할 자신이 있다					
9	입사 희망업체의 구인조건에 대하여 잘 알고 있다					
10	구인정보를 수집하고 있는 사이트가 3개 이상 있다					
11	취업에 필요한 자격증을 충분히 소지하고 있다					
12	나의 흥미, 적성에 대해 잘 알고 있다					
13	입사 희망업체 인사정보를 얻을 수 있는 인적 자원이 있다					
14	주변 선후배들에게 나의 구직열망을 나타낼 수 있는 적극성이 있다					
15	면접 볼 기회가 주어진다면 합격할 수 있는 자신이 있다					
16	원만한 대인관계를 유지하는 나만의 노하우가 있다					
17	나의 장점, 단점이 무엇인지를 잘 알고 있다					
18	한글, 엑셀, MS-WORD, 파워포인트 등 편집기능을 다룰 수 있다					
19	누구 앞에서라도 프레젠테이션을 깔끔하게 수행할 수 있다					
20	내가 설정한 취업목표 달성을 위해 구체적으로 목표를 수립하고 할 일들에 대해 계획하고 있다					
소계(매우 동의 5점, 동의 4점, 보통 3점, 아님 2점, 매우 아님 1점)						
총점수						
80점 이상: 매우 만족 / 65점 이상: 다소 만족 50점 이상: 다소 미흡 / 40점 이하: 매우 미흡						

출처: 조승제(2017).

3. 이력서 작성하기

1) 이력서 작성하기

대부분의 기업이 입사전형에 있어서 이력서와 자기소개서 제출을 필수로 하는 것처럼 보육교직원 채용에 있어서도 이력서와 자기소개서는 기본적으로 필요한 서류라고 할 수 있다. 이력서와 자기소개서는 개개인을 개괄적으로 이해할 수 있는 자료임과 동시에 보다 깊이 개인을 이해할 수 있는 자료가 될 수 있기 때문에 이력서와 자기소개서를 작성할 때는 기본에 충실하면서도 인터넷에 난무하는 뻔한 형태의 문구나 어투는 사용하지 않는 것이 좋다.

이력서는 직무와 관련된 부분이 가장 잘 나타나게 작성하는 것이 좋으며 인적사항, 학력 및 경력사항, 그리고 상벌 및 특이사항에 관련된 것이 포함될 수 있도록 작성해야 할 것이다. 인적사항으로는 성명, 주민번호(생년월일로 대체하기도 함), 주소, 연락처 등을 기록하는데 주소는 도로명 주소로 정확하게 기재하고 모든 내용이 주민등록상의 내용과 같게 기록하는 것이 좋다. 학력 및 경력사항은 보통은 고등학교 때부터 기록하는 것이 일반적으로, 입학이나 졸업 날짜를 정확하게 기록하고 경력증명서상의 기록과 동일하게 경력을 기록한다. 수상경력은 교내외의 행사나 대회에서 수상한 사실을 일자, 수상내용, 수여기관 등에 관하여 적고 각종 자격, 면허증 발급 사항을 자격사항란에 적는다. 특히 지원 분야에 연관된 것은 반드시 기재하여야 한다. 즉 보육교직원은 보육교사 자격 1급, 2급, 3급으로 나눠서 적고 모두 작성 후 맨 마지막에는 '기재사항이 틀림이 없음'을 확인시켜 주는 '위와 같이 틀림이 없음' 또는 '위 기재 사항은 사실임을 확인함' 등으로 적는다. 그 아래 작성일 기재 후 서명을 한다. 마지막으로 제일 위쪽 성명란과 맨 끝의 서명 뒤에 바르고 선명하게 도장을 찍는다. 또 한 가지 빠트리지 말아야 할 것이 이력서 맨 왼쪽 상단의 사진란이다. 사진을 반드시 준비하여 첨부해야 하는데 되도록 반듯하게 찍은 증명사진이 좋다. 간혹 요즘의 신세대 교사들은 포토샵이 너무 과하거나 배경이 있는 사진을 붙이는 경우도 있는데 이것은 삼가는 것이 좋겠다. 개성 있게 옆모습의 사진이나 설정 사진으로 부착하는 경우도 있으나 되도록 사진은 단정하고 바른 앞모습이 나오도록 규격에 맞는 것으로 부착하는 것이 좋다.

이력서를 작성할 때의 유의사항은 간단하고 구체적으로 작성하는 것을 기본으로 사실과 부합되게 솔직하고 과장됨이 없도록 기재하여야 한다. 대부분 워드로 작업을 하지만 간혹 자필 이력서를 요구하는 곳도 있으므로 이럴 경우 정성 들여 오탈자가 없게 정자체로 기재하며 다시 한 번 꼼꼼하게 살피도록 한다. 학력과 경력은 연대순으로 기술하고 전문분야에 연관된 실무능력 위주로 작성을 하며 연락처의 기재사항을 반드시 확인하도록 한다.

2) 이력서 작성의 Tip

① 사진

사진은 채용자의 입장에서는 구직자를 처음 만나는 중요한 자료이다. 최근 3개월 이내에 찍은 살짝 미소 띤, 단정한 정장 차림의 컬러 사진으로 준비한다. 요즘은 인터넷으로 이력서를 접수하는 경우가 많으므로 프로필 사진을 저장해 두고 활용할 수 있게 준비해 둔다. 단 과도한 스티커나 이미지 사진은 피하는 것이 좋다.

② 학력

이력서에 학력을 기재할 때는 고등학교부터 기입하는 경우가 대부분이다. 대졸 이하의 경우 초등학교부터 기재하여 남는 공간이 많다는 느낌이 들지 않게 하는 것도 한 가지 방법이다. 대졸의 경우 입학, 휴학, 편입, 졸업을 따로 분리하여 작성하면 이해하기에 편리하다.

③ 호적관계

호적은 호주 쪽에서 본 자신의 관계를 말하는 것으로, 호주와의 관계를 적을 때 父, 母가 아니라 長女, 次男 등으로 기입한다. 호적 관계 기입란이 없는 이력서 양식도 있으나 있을 경우 실수하지 않도록 기억하자.

④ 자격증

타인과 나를 구별하는 중요한 요소로 자격증과 수상 경력을 들 수 있는데 지원한 분야와 관련된 수상경력 및 자격증에 관련하여 기술한다면 가산점을 받을 수 있는 부분이다. 자격 급수와 발령기관, 발급 날짜 등을 기입하도록 한다.

⑤ 특이사항

기관에서 자격증 사본 첨부를 먼저 요구하는 곳도 있지만, 신뢰성을 주기 위해 자격증 사본을 첨부하는 것도 한 가지 방법이다. 학창시절 장학금 수혜 이력, 사회 봉사활동, 동아리 활동을 포함시켜서 나를 돋보이게 하는 것도 좋다.

지원자의 학력이나 신상에 집중하지 않고 직무 능력 등 개인의 능력에 초점을 두는 블라인드 면접은 출신지나 학력과 같은 차별 요소들을 배제하고 공정하게 직무 능력 위주로 평가하는 것을 말한다. 수험번호와 사진 등 최소한의 자료만으로 면접관이 면접에 임하는 경우 자신의 특기사항에 대하여 충분히 실득력 있게 설명할 수 있어야 할 것이다.

⑥ 연락저

이력서의 맨 우측 상단에 직접 연락 가능한 전화번호를 기입한다. 보통 휴대전화 번호를 기입하며 만일의 경우를 대비하여 비상 연락처를 한 개 더 기입하는 것도 좋다.

다음 이력서 양식의 예를 살펴보면서 기재사항을 작성하는 연습을 해보자. 작성을 하면서 나의 부족함이 무엇인지, 내가 어떤 것을 더 채워야 할지, 부족한 부분에 대하여 보충할 기회를 만들어 보는 것이 필요하다.

서식 1 **이력서 작성의 예**

이 력 서

1. 기초정보

<table>
<tr><td rowspan="5"></td><td>성 명</td><td>홍길동</td><td>성 별</td><td>남 , 여</td></tr>
<tr><td>생년월일</td><td colspan="3">2000년 7월 29일</td></tr>
<tr><td>E-mail</td><td colspan="3">OO0729@hanmail.net</td></tr>
<tr><td>전화번호</td><td></td><td>휴대폰번호</td><td></td></tr>
<tr><td>주 소</td><td colspan="3"></td></tr>
</table>

2. 신상자료

최종학력	대학교 졸	결혼여부	혼	종 교	
신 장	Cm	체 중	Kg	혈액형	형
자 녀		형 제	2남 2녀 중 장녀	자가운전	

3. 학력사항

졸업 년/월	학교명	전공	학위	소재지
0000.02	OOOOO	보육학과	전문학사	경기
0000.09	OOO 대학교	유아교육	학사	서울
0000.02	OO 대학교 대학원	유아교육	석사	서울
논문	OOOOOOOO OOOOOO 지도교수: OOO 교수			

4. 경력사항

근무기간		기관명	직위/직급	비고
0000.03~0000.02	1년	OOO 어린이집	교사	
0000.3~	현재	OOO 어린이집	교사	

5. 자격사항

취득년월일	자 격 증	발령청
0000.02	유치원 2급 정교사	교육과학기술부
0000.09	보육교사 1급	보건복지부
0000.09	장애영유아를 위한 보육교사	보건복지부

6. 연수 및 평가인증

연수기간	내　용	발급처
0000.00~0000.00	OOOOO교육연구 과정 수료	평생교육원 실천교육연구소
0000.00~0000.00	OO 대학교 평생교육원 유아교육 000수료	OO 대학교
0000.00~0000.0	OO 대학교 미술 -아동미술과정수료	OO 대학교
0000.05~0000.06	OOO 직무연수 (16일/64시간)	보건복지부
2017.05	OOO 어린이집 평가인증	보건복지부

7. 포상

수상년월일	내　용	포상기관
0000.00	대학교 유아교재 교구전 특상	OO 대학교
0000. 00	표창장	OO 학장

8. 봉사활동 및 공헌활동

활동 기간	활동 내역	비고
0000.00.-0000.00	지역사회 아동센터 보육도우미	
0000.00-0000.00	유아환경과학관 체험도우미	

9. 기타

어　학	TOEIC	
	일본어	
	기　타	
컴퓨터활용능력		

위 기재한 내용은 사실과 틀림없음을 확인합니다.

20　년　0월　00일　O O O

지원자　0　0　0 (인)

서식 2 **이력서 양식 ①**

이 력 서

[사 진]	성 명	한 글		주민등록번호
		한 문		-
	연 락 처		전자우편	
현 주 소				

학력사항			
재학기간	학 교 명	전 공	비 고
-	고등학교		
-	대학교		
-	대학원		

실무 경력사항			
근무기간	근 무 처	직 위	퇴직사유
-			
-			
-			
-			
-			
-			

기타 경력사항			
근무기간	근 무 처	직 위	퇴직사유
-			
-			
-			

참 고 사 항	

위 기재 사항은 사실과 틀림이 없습니다.

20 년 월 일

지원자 : (인)

서식 3 이력서 양식 ②

이 력 서

희망연봉	만원

1. 기본정보

성 명		한 자	
주민등록번호		전자우편	
전화번호		휴 대 폰	
주 소			

2. 학력사항

기 간	학 교 명	학 과	비 고
-			
-			
-			
-			

3. 자격증 및 특기사항

취득년월일	자격증 및 특기사항 내용	발 령 청

위의 사실이 틀림없음을 확인합니다.

작성일 : 20 년 월 일
작성자 : (인)

서식 4 **이력서 양식 ③**

이 력 서

응시부문	
희망연봉	만원

[사 진]	성 명		(한 자)	
	주민등록번호		생년월일	년 월 일
	주 소			
	전자우편		연락처	

학력	기 간	출 신 학 교	학과(전공)	졸업(편입)여부
	-	고등학교		
	-	대학교		
	-	대학원		
	-			

병역	구 분	군별	역 종	계급	복무기간	면제사유
					-	

자격증	종류 및 등급	취득일	발행처

성적	1학년	2학년	3학년	4학년
	평균평점 : /4.5			

외국어	외국어명	활용능력	테스트명	공인점수
				점(급)

컴퓨터		
	MS-WORD	상( )중( )하( )
	MS-EXCEL	상( )중( )하( )
	MS-PPT	상( )중( )하( )

연수	기 간	연수 및 봉사활동 내용	국가(지역) 및 기관

본 이력서에 기재한 사항은 사실과 다름없음을 확인합니다.

작 성 일 : 20 년 월 일

지 원 자 : (인)

4. 자기소개서 작성하기

1) 자기소개서 작성 준비

이력서와 함께 자신의 이력을 좀 더 구체적으로 내보일 수 있는 것이 자기소개서라 할 수 있다. 자기소개서는 단순히 자신의 이력을 소개하는 차원을 넘어 자신이 이곳에서 이 일을 꼭 해야만 하는 필연성을 면접관에게 나타내 주는 것이라 할 수 있다.

일반적으로 자기소개서에 포함되는 내용들은 거의 비슷하다. 성장 과정, 성격, 학교생활, 지원 동기, 입사 후 포부 정도라 할 수 있는데 이 중에서 지원 동기를 강조하는 것이 가장 중요하다고 생각한다. 내가 왜 이곳에 들어가려고 하는지, 왜 이곳에서 나를 뽑아야 하는지에 대해 설득력 있게 설명해야 한다. 이무근 · 이찬(2012: 312)은 자기소개서에 성장배경과 장래성, 문장 구성의 논리성, 그리고 자신의 생각을 표현하는 능력을 보여주어야 하는 것이어야 한다고 하였다. 면접관이 궁금해 할 수 있는 대인관계나 조직에 대한 적응력, 성격 등에 관한 성장배경과 장래성을 강조하고, 자기 주장에 대하여 설득력 있게 논리적으로 기록하며 자신의 표현력을 창의적으로 기재해야 한다. 수많은 자기소개서 중에서 돋보이기 위해서는 차별화된 자기소개서를 작성하는 것이 필수적이라 할 수 있는데 학창시절 공모전 수상 경험이나 전공과 관련한 봉사 활동 등 장점이 될 만한 것을 객관적으로 강조해야 한다. 자신의 단점도 기술하되 놓치지 말아야 할 것은 이를 극복하기 위한 노력도 함께 서술해야 한다.

'열심히', '최선을 다해', '몸 바쳐 충성을'과 같이 흔하고 진부한 표현보다는 어떠한 자격증을 가지고 있고 그것을 취득하기 위해서 어떠한 노력을 기울였는지와 같은 구체적인 말이 더욱 강하게 다가올 수 있다는 것을 기억하자.

만약 서류 전형에 통과하여 면접을 보게 된다면 자기소개서가 면접 자료가 될 수도 있다. 자신이 어떤 면을 강조했고 또 어떤 포부를 밝혔는지 기억하기 위해서 반드시 파일로 저장해 두면 유용하게 사용할 수 있다.

유시민 작가가 말한 것처럼 자기소개서를 쓸 때는 사실에 의거해서 쓰고, 보는 사람이 중요하게 생각하는 정보를 중심으로 써야 한다. 이는 자소설을 쓰거나 자신만의 이야기를 늘어놓는 것은 좋지 않다는 뜻으로, 과장하지 않고 스스로 솔직하게, 자신만의 경험을 자신만의 언어로 개성 있게 표현하는 것이 좋다. 상투적인 어투로 '열심히 했다', '충실했다'보다는 내가 어떤 사람인지 효율적으로 보여줄 수 있도록, 어떻게 하면 나를 잘 어필할 수 있을지를 고민하고 과장없이 진솔함이 글에 묻어 나오도록 해야 할 것이다.

많은 취업준비생들이 취업을 준비하면서 가장 힘든 일 중의 하나로 자기소개서 작성을 손꼽기도 하는데 이는 글쓰기에 대한 준비나 연습이 부족하기도 하지만 자기 자신에 대하여 구체적으로 잘 알고 있지 못하기 때문이기도 하다. 우리는 의외로 자기 자신에 대하여 깊게 생각해 볼 기회를 갖지 못하는 경우가 많음을 볼 수 있다. 내가 원하는 일이 진정으로 무엇인지, 내가 관심 갖고 있는 분야는 어떤 것인지, 내가 잘하는 것은 무엇인지, 대인 관계는 어떤지 등 자신에 대한 질문을 던지고 스스로 질문에 대하여 진솔하게 답변을 해 볼 필요가 있다. 구체적으로 자신에 대한 물음에 진실한 답변을 글로 옮겨보는 것이 도움이 될 것이다. 또한 자신이 하고자 하는 일에 대한 구체적인 이해가 우선되지 않으면 자기소개서 작성에 어려움을 보일 수 있으므로 영유아 교사가 되려고 하는 구체적인 이유와 직무에 대한 이해를 하는 것은 가장 필수적이고 중요한 일이다. 이를 바탕으로 자기소개서를 좀 더 잘 작성하기 위해서 다음 단계를 거치는 것이 도움이 되지 않을까 한다.

첫째, 자아분석을 통한 장단점 알기
둘째, 지원하고자 하는 업무의 직무 이해
셋째, 자기소개서 분석
넷째, 자기소개서 스토리 구성
다섯째, 자기소개서 작성 및 검토 단계

위의 다섯 단계를 체계적으로 순서대로 실행해 보자.

살펴보자

자기소개서를 더 구체적으로 살펴보면,

첫 번째, 자기소개서를 잘 쓰기 위해서는 우선 자신에 대하여 정확하게 알 필요가 있다. 본인에 대한 분석과 이를 기반으로 한 자신의 장단점, 내가 더 잘할 수 있는 것은 무엇인지, 도출해 낼 수 있는 역량은 어떤 것인지 냉정하게 자신에 대해 파악하는 것이 필요하다.

두 번째, 지원하고자 하는 업무의 직무 이해는 필수적인 절차이다. 자신이 하려는 일이 무엇인지, 이 일을 하기 위해 필요한 지식과 도움이 되는 경험은 어떤 것인지를 알고 있어야 하는 것은 어찌 보면 당연한 것이기 때문이다. 보육자격, 관련 경험, 기록물 등 필요한 것들은 모두 모으고 단어나 어휘로 리스트를 작성하고 정리해 본다.

세 번째, 자기소개서 분석은 지원하고자 하는 목적의 분석과 채용하는 곳에서 원하는 것이 무엇인지를 정확하게 분석하는 단계이다. 따라서 반드시 거쳐야 하는 단계이지만 대부분 생략하는 단계이기도 하다. 아무리 좋은 글을 쓰더라도 동문서답한다면 아무런 의미가 없기 때문에 정확한 분석은 필수적이라 할 수 있다.

네 번째, 자기소개서 스토리 구성은 본격적인 글쓰기가 시작되는 부분이다. 이 단계는 본인이 보유한 역량과 경험, 그리고 성과, 직무와 관련된 경험 등을 연관 지어 구성하는 것이 필요하다. 글쓰기 역량이 하루아침에 완성되는 것이 아니므로 평소에 꾸준하게 글쓰기 연습을 하는 것도 많은 도움이 되리라 생각한다.

다섯 번째, 지금까지 자기소개서 작성을 위한 기초 조사와 설계를 끝내고 준비된 자료들을 비탕으로 실제로 자기소개서를 작성하는 단계이다. 최대한 구체적이고 결과를 중심으로 작성하며 쉽지 않은 일이지만 수많은 수정과 교정을 통하여 자기소개서의 완성도를 높여야 할 것이다. 검토를 통해 사실 관계를 확인하고 잘못된 팩트 수정과 오탈자 검토 등 꼼꼼히 재반복하여 검토해야 한다. 어떤 이는 초고를 작성 후 최소 10회 이상의 수정과 교정, 검토하기를 권장하고 있다.

출처: 네이버 블로그 코리아 취업아카데미.

간혹 여기저기 서류 접수를 하면서 지원하는 기관의 이름을 고치지 않고 그대로 제출하는 경우를 볼 때가 있다. 이는 기본적으로 취업하고자 하는 기관에 대한 예의가 아니다. 서류 작성 후 꼭 한 번 더 꼼꼼히 살펴보기를 바란다.

취업에 앞서 시간적 여유를 충분히 가지고 천천히 본인에 대한 철저한 이해와 분석을 바탕으로 체계적인 절차에 따라 미리 준비한다면 자기소개서 작성이 마냥 어렵기만 한 것은 아닐 것이다.

2) 자기소개서 작성 요령

앞에서 자기소개서 작성 단계를 제시했다면 이번에는 자기소개서 작성에 대한 설명을 구체적으로 하려고 한다.

첫째, 문장은 간결하고 정확하게 진술하고, 이력을 연대기적으로만 나열하지 않도록 한다. 유년 시절부터 초·중·고교 학창시절을 통해 겪은 독특한 경험이나 이야기를 중심으로 서술하되 주요 특이사항이 없는 경우에는 장황하게 서술하기보다는 생략하는 것이 더 나을 수 있다.

둘째, 개성 있고 창의적인 방법으로 자신을 소개한다. 예를 들어 방학 중에 아르바이트나 봉사활동을 한 것이나, 취미나 특기활동 및 각종 자격증 취득을 통하여 지원하는 업무와 관련된 부분을 강조하고 연관하여 진술하도록 한다.

셋째, 스스로가 자신의 능력과 한계를 올바르게 파악하고 있고 진취적인 태도와 함께 겸손의 미덕도 갖춤을 알려 주기 위해서는 자신의 적성이나 장단점을 솔직하고 신뢰롭게 표현하도록 한다. 허황되거나 신뢰성이 없는 소개서는 오히려 해가 될 수 있으므로 자신의 장점이나 특기뿐만 아니라 자신의 단점이나 한계점을 극복하기 위한 노력까지 솔직하게 서술하여 자신을 선택해 주도록 설득해야 할 것이다.

자신의 인생관이나 사회관 등을 형성하는 데 있어서 큰 영향을 미친 사건이나 인물, 서적 등에 대해서도 언급할 수 있으며 지망하는 기관에 지원하게 된 동기나 이유도 함께 기재한다. 자신의 적성과 장래 희망이 지망하는 곳에서 어떻게 펼쳐 나갈 수 있을지도 연관 지어 생각해 보자.

즉, 자기소개서는 자신의 능력과 적성, 흥미, 가치관이나 인생관 등이 지원하는 분야, 지원하는 기관과 얼마나 잘 부합되는지를 충분히 설득하기 위한 자료이므로 '내가 이곳에 반드시 입사해야 하는 이유는 무엇이고, 그러기 위해서 무엇을 준비했는지, 취업이 된다면 어떻게 해 나갈 것인지'를 설득력 있게 제시하도록 하자.

3) 자기소개서 양식

자기소개서 작성 요령을 참고하여 다음의 자기소개서 양식에 서술하는 연습을 해 보자.

① 성장과정 : 구직자의 성장과정을 묻는 이유는, 그 과정을 통해 어떤 가치관을 형성했는지를 확인하기 위해서다. 즉, 취업예정자가 자라면서 가장 영향을 받았던 사건이나 인물이 있다면 이와 관련된 이야기를 풀어내면 되는데 단순히 사건, 인물을 묘사하는 것이 아닌 이를 통해 형성된 자신의 가치관이나 성향을 보여 주는 것이 중요하다.

② 봉사활동 : 봉사활동은 지원자의 자기주도성과 인성 등을 평가하기에 적절한 항목으로 일회성보다는 지속적인 활동을 통해 진정성을 보이는 것이 중요하며, 시간의 양보다는 어떤 봉사활동을 하였는지 내용이 더 중요하다. 지원자가 활동한 동아리를 보면 어떤 분야에 관심을 가지고 있는지 알 수 있다. 동아리 활동을 소재로 사용할 때 신경 써야 하는 것은 동아리의 성격뿐만 아니라 동아리 내에서 수행한 역할과 그 역할을 통해 스스로 얻게 된 가치를 기록하도록 하자.

③ 지원동기 : 지원동기를 작성할 때는 취업하고자 하는 곳에 대한 평소의 관심을 보여주며 충성심을 어필하는 것이 가장 중요하다. 지원하는 곳에 대한 남다른 애정과 입사 의지를 보여주기 위해 지원하는 곳의 이슈나 추구하는 가치(인재상 등)에 대한 신뢰와 동의 등을 자신의 가치관이나 직장관과 연결하여 작성해 볼 수 있겠다.

④ 입사 후 포부 : 입사 후 포부 항목은 지원자의 직무목표(비전)와 직무에 대한 이해도를 점검할 수 있는 항목이다. 따라서 직무에서 궁극적으로 이루고자 하는 직무목표를 밝히고, 이를 달성하기 위해 기간별(입사 직후 〈 3년 후 〈 5년 후 등) 소(小)목표와 실천을 위한 로드맵을 제시하면 좋다.

서식 5 **자기소개서 양식 ①**

성장과정	예시) - 나는____환경에서 자랐습니다. - 나는 학창시절에 ____을 맡아 ____ 역할을 수행했습니다. - 저는 언제나 ____생활을 하였습니다. - 친구들은 이런 저에게 ____란 얘기를 많이 합니다. - 이러한 저의 ____인 면은 OOO에 꼭 필요한 인재입니다.
성격의 장단점	- 저의 장점은 ____입니다. - 저는 학창시절 ____활동을 하였습니다. - 해당 활동을 하며 ____능력을 키웠습니다. - 저의 이런 장점이 귀사의 ____직무에 적합하리라 생각합니다. - 저의 단점은 ____입니다. - 저는 ____능력 부족으로 인해 ____어려움을 겪었습니다. - 하지만 부족한 부분을 보완하기 위해 ____노력을 하였습니다.
성공·실패경험 사례	- 대표 경험은 ____입니다. - 주요 내용(언제, 어떤 상황)은 ____입니다.(*위기는 ____상황이었습니다.) - 제 역할(행동과 노력)은 ____입니다. - 결과는 ____입니다. - 느낀 소감은 ____입니다.
봉사활동	저는______봉사활동을 하였습니다. 봉사 활동을 하게 된 계기는 ____________이었습니다. _____봉사 활동을 (얼마 동안) 하면서 ________것을 느끼게 되었습니다.
지원동기	- 000 어린이집과(또는 유아교육관련) 나의 인연은 ____입니다. - 지원 직무를 수행하는 데 필요한 ____한 능력을 갖추었습니다. - 업무 역량 갖추기 위해 ____한 노력을 했고, ____한 성과를 만들었습니다. - ____는 제가 000 어린이집에 입사해야 하는 이유입니다.
입사 후 포부	- 입사 후 ____년 내에 ____에서 성장하여, ____이 될 것입니다. - 업무에 대한 ____과 ____을 통해 최선의 업무성과를 낼 수 있도록 노력할 것입니다. - 실천 방안으로는 첫째, ____노력을 통해 ____달성하겠습니다. - 둘째, ____노력을 통해 ____달성하겠습니다. - 셋째, ____노력을 통해 ____달성하겠습니다. - ____노력은 000 어린이집(또는 유아교육관련)의 ____인재로 성장하겠습니다.

출처: http://www.jobkorea.co.kr/starter/tip/

서식 6 **자기소개서 양식 ②**

자 기 소 개 서

강점분야	

서식 7 **자기소개서 양식 ③**

자기소개서

▌인적사항

생년월일		성명	

▌자기소개 · 활동계획

□ 지원동기
□ 주요 활동사항
□ 앞으로의 계획
□ 기타 특이사항

20 년 월 일

0000 어린이집 원장 귀하

해보자

- 여러분은 취업준비를 위해 어떤 일들을 하고 있는가? 구체적으로 해야 할 것들의 리스트를 추출해 보고 하나씩 체크해 보자.

- 취업준비를 위해서 작성해야 할 이력서와 자기소개서를 작성해 보고 피드백을 받아 보자.

- AI 면접에 응하여 연습을 하거나 인성역량 검사 등을 통해 자신에 대하여 객관적으로 알아보자.

4) 개인정보 수집 동의

「개인정보보호법」의 실행으로 인해 입사 서류를 제출할 때 개인정보 수집 및 이용 동의서도 함께 제출하는 경우가 많아졌다. 개인정보란 살아 있는 개인에 관한 정보로서 성명, 주민등록번호 및 영상 등을 통하여 개인을 알아볼 수 있는 정보(해당 정보만으로는 특정 개인을 알아볼 수 없더라도 다른 정보와 쉽게 결합하여 알아볼 수 있는 것을 포함한다)를 말한다. 개인정보가 누군가에 의해 악의적인 목적으로 이용되거나 유출될 경우 개인의 사생활에 큰 피해를 줄 뿐만 아니라 개인 안전과 재산에 피해를 줄 수 있으므로 개인정보 수집 및 이용 동의서의 내용을 확인하고 제공하게 되는 정보가 어떤 것인지 알아두도록 하자.

서식 8 **개인정보 수집·제공 및 활용 동의서 예시 ①**

개인정보 수집 및 이용 동의서

1. 채용서류의 한글 성명 등 아래와 같이 분류되는 개인정보는 오로지 당 어린이집 교직원을 채용하기 위해 이용하고 다른 목적으로 이용하거나 제3자에게 제공하지 않습니다.

구　　분	수집 및 이용 정보	수집 목적
일반 정보(필수정보)	성명, 연락처, 학력, 경력, 자격증 등	채용 적합여부 판단
고유식별정보	주민등록번호	연령의 적정성 판단

① 일반 정보 : 성명, 주소 등 일반적인 신상 정보

② 고유식별 정보 : 주민등록번호, 여권번호, 운전면허번호, 외국인등록번호 등

2. 채용서류에 기재된 개인정보는 제출일로부터 채용 전형이 끝날 때까지 이용합니다. 그러나 당 어린이집에 채용되는 경우 개인정보는 퇴직 시까지 인적자원관리에 활용합니다.
3. 채용서류는 반드시 폐쇄된 장소에 잠금 장치를 하여 보관하고 교직원들이나 외부인들의 출입을 제한함으로써 채용과 관계없는 임직원이나 외부인이 개인정보를 알 수 없도록 처리합니다.
4. 채용 전형이 끝난 후에 인쇄된 채용서류(Hard copy)는 파쇄합니다. 다만 당 어린이집에 입사하는 경우에는 퇴직 시까지 채용서류를 인쇄물이나 파일의 형태로 보관합니다.
5. 귀하는 채용서류에 기재된 개인정보의 수집 또는 이용에 동의하지 않을 권리가 있으며, 일반 정보(인적 사항이나 연락처 등의 필수 정보)의 수집 및 이용 동의를 거부한 때에는 채용 과정에서 정확한 연락을 받지 못하거나 채용 심사에서 제외되는 불이익이 있을 수 있습니다.

위 1항에서 5항까지의 내용을 충분히 숙지하고 본인은 개인정보보호법 제15조 및 제24조에 따라 귀하의 개인정보의 수집, 이용목적과 수집하려는 개인정보의 항목, 보유 기간에 대해 동의합니다.

20　　.　　.

지원자　　　　　　　　(인)

00000 어린이집 원장 귀중

서식 9 개인정보 수집·제공 및 활용 동의서 예시 ②

개인정보 수집 · 제공 및 활용에 관한 동의서(교직원용)

개인정보보호법에 의거하여 000에서 취급하는 모든 개인정보는 관련법령에 근거하거나 정보주체의 동의에 의하여 수집·보유 및 처리되고 있습니다. 이에 개인정보보호법 15조에 의거 개인정보 수집·활용 및 제공 동의서를 받고자 합니다. 수집된 개인정보는 제공목적 외로 이용 및 제3자에게 제공을 금하고, 처리목적 달성시 지체 없이 파기(법령에 따른 보존은 예외)하도록 하겠습니다.

□ 개인정보의 수집 및 이용·제공 목적

- 교직원 채용 심사 · 평가, 승진 심사 등
- 급여 관련 정보 제공(국세청, 급여 관련 은행 자료 제공 등)
- 문자서비스 및 홈페이지 검색 정보 제공 등
- 인사 정보 관련기관에 제공(법률에 근거한 제공, 신원조회, 정보공시, 연수 등)
- 기타 개인의 이익을 위한 정보 제공(법률 근거, 상호(기관)협약 등)

□ 개인정보의 수집 및 이용·제공 정보의 항목

- 고유식별정보 : 주민등록번호, 여권번호, 운전면허증번호, 외국인 등록번호
- 개인속성정보 : 성명, 생년월일, 전화번호(집/핸드폰), E-mail, 주소, 출신학교, 학위, 아이디, 홈페이지/블로그, 연말정산관련정보, 가족정보, 경력사항, 업적, 연구실적물, 자격증 및 면허증 기타 등

□ 정보의 보유 및 이용기간

- 본 00000에 지원일로부터 목적달성 일까지(단, 법률에 근거한 보유기간은 법률에 따른다.)
- 정보의 보유 및 이용기간에 대하여 거부할 권리가 있으며, 동의 거부에 따른 불이익이 있는 경우에는 그 불이익에 대하여는 개인책임입니다.

※ 고유식별정보 처리에 동의(수집 또는 이용·제공) 합니다. 동의 □

20 년 월 일

생년월일 : 년 월 일

성 명 : (인)

참고문헌

김길수, 황현숙, 길현주(2016). 새내기 유아교사가 알아야 할 교직실무 101가지. 동문사.

류미향, 김성숙(2013). 교사 자질로서 인간관계 능력에 관한 고찰: 예비교사를 중심으로. 육아지원연구, 8(20), 155-176.

백은주, 서명순(2008). 유치원교사의 사고양식과 직무만족도와의 관계. 한국유아교육연구, 10(9), 261-296.

백은주, 조부경(2004). 유치원 교사의 전문성 발달수준 자기평가 도구 개발. 유아교육연구, 24(4), 95-117.

보건복지부(2018). 2018년도 보육사업안내.

북스카우트(2011). 유아교사 365. 북스카우트.

서울특별시 교육청(2007). 유치원교직실무 편람. 서울시 교육청.

유미림, 인재천(2015). 영유아 교사의 직무이해를 위한 교직실무. 동문사.

이민규(2003). 1%만 바꿔도 인생이 달라진다. 더난출판.

정미라 외(2014). 어린이집의 조직특성과 교사의 효능감, 조직몰입 및 소진의 구조적 관계. 육아지원연구, 9(4), 5-27.

조승제(2017). 취업과 창업 및 진로지도(NCS기반 생애개발과 직무역량). 양서원.

네이버 블로그. 코리아 취업아카데미.

네이버 지식인. 2018. 6. 11.

베리타스. 2018. 7. 23.

https://www.privacy.go.kr/

http://www.mohw.go.kr/react/index.jsp

http://www.jobkorea.co.kr/starter/tip/

http://www.childcare.go.kr/

http://www.central.childcare.go.kr/ccef/main.jsp

http://www.kcpi.or.kr/

http://www.jobkorea.co.kr/starter/tip/

제8장

포트폴리오 구성하기

읽어보자

학교를 졸업하면서 처음 사회생활에서 좋은 사람들과 일하면서 많이 배우고자 하는 마음이 컸어요. 무엇보다 유아교육을 전공하였기 때문에 유아들과의 생활이 너무 기대됐고, 실습할 때를 떠올리며 정식으로 내가 맡게 될 아이들이 생긴다는 사실에 떨리고 기뻤어요. 아는 분 소개로 면접을 보러 가는 길은 많이 긴장되고 떨리고 잘 보아야겠다는 생각이 머릿속 가득 찼어요. 면접을 보면서도 긴장과 떨림은 계속되고 유치원에 대해 궁금한 것들도 물어보지 못하고 묻는 말에 짧은 대답만 하다가 일어서야 했어요. 유치원 문을 나서며 혹시 준비가 부족해 보이지는 않았을까? 대답이 성의 없어 보이진 않았을까? 걱정이 되었어요. 며칠 뒤 유치원에서 같이 일해보자는 연락을 받았을 때, 우선적으로는 기쁘고 마음도 편안함을 느꼈어요. 무엇보다 졸업 전 취업을 했다는 기쁨과 교사로서의 첫 사회생활에 대한 설레임으로 가득 찼어요. 하지만 첫 출근 전까지 준비해야 할 것들을 들었는데 조금은 막연하고 임용 서류 준비도 낯선 것들도 많았으며, 아이들을 가르쳐야 할 것들에 대한 두려움과 부담감이 있었어요(2월 25일 첫 출근 날).

출처: 한미양, 이순례(2009).

유아교사로서의 첫 출발은 면접에서부터 시작한다. 사립유치원에서 교사를 채용하려면 지인의 소개를 통한 방법이나 유아교사 양성과정이 있는 대학에 추천을 부탁하거나 지역 신문광고, 관련 인터넷 구인 광고 등을 통해 면접을 보게 된다. 면접은 교사의 첫인상인 이력서와 자기소개서 및 포트폴리오 등과 같은 서류를 먼저 검토한 후, 원장과의 면대면 면접인 구술면접을 통해 개인적인 성향이나 교사의 철학, 능력 등을 평가하고 그 외에는 입사시험이나 인·적성 검사 후 신체검사까지 완료한 이후에 채용을 최종적으로 결정하게 된다. 면접에서 첫인상과 함께 예비교사가 지참하는 포트폴리오는 학부 때 공부한 결과물이나 활동한 이력 중에서 자신을 가장 잘 나타낼 수 있는 활동 사진이나 결과물 등은 원장님이 보고 면접자에 대해 긍정적인 판단을 내릴 수 있게 도움을 준다. 보통 A4 정도의 클리어 파일 1~2권 정도의 분량으로 자료를 준비하면, 교사의 성실성에도 좋은 이미지를 줄 수 있다.

1. 포트폴리오

포트폴리오는 개인의 지식과 기술, 전문성의 발달 및 성장에 대한 기록 결과물을 자신의 경험 및 감각을 반영하여 수집하고 편집 구성한 모음이다. 유아에 대한 평가를 위한 자료뿐만 아니라 교직 분야에서도 교육실습생 포트폴리오, 현직교사 포트폴리오 등 다양하게 활용하고 있다. 포트폴리오를 효과적으로 구성하기 위해서는 포트폴리오의 목표, 포트폴리오에 포함시킬 항목과 내용, 평가방법, 진행절차 등의 방향이 결정되

표 8-1 교육실습생 포트폴리오의 구성 항목 및 내용

포트폴리오의 항목	포트폴리오 내용	포트폴리오 수집자료
포트폴리오 소개	포트폴리오 목적, 내용, 특성	포트폴리오 계획
	교육실습 목표	교육목표 정하기
개인배경	자기소개	교사 자기소개서, 교사 자서전 교사 성격, 교사 효능감, 교사 다중지능 교사 이력서
	교육실습기관 소개	교육실습기관의 현황 및 철학 교육실습 일정 계획
교수	교수계획	수업활동 선정, 수업정보 및 교수자료 파악 교육계획안 작성
	교수실행	교수활동 실행
	교육평가	교수활동 평가
영유아 이해	영유아관찰	영유아 일화기록, 영유아 행동목록법
	영유아 지도	영유아 지도방법
학급운영	학급환경	흥미영역 계획
	일과 운영	일과운영계획
	학급규칙	기본생활 규칙 계획, 놀이규칙 계획
전문적 발달 노력	정보 및 자료 수집	수업정보 및 자료 파악
	자기 반성	저널쓰기
	전문적 발달 계획	교사 의사소통 능력, 교사 발전계획

출처:박은혜, 조운주(2015).

어야 하며, 간략하게 〈표 8-1〉과 같다(박은혜, 조운주, 2015). 그러나 인터넷에서 다른 사람의 자료를 다운 받아서 사용하거나, 체계화되어 있지 않은 두서 없는 구성의 포트폴리오는 오히려 제출하지 않는 것이 바람직하다.

2. 포트폴리오 제작방법

포트폴리오에는 다음과 같은 것들이 수집되어, 한 교사의 교직에 대한 스토리를 한 눈에 볼 수 있게 구성하는 것이 좋다. PPT로 제작을 하여서 출력하기도 하고, 각각의 서류를 스크랩식으로 파일에 수집하는 경우도 있다. 다양한 수집방법이 있으나 본 장에서는 가장 보편적인 포트폴리오 제작방법에 대해 소개하고자 한다.

① 환하게 웃고 있는 가장 자신감 있는 표정의 사진
② 이력서와 공무원 채용 신체 검사서
③ 자기소개서 및 가족사진 등
- 가능한 자기에 대한 소개를 자세히 하고, 호감이 갈 수 있도록 구성하여 본다.
④ 나의 교육 철학
⑤ 대학생활에서 경험한 다양한 활동들의 사진 및 레포트
⑥ 실습기간 중에 기록한 일지 및 교육계획안 일부
⑦ 취득한 자격증이나 각종 상장의 사본
⑧ 0~5세 연령 중 본인의 희망하는 학급 운영계획서

3. 포트폴리오의 실제

① 환하게 웃고 있는 가장 자신감 있는 표정의 사진

편안하면서도 밝고 자신감 있는 표정과 자연스러운 모습의 사진으로 첫 장을 시작하자.

예시 1 자신감 있는 표정의 사진

② 이력서와 공무원 채용 신체 검사서

예시 2 이력서

이 력 서

(사진)	이름		영문		한문	
	주민번호				나이	
	휴대폰			총 경력		
	E-mail					
	주소					

학력사항		
재학기간	학교명 및 전공	구분

활동사항			
기간	활동 내용	활동구분	기관 및 장소

자격증			
취득일	자격증 / 면허증	등급	발행처

가족사항			
관계	성명	연령	직업

위에 기재한 사항은 사실과 다름없음을 확인합니다.

2022. 1. 31

성 명 : 0 00 (인)

예시 3 공무원 채용 신체 검사서

공무원 채용 신체 검사서

공무원 채용 신체검사 규정[별지 서식] 〈개정 2014.11.19〉

(앞쪽)

채용 신체검사서

※ 뒤쪽의 유의사항 및 작성방법을 읽고 작성해 주시기 바랍니다.

① 구분	② 시험실시기관	③ 응시직명	④ 응시번호	⑤ 성명 (한자)	 (　　)	사　진 (3㎝ × 4㎝) ※ 압인 또는 계인
⑥ 검사 시						
⑦ 재사용				⑧ 주민등록번호		

검　사　내　용

키	㎝		체　중	kg	
가슴둘레	㎝		혈　압		
(교정)시력	좌: (　　) 우: (　　)	색　신 (색　각)		(교정)청력	좌: (　　) 우: (　　)

안 질 환		이비인후질환	
치 아		호 흡 기 질 환	
간 질 환		신 경 질 환	
소 화 기 질 환		피 부 질 환	
순 환 기 질 환		정 신 질 환	
비 뇨 기 질 환		혈청검사(매독)	
흉부X선 검사		기 타	

위와 같이 검사했습니다.

년　　월　　일

검사사(담당의사)　　　　(인)

검사 결과 합격 여부	[ ] 합 격 [ ] 불 합 격 [ ] 판 정 보 류	불합격 또는 합격 사유	
판정 보류 사유 및 정밀검사 필요 여부	*필요시 소견서 별도 첨부		

「공무원 채용 신체검사 규정」에 따라 위와 같이 판정했음을 증명합니다.

년　　월　　일

의료기관의 장　　　　(인)

유효기간	판정일부터 1년

210㎜×297㎜(보존용지 80g/㎡)

③ 자기소개서

예시 4 **자기소개서**

자 기 소 개 서

〈저자소개〉 이름 : ○○○ ○○○○년 ○월 ○○일 올해 ○○살, ○○시 ○○동 거주
○○초등학교 - ○중학교 - ○○고등학교 - ○○대학교를 차례로 졸업.
Tel) 010 - 0000 - 0000 / E-mail) 00000@hanmail.net

■ 성장과정

"내가 한 선택을 후회하지 않을 정도로 확신을 갖자!"

존경하는 학교 선생님께서 어떠한 것에 선택해도 후회할 사람은 후회할 것이고 어떤 '선택'을 하느냐가 중요한 것이 아니라 '내가 한 선택'은 후회하지 않을 정도로 확신을 가져야 한다고 말씀해주셨습니다. 저에게는 이 말이 정말 크게 와닿게 되었고 학기 초에 수업 도우미를 하는 것은 친구들에게 공지 사항을 전달하는 것과 수업하고 정리하는 것을 책임감 가지고 해야 하는 일이기 때문에 고민을 하였는데 성실하게 할 수 있다는 생각을 가지고 수업 도우미를 하게 되었습니다.

수업 도우미를 하면서 친구들에게 정확한 정보의 공지 사항을 올리려고 노력을 하였고 교수님이 오시기 전에 일찍 와서 화면 컴퓨터, 교실에 불을 켜 놓았고 수업이 끝나면 친구들이 다 나갈 때까지 기다렸다가 불을 끄고 문을 닫는 것까지 책임감을 가지고 대학교 1학년 때부터 3학년까지 하게 되었습니다. 수업 도우미를 하면서 "할 수 있다"라는 나에 대한 믿음으로 성취감과 자신감을 가지게 되었고 어떤 일을 선택하는 데 확신을 두고 할 수 있게 되었습니다. 저는 이러한 경험을 통해 '자기 확신'을 가지고 있으면 유아들에게 긍정적인 영향을 주는 교사가 될 수 있다고 생각합니다.

■ 성격의 장단점

"유아에게 사랑을 주며 함께 성장하는 교사"

유치원 교사가 된다면 유아에게 다양한 경험과 사랑을 주며 함께 성장하는 교사가 되고 싶습니다. 저는 모든 색을 그대로 드러내 주는 흰색 캔버스처럼 상대방이 하는 말과 행동을 진심으로 이해하고 노력하며 여러 사람의 진가를 발휘할 수 있도록 도울 수 있는 포용력을 가지고 있습니다. 학부 시절 팀 활동을 구성할 때 조장으로서 팀원 각자의 특성을 파악하였고 팀 의견을 나누다가 소극적이고 자신의 의견을 말하는 것을 어려워하는 팀원이 있어 먼저 질문을 하여 의견을 끌어낸 경험이 있습니다. 저의 이러한 면으로 유아들의 특성을 잘 파악하여 강점을 끌어낼 수 있다고 생각합니다. 그리고 저는 부족한 점을 고칠 수 있는 자기 점검 능력을 갖추고 있습니다. 제가 부족한 부분은 다른 사람들 앞에서 발표하는 것이 었습니다. 좀 더 자신감 있는 사람이 되고자 학교생활을 하며 교과를 읽는 발표가 있으면 먼저 손을 들고 자신이 있는 모습으로 이야기하거나 가족이나 실습 때 자유놀이시간에 유아들 앞에서 동화책을 읽어보는 노력을 하였습니다. 또한 시험 감독을 하는 일을 통해 다른 사람들 앞에서 설명해주기도 하면서 다른 사람들 앞에서 책 읽는 것을 어려워하는 면을 고치게 되었습니다.

이러한 점으로 유아들과 수업을 하면서 어떤 것이 부족한지에 대해서 자기 점검을 함으로써 성장하는 교사가 될 수 있다고 생각합니다.

■ 지원동기 및 포부

"좋은 교사가 되기 위해 실패해도 전진"

좋은 교사가 되기 위해서 실패해도 좌절하지 않고 조언을 얻고 다시 힘차게 무엇이든 도전하고 경험을 하며 성장을 하고 있습니다. 대학교에서 자연과 관련된 활동인 놀자공 활동에 참여하였고 놀자공 활동을 통해 자연에서 할 수 있는 놀이를 같은 팀의 조원들과 만들어 보고 활동 계획안을 작성하면서 팀에 있는 조원들과 의견을 이야기를 나누다가 의견이 안 맞거나 다시 수정해야 하는 경우가 있어도 좌절하지 않고 긍정적인 생각을 가지고 조원의 힘을 북돋아 주며 역할을 분담해서 영상을 제작하였는데 좋은 결과를 얻을 수 있었습니다. 또한 모의수업을 하면서 부족한 점에 대한 조언을 들을 때 좌절하지 않고 어떻게 하면 더 좋은 수업을 할 수 있을지에 대해 생각을 하는 것을 통해서 수업하는 것이 자연스러워졌으며 교육실습에서 지도교사가 수업을 할 때 안정감있고 차분하게 수업을 잘 이끌어 나간다고 말씀해주셨습니다. 저는 이러한 경험으로 저의 주관을 가지고 수업의 보완점이 있다면 받아들이면서 고쳐나갈 수 있는 좋은 교사 될 수 있도록 할 것입니다.

위에 기재한 사항은 사실과 다름없음을 확인합니다.

○○○○. ○. ○○

성 명 : (인)

* 끝까지 읽어주셔서 감사드립니다.*

예시 5 **자기소개서**

구분(회사)	내용(경력/담당업무)
성장 과정	항상 정직하고 책임 있는 사람이 되라는 어머님의 말씀을 듣고 자랐습니다. 거짓을 이야기하지 않는 진실 된 사람, 맡은 바 역할에 충실하고 자신이 하는 모든 일에 책임을 다하기 위해 노력하여 왔습니다. 부모님께 경어 사용과 바른 인사말로 어려서부터 예의를 중히 여겼기 때문에 어른에 대한 공경심이 높으며 어려운 이웃에 대한 동정심 또한 높았습니다. 그러다 보니 장래희망이 사회복지사가 되는 것이어서 중고등학교 시절에는 토요일 특기 활동(RCY) 혹은 복지관을 비롯하여 홀트학교, 사랑의 집 등으로 자원봉사를 줄곧 다니며 뿌듯함을 느꼈습니다. 특히 보육원에서 봉사 활동을 하면서 아이들에게 느껴지는 순수함에 반하여 유아교육 쪽으로 전공을 정하였습니다.
성격의 장단점 및 특기	제 성격의 큰 장점이자 단점은 제 마음인 것 같습니다. 마음을 표현하는 데 있어서 웃음과 슬픔의 감정은 잘 표현하는 편입니다. 항상 웃는 표정과 즐거운 몸짓으로 주변 사람들이 편안함과 배려를 받고 있음을 느낄 수 있도록 노력하였고 다른 사람들의 마음을 충분히 헤아리고 잘 듣는 편이기 때문에 상대방을 배려할 줄 알지만 사람을 쉽게 믿는 부분이 있어서 손해를 볼 때도 있었습니다. 그러다보니 상처를 받을 때가 있어서 제 마음을 굳게 단련시켜야겠다는 생각이 들었습니다. 해를 거듭할수록 마음의 훈련으로 싫은 부분에 대해서는 결단력 있게 이야기하여 단점을 보완하기 위해 노력하였고 장점인 타인의 마음을 헤아리는 부분 또한 더욱 부각시켜 왔기 때문에 제 특기로써 잘한다고 자부할 수 있습니다.
학교 생활 및 사회 활동	다른 사람을 돕기 위해 솔선수범하는 것을 좋아하였기 때문에 중고등학교 시절부터 반장, RCY 단장이라는 직책을 맡았고, 대학 생활에서는 학생회 총무를 맡아 맡은 바 책임 업무를 다해왔습니다. 3년 내내 국가 장학금을 받으며 감사하는 마음으로 학교를 다녔으며, 방학 기간 중에도 쉬지 않고 평일과 주말에도 아르바이트와 근로 장학생을 신청하여 꾸준히 사회생활을 해왔습니다. 아르바이트를 할 때에도 정이 많아 한 곳에 적응하여 3년간 꾸준히 일을 하였습니다. 근로 장학생으로 일하였던 유치원에서는 좋게 봐주셔서 졸업 후 취직을 권하셨지만 아쉽게도 00 유치원에서 실습을 하던 중 먼저 연락을 주셔서 취직한 뒤 3년간 보람 있는 원 생활을 할 수 있었습니다. 또, 한 곳에서 깊은 인연이 닿으면서 오래 일하는 것을 좋아하다보니 00 유치원에서도 4년간 즐겁게 다닐 수 있었습니다.
지원 동기 및 입사 후 포부	지금까지 유치원 교사를 하면서 지녀온 신념이 '유아의 창의적인 사고를 격려하고 상호작용을 중요하게 생각하자'입니다. 초임 때부터 지금까지 유아들의 생각을 많이 듣고 이해하며 수용해주고자 많은 연습을 해왔습니다. 유아들의 생각을 귀담아 듣고 마음을 읽어주어 소통을 할 수 하는 것이 제가 유아를 대하는 교육관입니다. 아직 많이 부족하지만 끊임없이 연구하고 공부하여 유아들도 알차고 행복한 유치원 생활을 할 수 있도록 노력하겠습니다. 00 유치원에서는 인성교육에 중점을 둔 활동을 통해서 유아들의 창의성을 높이고 인성을 기르는 부분에서 제 교육관과 상통하는 부분이 있다는 생각이 들었고, 저 또한 유아들의 인성교육을 중시하기 때문에 잘 적응할 수 있을 것 같아 지원하게 되었습니다.

④ 나의 철학 이야기

예시 6 **나의 철학 이야기**

000 교사의 교육철학 이야기

유치원에서의 생활은 수많은 언어로 가득 차 있어서 교사와 아이들의 대화는 매우 중요하다고 생각한다. 교사와 아이들의 대화는 몸으로도, 눈빛으로, 또 말로 하는 대화가 있다. 유치원 생활에서 교사와 아이들의 대화는 상호작용이라는 용어로 표현되는데 무언의 대화와 언어로 표현되는 대화를 통틀어 상호작용이라고 한다.

우리가 아이들과 나누는 대화 가운데 말의 비중은 엄청나게 큰 비중을 차지하며, 교사의 말은 유치원 일과 안에서 아이들의 정서에 직접적인 영향을 미치는 큰 요소이다. 교사의 언어는 아이들의 일생의 언어생활에 심각한 영향을 미칠 수 있기 때문에 교사는 철저히 정제되고 검증된 언어를 사용해야 한다.

우리는 긍정적인 언어와 부정적인 언어가 어떠한 영향을 미치는가에 대해 수없이 많이 들어왔지만, 일상의 어느 순간 긍정어보다는 부정어를 더 많이 사용하는 나 자신을 발견한다. 그러나 긍정적인 말이 얼마나 크게 긍정적인 영향을 미치며, 부정적인 언어가 얼마나 큰 부정적 결과를 가져오는가에 대해서는 많은 실험의 결과를 통해서도 경고를 하고 있다.

생명이 없는 '밥'도 말을 알아듣는다고 한다. 현재로선 과학적 데이터를 제시하기에는 다소 부족한 면이 있지만 다수의 사람이 공통된 실험결과를 얻은 만큼 상당히 객관적인 결과를 보인다. 밥의 실험은 특별한 공간 없이도 손쉽게 해 볼 수 있는데, 깨끗한 유리병 두 개에 각각 밥을 넣고 뚜껑을 닫고 한쪽에는 '감사합니다'를, 다른 한 쪽에는 '짜증나!'를 써서 붙여두면 된다.

'밥 실험'은 여러 사람들의 체험을 통해 확인한 바 있는데 MBC방송국의 한글날 특집 '실험다큐-말의 힘' 실험은 한 달간 실험을 한 뒤에 밥에 어떠한 변화가 있었는지 살펴보았다. 정말 놀라운 결과는 '감사합니다'라고 써 붙인 밥에는 곰팡이가 조금 피긴 했으나 대체로 밥이 상하지 않았고, '짜증나'를 써서 붙인 밥에는 까맣게 곰팡이가 피고 부패 정도가 심하고 보기에도 흉했으며 냄새도 전혀 달랐다고 한다.

나는 교사는 아이들의 관계에서 긍정의 언어로 서로를 대할 수 있는 마음의 자세를 갖추도록 철저히 노력해야 한다고 생각한다. 교사의 한마디는 아이의 일생을 좌우할 수 있기 때문이다.

⑤ 대학생활에서 경험한 다양한 활동들의 사진 및 레포트

예술제, 동아리활동, 인형극 동아리 등, 봉사활동 사전사후 실습, 어린이집 실습 사진 등 제시하고 부연설명한다. 한 쪽당 2개 정도 내용 첨가하고 설명해 준다.

PPT화면으로 제시하고 교사들이 만들어서 많은 지원자들이 메일로 넣는 경우도 많다.

유아교육과 전공봉사 동아리
활동 증명서
KNU
MAN OF MISSION
유아교육과 14대 학회장 김 에 스 더

⑥ 실습 기간 중에 기록한 일지 및 교육계획안 일부

실습실 시설개요 및 실습 후 실습 결과서 및 증명서를 함께 첨가해 두자. 담당했던 학급 영역 배치도 및 파트수업, 올데이 수업계획안도 함께 첨가하는 센스도 필요하다.

직접 제작한 교구, 관찰일지 등을 모두 제시하여 본인에 대한 스펙을 충분히 어필하자.

예시 7 보육실습일지 예(올데이 활동 계획안)

<table>
<tr><td colspan="2" rowspan="2">0000 년　00 월　00 일　0요일</td><td rowspan="2">날씨: 맑음</td><td>실습생</td><td>지도교사</td><td>원장</td></tr>
<tr><td>㊞</td><td>㊞</td><td>㊞</td></tr>
<tr><td>반　명</td><td colspan="2">슬기반</td><td>결석 영유아</td><td colspan="2">2명</td></tr>
<tr><td>활동주제</td><td colspan="2">우리 동네</td><td>소주제</td><td colspan="2">우리 동네 사람들의 직업</td></tr>
<tr><td>활동목표</td><td colspan="5">우리 동네 사람들이 하는 일에 관심을 갖는다.</td></tr>
<tr><td>시간 및 일과</td><td colspan="3">활동계획 및 실행</td><td colspan="2">평가 및 유의점</td></tr>
<tr><td>9:00 ~ 9:30
등원 및 맞이하기</td><td colspan="3">재료 : 투약의뢰서, 원아수첩
- 등원하는 유아에게 눈을 맞추고 이름을 부르며 반갑게 맞이한다.
- 유아의 건강과 특이사항에 대해 학부모와 간단하게 이야기 나눈다.
- 유아의 소지품을 알맞은 곳에 정리하도록 돕는다.</td><td colspan="2" rowspan="2">등원) 교실에 들어오면서 재우가 큰 목소리로 “안녕하세요.” 한다. 인사를 매우 잘한다. 계속 이어가도록 인사의 중요성을 알려주도록 해야겠다.</td></tr>
<tr><td>9:30 ~ 9:50
오전간식</td><td colspan="3">재료 : 간식그릇, 배식용 앞치마, 위생장갑, 식단표
- 화장실을 다녀온 후 손을 씻고 준비된 간식을 가지고 와 앉</td></tr>
</table>

	아서 간식 먹을 준비를 한다. - 간식 기도를 한 후 맛있게 간식을 먹는다.	
9:50~10:50 (16:00~17:20) **자유놀이**	**[언어영역] 〈그림책에 나오는 직업〉** 재료 : 교실에 있는 그림책들 **활동목표:** 그림책에 나오는 인물들의 직업에 관심을 가진다. **활동방법** ① '동물원에서 일하시는 분들' 노래를 함께 부른다. ② 그림책에 나오는 인물들의 직업에 대해 이야기 나눈다. ③ 그림책에서 찾은 직업을 그리고, 글자를 적는다. ④ 그림책에서 찾은 직업을 친구들에게 소개한다.	**언어)** "이건 뭐예요?" 연아가 질문한다. "머리를 잘라주는 미용사야." 교사가 대답하니 "그렇구나." 하며 다른 영역으로 간다. 다양한 직업 사진을 보여주어서 배울 수 있도록 해야겠다.
	[언어영역] 〈어떤 일을 할까요?〉 재료 : 다양한 직업 사진 **활동목표:** 우리 동네에서 볼 수 있는 여러 가지 직업에 관심을 갖는다. **활동방법** ① 교사가 다양한 직업을 몸으로 표현하는 모습을 보고 맞혀본다. ② 다양한 직업 사진을 보며 하는 일에 대해 이야기 나눈다. ③ 직업 사진과 직업 이름 글자 카드를 연결해 본다.	
	[미술영역] 〈하는 일이 달라요〉 재료: 다양한 직업 컷 도안, 도화지, 색연필, 사인펜, 가위, 풀 **활동목표:** 그리기 도구를 활용하여 손가락 인형을 만든다. **활동방법** ① 손가락 인형을 활용한 '하는 일이 달라요' 인형극을 보고 난 후, 이야기 나눈다. ② 집배원 손가락 인형을 보며 만드는 방법에 대해 이야기 나눈다. ③ 자신이 원하는 직업의 도안을 선택하여 손가락 인형을 만들어 본다 ④ 유아가 만든 손가락 인형을 다른 유아들에게 소개한다. ⑤ 유아가 만든 손가락 인형을 가지고 놀이한다. ⑥ 손가락 인형놀이를 한 후 느낌에 대해 이야기 나눈다.	
	[쌓기영역] 〈미용실 만들기〉 재료 : 미용실 사진, 종이 벽돌 블록, 미용실에 필요한 다양한 소품 **활동목표:** 다양한 모양과 길이의 블록으로 미용실을 구성한다. **활동방법** ① 미용실에 가 본 경험에 대해 이야기 나눈다. ② 미용실을 찍은 사진을 보며 미용실의 모습에 대해 이야기 나눈다. ③ 미용실을 구성하는 방법에 대해 이야기 나눈다. ④ 친구들과 함께 미용실을 만들 때 필요한 약속을 생각해 본다.	**쌓기)** "내가 만든 기차에요." 서연이가 말한다. "우와, 정말 기차처럼 길다." 교사가 대답하니 "난 자동차" 하며 주호가 말한다. 만들고 싶어 하는 것들을 만든다. 미용실에 관련된 물건을 만들어서 활동을 해야겠다.

	[수·조작영역] 〈옷을 입혀 주세요〉 재료 : 직업에 따른 다양한 의상 그림 **활동목표:** 다양한 직업의 종류에 관심을 가진다. **활동방법** ① 다양한 직업에 대해 이야기 나눈다. ② 직업을 나타내는 옷들을 알아본다. ③ 직업의 종류에 알맞게 옷을 입혀주는 활동을 한다. ④ 활동을 마무리하고 자리를 정리한다.	
	[역할영역] 〈우리 동네 주유소〉 재료 : 다양한 종류의 블록, 자동차, 주유소 간판 **활동목표:** 주유소에서 하는 일에 대해 관심을 갖는다. **활동방법** ① 주유소에 대한 수수께끼를 내며 이야기 나눈다. ② 주유소를 가본 경험을 이야기 나눈다. ③ 주유소 놀이에 필요한 소품을 찾아보거나 함께 만든다. ④ 주유소 놀이를 위해 필요한 역할을 이야기 나눈다. ⑤ 주유소 놀이를 하기 위해 필요한 말들을 이야기 나눈다. ⑥ 역할을 나누어 주유소 놀이를 한다.	
	[음률영역] 〈정다운 이웃 노래 부르며 손뼉치고 무릎치고〉 재료 : '정다운 이웃' 음원, 노랫말 **활동목표:** 음악 기호가 나타내는 것을 알 수 있다. **활동방법** ① 다양한 방법으로 손뼉 치기를 한다. ② 다양한 방법으로 무릎치기를 한다. ③ '정다운 이웃' 노래를 함께 부른다. ④ '정다운 이웃' 노래를 부르며 리듬에 맞춰 손뼉을 친다. ⑤ '정다운 이웃' 노래를 부르며 리듬에 맞춰 무릎을 친다. ⑥ 활동을 회상하고 평가한다.	
	[과학영역] 〈우리 반 정원을 꾸며요〉 재료 : 여러 종류의 정원사진 **활동목표:** 우리 동네 정원에 관심을 가진다. **활동방법** ① 나에게 정원이 있다면 동화를 듣는다. ② 동화를 회상하며 정원 이야기를 나눈다. ③ 원에서 정원을 꾸미기 위한 장소에 대해 이야기 나눈다. ④ 여러 가지 꽃모종을 소개하며 교실 정원을 꾸미는 방법에 대해 이야기 나눈다. ⑤ 정원사가 되어 교실의 정원을 꾸민다. ⑥ 교실 정원을 꾸민 후 느낀 점을 이야기 나눈다.	**과학)** 돋보기로 과학영역을 본다. "크게 보인다. 신기해." 한다. 더 관찰할 수 있도록 교구를 더 놓아야겠다.

10:50~11:00 정리정돈 및 화장실 다녀오기	- 정리 노래를 들으며 정리한다. - 화장실에 다녀온 후 손 씻는 방법에 따라 손을 씻는다.	
11:00~11:20 대집단 활동	- 선생님, 친구들과 인사를 나눈다. (주말 어떻게 지냈어요?) - 오늘의 날짜, 날씨, 요일을 알아본다. (오늘은 2017년 6월 26일 월요일에요.) (오늘 날씨는 어떤가요?) - 오전 선택활동에 대해 이야기 나눈다. **[이야기 나누기] 〈동네 사람들은 특별해요〉** 재료 : 관련자료 **활동목표:** 우리 동네에서 지내며 생긴 이야기를 친구들에게 소개할 수 있다. **활동방법** ① 우리 동네에서 다른 나라 사람을 만났던 경험에 대해 이야기 나눈다. - 우리 동네에서 다른 나라 사람은 본 적 있나요? ② 우리 동네에서 볼 수 있는 다른 나라 사람 사진을 보며 이야기 나눈다. - 우리 동네에서 미국(중국, 아프리카) 사람들을 볼 수 있어요. ③ 다른 나라에 갔을 때의 경험에 대해 이야기 나눈다. - 외국에 가 본적 있는 친구 있어요? ④ 외국에 혼자 가게 된다면 어떤 기분이 들지 이야기 나눈다. - 만약 우리가 혼자 외국에 가면 어떤 기분이 들까요? ⑤ 다른 나라 사람을 만났을 때 배려하는 다양한 방법에 대해 이야기 나눈다. - 그럼 다른 나라 사람들을 만났을 때 어떻게 해야 할까요?	**이야기 나누기)** "어린이 박물관에 갔어요." 지우가 말한다. 다른 친구가 얘기하자 손을 만진다. "친구가 얘기하는 것을 듣는 것도 중요해요." 교사가 말하자 이야기하는 친구를 쳐다본다. 친구의 말을 집중해서 듣지 않는 모습이 보인다. 다른 사람의 말을 집중해서 듣는 모습도 중요하다는 것을 알려주어야겠다.
11:20~12:20 (15:30~16:00) 바깥놀이	**〈동네 사람들을 만나요〉** 재료 : 디지털 카메라, 비상약 **활동목표:** 우리 동네의 다양한 건물에 관심을 가진다. **활동방법** ① 이웃을 친구들에게 소개한다. ② 우리 동네에 함께 사는 이웃들을 이야기 나눈다. ③ 산책 시 필요한 약속을 알아본다. ④ 산책을 나가 우리 동네의 이웃들을 만난다. ⑤ 교실로 돌아와 산책을 하며 찍은 사진을 살펴본다. ⑥ 활동을 마무리하고 평가한다.	**실외활동)** 이웃들을 만나러 산책하는 도중에 "선생님, 여기 편의점이에요?" 태율이가 질문한다. "맞아요. 편의점이에요." 교사가 대답하니 "나 여기서 과자 산 적 있어요." 태연이가 말한다. 우리 동네에 있는 건물에도 관심을 가진다. 우리 동네에 있는 건물을 더 알아보는 활동을 해야겠다.
12:20~13:20 점심, 이닦기 및 화장실 다녀오기	재료 : 행주, 배식용 앞치마, 양치컵, 칫솔, 치약, 식단표 - 화장실을 다녀온 후 손을 깨끗이 씻고 교사는 행주로 책상을 닦고 점심 먹을 준비를 한다. - 준비가 다 된 유아는 배식을 받고 감사 인사를 하고 즐거운	

	분위기에서 식사한다. - 다 먹은 유아는 자리와 도시락을 정리하고 양치질을 한 후 칫솔과 양치컵을 깨끗하게 정리한다.	
13:20~14:00 **낮잠 및 휴식**	**[낮잠] 〈이불을 밟지 않아요〉** 재료 : 자장가, 개인이불, 경쾌한 음악 - 차례대로 화장실을 다녀온 후 자신의 이부자리는 스스로 펼친다. - 자장가를 들으며 휴식을 취하거나 정적인 활동을 한다. - 일어나서 스스로 이부자리를 정리한 후 차례대로 순서를 지켜 손을 씻는다.	
14:00~14:30 **정리정돈 및** **오후간식**	재료 : 간식그릇, 배식용 앞치마, 위생장갑, 머리빗, 식단표 - 오후 간식을 소개한다. 준비된 간식을 가지고 와서 자리에 앉는다. - 감사의 인사를 한 후 맛있게 간식을 먹는다. - 간식을 다 먹은 유아부터 세수 후 로션을 바르고, 머리를 빗는다.	
14:30~15:30 **대집단활동**	언어 - 영어 'This is bathroom' 예술 - 음악 '공주님 왕자님'	
15:30~16:00 **실외활동**	오전 활동에 연계하여 자유롭게 놀이를 진행한다.	
16:00~17:20 **자유놀이**	- 원하는 영역에서 자유롭게 선택하여 활동하기 - 대, 소그룹에서 마치지 못한 활동이나 부족한 영역별 활동을 진행한다.	**하원)** "주호야, 모자는 어디 있어요?" 교사가 묻자 주호가 "어디 있지?" 하며 찾는다. "찾았다!" 하며 모자를 쓴다. 자신의 소지품을 챙기도록 알려주어야겠다.
17:20~18:00 **하루일과 평가,** **개별 하원 및** **가정과의 연계**	- 유아가 활동했던 것을 회상하여 원에서 지내는 동안의 기분을 이야기한다. - 내일 진행할 활동에 대해 간략하게 소개한다. - 친구들과 인사 후 헤어진다. - 귀가 인사 후 개별 하원한다.	
유아관찰 및 **생활지도**	서연이가 "누구세요? 새로운 선생님이에요?" 질문한다. "맞아요. 오늘부터 30밤 동안 같이 지낼 거예요."라며 교사가 대답하니 "아, 그렇구나. 내 이름은 서연이에요."라고 얘기한다. "서연이구나. 30밤 동안 재밌게 지내자." 교사가 말하니 웃으면서 "네" 대답한다. 낯을 가리지 않고 처음 보는 사람과도 상호작용을 잘한다.	
실습생의 **자기 평가**	첫날이라 모르는 것이 많아서 차근차근 알아가야겠다고 생각했다. 또한 유아들의 이름을 빨리 외울 수 있도록 노력해야겠다. 유아들에게 다가가는 것과 인사를 할 때 머뭇거리는 행동이 많았는데 내일은 그러지 않도록 노력해야겠다.	
지도교사의 **조언 및 평가**	첫날이라 정신없고 아직은 낯선 환경, 사람들과 적응하느라 힘들었을 텐데 밝은 모습으로 아이들을 대하고 배우려는 모습이 보기 좋았습니다. 한 달이라는 기간이 길면 길고 짧으면 짧은 시간인데 아이들에게 사랑 많이 주며 즐거운 한 달 보내도록 하세요.	

⑦ 취득한 자격증이나 각종 상장의 사본

초임교사는 국가 수준의 자격증을 제외한 일반 민간자격증을 취득하여 제시하는 것이 좋다. 보육교사 직무와 연계되는 다양한 실무지도 능력을 제시하기 위한 내용이 포함되기 때문이다.

자격증(실기능력)은 어떻게 현장에 반영할 수 있을까? 자격증은 키즈넷 원격 평생교육원(www.kiznetlic.com)에서 무료로 수강하는 강좌를 통해 취득해도 좋다.

그림 8-1 심리상담전문가 과정

상장의 경우에는 동아리(보육관련) 활동, 현장 자원봉사(모아맘 보육재단, 삼성, 푸르니 등) 실적 등 어떤 노력을 했는지에 대한 공인 증서 같은 의미의 자료를 스크랩하는 것이 좋다.

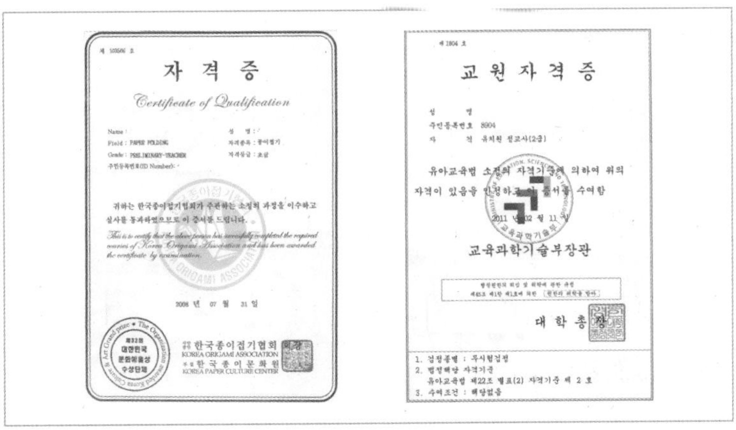

그림 8-2 상장 및 자격증

⑧ 0~5세 연령 중 본인의 희망하는 학급 운영계획서

일반적으로 어린이집에는 0~5세의 영유아가, 유치원에는 만 3~5세의 유아들을 대상으로 보육과 교육이 제공된다. 따라서 현장의 교사로 입사가 확정되기 이전에 명확하게 나의 강점을 이해하고 내가 어떤 연령의 교사로 1년의 학급운영계획을 수립하여 준비하고 있는가에 대한 내용이 포트폴리오에 적용되면 좋다.

자기를 알리고 자신이 노력하고 준비해온 과정을 고스란히 포트폴리오에 담는 것이 중요한데 앞에 소개한 것은 과거 경험을 통해 준비된 과정을 제시한 것이라면 본 학급계획서의 내용은 앞으로 어떤 교사로, 어떤 교육활동과 학급운영 계획으로 1년을 이끌어 갈 것인지에 대한 섬세한 준비과정을 제시하는 것이다.

연간교육계획안, 월간교육계획안, 주간교육계획안, 일일교육계획안 등을 연령별로 첨가하고, 파일로 만들어 첨가하는 것도 필요하다. 놀이중심교육을 충실히 진행했던 자료가 있다면 첨가하고, 실습 시 진행했던 놀이중심에 관한 일지 등을 첨가하면 더 충실한 포트폴리오 구성이 될 수 있다.

예시 8 학급운영 계획서

- 각 연령별 000반을 담당하고 싶은 이유
- 만 *세 유아에 대한 사전 경험 여부
- 특별히 만 *세 담임교사가 되기 위해 어떤 노력을 했는지(준비과정)
- 만 *세 유아들에게 어떤 교사가 되고 싶은 지(담임교사로서의 각오)
- 만 *세 유아들의 가정(학부모)과는 어떤 연계활동을 하고 싶은지
- 만 *세 유아들을 위한 나만의 특성화 교육방법은 무엇인지

예시 9 **0세 유아반의 학급운영**

○ 0세반 연간보육계획안 ○

월	주제	주	소주제	기본생활습관	지역사회연계	행사
3	낯설어요	1	어린이집에 왔어요	엄마 아빠와 선생님께 인사해요	어린이집 주변을 둘러봐요	생일축하 적응기간
		2	엄마·아빠와 함께 해요 1			
		3	엄마·아빠와 함께 해요 2			
		4	익숙해져요 1	부모님과 기분 좋게 인사해요		
		5	익숙해져요 2			
4	우리 선생님이에요	1	선생님을 만나요	선생님과 인사해요		생일축하 신체계측 학부모 면담
		2	선생님과 놀아요			
		3	편안해요	선생님의 도움을 받아 손을 닦아요		
		4	따뜻한 봄이예요			
5	느껴봐요 1	1	씻으며 느껴요	내 사진이 붙은 서랍을 찾아요	00잔디밭에 다녀와요	생일축하 어린이날
		2	입으며 느껴요			
		3	먹으며 느껴요 1	선생님과 눈 마주치며 물을 마셔요		
		4	먹으며 느껴요 2			
6	느껴봐요 2	1	만지며 느껴요	선생님의 도움을 받아 숟가락을 잡아요		생일축하 신체계측
		2	놀이하며 느껴요 1			
		3	놀이하며 느껴요 2	배가 부르면 선생님에게 표현해요		
		4	자연과 놀아요 1			
		5	자연과 놀아요 2			
7	움직여요 1	1	누워서 움직여요	낮잠 자기 전 기저귀를 기분 좋게 갈아요	00분수대에 다녀와요	생일축하
		2	앉아서 움직여요			
		3	기어서 움직여요	내 침구 위에 누워요		
		4	물에서 움직여요			
8	움직여요 2	1	더운 여름을 만나요	자장가를 들으며 기분 좋게 잠들어요		생일축하 신체계측
		2	설 수 있어요			
		3	걸어보아요	낮잠을 자며 휴식해요		
		4	잡아봐요 1			
		5	잡아봐요 2			

월	주제	주	소주제	기본생활습관	지역사회연계	행사
9	놀잇감을 만나요1	1	움직이는 놀잇감 1/ 추석	선생님의 도움을 받아 놀잇감을 정리해요	사랑재 산책길에 다녀와요	한가위 행사
		2	움직이는 놀잇감 2			
		3	구멍이 있는 놀잇감	놀잇감을 던지지 않아요		
		4	선선한 가을을 만나요			
10	놀잇감을 만나요2	1	굴러가는 놀잇감 1	내 자리에 앉아서 음식을 먹어요		생일축하 신체계측
		2	굴러가는 놀잇감 2			
		3	까꿍 놀잇감	혼자 숟가락질을 해봐요		
		4	소리 나는 놀잇감			
11	재미있는 놀이를 해요 1	1	통·상자 놀이해요	떨어진 음식을 먹지 않아요	소통관을 방문해요	생일축하 학부모 면담
		2	헝겊·천 놀이해요			
		3	공놀이해요 1			
		4	공놀이해요 2	음식을 골고루 먹어요		
		5	추운 겨울을 만나요			
12	재미있는 놀이를 해요 2	1	악기 놀이해요 1	두 손으로 컵을 잡고 마셔요		신체계측 크리스마스 행사
		2	악기 놀이해요 2 /성탄절			
		3	그릇 놀이해요	휴지를 휴지통에 버려요		
		4	겨울 놀이해요			
1	좋아해요 1	1	마주봐요 1	내 신발장에 신발을 넣어요	00 우체국을 방문해요	설날행사 생일잔치
		2	마주봐요 2			
		3	안아줘요 1/ 설날	선생님의 도움을 받아 내 자리에 물건을 넣어요		
		4	안아줘요 2			
2	좋아해요 2	1	함께 해요 1	책상 위로 올라가지 않아요		신체계측 생일잔치
		2	함께 해요 2			
		3	사랑해요 1	내 순서가 있어요		
		4,5	사랑해요 2			

출처: http://info.childcare.go.kr/info/main.jsp

○ 0세반 월간보육계획안 ○

구분	1주	2주	3주	4주
생활 주제	재미있는 놀잇감이에요 2			
실시 기간	0000년 0월 0일 ~ 0000년 0년 00일			
교사의 기대	▷ 굴러가는 놀잇감의 움직임에 관심을 갖고 탐구하며 물체의 모양을 탐색한다. ▷ 놀이하며 다양한 소리를 모방행동을 통해 소리와 리듬으로 표현하는 것을 경험한다. ▷ 주변환경의 변화에 관심을 갖고 가을날씨를 느끼며 계절의 변화를 인식한다. ▷ 가을 자연물들에 관심을 갖고 놀이하며 가을을 느끼고 자연에 호기심을 갖고 탐색을 즐긴다.			
활동	**1주**	**2주**	**3주**	**4주**
	굴러가는 놀잇감이에요	소리나는 놀잇감이에요	선선한 가을을 만나요	가을 놀잇감으로 놀아요
등원 및 맞이하기	선선한 날씨를 느끼며 인사해요		날씨에 어울리는 옷을 입어요	
기본생활	내 신발 자리를 찾아요		식사 전 후 인사를 해요	
일상생활 - 점심 및 간식	흘린 음식은 먹지 않아요		좋아하는 반찬을 집어 먹어요	
일상생활 - 낮잠 및 휴식	내 자리를 찾아 누울 수 있어요		일어나서 기지개를 펴요	
일상생활 - 기저귀갈이/배변활동	기저귀를 갈 때 엉덩이를 들어요		선생님이 불러주는 노래 들으며 기저귀 갈아요	
놀 이	- '씽씽 굴러가는 바퀴' 책 들어요 - 색깔 페트병을 굴려요 - 데굴데굴 구슬 그림 - 블록 자동차에 인형을 태워요	- 말놀이: 재미있는 소리책 들어요 - 무슨 소리일까? - '숟가락 딸랑이' 흔들어 연주해요 - 소리나는 놀잇감을 찾아요	- '도토리' 노래 들으며 몸을 흔들어요 - 낙엽 소리를 들어요 - 가을 열매에 끼적여요 - 알록달록 단풍잎을 꾸며요 - '가을'동화를 들어요	- 곡식 마라카스 흔들며 놀이해요 - 낙엽 머리띠 만들어요 - 떨어지는 나뭇잎 잡아요 - 낙엽 매트에 앉아 놀이헤요 - '낙엽을 밟으며' 노래 들으며 율동해요
바깥놀이	데굴데굴 왕밤을 굴려요	나뭇잎 색이 변했어요	낙엽 소리를 들어요	가을 꽃을 구경해요
	[대체활동] 색깔 공으로 놀아요	[내체활동] 딸랑이 백업을 흔들어요	[디체활동] 구멍있는 골대에 공을 넣어요	[대체활동] 터널 구멍을 통과해요
귀가 및 가정과의 연계	친구와 인사 나누고 집에 가요			
안전교육	[실종·유괴의 예방·방지교육] 모르는 사람을 조심해요	[재난대비 안전교육] 땅이 흔들려요	[교통안전교육] 보호장구를 착용해요	[감염병 및 약물의 오용. 남용 예방 등 보건위생관리교육] 내 약, 친구 약

예시 10 **만 1세 영아반의 학급운영**

○ 만 1세반 연간보육계획안 ○

<table>
<tr><th>월</th><th>주제</th><th>주</th><th>소주제</th><th>기본생활습관</th><th>지역사회 연계</th><th>행사</th></tr>
<tr><td rowspan="5">3</td><td rowspan="5">새로운 것이 낯설어요</td><td>1</td><td>어린이집에 왔어요 1</td><td rowspan="3">선생님과 함께 가방과 옷을 정리해요</td><td rowspan="9">우리 어린이집 주변을 둘러봐요</td><td rowspan="5">생일축하
적응기간</td></tr>
<tr><td>2</td><td>어린이집에 왔어요 2</td></tr>
<tr><td>3</td><td>부모님과 웃으며 헤어져요</td></tr>
<tr><td>4</td><td>만나고 친해져요 1</td><td rowspan="2">내 차례를 알아요</td></tr>
<tr><td>5</td><td>만나고 친해져요 2</td></tr>
<tr><td rowspan="4">4</td><td rowspan="4">새로운 환경을 만나요</td><td>1</td><td>우리 반에 무엇이 있을까요 1</td><td rowspan="2">선생님과 눈을 마주쳐요</td><td rowspan="4">생일축하
신체계측
학부모
면담</td></tr>
<tr><td>2</td><td>우리 반에 무엇이 있을까요 2</td></tr>
<tr><td>3</td><td>따뜻한 봄을 만나요</td><td rowspan="2">바깥놀이 후 손을 깨끗이 씻어요</td></tr>
<tr><td>4</td><td>바깥놀이가 신나요</td></tr>
<tr><td rowspan="4">5</td><td rowspan="4">탐색하며 느낄 수 있어요 1</td><td>1</td><td>사랑하는 우리 가족이에요</td><td rowspan="2">내 서랍에 물건을 넣어요</td><td rowspan="9">000
산책길을
다녀와요</td><td rowspan="4">생일축하
어린이날
행사</td></tr>
<tr><td>2</td><td>만져보며 느껴요 1</td></tr>
<tr><td>3</td><td>만져보며 느껴요 2</td><td rowspan="2">식사할 때 돌아다니지 않아요</td></tr>
<tr><td>4</td><td>살펴보며 느껴요</td></tr>
<tr><td rowspan="5">6</td><td rowspan="5">탐색하며 느낄 수 있어요2</td><td>1</td><td>들으며 느껴요</td><td rowspan="2">놀잇감을 던지지 않아요</td><td rowspan="5">생일축하
신체계측</td></tr>
<tr><td>2</td><td>맡아보며 느껴요</td></tr>
<tr><td>3</td><td>맛보며 느껴요 1</td><td rowspan="3">친구의 놀잇감을 빼앗지 않아요</td></tr>
<tr><td>4</td><td>맛보며 느껴요 2</td></tr>
<tr><td>5</td><td>온몸으로 느껴요</td></tr>
<tr><td rowspan="4">7</td><td rowspan="4">놀이할 수 있어요 1</td><td>1</td><td>어떤 놀잇감이 재미있을까요? 1</td><td rowspan="2">친구를 기다려줘요</td><td rowspan="9">00관
분수대에
다녀와요</td><td rowspan="4">생일축하
물놀이</td></tr>
<tr><td>2</td><td>어떤 놀잇감이 재미있을까요? 2</td></tr>
<tr><td>3</td><td>내가 좋아하는 놀잇감이에요 1</td><td rowspan="2">내 물건을 알아요</td></tr>
<tr><td>4</td><td>내가 좋아하는 놀잇감이에요 2</td></tr>
<tr><td rowspan="5">8</td><td rowspan="5">놀이할 수 있어요 2</td><td>1</td><td>놀잇감을 안전하게 사용해요</td><td rowspan="2">친구에게 '빌려줘'라고 물어봐요</td><td rowspan="5">생일축하
신체계측
물놀이</td></tr>
<tr><td>2</td><td>물놀이는 신나요 1</td></tr>
<tr><td>3</td><td>물놀이는 신나요 2</td><td rowspan="3">물건을 두 손으로 받아요</td></tr>
<tr><td>4</td><td>까꿍 놀이는 신나요 1</td></tr>
<tr><td>5</td><td>까꿍 놀이는 신나요 2</td></tr>
</table>

월	주제	주	소주제	기본생활습관	지역사회연계	행사
9	할 수 있어요	1	나는 할 수 있어요 1 / 추석	선생님과 함께 이불을 정리해요	마트에서 가을과일을 구매해요	생일축하 한가위 행사
		2	나는 할 수 있어요 2			
		3	말할 수 있어요	책꽂이에 책을 넣어요		
		4	찾을 수 있어요			
10	움직이며 놀이해요1	1	선선한 가을을 만나요	천천히 걸어 다녀요		생일축하 신체계측
		2	가을 자연물로 놀이해요			
		3	바깥놀이는 재미있어요 1	신발을 신발장에 정리해요		
		4	바깥놀이는 재미있어요 2			
11	움직이며 놀이해요2	1	몸을 움직여 놀아요 1	쓰레기를 쓰레기통에 버려요	00관을 방문해요	생일축하 학부모면담
		2	몸을 움직여 놀아요 2			
		3	몸을 움직여 놀아요 3			
		4	움직이게 할 수 있어요 1	실수했을 때 '미안해' 표현해요		
		5	움직이게 할 수 있어요 2			
12	내가 좋아하는 놀이는요 1	1	추운 겨울을 만나요	솔직하게 이야기해요		생일축하 신체계측 산타잔치
		2	그림책으로 놀아요 1			
		3	그림책으로 놀아요 2 / 크리스마스	친구와 함께 놀잇감을 꺼내요		
		4	춤추는 놀이가 좋아요			
1	내가 좋아하는 놀이는요 2	1	흉내 놀이가 좋아요 1	친구를 때리지 않아요	눈 내린 00동산을 만나요	생일축하 설날행사
		2	흉내 놀이가 좋아요 2			
		3	쉬, 응가 놀이가 좋아요 1 / 설날	친구와 함께 놀이해요		
		4	쉬, 응가 놀이가 좋아요 2			
2	새로운 것도 좋아요	1	함께 해서 좋아요 1	콧물이 나오면 선생님께 말해요		생일축하 신체계측
		2	함께 해서 좋아요 2			
		3	선생님이 좋아요 1	친구에게 놀잇감을 나눠줘요		
		4,5	선생님이 좋아요 2			

출처: http://info.childcare.go.kr/info/main.jsp

○ 만 1세반 월간보육계획안 ○

<table>
<tr><td colspan="2">생활 주제</td><td colspan="4">움직이며 놀이해요1</td></tr>
<tr><td colspan="2">실시 기간</td><td colspan="4">0000년 00월 0일 ~ 0000년 00월 00일</td></tr>
<tr><td colspan="2">교사의 기대</td><td colspan="4">• 변화된 가을 날씨와 가을에 볼 수 있는 것을 탐색한다.
• 가을에 볼 수 있는 자연물을 탐색하고 활용해 놀이한다.
• 가을이 되어 변한 나뭇잎을 탐색하고 가을 나뭇잎으로 다양한 놀이를 즐긴다.
• 바깥에서 다양한 방법으로 놀이하며 즐거움을 느껴본다.</td></tr>
<tr><td colspan="2" rowspan="2">활동</td><td>1주</td><td>2주</td><td>3주</td><td>4주</td></tr>
<tr><td>신선한 가을을 만나요</td><td>가을 자연물로 놀이해요</td><td>단풍이 물들어요</td><td>바깥놀이는 재미있어요</td></tr>
<tr><td colspan="2">등원 및 맞이하기</td><td colspan="2">선선해진 가을 날씨에 대해 이야기하며 인사해요</td><td colspan="2">바깥에서 하고 싶은 놀이 이야기하며 등원해요</td></tr>
<tr><td colspan="2">기본생활</td><td colspan="2">천천히 걸어 다녀요</td><td colspan="2">신발을 신발장에 정리해요</td></tr>
<tr><td rowspan="3">일
상
생
활</td><td>점심 및 간식</td><td colspan="2">음식 이름 이야기하며 즐겁게 식사해요</td><td colspan="2">친구에게 “맛있게 먹어”하며 식사 인사해요</td></tr>
<tr><td>낮잠 및 휴식</td><td colspan="2">이불에 누워 쭉쭉 스트레칭하고 잠들어요</td><td colspan="2">재미있었던 바깥 놀이 떠올리며 잠들어요</td></tr>
<tr><td>기저귀갈이/
배변활동</td><td colspan="2">스스로 바지 내리기를 시도해요</td><td colspan="2">배변 후 기분을 말로 표현해봐요</td></tr>
<tr><td colspan="2">놀 이</td><td>- 나들이 가는 길을 만들어요
- 가을 소풍을 가요
- 허수아비 옷을 알록달록 꾸며요
- 낙엽에 끈을 끼워요
- 소리 보따리 ‘가을’ 들으며 낙엽으로 놀이해요</td><td>- 가을 열매 음식점을 만들어요
- 가을 열매로 요리해요
- 가을 열매 도장을 찍어요
- 가을 열매를 탐색해요
- 알록달록 색깔 솔방울</td><td>- 나뭇잎 왕관을 쓰고 놀이해요
- 쓱쓱 나뭇잎을 쓸어요
- 나뭇잎 모양 종이에 끼적여요
- 나뭇잎 액자 만들기
- 가을 나무를 꾸며요
- 나뭇잎 퍼즐을 맞춰요</td><td>- 블록으로 미끄럼틀을 만들어요
- 아기인형과 미끄럼틀을 타요
- 바깥놀이 가는 길 따라 걸어요
- 동요 ‘밖으로 나가 놀자’ 들으며 신체활동을 해요</td></tr>
<tr><td colspan="2" rowspan="2">바깥놀이</td><td>친구들과 허수아비 옷을 입고 사랑재로 산책가요</td><td>마트에서 가을 과일을 구매해요</td><td>비눗방울 놀이해요</td><td>모래 위에 손가락으로 끼적여요</td></tr>
<tr><td>[대체활동]
가을 풍경 사진 위를 점프해요</td><td>[대체활동]
몸을 흔들어 나뭇잎을 떼어내요</td><td>[대체활동]
지그재그 나뭇잎 길을 따라가요</td><td>[대체활동]
담요를 타고 움직임 느껴봐요</td></tr>
<tr><td colspan="2">귀가 및
가정과의 연계</td><td colspan="2">어린이집 주변을 산책하여 집으로 가요</td><td colspan="2">엄마, 아빠와 영아 체조를 해요</td></tr>
<tr><td colspan="2">안전교육</td><td>[실종 유괴의 예방 방지교육]
모르는 사람을 조심해요</td><td>[재난대비 안전교육]
땅이 흔들려요</td><td>[교통 안전교육]
보호장구를 착용해요</td><td>[감염병 및 약물의 오용 남용 교육]
내 약, 친구 약</td></tr>
</table>

예시 11 **만 2세 영아반의 학급운영**

○ 만 2세반 연간보육계획안 ○

<table>
<tr><th>월</th><th>주제</th><th>주</th><th>소주제</th><th>기본생활습관</th><th>지역사회연계</th><th>행사</th></tr>
<tr><td rowspan="5">3</td><td rowspan="5">행복한 어린이집 이에요</td><td>1</td><td>나는 이슬, 초롱반이에요</td><td rowspan="3">“안녕 안녕하세요” 인사를 해요</td><td rowspan="9">어린이집 주변을 산책해요</td><td rowspan="5">생일축하/ 적응기간</td></tr>
<tr><td>2</td><td>웃으며 교실에 들어와요</td></tr>
<tr><td>3</td><td>우리반 선생님, 친구들이에요</td></tr>
<tr><td>4</td><td>재미있는 놀잇감이 많아요</td><td rowspan="2">친구와 반갑게 인사해요</td></tr>
<tr><td>5</td><td>안전하게 놀이하며 편안하게 지내요</td></tr>
<tr><td rowspan="4">4</td><td rowspan="4">따뜻한 봄을 만나요</td><td>1</td><td>봄꽃 구경을 해요</td><td rowspan="2">꽃에게 “안녕” 인사해요</td><td rowspan="4">생일축하/ 학부모면담/ 신체계측</td></tr>
<tr><td>2</td><td>따뜻한 날씨 느끼며 바깥놀이 해요</td></tr>
<tr><td>3</td><td>벌레와 인사해요</td><td rowspan="2">꽃과 나무를 사랑해요</td></tr>
<tr><td>4</td><td>봄나들이를 가요</td></tr>
<tr><td rowspan="4">5</td><td rowspan="4">사랑하는 우리 가족이에요</td><td>1</td><td>사랑하는 엄마, 아빠</td><td rowspan="2">부모님께 “사랑해요” 표현해요</td><td rowspan="9">엄마, 아빠가 일하는 곳을 구경해요</td><td rowspan="4">생일축하/ 어린이날 행사</td></tr>
<tr><td>2</td><td>우리 가족을 흉내 내며 놀이해요 1</td></tr>
<tr><td>3</td><td>우리 가족을 흉내 내며 놀이해요 2</td><td rowspan="2">감사하는 마음으로 먹어요</td></tr>
<tr><td>4</td><td>우리 가족을 소개해요</td></tr>
<tr><td rowspan="5">6</td><td rowspan="5">내가 궁금해요 (배변 놀이)</td><td>1</td><td>나는 ㅇㅇㅇ이에요</td><td rowspan="2">내 칫솔을 찾아 양치를 해요</td><td rowspan="5">생일축하/ 신체계측</td></tr>
<tr><td>2</td><td>내 몸이 궁금해요</td></tr>
<tr><td>3</td><td>내가 좋아하는 것이 있어요</td><td rowspan="3">혼자 팬티를 입고 벗을 수 있어요</td></tr>
<tr><td>4</td><td>혼자서도 잘해요(배변놀이)</td></tr>
<tr><td>5</td><td>친구와 응가, 쉬 놀이를 해요</td></tr>
<tr><td rowspan="4">7</td><td rowspan="4">재미있는 여름을 만나요</td><td>1</td><td>날씨가 더워졌어요</td><td rowspan="2">땀방울을 닦아요</td><td rowspan="9">00관 앞 연못에서 물고기를 만나요</td><td rowspan="4">생일축하/ 물놀이/</td></tr>
<tr><td>2</td><td>비가 많이 와요</td></tr>
<tr><td>3</td><td>깨끗하게 씻어요</td><td rowspan="2">물놀이 후 깨끗이 씻어요</td></tr>
<tr><td>4</td><td>물놀이는 신나요</td></tr>
<tr><td rowspan="5">8</td><td rowspan="5">탈 것이 궁금해요</td><td>1</td><td>다양한 탈것이 있어요</td><td rowspan="2">차례차례 줄을 설 수 있어요</td><td rowspan="5">생일축하/ 신체계측</td></tr>
<tr><td>2</td><td>자동차 놀이를 해요</td></tr>
<tr><td>3</td><td>기차 놀이를 해요</td><td rowspan="3">복도에서 천천히 걸어요</td></tr>
<tr><td>4</td><td>친구와 함께 탈 것 놀이해요</td></tr>
<tr><td>5</td><td>안전하게 탈 수 있어요</td></tr>
</table>

월	주제	주	소주제	기본생활습관	지역사회연계	행사
9	동물 놀이가 재미있어요	1	다양한 동물이 궁금해요	물건을 두 손으로 주고받아요	알록달록 00운동장을 가요	생일축하/한가위행사
		2	엄마와 아기 동물이에요			
		3	동물 소리를 흉내내며 놀아요	제자리에 책을 정리해요		
		4	동물을 사랑해요			
10	알록달록 가을이에요	1	날씨가 선선한 가을이에요	스스로 신발을 벗고 정리해요		생일축하/신체계측
		2	물들은 단풍잎을 만나요			
		3	신나는 가을 나들이를 가요	거울 보고 입에 묻은 음식을 닦아요		
		4	가을 자연물로 놀이해요			
11	다양한 색과 모양이에요	1	색깔 놀이를 해요	쓰레기를 쓰레기통에 버려요	마트에서 알록달록 과일을 구매해요	생일축하/학부모면담
		2	다양한 색으로 그려요			
		3	여러 가지 모양이 궁금해요			
		4	여러 가지 모양을 살펴봐요	실수했을 때 잘못을 인정해요		
		5	모양 놀이를 해요			
12	신나는 겨울을 만나요	1	날씨가 추워졌어요	스스로 이불 정리해요		생일축하/성탄행사/신체계측
		2	신나는 겨울 놀이를 해요			
		3	사랑 가득한 성탄절이에요	부모님께 고마운 마음을 표현해요		
		4	추운 겨울을 따뜻하게 지내요			
1	사랑하는 우리 반 친구들이에요	1	우리 반 친구들이에요	친구에게 도움이 필요할 때 도와줘요	00관을 구경해요	생일축하/설날행사
		2	우리 반 친구들이 좋아요			
		3	친구와 함께 놀이해요	다른 사람의 몸을 만지지 않아요		
		4	친구와 함께 놀이해요2			
2	나도 이제 형님이에요	1	우리는 이제 5살이에요	콧물이 나오면 휴지로 닦아요		생일축하/신체계측
		2	형님이 되었어요			
		3	동생반이 생겼어요	친구를 기다려줘요		
		4,5	즐거웠던 우리 반			

출처: http://info.childcare.go.kr/info/main.jsp

○ 만 2세반 월간보육계획안 ○

<table>
<tr><th colspan="2">생활 주제</th><td colspan="4">알록달록 가을이에요</td></tr>
<tr><th colspan="2">실시 기간</th><td colspan="4">0000년 00월 03일 ~ 0000년 00월 00일</td></tr>
<tr><th colspan="2">교사의 기대</th><td colspan="4">• 가을의 날씨 변화를 느끼고, 변화된 가을 모습에 관심을 가진다.
• 나들이를 통해 우리 주변의 아름다운 가을 풍경을 느끼며 가을 곡식에 대해 알아보길 기대한다.
• 번화하는 나뭇잎의 색깔에 관심을 가지며 심미감을 느껴보길 바란다.
• 자연물을 이용한 다양한 놀이를 경험하며 자연을 사랑하는 아이로 자라나길 기대한다.</td></tr>
<tr><th colspan="2" rowspan="2">주활동</th><th>1주</th><th>2주</th><th>3주</th><th>4주</th></tr>
<tr><td>날씨가 선선한 가을이에요</td><td>물들은 단풍잎을 만나요</td><td>신나는 가을 나들이를 가요</td><td>가을 자연물로 놀이해요</td></tr>
<tr><th colspan="2">등원 및 맞이하기</th><td colspan="2">입고 온 옷차림에 대해 이야기하며 등원해요</td><td colspan="2">나뭇잎의 색깔을 이야기하며 등원해요</td></tr>
<tr><th colspan="2">기본생활</th><td colspan="2">스스로 신발을 벗고 정리해요</td><td colspan="2">거울 보고 입에 묻은 음식을 닦아요</td></tr>
<tr><th rowspan="3">일상생활</th><th>점심 및 간식</th><td colspan="2">내가 먹은 식판과 수저, 포크 정리해요</td><td colspan="2">다 먹은 후 앉은 자리를 휴지로 닦아보아요</td></tr>
<tr><th>낮잠 및 휴식</th><td colspan="2">눈을 감고 '쇼팽- 즉흥환상곡' 들으며 휴식해요</td><td colspan="2">'도토리' 동요 들으며 내 이불을 스스로 펴요</td></tr>
<tr><th>기저귀갈이/배변활동</th><td colspan="2">화장실에서 순서를 기다려요</td><td colspan="2">소변 본 후 스스로 닦아요</td></tr>
<tr><th colspan="2">놀 이</th><td>- 블록으로 옷장을 만들어요
- 가을옷 실 꿰기
- '가을바람' 노래 들으며 스카프를 흔들어요
- 코스모스 바람개비
[힐링 푸드 테라피(오감)]
가을 열매 요거트 샐러드
[함께 읽어요]
잡아라 잡아라
[함께 불러요]
가을바람
[창의감각]
낙엽 떨어지는 모습을 표현해요</td><td>- 알록달록 가을이에요 - 리본끈
- [놀이메이커]
- 허수아비처럼 한발로 서요
- 플레이콘 곡식 마라카스
- 가을 곡식으로 놀이해요
[함께 읽어요]
가을을 만났어요
[함께 불러요]
오리 소풍
[창의표현]
내가 만든 허수아비</td><td>- 빗자루로 낙엽을 청소해요
- 색지로 알록달록 가을 나무를 꾸며요
- 돋보기로 나뭇잎을 탐색해요
- 떨어지는 낙엽을 잡아요
[함께 읽어요]
도토리 삼형제의 안녕하세요
[함께 불러요]
아기 다람쥐 토리</td><td>- 가을 열매 음식점을 만들어요
- 가을 열매로 요리해요
- 솔방울에 물감으로 색깔을 입혀요
- 날름한 가을 과일
[함께 읽어요]
나뭇잎 손님과 애벌레 미용사
[함께 불러요]
도토리
[창의감각]
콕콕 나뭇잎 도장</td></tr>
<tr><th colspan="2" rowspan="2">바깥놀이</th><td>산책하면서 가을 날씨를 느껴요</td><td>돗자리 펴고 누워서 가을 하늘을 봐요</td><td>[지역사회연계] 알록달록 국회 운동장을 가요</td><td>모래 속에 숨은 열매를 찾아요</td></tr>
<tr><td>[대체활동]
잠자리처럼 훨훨 날아가요</td><td>[대체활동]
김밥처럼 데굴데굴 굴러요</td><td>[대체활동]
은행잎 단풍잎 도미노해요</td><td>[대체활동]
사과, 감, 배 징검다리를 건너요</td></tr>
<tr><th colspan="2">귀가 및 가정과의 연계</th><td colspan="2">어린이집 가는 길에는 어떤 나무가 있을까요?</td><td colspan="2">알록달록 가을 자연물을 주워요</td></tr>
<tr><th colspan="2">안전교육</th><td>[성폭력 및 아동학대예방교육]
좋은 느낌과 나쁜 느낌</td><td>[실종유괴의 예방방지 교육] 모르는 사람을 조심해요</td><td>[재난대비안전교육]
땅이 흔들려요</td><td>[교통안전교육]
보호장구를 착용해요</td></tr>
</table>

예시 12 **만 3세 유아반의 학급운영**

○ 만 3세반 특색프로그램 ○

마주이야기 – 생각을 표현해요

① 목적

(가) 교사가 유아의 이야기에 귀 기울여 들어준다.

(나) 유아 자신의 생각을 그림으로 표현하여 자신 있게 발표할 수 있도록 도와준다.

② 방침

(가) 마주이야기의 기본 계획을 수립하고 추진한다.

(나) 주1회 마주이야기에 관한 이야기 나누기를 하고 그림으로 표현해본다.

(다) 마주이야기를 완성하여 포트폴리오로 만들어낸다.

③ 세부추진 계획

월	주제	목표	활동명
3	우리 원과 친구	처음 만나는 친구들, 우리 반에 관심을 가진다.	내가 만들고 싶은 것
			내가 좋아하는 놀잇감은
4	봄과 동식물	봄의 변화를 다양한 방법으로 경험하며 동식물에 관심을 가진다.	씨앗에서 무엇이 자랄까요?
			내가 좋아하는 동물이 있어요
5	나의 가족	내가 스스로 할 수 있는 일을 찾아서 해보는 경험을 한다.	내가 가장 기쁠 때는요
			스스로 할 수 있어요
6	우리 동네	우리 동네의 다양한 생활공간에 관심을 가진다.	우리 동네에 있어요
			가게에서 팔고 싶어요
7	여름과 건강	여름이 되어 변화된 날씨와 여름에 먹는 다양한 음식에 대해 알아본다.	여름에 입고 싶은 옷
			맛있었던 여름 과일
8	교통기관	주변에서 볼 수 있는 교통기관에 관심을 가진다.	내가 타고 싶은 교통기관
			비행기를 타고 가고 싶어요
9	우리나라	우리나라를 상징하는 것들을 알아본다.	나만의 비빔밥
			한복 디자이너
10	풍성한 가을	아름다운 가을 풍경을 느끼고 즐긴다.	내가 좋아하는 가을의 색
			나무에 무엇이 열릴까요?
11	환경과 생활	우리의 생활을 둘러싸고 있는 환경요소에 관심을 가진다.	바람을 만들 수 있어요
			돌 속에 무엇이 있을까요?
12	겨울	아름다운 겨울 풍경을 느끼고 즐긴다.	눈으로 할 수 있어요
			산타할아버지께 받고 싶은 선물
11	생활도구	일상생활 속에서 생활도구를 사용하며 편리함을 느낀다.	내가 좋아하는 생활도구
			내가 좋아하는 미디어
12	형님반에 가요	나의 성장에 대해 관심을 가진다.	이런 형님이 되고 싶어요

○ 만 3세반 연간교육계획안 ○

월	주제	주	소주제	기본생활습관	지역사회 연계	행사
3	행복한 우리 어린이집	1	새로운 우리반	인사를 바르게 해요	어린이집 주변을 둘러봐요	생일축하/적응기간
		2	우리반에서 투표를 해요			
		3	즐거운 하루			
		4	우리반 친구들	친구에게 관심을 가지고 인사를 나눠요		
		5	함께하면 즐거운 놀이			
4	봄을 느껴보아요	1	봄에 만날 수 있는 꽃	꽃과 나무는 꺾지 않아요	국회에 핀 꽃을 구경해요	생일축하/학부모면담/신체계측
		2	봄에 만날 수 있는 곤충			
		3	봄에 할 수 있는 놀이는?	봄이 되어 볼 수 있는 동식물을 소중히 대해요		
		4				
5	나를 소개할게	1	우리 가족을 소개해요	사랑하는 우리 가족이에요	엄마, 아빠가 일하는 곳을 방문해요	생일축하/어린이날 행사
		2	사랑하는 우리가족			
		3	나의 몸을 알아보아요	실내에서 뛰지 않아요		
		4	내 몸과 마음은 소중해요			
6	다같이 돌자! 동네 한바퀴	1	우리 동네가 궁금해요	어린이집에서 우리와 함께 하시는 분들에게 인사해요	국회 내 다양한 상점들을 방문해요	생일축하/신체계측
		2	우리 동네 가게들			
		3	우리 동네 사람들	공공장소에서의 에티켓을 지켜요		
		4	우리 주변에 고마운 분들			
		5	내가 되고 싶은 것			
7	건강한 여름이야기	1	주룩주룩 비	물놀이 안전수칙을 지켜요	놀이터에서 물총놀이를 해요	생일축하/물놀이
		2	여름철 즐거운 놀이			
		3	맛있는 여름 음식	내 몸을 깨끗하게 해요		
		4	깨끗한 나의 몸			
8	탈 것이 궁금해요	1	우리 주변에 볼 수 있는 교통기관	횡단보도를 건널 땐 조심해요	교통안전 캠페인을 해요	생일축하/신체계측
		2				
		3	여러 가지 항공, 해상 교통기관	차를 바르게 타고 내려요		
		4				
		5	안전한 교통생활			

월	주제	주	소주제	기본생활습관	지역사회연계	행사
9	우리나라와 세계 여러나라	1	우리나라가 궁금해요/ 추석 이야기	주변 어른들에게 인사드려요	우리나라를 상징하는 것을 찾아요	생일축하/ 추석행사
		2	한글로 놀이해요			
		3	세계로 떠나는 여행 1	자신의 생각을 바르게 이야기해요		
		4	세계로 떠나는 여행 2			
10	알록달록 가을 이야기/ 우리는 지구 탐험대	1	가을을 느껴봐!	나뭇잎과 가지는 함부로 따지 않아요	나무의 변화를 관찰하고 기록해요	생일축하/ 신체계측
		2	색깔이 변했어요			
		3	물이 궁금해요	우리 주변의 자연물을 소중히 생각해요		
		4	돌과 흙을 알아봐요			
11	우리는 지구 탐험대	1	빛과 그림자는 친구에요	쓰레기를 함부로 버리지 않아요	국회 산책하며 쓰레기를 주워요	생일축하/ 학부모면담
		2	소리랑 놀아요			
		3	우리가 사는 지구			
		4	달과 별/월드컵	공공장소에서 질서를 켜요		
		5	겨울이 왔어요			
12	겨울이 왔어요	1	겨울 음식/김장	쌀쌀해진 날씨에 맞는 옷차림을 갖춰요	국회 경비대에 손난로를 선물해요	생일축하/ 신체계측/ 산타행사
		2	겨울 풍경을 즐겨요			
		3	크리스마스	안전한 곳에서 놀이해요		
		4	신나는 겨울놀이			
1	우리를 도와주는 도구와 기계	1	주방도구	내 물건을 스스로 챙겨요	어린이집에서 만나는 분들에게 새해 인사를 해요	생일축하/ 설날행사
		2	전기와 로봇			
		3	미디어/설날	주변 어른들게 새해 인사를 전해요		
		4				
2	즐거웠던 우리 반, 안녕!	1	이만큼 컸어요	내 생각을 바르게 이야기해요	동생들에게 우리 반을 소개해요	생일축하/ 신체계측/ 신학기 OT
		2	우리가 함께 한 시간			
		3	재밌었던 놀이	친구, 선생님에게 고마운 마음을 표현해요		
		4,5	형님반에 가요			

○ 만 3세반 월간교육계획안 ○

<table>
<tr><th colspan="2">주제</th><td colspan="4">동화야, 자연이랑 놀자!</td></tr>
<tr><th colspan="2">실시 기간</th><td colspan="4">0000년 00월 0일 ~ 0000년 00월 00일</td></tr>
<tr><th colspan="2">교사의 기대</th><td colspan="4">• 동화책을 읽고 자신의 생각을 다양한 활동을 통해 표현하며 상상하기를 즐긴다.
• 나무를 탐색하고 관찰하며 즐거움을 느끼고, 자연물을 모으는 과정에서 자연을 소중히 여긴다.
• 자연물을 이용해서 가게 놀이를 해보며 적극적으로 참여하며 즐긴다.
• 세계의 축제인 '할로윈'에대해 관심을 가지고 다양한 활동을 통해 간접적으로 경험한다.</td></tr>
<tr><th colspan="2" rowspan="2">활동</th><th>1주</th><th>2주</th><th>3주</th><th>4주</th></tr>
<tr><td>숲 속의 요술 물감</td><td>풀잎반 나무</td><td>자연 식당</td><td>반짝반짝 할로윈</td></tr>
<tr><th colspan="2">등원 및 맞이하기</th><td colspan="2">가을 옷차림 소개하며 인사해요</td><td colspan="2">나들이 가고 싶은 장소 이야기하기</td></tr>
<tr><th colspan="2">기본생활</th><td colspan="2">나뭇잎과 가지는 함부로 따지 않아요</td><td colspan="2">우리 주변의 자연물을 소중히 생각해요</td></tr>
<tr><th rowspan="2">일상 생활</th><th>점심 및 간식</th><td colspan="4">산책 후에 비누로 손을 씻어요</td></tr>
<tr><th>낮잠 및 휴식</th><td colspan="4">숲 속 소리를 들으며 휴식해요</td></tr>
<tr><th colspan="2">놀 이</th><td>- 블록으로 숲 속을 구성해요
- 자연물로 만든 동물
- 동물이 그린 숨은 그림을 찾아보아요
- 내가 좋아하는 자연 사진을 찍어요
[함께 읽어요]
숲속의 요술 물김</td><td>- 나는야 나무꾼
- 풀잎반 나무를 만들기
- 나뭇가지를 쌓아보아요
- 나뭇가지를 세어보아요(한 단, 한묶음)
[함께 읽어요]
커다란 나무가 깊고 싶어</td><td>- 자연식당으로 오세요!
- 자연 식당 간판을 만들어요
- 자연식당 재료를 모아요
- 풀피리를 연주해요
[함께 읽어요]
가을 밥상</td><td>- 블랙라이트 할로윈 파티
- 야광 분장을 해요
- 야광 물감으로 유령을 만들어요
[힐링푸드테라피]
오싹오싹 버섯 주먹 밥
[함께 읽어요]
주먹밥</td></tr>
<tr><th colspan="2" rowspan="2">바깥놀이</th><td>열매 멀리 던지기</td><td>나무의 변화를
관찰하고 기록해요</td><td>가을 숲을 산책해요</td><td>자연물 가면 만들기</td></tr>
<tr><td>[실내대체]
파라슈트에서 자연 색깔을 찾아요</td><td>[실내대체]
메뚜기처럼 폴짝!</td><td>[실내대체]
가을 열매 징검다리를 건너요</td><td>[신내대체]
수건 돌리기</td></tr>
<tr><th colspan="2">창의융합놀이</th><td>가을에 볼 수 있는 것</td><td>[자연놀이]
나무와 친해지기</td><td colspan="2">[자연놀이]
나무 껍질을 그려 보아요 - 원단 메모리 패턴카드</td></tr>
<tr><th colspan="2">귀가 및 가정과의 연계</th><td colspan="2">오늘 보았던 자연물을 이야기하며 하원해요</td><td colspan="2">오늘 보았던 가을 곤충 흉내 내기</td></tr>
<tr><th colspan="2">안전교육</th><td>[성폭력 및 아동학대 예방 교육]
느낌을 표현해요.</td><td>[교통 안전교육]
카시트를 이용해요.</td><td>[생활 안전교육]
스마트폰 사용 약속</td><td>[감염병 및 약물의 오용·남용 예방 등 보건위생관리교육]
건강을 해치는 술!</td></tr>
</table>

출처: http://info.childcare.go.kr/info/main.jsp

예시 13 만 4세 유아반의 학급운영

○ 만 4세반 특색프로그램 ○

'놀면서 배워요' -역사, 퍼포먼스 프로그램

① 목적
  (가) 유아역사 교육프로그램을 통해 유아역사 교육의 바람직한 방향을 제시하고 유아를 대상으로 하는 역사 교육의 개념과 적합하고 의미 있는 교육을 한다.
  (나) 퍼포먼스 놀이를 통해 다양한 매체를 활용하여 자유롭게 자신의 생각을 표현한다.

② 방침
  (가) 역사교육과 퍼포먼스 놀이의 기본 계획을 수립하고 추진한다.
  (나) 주 1회 역사교육과 퍼포먼스 놀이를 진행한다.
  (다) 역사 교육 활동 계획 시 시대별 동화감상, 주제 관련 만들기, 역사 신문 만들기 활동을 진행한다.

③ 세부추진 계획

월	주제	목표	활동명
3	고조선	과거의 생활과 풍속을 다루는 동화를 통해 나라의 명칭, 탄생배경 및 과정 등에 대한 기초적 이해를 돕는다.	'돌실이네 이야기' 동화 감상
			청동검 만들기
4	고구려	역사적 인물과 사건에 대해 관심을 가지고 옛 선인들의 기상 및 리더십을 경험한다.	광개토대왕
			고구려 사람들처럼 훽훽
5	백제	문화의 전파 과정에 대한 탐색을 통해 우리 문화의 우수성을 이해하고 민족적 자긍심을 기른다.	일본이 부러워한 백제문화
			칠지도 만들기
6	신라	문화와 유적을 탐구해 봄으로써 조상의 뛰어난 지혜와 솜씨를 느끼고 우리 문화에 대한 자긍심을 가진다.	현진이의 신나는 경주 여행
			금관 만들기
7	고려	과거의 교육문화를 경험함으로써 나라 이름의 기원과 유래를 이해하고 정체성 및 문화에 대한 자부심을 느낀다.	고려 시대의 위인
			붓통 속에 목화 숨기기
8	조선	역사적 인물과 사건을 통해 나라사랑하는 마음과 평화의 소중함을 이해한다. 과거의 인물을 탐색하는 과정에서 옛 선인의 지혜와 재능을 경험하고 여성의 역할에 대한 이해의 폭을 넓힌다.	장군님, 장군님, 권율 장군
			산성을 쌓아라
9			조선의 자랑스러운 어머님 신사임당
			조선의 명장, 이순신 장군
10			거북선을 만들자
			우리나라를 빛낸 100명의 위인들
11	일제 강점기	역사적 인물을 통해 과거의 사건과 시대적 배경을 이해하고 평화의 소중함을 느낀다.	만세~ 유관순
			나라를 사랑한 김구
12			마라톤 할아버지 손기정
			우리들의 마라톤
1	현대	과거의 사건과 현재와의 관계를 이해하고 우리 영토를 아끼고 소중히 하는 마음을 가진다.	우리 할머니 어렸을 적엔
2			영원한 우리나라의 섬, 독도
			독도는 우리땅 노래 익히기

○ 만 4세반 연간교육계획안 ○

월	주제	주	소주제	기본생활습관	지역사회연계	행사
3	반가운 꽃잎·햇살반	1	우리 어린이집과 우리반	우리 반에서 하고 싶은 놀이 말하며 인사 나누기	어린이집 주변을 살펴봐요	재원아 적응프로그램 신체계측 생일축하
		2	즐거운 하루			
		3	즐거운 하루			
		4	우리반 친구	우리반 친구 소개고 이름 말하며 반갑게 인사 나누기		
		5	우리반 선생님			
4	봄 동식물과 자연	1	꽃	꽃과 나무는 꺾지 않아요.	꽃으로 자연물 팔레트에 만들어요.	생일축하 식목일행사 상반기 학부모 상담
		2	식물			
		3	동물	봄이 되어 볼 수 있는 동식물을 소중히 대해요.		
		4	자연			
5	우리 가족	1	소중한 나	날씨에 맞는 옷차림을 해요.	자연물로 우리 가족 얼굴을 만들어요	생일축하 어린이날 활동 어버이날 활동
		2	내 몸과 마음			
		3	우리 가족	음식을 흘렸을 땐 휴지로 닦아요.		
		4	우리 집			
6	우리 동네 한 바퀴	1	우리 동네	어린이집에서 우리와 함께 하시는 분들에게 인사해요. (조리사님, 양호선생님 등)	우리 동네 지역 신문을 만들어요.	신체계측 생일축하
		2	우리 동네 생활			
		3	우리 동네 사람들	등·하원 시 만나는 미화원 선생님에게 인사해요.		
		4	우리 동네 전통과 문화			
		5	시장놀이			
7	건강한 여름 이야기	1	여름 꽃과 과일	여름철에는 적절한 휴식을 취하며 바깥놀이를 해요.	여름철 건강관리 방법을 홍보해요.	생일축하 물놀이
		2	시원한 여름나기			
		3	음식과 건강	차가운 음식은 너무 많이 먹지 않아요.		
		4	운동과 휴식			
8	교통기관을 만나러 출발	1	땅	길을 건널 때 횡단보도로 건너요.	우리 동네 교통 표지판을 만들어서 바깥으로 나가요	생일축하 물놀이
		2	하늘			
		3	바다	등·하원시 부모님 차에서 일어나거나 뛰지 않아요.		
		4	교통기관			
		5	안전한 교통생활			

월	주제	주	소주제	기본생활습관	지역사회연계	행사
9	사랑하는 우리나라	1	추석	친구와 서로 양보하고 배려해요	우리나라를 상징하는 것을 찾아요	생일축하 신체계측 추석활동
		2	대한민국			
		3	전통 음식	손톱과 발톱을 깎아요		
		4	전통 놀이			
10	세계에는 어떤 나라가 있을까?/ 성큼 다가온 가을	1	세계의 국기	다양한 사람들과 살아요	000의 변화를 관찰하고 기록해요	생일축하 하반기 학부모 상담
		2	세계의 문화			
		3	가을	남의 물건을 함부로 만지지 않아요		
		4	추수			
11	우리가 사는 환경과 생활	1	지구	쓰레기를 함부로 버리지 않아요	국회를 산책하며 떨어진 쓰레기를 주워요	생일축하 신체계측
		2	쓰레기			
		3	태양계			
		4	달과 별	소중한 물을 아껴 써요		
		5	빛과 소리			
12	꽁꽁 겨울이 왔어요	1	겨울 음식	잘못했을 때 솔직하게 사과해요	나무에게 겨울옷을 입혀줘요	생일축하 산타활동
		2	겨울 스포츠			
		3	눈	도움이 필요한 이웃을 도와요		
		4	성탄절			
1	까치까치 설날/ 우리의 생활도구	1	달력	미디어 사용 약속을 지켜요	우리를 도와주시는 분들에게 인사해요	생일축하 신체계측 설날활동
		2	미디어			
		3	설날	함께 사용하는 물건을 아껴 써요		
		4	생활도구			
2	행복했던 우리 반 안녕	1	추억	친구에게 도움이 필요할 때 도와줘요	동생들에게 우리 반을 소개해요	생일축하 신학기 OT
		2	성장			
		3	형님반	스스로 할 수 있어요		
		4,5	즐거웠던 우리반			

출처: http://info.childcare.go.kr/info/main.jsp

○ 만 4세반 월간교육계획안 ○

생활 주제	세계 여러 나라 & 풍성한 가을			
실시 기간	0000년 00월 00일 ~ 0000년 00월 00일			
교사의 기대	• 세계 여러 나라 사람들의 의식주에 관심을 갖는다. / 세계 여러 나라의 다양성을 존중하는 태도를 기른다. • 세계 여러 나라의 문화를 놀이를 통해 경험해보고 즐긴다. / 건축물을 다양한 놀이 방법으로 표현한다. • 변화되는 가을의 날씨를 느끼고, 계절적 감수성을 기른다. / 날씨에 따른 우리 생활의 변화에 관심을 갖는다. • 가을 풍경을 감상하고 다양한 색과 모양을 찾아본다. / 가을에 할 수 있는 놀이를 창의적으로 표현해본다.			
활동	1주	2주	3주	4주
	세계의 의식주	세계의 문화	가을 날씨와 생활	알록달록 가을
등원 및 맞이하기	세계 여러 나라 인사말로 인사하기		다양한 가을 날씨를 표현하며 인사하기	
기본생활	지구를 위해 에너지를 절약해요		가을철 소중한 내 몸을 지켜요	
일상생활	세계 여러 나라 음식과 비슷한 음식 찾기		가을철 음식에 대해 이야기 하며 먹어보기	
	바흐의 '프랑스 모음곡 6번'		비발디의 사계 중 '가을'	
놀 이	- 세계 여러 나라 음식점 구성하기 - 세계 여러 나라 옷 알아봐요 - 세계 전통 의상 책 - 이집트 장신구 만들기 [함께 감상해요] 안녕, 세계의 친구들 [함께 불러요] 세계 음식 잔치	- 세계 여러 나라의 건축물이 있어요 - 가면무도회장 구성해요 - 세계 여러나라 악기 패턴놀이 - 북아메리카 문화 '토템 폴' 만들기 [힐링푸드테라피] '지구' 월남쌈 [함께 감상해요] 으라차차! 버섯 할아버지	- '가을' 하면 생각나는 것 - 코스모스 축제장 구성하기 - 가을옷 만들어 입혀요 - 자연물로 만드는 가을의 모습 [함께 감상해요] 가을이 왔어요 [함께 불러요] 코스모스	- 알록달록 가을의 색을 모아요! - 단풍잎 라인 하트 - 전단지 속 가을 단풍잎 분류하기 - 호박 허수아비 만들기 [함께 감상해요] 꿈꾸는 허수아비 [함께 불러요] 허수아비 아저씨
바깥놀이	세계 여러 나라 의상 입고 운동장에서 춤을 춰요	몸으로 만드는 세계 여러 나라 건축물	핑글핑글 도토리 팽이	[지역사회연계] 국회의 가을을 즐겨요
	[대체] 세계 여러 나라의 음식 배달하기	[대체] 친구와 함께 세계 지도 표현하기	[대체] 달려라! 풍선 다람쥐	[대체] 곡식을 모아요
특별활동 대체활동	세계 여러 나라 음식상 차리기	신나는 폴카	가을 풍경 카드 뒤집기	도토리를 줍는 다람쥐 게임
특성화 활동	[카니] 나라와 국기	[페니] 국기 반지	[카니] 세계의 랜드마크	[로니] 우리나라 국기
귀가 및 가정과의 연계	세계 여러 나라의 춤을 춰요		가을로 변화하며 바뀐 사람들의 옷차림을 알아요	
안전교육	[성폭력 및 아동학대 예방교육] 느낌을 표현해요	[교통안전교육] 카시트를 이용해요.	[생활안전] 스마트폰 사용 약속	[감염병 및 약물의 오용·남용 예방 등 보건위생관리교육] 건강을 해치는 술!

출처: http://info.childcare.go.kr/info/main.jsp

예시 14 만 5세 유아반의 학급운영

○ 만 5세반 특색프로그램 ○

놀면서 배워요 - 북 아트 프로그램

① 목적

(가) 생활주제에 맞는 그림책과 자료를 활용하여 듣기, 말하기, 읽기, 쓰기, 생각하기를 통합하여 언어 발달을 돕고자 하는 총체적 언어교육에 목적을 둔다.

(나) 주변의 다양한 매체와 자료를 이용하여 생각하기, 만들기, 그리기, 소개하기, 감상하기, 비평하기의 통합적 과정을 통해 유아의 상상력과 예술적 창조력을 구체적으로 표현할 수 있도록 돕는다.

② 방침

(가) 유아의 개별적이며 비형식적 표현 요소에 대한 교사와 부모의 긍정적 인식과 격려가 바탕이 되어 발달을 이끌 수 있도록 한다.

(나) 읽기, 쓰기영역과 함께 탐색, 토론, 감성과 비평을 아우르는 통합적 과정으로 접근하도록 한다.

(다) 자발적인 참여와 동기유발을 이끌어 낼 수 있도록 언어 학습이 아닌 언어 놀이로써 접근한다.

(라) 연간 생활주제에 따른 다양한 책 만들기 활동을 체계적으로 실시한다.

③ 세부추진 계획

월	생활주제	작품명	활동 목표
3월	우리원과 친구	코, 입북 만들기	• 코, 입북의 형태와 구성을 이해한다. • 나를 소개하는 그림을 그리고 꾸밀 수 있다.
4월	봄	곤충 팝업북 만들기	• 팝업북 만드는 방법을 안다. • 곤충에 대한 생각을 그림으로 표현하고 이야기로 꾸민다.
5월	우리동네	포켓북 만들기	• 포켓북의 형태를 알고 책의 구성을 이해한다. • 특별한 날의 의미와 종류에 대해 관심을 갖고 알아보고, 친구와 가족들과 함께 특별한 날의 기쁨을 나눠본다.
6월	동물	팝업북 만들기	• 팝업북의 형태를 알고 제작방법을 알아본다.
7, 8월	여름	아코디언북 만들기	• 기본 아코디언북을 만들 수 있다. • 자동차 모양의 아코디언북을 이용하여 기차 모양을 만들어 본다.
9월	우리나라	사각 딱지북	• 사각접기북의 형태를 알아보고 사각 접기를 할 수 있다. • 여러 가지 교통기관의 종류와 구조, 역할에 대해 안다.
10, 11월	한글	아코디언 플립북 만들기	• 기본 아코디언북을 만들 수 있다. • 플립북에 대해 알아보고 플립북을 이용하여 기본 접기 책을 만들어 볼 수 있다.
12월	겨울	가방북 만들기	• 가방북의 형태를 알고 가방북을 만드는 방법을 알아본다. • 겨울에 볼 수 있는 것들을 분류하여 종류별로 넣어본다.
1, 2월	초등학교	입체북 만들기	• 초등학교에서의 다짐을 그동안 알아보았던 북아트 방법 중 하나를 선정하여 만들어 본다.

○ 만 5세 연간교육계획안 ○

월	주제	주	소주제	기본생활습관	지역사회연계	행사
3	진정한 일곱살	1	안녕! 만나서 반가워	[예] 인사를 바르게 해요.	어린이집 주변을 산책해요.	생일축하/ 신체계측/ 적응기간
		2	우리는 열매반!			
		3	우리가 만들어가는 하루			
		4	뭐하고 놀까?	[책임] 물건을 사용한 후 정리해요.		
		5	놀이섬으로 떠나볼까?			
4	봄 선물이 와요	1	안녕, 봄!	꽃과 나무를 소중히 해요.	00로를 산책하며 벚꽃축제를 즐겨요.	생일축하/ 신체계측/ 학부모 면담
		2	봄의 동식물			
		3	지구 이야기 - 지구의 날	동물을 보호하는 방법을 알고 실천해요.		
		4	봄 자유놀이			
5	사랑이 방울방울	1	가족의 달, 5월	나의 감정을 알고 또박또박 말해요.	엄마, 아빠의 일터에 방문해요.	생일축하/ 신체계측/ 어린이날
		2	다양한 가족과 사람들			
		3	가족 속의 나	내가 할 수 있는 일은 스스로 해요.		
		4	특별한 나			
6	누가 우리동네 이야기를 가져갔을까?	1	우리 동네는요!	동네 어른을 만나면 인사해요.	00 방문자 센터 (헌정기념관)에 방문해요.	생일축하/ 신체계측
		2	우리 동네 자랑하기!			
		3	어떤 곳일까?	일찍 자고 일찍 일어나요.		
		4	우리 동네 히어로			
		5	우리 동네 자유놀이			
7	더 빠른 것, 더 느린 것	1	땅 위를 달리는 교통기관	교통안전 약속을 만들어요.	000 지하철역에 다녀와요.	생일축하/ 신체계측/ 물놀이
		2	하늘을 달리는 교통기관			
		3	물 위를 달리는 교통기관	교통안전 캠페인에 참여해요.		
		4	안전한 교통 생활			
8	맛있는 여름, 시원한 여름	1	여름의 소리와 모습	에너지를 절약해요.	수난 구조대가 하는 일을 알아봐요.	생일축하/ 신체계측/ 물놀이
		2	즐거운 놀이와 휴식			
		3	맛있는 음식과 영양	질병 예방을 위해 손을 깨끗하게 씻어요.		
		4	여름철 질병과 건강			
		5	여름철 사건사고 소식			

월	주제	주	소주제	기본생활습관	지역사회연계	행사
9	멋지게 자랑해봐, 대한민국!	1	추석 이야기	겉옷을 옷걸이에 걸어 정리해요.	청와대를 방문해요.	생일축하/ 신체계측/ 한가위 놀이
		2	세상에서 가장 신비한 문자, 한글			
		3	역사가 기억하는 위인들	보고 난 책은 제자리에 정리해요.		
		4	다채로운 한국문화의 뿌리 전통 예술			
10	세계로 떠나는 여행	1	함께 살아가는 세계 여러 나라	[배려] 친구의 이야기를 들어요.	여의도 공원을 산책해요.	생일축하/ 신체계측
		2	알아보고 싶은 나라 I			
		3	알아보고 싶은 나라 II	[협동] 협동의 의미를 알아요.		
		4	우리가 알아본 나라			
11	우리가 사는 지구와 환경	1	우리가 사는 지구	물건을 아껴서 사용해요.	주변을 산책하며 쓰레기를 주워요.	생일축하/ 신체계측/ 학부모 면담
		2	지구의 변화			
		3	환경보호			
		4	빛과 그림자	쓰레기를 함부로 버리지 않아요.		
		5	재활용품 우주 탐험대			
12	따뜻한 겨울 보내기	1	겨울 풍경과 김장	내 외투는 스스로 정리해요.	여의도 어르신 복지센터에 가요.	생일축하/ 신체계측/ 산타행사
		2	겨울 날씨와 생활			
		3	즐거운 겨울 놀이	마스크, 모자, 장갑 등 겨울용품을 잘 챙겨요.		
		4	이웃과 함께하는 겨울			
1	너의 꿈을 펼쳐봐!	1	8살이 되었어요.	분리수거를 해요.	KBS 방송 체험센터에 가요.	생일축하/ 신체계측/ 설날 행사
		2	여러 가지 직업이 있어요.			
		3	내가 커서 어른이 된다면?	쓰레기를 줄여요.		
		4	다양한 직업 탐험 놀이			
2	우리는 모두 소중해	1	우리가 함께 걸어온 길	내 마음의 소리에 귀를 기울여요.	초등학교 견학	생일축하/ 신체계측/ 졸업식
		2	우리가 걸어갈 길			
		3	우리가 꿈꾸는 세상	내가 느끼는 감정을 솔직하게 표현해요.		
		4,5	따로, 또 같이			

출처: http://info.childcare.go.kr/info/main.jsp

○ 만 5세 월간교육계획안 ○

<table>
<tr><th colspan="2">생활 주제</th><td colspan="4">마지막 가을 in 국회 (가을 놀이 어디까지 해봤니?)</td></tr>
<tr><th colspan="2">실시 기간</th><td colspan="4">2022년 10월 3일 - 10월 28일</td></tr>
<tr><th colspan="2">교사의 기대</th><td colspan="4">• 가을이 되어 변화하는 자연현상에 대해 알아보고, 가을철 생활의 변화를 알아본다.
• 풍성한 가을에 볼 수 있는 동식물을 알아본다.
• 계절 변화에 따른 가을 풍경의 아름다움을 느끼고 즐긴다
• 세계 여러 나라의 축제에 관심을 가지고 할로윈에 할 수 있는 수 있는 놀이를 즐긴다.</td></tr>
<tr><th colspan="2" rowspan="2">활동</th><th>1주</th><th>2주</th><th>3주</th><th>4주</th></tr>
<tr><td>가을 이야기</td><td>가을 곤충/ 열매</td><td>가을 풍경</td><td>세계 여러 나라 축제</td></tr>
<tr><th colspan="2">등원 및 맞이하기</th><td colspan="2">가을이 되어 달라진 점 하나씩 이야기하기</td><td colspan="2">가을 풍경에 대해 이야기하기</td></tr>
<tr><th colspan="2">기본생활</th><td colspan="2">[배려] 친구의 이야기를 들어요</td><td colspan="2">[협동] 협동의 의미를 알아요</td></tr>
<tr><th>일상생활</th><th>점심 및 간식</th><td colspan="2">음식을 골고루 먹어요</td><td colspan="2">농부에게 감사하는 마음을 가져요</td></tr>
<tr><th colspan="2">놀 이</th><td>• 개천절
- 단군 이야기
- 마늘과 쑥 관찰하기
- 우리나라의 가을축제
- 단풍잎 라인아트
- 가을 단어 피라미드
- 가을 열매를 관찰해요
[함께 감상해요]
나뭇잎 손님과 애벌레 미용사
[함께 불러요]
노을</td><td>• 한글날
10월 16일
세계 식량의 날
[힐링 푸드 테라피]
가을 풍경 비빔밥
- 자연물로 만든 특별한 내이름
- 글자를 잡아라
'곤충 이름 맞히기'
- 가을 낙엽 젠탱글
- 과수원 까마귀
[함께 불러요]
가을 길
[함께 감상해요]
가을 아침에</td><td>• 졸업앨범 촬영
10월 21일
세계 지렁이의 날
- 낙엽으로 상상하기
- 가을 산책길 만들기
- 감잎에 가을에 편지쓰기
- 허수아비 만들기
(공동 작품)
- 가을 단어카드로 문장 만들기
[함께 감생해요]
지렁이 같이 아주 특별한 질문</td><td>• 독도의 날
- 독도 바로알기
'초성놀이'
[세계 여러나라의 축제]
- 각국 축제의 유래
- 가면 만들기
- 모자 만들기
- 볼링게임
- 카드 만들기
- 고리던지기</td></tr>
<tr><th colspan="2" rowspan="2">바깥놀이</th><td>[실외]
핑글핑글 도토리 팽이</td><td>[실외]
나뭇가지로 놀이해요</td><td>[지역사회연계]
여의도 공원을 산책해요</td><td>[실외]
쓴석쓴석 훌라후프 거미줄</td></tr>
<tr><td>[대체활동]
달려라! 풍선 다람쥐</td><td>[대체]
가을 열매를 옮겨요</td><td>[대체활동]
허수아비 놀이</td><td>[대체활동]
호박 풍선을 굴려요</td></tr>
<tr><th colspan="2">신나는 역사여행</th><td>7년의 전쟁</td><td>임진왜란 중에 세자가 되다</td><td>누구의 편도 아니오</td><td>3대 대첩 입체북</td></tr>
<tr><th colspan="2">창의 특성화</th><td>[카니] 즐거운 여행</td><td>[로니] 로니와 비행기</td><td>[페니] 비행기 여행</td><td>[카니] 기차 여행</td></tr>
<tr><th colspan="2">특별활동
대체프로그램</th><td>가을철 동식물 기억력게임</td><td>다람쥐 먹이찾기</td><td>나무로 만들어진 것</td><td>숨겨진 규칙을 찾아라</td></tr>
<tr><th colspan="2">안전교육</th><td>[성폭력 및 아동학대 예방교육]
느낌을 표현해요</td><td>[교통안전교육]
카시트를 이용해요</td><td>[생활안전교육]
스마트폰 사용 약속</td><td>[감영병 및 약물의 오용·남용 예방 등 보건위생관리교육]
건강을 해치는 술</td></tr>
</table>

출처: http://info.childcare.go.kr/info/main.jsp

참고문헌

박은혜, 조운주(2015). 유치원 초임교사 핵심역량 구인타당화 연구, 육아지원연구, 10(1).

한미양, 이순례(2009). 사립유치원 초임교사의 교직적응에 관한 연구, 강남대학교, 인문과학논문, 제19집.

www.kiznetlic.com

http://info.childcare.go.kr/info/main.jsp

https://youtu.be/yNR47zXx1SI

[유튜브 '초인딱세' 채널]

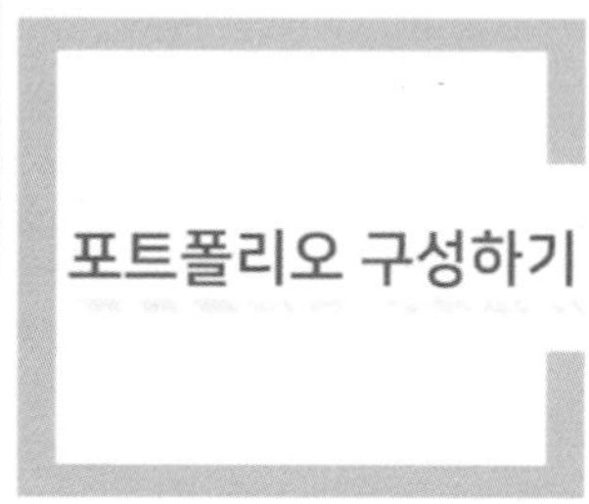

제9장

면접 준비하기

취업을 준비하는 동안 수많은 기관에 이력서를 제출하는 서류전형을 하면서 제발 합격해서 면접의 기회가 생기길 소망하는 마음은 누구나 동일할 것이다. 하지만 서류전형 이후에 면접을 위한 준비를 얼마나 하는가에 따라서 초임교사의 자세는 많은 차이가 나타난다.

읽어보자

유치원 면접, 처음으로 남자라는 게 싫었던 하루

금남의 직업, 유치원 선생님 그리고 보육교사. 2011년을 향해가고 있는 달력과 나 자신을 돌아보면서 올 한 해 동안 어떤 성과를 이루었는지 또는 어떤 사람들을 만났었는지 되돌아보게 됩니다. 졸업을 앞두고 취업을 위해 유치원 면접을 보면서 느꼈던 이야기를 해볼까 합니다.

[남자가 도대체 왜?]

자랑은 아니지만 남자라면 통과의례인 군대도 다녀왔고 애틋한 사랑도 해봤고 공사판에 가서 막 노동도 해봤고 타인에게 뒤질 게 없다고 생각했습니다. 유치원 면접을 보기 전까지요. 포트폴리오가 완성되면 면접을 보려고 열심히 준비 중인데 그 전에 연습 삼아 집 앞의 유치원에 면접을 보러 갔었습니다. 당연히 준비는 덜 된 상태였고 자신감 또한 부족했었습니다. 그런데 저를 언짢게 했던 질문이 있었습니다.

"처음부터 유아교육과를 선택하셨었나요?"

"남자인데 유치원 선생님이 왜 되고 싶은 거예요?"

학교에서도 정말 듣기 싫었던 질문인데 면접 자리에서 이런 질문을 받으니 화를 낼 수도 없고 그냥 어이가 없었습니다. “아이들을 사랑하고 아직은 남자 선생님들이 많지 않아서 아이들에게 남녀 성역할 중에서 남자의 역할도 알려주고 남자로서 유아교육 쪽에서 성공하고 싶어서 유치원 선생님이라는 직업을 선택했습니다”라고 이야기했습니다.

[여자다움+남자다움+알파]

“선생님도 아시겠지만 원장님들이 남자 선생님을 뽑을 때는 그만한 이유(?)가 있고 기대감이 있다는 거 아시죠?”

“체육은 물론이고 피아노 미술 노래는 기본이고 레크리에이션도 할 수 있으시겠죠?”

“만약에 우리 유치원에 채용이 되지 않는다면 유아체육교사나 아기스포츠단 등에 지원해보세요. 거기서는 참 좋아할 거예요.”

대한민국 엄마는 슈퍼우먼! 대한민국 남자 유치원 선생님은 슈퍼맨? 남자 선생님을 고용하기 전부터 큰 기대를 가지고 있습니다. 기존의 여자 선생님이 하는 모든 것들은 이미 갖추어야 하고 남자다운 면모를 200% 발휘해야 하는 것입니다. 또한 무조건 적극적이고 자신감이 넘쳐야 좋아하는데 저는 면접 때 그러질 못했습니다. 많이 배웠다고 생각하고 징징거리지 않을게요.

[무엇이든 잘한다고 하세요.]

사실 예체능에 그렇게 흥미가 많고 유능하지 않습니다. 그래서 유치원 선생님이란 직업을 선택했을 때 역효과가 있진 않을까 고민을 많이 했습니다. 하지만 아이들을 사랑하는 마음과 남자 유치원 선생님이 되겠다는 꿈은 잃지 않았습니다. 면접질문 도중 저에게 이런 이야기를 하셨습니다.

“선생님 이제 학생이 아니고 선생님이 되실 분인데 어디 가서 똑같은 질문을 받으면 무엇이든지 아이들을 가르칠 만큼은 한다고 이야기하세요!”

저는 “피아노와 미술을 잘하냐”라는 질문에 솔직하게 “잘 못하지만 열심히 합니다”라고 대답했는데 고용주에 입장에서는 정말 형편없는 대답이었나 봅니다. 면접이 끝난 후에 제가 면접관이 되어서 생각해보니 그런 생각이 아예 들지 않지는 않았지만 많이 속상했습니다. 속이고(?) 취업해서 문제가 되는 것보다는 나을 거 같다고 생각했는데.

유치원 면접을 보면서 학교에서 배운 것과는 달리 너무나 많은 것을 요구한다는 걸 느꼈습니다. 지금보다 더 많은 준비가 필요하고 실용적인 것들 그리고 무엇인가 보여주기 위한 것들이 꼭 한 가지는 있어야겠다고 생각했습니다. 제가 면접 준비를 제대로 하지 않은 것은 백 번 천 번 인정하지만 처음으로 남자라는 게 싫었던 하루였습니다.

출처: http://www.kindergartenteacher.tistory.com/512

위 글은 유아교육을 전공한 한 남학생의 면접경험 사례이다. 남자 유치원 교사나 남자 보육교사가 점점 많아지고 있는 추세를 생각해 볼 때, 한 남학생이 경험한 유치원 면접의 상황은 현재의 상황과도 크게 다르지 않다는 것이다. 2011년의 면접 상황과 현재 2023년의 면접 상황이 왜 크게 다르지 않을까? 그것은 아마도 유치원 교사와 보육교사의 업무역할이 크게 변하지 않았기 때문일 것이다.

1. 면접

1) 면접의 개념

면접이라는 말은 아직 명확한 용어 정립이 되지 않았으며 그 의미는 계속 변화하고 있다.

국립국어원 표준국어대사전에서는 면접을 '서로 대면하여 만나 봄'으로 풀이하고 있으며, '면접시험'은 '직접 만나서 인품이나 언행 따위를 평가하는 시험, 흔히 필기시험 후에 최종적으로 심사하는 방법'이라고 풀이한다. 여기서는 면접을 면접시험의 의미보다 넓은 개념으로 대면하여 만나 보는 일까지도 포함하고 있음을 알 수 있다. 면접은 면담, 인터뷰 등의 용어와 함께 정의되는데, 학자들마다 조금씩 다르게 정의한다(김한나, 2016).

김평원(2012)은 '면접'을 '면접시험'의 의미로 사용하면서 '면접'의 의미가 면담, 발표, 토의, 토론의 영역으로 빠르게 확장되고 있다고 했다. 이는 면담, 발표, 토의, 토론과 같은 담화가 시험의 도구로 활용되기 때문이다. 일상적으로 우리가 면접이라는 단어를 사용할 때에는 평가의 의미가 내포되어 있다. 면접의 평가 기능에만 초점을 맞추어 면접을 '기업 관계자와 입사 지원자 사이에 특별한 목적을 가지고 이루어지는 대화 또는 상호작용이며, 첫 대면의 장(場)'으로 정의하기도 한다(차대운 외, 2008).

영유아 교육기관 면접은 일반적으로 유치원이나 어린이집 구직자가 처음으로 면대면으로 만나 대화를 나누는 자리이다. 면접을 하는 이유는 단기적으로 직무를 수행할 수 있는지, 장기적으로는 유치원이나 어린이집의 발전에 도움이 될 만한 사람인지 파악하기 위함이다.

면접의 종류에는 개인면접과 집단면접, 프레젠테이션, 집단토론 등이 있다. 유치원이나 어린이집에서 주로 사용되는 면접은 개인면접으로 이루어지며, 규모가 큰 기관에서 임용하는 경우에는 집단면접을 실시하기도 한다. 집단면접에서는 참여자간에 토론이 이루어지는 과정으로 상대방의 의견을 반영한 자신의 생각을 조리 있게 발표하는 훈련이 요구된다(리상섭 외, 2017). 이와 같이 면접을 준비하면서 면대면으로 짧은 시간 안에 자신의 첫인상을 어떻게 남겨주고 인식시켜 주느냐가 중요하다. 자신만의 스토리텔링으로 간결하고 설득력 있게 이야기를 구성해야 한다. 누구나 경험하게 될 다양한 면접 상황을 예측해 보고 면접을 위한 기본적인 준비사항들에 대해서도 살펴보기로 한다.

2) 면접 준비 이상 무!

빈손으로 가지 마라! 자료집을 꼭 만들어라.

메일로 이력서를 보내기 전에 '메일을 보내려고 합니다. 받으신 후 전화나 문자 보내주시면 고맙겠습니다.'라는 문자를 먼저 보낸다. 이력서와 자기소개서를 사전에 메일로 보냈더라도 면접을 보는 당일에는 새롭게 서류를 출력해서 봉투에 단정하게 넣어 가지고 면접관인 원장에게 정중히 제출한다. 본인만의 자랑을 위한 포토폴리오를 준비하기 위해서는 본서 8장 표 8-1의 교육실습생 포트폴리오 구성 항목 및 내용을 참고하는 것이 도움이 된다. 원장이 면접자에 대한 긍정적 판단을 내릴 수 있게 도움을 주는 사진을 넣은 포트폴리오 자료집이 좋다.

첫인상은 옷차림과 화장에서 시작된다.

면접을 준비하면서 신경을 써야 하는 부분은 첫인상을 어떻게 보여주느냐에 달려있다고 해도 과언은 아니다. 초임교사로서 면접에 정장은 아니어도 예의 있는 단정한 옷차림이 필요하다. 세미정장 차림이나 단정한 원피스 차림이 좋고 색상은 어둡지 않게 최대한 밝은 톤으로 입되 강하거나 화려한 색은 피하는 것이 좋다. 헤어스타일은 얼굴형에 어울리는 단정한 모습으로 진한갈색이나 검정이 좋다. 화장은 깔끔하게 피부색을 정리하고 은은한 색깔의 립스틱을 바르는 것이 좋다. 무엇보다 웃는 얼굴로 면접에 임하는 것이 중요하다.

면접에서 나올 질문과 답변을 만들어 충분히 연습하라.

면접을 준비하면서 면접보려는 원의 홈페이지가 있다면 충분히 숙지한 후 면접에 참여해야 한다. 원장은 면접을 보기 위해서 면접자에게 궁금한 사항이나 교사의 의지를 질문하게 된다. 질문내용은 대부분 메일로 제출한 이력서나 자기 소개서 그리고 경력을 참고로 질문한다. 면접자는 본인이 제출한 자신의 서류를 바탕으로 면접에서 질문들이 나올 만한 답변을 간단하고도 명료하게 정리해 두고 친구나 가족 앞에서 발표해보는 것도 좋은 연습이 된다. 차분하고 또렷한 목소리로 말끝을 흐리지 말고 정확하게 말하는 연습이 필요하다. 대화를 하면서 항상 웃는 얼굴로 최대한 편안한 인상이 전해지도록 연습한다.

성격의 강점과 나만의 특별함을 스토리텔링하는 훈련이 필요하다.

면접에서의 핵심은 내가 할 업무와 관련된 나의 능력을 간단명료하게 어필해야 한다. 다른 사람과 비교해 나 자신을 어필할 수 있게 말하는 것이 바로 '강점 스토리텔링'이다. 스토리텔링할 때 면접관의 질문에 적절한 내용으로 너무 길지 않게 나만의 특별함을 말하는 연습을 하라. 정확한 발음과 분명하고 자신감 있는 목소리로 확고한 의지와 각오를 다지는 스토리텔링이 좋다.

출처: 박경순(2011).

해보자

- 면접을 위한 기본적인 준비사항을 살펴보고 다양한 면접사례를 통해 실패와 성공의 경험담을 함께 나눠보도록 하자.

면접 날짜를 기다리는 동안 무엇을 어떻게 표현해야 할지 막막하고 걱정만 태산이 되는 것은 누구나 경험해봤을 것이다. 위에서 살펴본 내용에서처럼 자기 자신을 돌아보고 준비하는 기본적인 준비 사항과 다양한 면접사례를 간접적인 경험을 통해 토론해본다. 또한 다른 교사들의 생각을 들어가면서 열정적으로 충분하게 자신감을 갖고 면접에 임한다면 면접 분위기를 파악하여 자신만만하고 성공적인 면접의 결실을 맺게 될 것이다.

3) 면접 의상, 화장, 액세서리 착용기법

살펴보자

면접에서의 의상과 화장, 구두, 액세서리 착용기법

- 초임교사로서의 면접에 정장은 아니어도 예의 있는 옷차림이 필요하다. 세미정장 차림이나 단정한 원피스 차림이 좋고 색상은 어둡지 않게 최대한 밝은 톤으로 입되 강렬하거나 화려한 색은 피하는 것이 좋다.
- 구두는 의상에 어울리는 단정한 디자인으로 진한 색상이나 검정이 좋다.

• 헤어스타일은 얼굴형에 어울리는 단정한 모습으로 진한 갈색이나 검정이 좋다.
• 화장은 깔끔하게 피부색을 정리하고 은은한 색깔의 립스틱을 바르는 것이 좋다.
• 액세서리는 심플한 디자인으로 단정하게 한다.

출처: http://www.theway9.com

4) 면접 준비 Tip

살펴보자

면접준비를 위한 Tip

• **면접은 딱 시간을 맞춰 가기보다는 10~15분 전에 미리 도착하라.**

면접을 열심히 준비하고 최선을 다해 자료집까지 챙겨서 면접 장소로 출발하게 된다. 물론 의상과 구두는 전날 코디해보고 확실하게 준비해 놓아야 한다. 당일에는 면접 장소까지 이동하는 동안 빌생할지도 모르는 친재지변에 데비히여 면접시간보다 일찍 면접장소 부근에 도착하여야 한다. 인근 카페에서 기다리더라도 면접시간보다 10~15분 빨리 도착할 수 있도록 면접시간에 맞추는 것이 중요하다.

• **면접에서는 기본적으로 정장을 입거나 세미정장 또는 심플한 원피스를 입는다.**

유치원이나 어린이집 면접에서 간혹 면접 날짜를 미리 계획하지도 않고 서류만 접수한 상태에서 면접을 요청하는 경우가 발생하기도 한다. 대부분 출근 시기는 새로운 학기 3월이지만 면접을 보는 시기는 학기의 마지막 시기인 1~2월에 미리 일대일 면접이 진행되기도 한다. 갑작스럽게 면접이 가능한지 전화 연락이 온다면 자신이 현재 입고 있는 의상이나 구두, 머리, 화장, 준비한 자료집 등이 면접에 적절한 상태인지 자신의 상황을 생각해보고 면접 가능 여부를 판단해서 움직이는 것이 좋다.

- **정장이나 블라우스를 고를 때에는 구김이 잘 가는 면 소재의 상품보다는 구김이 덜 가는 실크나 쉬폰 소재의 상품을 고르는 것이 좋다.**
  면접복장은 첫인상을 좌우하는 중요한 부분이다. 예쁘고 단정하게 입고 면접 장소로 출발했지만 면접 장소에 도착할 때까지 단정함이 유지되기 위해서는 구김이 덜 가고 단정해 보이는 의상으로 준비하는 것이 좋다. 너무 화려하고 튀는 구두나 액세서리, 헤어스타일과 네일, 화장기법 보다는 단아한 느낌의 부담 없이 단정해 보이는 느낌을 주는 것이 좋다. 유치원이나 어린이집 면접에서 교사를 채용하고자 할 때는 면접의 목적이 어린아이들과 생활할 교사를 면접하는 것이다. 교사는 교사다워야 하며 교사의 복장이나 화장, 액세서리는 교사의 모습을 돋보이게 하는 정도의 단정하고 깔끔함에 목적을 두고 준비하는 것이 좋다.
- **구두의 높이는 6~8cm가 다리가 가장 예뻐 보이며 부담스럽지 않다.**
  유치원이나 어린이집 면접에서 교사는 구두의 높이까지도 안정적인 높이로 편안하게 준비하는 것이 좋다. 예쁜 단화를 신어도 좋고 캐주얼하고 깔끔한 신을 신어도 좋은 인상을 받을 수 있다.

출처: 네이버 블로그.

해보자

- 면접복장을 준비하여 직접 입어보고 면접 리허설을 해보자.

  - 어색한 부분은 무엇인가?
  - 좋았던 부분은 무엇인가?
  - 리허설 이후 변화는 어떠한가?

본인 혼자서만 면접 준비를 위해 면접복장을 입고 고민하기보다는 누군가와 함께 면접을 준비하는 것이 좋다. 동료선생님이나 친구와 면접복장 리허설을 실시해보는 것이 자신감을 갖게 하는 데 도움이 된다. 아무도 함께할 수 없을 때는 형제자매 즉, 편안한 가족 앞에서 준비한 면접복장을 입고 걸어보고 앉아보고 리허설을 해본다면 새로 구입한 면접복장이 어색하다 하더라도 새 옷에서 느끼는 어색함이나 불편함이 점차 해소될 것이다.

예) '나는 성격이 소심해서 리허설하기가 너무 창피해'라고 생각한다면
그럴수록 면접복장이 편안하게 보일 수 있도록 연습하는 것이 더욱더 중요할 것이다. 만약 가족 앞에서조차도 어색하다면 거울 앞에서 준비한 면접복장을 입고 혼자 거울을 보면서 면접 리허설을 준비해보는 것으로 연습을 하는 것도 바람직하다.

예) 집 밖으로 자신을 끌어 내보자.
면접복장과 익숙해지도록 구입한 새 옷을 차려입고 집 주변에 사람들이 오고가는 마트나 백화점 카페를 찾아가서 맛있는 차를 마시면서 자신의 몸과 면접복장이 친숙해지도록 리허설을 해보는 것도 자신감을 갖게 하는 데는 효과적일 것이다.
리허설 이후에 자신의 변화를 느껴보고 면접복장과 친숙해지는 것은 면접의상을 통한 다양한 만남에서 해결할 수 있다. 당당하게 도전해보고 실행해보는 것만이 면접에 대한 자신감이 생겨나고 성공적인 면접을 이루어낼 것이다.

5) 면접을 긴장하지 않고 잘 보는 Tip

읽어보자

면접 잘 보는 법 / 면접에서 긴장 안 하는 법

• 면접기관의 요구를 정확하게 이해하는 것이 중요하다.
유치원이나 어린이집은 면접지원자에게서 어떤 내용의 대답을 듣고자 하는지 지원자는 기관이 요구하는 바를 매우 구체적으로 파악하고 준비하여야 한다. 면접기관의 질문에 대해 명료하게 대답할 수 있도록 면접자는 자신만의 강점이나 경험을 토대로 질문에 적절한 답변을 사전에 준비하면 긴장하지 않게 된다.

• 본인의 약점을 너무 크게 확대 해석하지 말라! 그보다는 강점을 자랑하라!
면접자가 이력서나 자기소개서에서 자신의 성장배경이나 가족관계를 기록할 때 강점이라고는 한 개도 찾아보기 힘들고 스스로 나약하고 심약하고 우울한 상태만 나열해 놓았다면 아마도 수십 차례 면접을 보기 위해 이력서를 보낸다 해도 면접을 보기조차 힘들 것이다. 여기에서 강조하고자 하는 것은 스스로가 가지고 있는 약점에 대해 너무 크게, 또는 아예 잘못된 인식을 하고 있는 경우가 매우 많다는 것이다. 대부분 면접을 준비하면서 강점을 부각시키지 못하고 작은 약점에 휘둘리는 경우가 발생하게 되는데 자신의 강점을 자랑할 수 있는 포트폴리오를 준비하여 면접에 임하는 것은 자신감을 상승시켜 주고 긴장을 해소시켜 줄 것이며 합격의 기쁨을 맛볼 것이다.

• 두려움, 공포의 가장 큰 원인은 '무지', 즉 알지 못하는 것으로부터 온다.

면접을 가는 것 자체가 두려운 것은 아니다. 무엇을 물어볼 것인지 몰라서 대답을 할 수 있을지 몰라서 두려운 것이다. 그렇다면 물어볼 것이 무엇인지는 예측은 가능한 것인가? 당연히 가능하다. 본인이 지원한 기관의 홈페이지나 기관의 구인광고에 기록된 요구사항에 대하여 상세하게 사전 조사하여 기관에 대하여 충분히 숙지하고 이해한다면 두려움과 공포라는 원인은 당연히 제거될 수 있다. 어떤 연령의 영유아 담임으로 배정된다고 하더라도 자신의 능력으로 충분하게 반을 운영할 수 있다는 자신감이 있다면 질문에 답변도 두렵지 않게 된다. 면접기관의 새롭게 구성될 동료 교사에 대한 막연한 무지가 두려움의 원인이 되기도 할 것이다. 이 또한 본인만의 강점으로 협동할 수 있는 인성과 자질을 갖추고 있다면 새로운 기관의 면접에 대한 두려움은 쉽게 사라질 것이다.

출처: http://www.ecareer.co.kr/

해보자

• 아래 에피소드를 가지고 스토리텔링을 해보자.

면접 질문 - "선생님의 강점은 무엇입니까?"

예 '저의 강점은 전문성입니다.
저는 영유아를 교육하고 보육하는 업무에 전문성이 있습니다.
그리고 사람들과 금방 친해지는 친근감도 갖고 있습니다.'
책읽기를 좋아해서 다양하고 재미있는 이야기보따리가 저의 재산입니다.
손재주가 있어서 무엇이든지 손쉽게 놀잇감으로 만들어내는 능력을 가지고 있습니다.
예를 들어 길가에 피어있는 토끼풀꽃으로 왕관을 만들고 반지를 만들 수 있습니다.
다양한 꽃 이름을 알고 있어 아이들과 산책하면서 즐거운 상호작용을 할 수 있습니다.
저는 고운 목소리와 예쁘게 말하는 상호작용 능력인 강점도 있습니다.
제가 준비한 다양한 사진을 보면서 저를 소개해드리겠습니다.

Tip) 성격의 강점은 '인성'에, 자신의 강점은 '능력' 위주의 에피소드가 나와야 한다.
성장배경에 대해서 강점 소개하기, 성격에 대해서 강점 소개하기, 전문성에 대해서 강점 소개하기, 탁월한 능력에 대해서 강점 소개하기, 노력하는 전문가로서 강점 소개하기, 이상과 꿈을 실현하는 실천가로서 강점 소개하기, 더불어 함께 살아가는 공동체의 일원으로 강점 소개하기가 좋다.

2. 스토리텔링

1) 목소리에 열정과 리듬을 넣어라

목소리에 열정이 들어 있어야 합격의 영광이 온다.

• 복식호흡은 목소리 자체를 풍성하게 해준다.

뱃속에서 우러나오는 목소리는 안정된 분위기를 만들어주고 면접자의 목소리에 힘을 실어주어 편안함을 만들어준다.

면접자의 이야기에 귀 기울여 듣게 하는 마법이 숨어 있다.

복식호흡을 연습해 보라.

• 복식호흡은 배까지 숨을 채우고 뱉는 호흡을 말한다.

복식호흡으로 노래하듯 매일 연습해보라.

복식호흡을 실천하면 초임교사들도 성대에 무리함이 오지 않는다.

• 목소리는 마음과 지식에서 나온다.

확실하게 아는 것을 자신 있게 천천히 말해보라.

마음속에 있는 것을 자신감 있게 표현해보라.

목소리에 리듬을 넣어야 합격의 영광이 온다.

• 질문 : 지원동기를 말해보세요.

위 질문은 면접에서 나오는 붙박이 질문이다. 그런 줄 알고 있지만 막상 대답하려면 말문이 막혀서 자연스럽게 지원동기를 말하는 것이 쉬운 일은 아니다. 일단 지원하게 된 이유가 무엇이었나? 생각을 정리하면서 글로 적어보자. 질문에 대한 답변을 준비하면서 마치 노래 부르듯이 말에 리듬감을 넣어 말해보라. 자연스럽게 말이 나올 것이다. 즉 자신감과 열정을 넣어 말하면 목소리에 리듬과 가락이 들어가게 된다. 자신 없이 웅얼거리는 목소리는 면접관이 들어주지도 않을 것이다. 만약에 작은 목소리를 가지고 계시다면 제스처도 함께 사용해보라. 또한 개별 면담을 준비하고 있다면 포트폴리오 사진자료를 준비하는 것도 좋다.

• 방법 : 말하는 방법을 익히자

외운 듯한 느낌을 주지 않도록 리듬스피치를 통해 말에 생명력을 불어넣어라. 키워드를 머릿속에 넣어야 외우지 않은 것처럼 자연스럽게 말할 수 있다. 말에 리듬감을 넣으려면 키워드를 외울 필요가 있는 것이다. 또한 말에 리듬감을 넣으려면 열정을 넣어야 한다. 스타카토 화법으로 딱딱 끊어줘야 한다. 말을 너무 길게 늘여서 말하면 아무도 듣지 않는다. 지금 내가 평소 말하는 것보다 2배 정도의 큰 음성으로 자신감을 갖고 목소리를 내보자. 무조건 면접은 자신감이다. 즉, 면접에 대한 준비를 확실히 한 다음 자신감 있게 나 자신을 PR하라는 것이다. 자신에 대한 자신감을 갖고 열정적으로 내 목소리를 내보자. 준비하고 연습하는 것이 답이다

출처: 임유정(2019).

2) 면접관의 질문에 대답하는 마음자세

해보자

면접관의 질문에 대답하는 마음자세

교사의 입장에서 답변하는 것이 아니라
원장의 입장이 되어서 생각해보고 말하는 것이 중요하다.

- **"선생님의 단점은 무엇입니까?"라고 한다면**
  - **교사의 입장에서**

    "남들보다 좀 행동이 더딘 편입니다."라는 폭탄성 발언은 하지 않을 것이다.
    이러한 단점을 외부로 노출시킨다는 것은 면접에서 좋지 않은 인상을 남긴다.
    자신의 단점을 다른 사람들은 잘 모르고 의식하지도 않는다. 그러므로 단점을 의식해서 소심하게 주눅 들지 말고 자신의 강점을 승화시켜 표현하라.
  - **원장의 입장에서**

    "열정을 갖고 노력하는데 그 노력이 지나치다 보니 생길 수 있는, 어찌 보면 장점이 너무 지나쳐 생길 수 있는 단점을 말할 수 있도록 준비해야 한다.
    즉 자신의 강점을 어필하고 너무나도 열정적인 것이 단점임을 인지시켜라.
    "영유아 관련 서적이 나오면 동료보다 먼저 구입해서 읽어야 하는 조바심이 저의 단점이라 생각합니다."
    "공동업무를 할 경우 보는 즉시 처리하는 성격이라 동료교사와 일하는 시간이 다르게 차이 난다는 단점이 있습니다."
- **쉽게 말하자.**

  즉, 내 입에 맞는 제일 쉬운 단어로 말하고 문장을 짧게 해 쉬운 길로 가자.
  어려운 단어로 말하지 말자. 경청을 방해하는 원인이 된다.
- **재미있게 말하자.**

  즉, 재미를 넣으려면 그 에피소드를 내가 이미지화해 머릿속에 떠올린 다음, 그때 느꼈던 감정을 얼마나 그대로 표현할 수 있느냐가 관건이다.
  이야기를 스토리텔링하면 듣고 싶은 좋은 효과를 증가시켜준다.
- **열정적으로 말하자.**

  즉, 실습할 때의 에피소드나 학교에서 교육받은 사례를 열정적으로 말하자.
  에피소드를 생각하여 넣어라. 이때도 포트폴리오 자료집은 큰 역할을 할 수 있다.

• **진심으로 말하자.**

즉, 면접장에서 나를 공격하는 것은 절대 면접관인 원장이 아니다.

면접은 자신과의 싸움이다.

진심을 말한다면 자신과의 싸움에서 당당히 승리할 것이다.

출처: 임유정(2019).

3) 원장이 뽑은 꼴불견 지원자

살펴보자

원장관이 뽑은 꼴불견 지원자

• **면접에 늦는 게으름형 지원자**

면접당일에 면접 장소에 늦게 도착하여 이런저런 이유로 늦은 이유를 말하는 것은 면접관인 원장의 지원자에 대한 신뢰를 깨지게 하는 원인이 될 수 있다. 면접을 준비하는 어떤 준비보다 우선해서 알아보고 면접장소를 익숙하게 검토하여 면접장소 도착시간을 충분하게 배정하여 10분 전에 도착하도록 하여야 한다.

• **어린이집 정보를 모르는 성의 부족형 지원자**

면접을 보기로 한 날짜를 정하면 면접하는 기관의 정보를 인터넷 정보나 다양한 매체를 통해서 자세하게 파악하여 자신이 지원하고자 하는 동기와 연관지어 면접연습을 하는 것이 면접기관에 대한 최소한의 예의로 볼 수 있다.

• **자신감 없는 무기력형 지원자**

면접을 1대1로 보는 것이 대부분 영유아 기관의 면접 모습이다. 원장과 면접을 하는 동안 면접관인 원장의 질문에 적절한 대답을 하지 못하고 초점없이 아무런 말로 동문서답하는 것은 면접에 집중하지 못하고 나쁜 자세다. 면접에 임하는 자세는 면접관의 말을 경청하고 말의 요점을 파악하여 자신감 있게 자신의 생각을 조리 있게 말해야 한다.

• **면접과 어울리지 않는 복장의 지원자**

면접에 어울리지 않는 복장으로 성의 없이 면접에 임하는 것은 면접을 보는 면접관을 무시하는 기본적으로 잘못된 행동이다. 면접은 상대방이 전화나 문자로 면접 가능한 시간과 장소를 의논해서 날짜를 잡고 만나는 것이라 충분한 준비가 가능한 것이다. 앞서 언급했던 내용으로 면접의상이나 화장기법, 머리손질 구두 등의 자세한 착용기법을 참고로 준비하면 좋다. 면접을 보는 날에는 의상과 자료를 꼼꼼하게 준비하는 것이 중요하고 면접에 어울리는 첫인상인 웃는 얼굴이 좋다.

• 줄임말, 신조어 쓰는 외계언어형 지원자

면접을 보는 동안 원장님이 아무리 부드럽고 친근하게 면접을 본다 해도 면접지원자는 개인적인 이야기를 너무 길게 말하거나 동네 친구들과 수다 떠는 모습으로 줄임말이나 신조어를 사용하면 면접에서 좋은 결과를 얻지 못하게 된다. 예의바른 자세로 상대방의 질문에 적절한 답을 할 수 있도록 경청하고 답하라.

출처: http://www.work.go.kr/

3. 면접 보기 전 알아야 할 7가지

읽어보자

면접 보기 전 알아야 할 7가지

1. 대부분의 원장은 보수적이다

영유아기관의 면접관은 원을 운영하는 원장이며 면접관은 신규채용 교사가 기존교사와 잘 융합하여 일할 수 있길 원하기 때문에 원장의 입장에서는 잘 뽑겠다는 마음보다는 잘 못 뽑으면 안 된다는 부담감이 더 크게 작용한다.

지원자가 너무 특별하게 튀는 경우에는 면접에서 좋은 결과를 얻기 힘들다. 영유아와 함께 생활하는 가운데 교사들과 공동체를 구성해 나아가야 하는 입장에서는 두루두루 잘 융합해 나갈 수 있는 지원자를 선호하기 때문이다.

2. 모르는 것도 모른다고 하지 말자!

면접관의 질문 중에 '모르는 것이 있으시면 솔직하게 모른다고 말씀하셔도 됩니다.'라고 했을 때 정말 모르는 것을 물어봐도, 그리고 궁금한 것을 물어봐도 되는 것일까? 면접자로서 궁금한 것을 면접관에게 물어볼 수 있다. 그러나 아주 정중하게 말해야 한다. 면접관의 질문을 잘 모르겠다면 '평소 접해보지 않은 주제이지만 저는 ~라고 생각합니다.'라고 자신의 생각을 명료하게 말하는 것이 좋다.

3. 심각한 얼굴은 면접에서 떨어진다!

면접자는 면접을 보는 순간에 면접관의 말에 귀기울여 질문의 핵심을 찾고 적절하게 답변해야 한다. 또한 면접관의 질문에 긍정적인 모습의 상호작용뿐 아니라 비언어적인 상호작용인 고개 끄덕이기, 미소 지어주기, 아~, 네~ 등으로 반응해주어야 한다. 혹시라도 경직된 표정이나 화난 것 같은 표정으로 앉아 있다면 면접자의 표정과 태도에 감점의 원인이 될 수 있다.

4. 자격증과 자신의 전문성을 연결하여 이야기를 연습하라!

면접관은 이력서와 자기소개서를 토대로 하여 면접자의 자격증과 학력에 관해서 질문을 하는 경우가 대부분이다. 이러한 경우 자신의 자격증이 왜 필요하며 어떻게 소용되는지를 구체적으로 설명하지 못하는 면접자가 대부분이다. 대답을 얼버무리면 면접관은 면접자의 행동에서 부정적인 인상을 받게 되므로 자격증 취득의 목적과 직무에 어떻게 관련이 있고 유익한지를 설명할 수 있도록 준비하는 것이 중요하다.

5. '합격만 할 수 있다면…'으로 대답하지 말라!

면접을 보면서 자신의 취업에 대한 포부나 지원동기로 인한 자신감이나 구체적인 영유아교육전문가로서 전문성을 제시하며 말하는 것이 좋다. '합격만 할 수 있다면 뭐든지 다 하겠습니다.'라고 대답한다면 매우 수동적이며 자신이 없어 보이는 인상을 줄 수 있다는 것이다. 실력으로 당당하게 합격을 하는 것이 바람직하며 합격을 한다면 저는 저의 능력을 바탕으로 영유아교육에 전문가로서 최선을 다할 것이라는 포부를 어필하는 것이 좋은 결과를 볼 수 있다.

6. 어떤 교사가 되고 싶은지 꿈을 구체화해 보라!

'어떤 교사를 꿈꾸시나요?'라고 질문한다면 대부분 원장님처럼 원을 운영하는 멋진 원장이 되고 싶다고 말하게 된다. 그렇지만 자신이 주체가 되어서 '저는 제가 멋진 교사로 생활하면서 저의 미래를 개척하겠습니다. 그래서 앞으로 저의 후배가 들어온다면 제가 후배의 롤 모델이 될 수 있도록 저를 성장시키겠습니다.' 또한 '동료와 화합하는 인격을 갖춘 선배로 성장하고 싶습니다.'라고 답변한다면 면접관인 원장은 좋은 인상을 받게 될 것이다.

7. 마지막으로 하고 싶은 말은 면접관의 말을 경청하면 답이 보인다

원장이 '마지막으로 할 말이 있나?'라고 질문한다면, 원장이 오늘 면접에서 했던 말을 언급하며 본인의 의견에 녹여서 이야기해 보자. 그러면 원장은 말을 경청하는 이해력 있는 지원자라고 판단할 것이다. 면접관이 지원자에게 '마지막으로 하고 싶은 말씀해보세요.'라고 질문하면 "오늘 면접을 보는 동안 원장님께서 말씀하신 바람직한 교사로서 업무나 동료관계에서 그리고 부모님을 대하는 전문적 교사로서 바람직한 자세로 근무하겠다"는 굳은 신념을 말하는 것이 좋은 인상을 남겨주게 되는 것이다. 마지막으로 말해보라는 말에 모든 궁금한 것을 정말로 모두 질문하는 것은 바람직한 면접자의 자세가 아니다.

출처: 잡코리아 좋은일 연구소의 이은정

4. 면접복장 상담

면접을 준비하는 입장에서 궁금한 사항에 대한 질문과 그에 대한 현명한 답변을 살펴보기로 한다.

Q	A
1. 영아들만 있는 어린이집에 면접을 준비하고 있습니다. 영아들과 생활하는 곳이라서 다른 면접복장이 필요한지요? 면접복장은 꼭 정장이나 스커트로 준비해야 하는지요? 저는 평소에 스커트를 즐겨 입지 않아 면접복장으로 적당한 스커트와 블라우스가 없어요. 기본남방 흰색은 오버핏으로 캐주얼하게 입던 옷이고 베이지색은 단정하게 입던 블라우스인데 면접복장으로 가능한지요?	1. 영유아 교육기관의 면접의 기본 옷차림은 정장이 기본인 듯합니다. 그러나 정장이 마땅하게 준비되어 있지 않다면 깔끔한 스커트와 상의 재킷으로 면접복장을 준비해도 좋습니다. 만약에 스커트를 즐겨 입지 않는 분이라면 슬랙스와 재킷을 입고 면접에 임하셔도 문제는 없습니다. 상담하신 분이 가지고 계신 흰색기본 남방이 오버핏으로 캐주얼한 의상이라면 오히려 베이지색이 어떤 정도인지는 모르지만 단정한 디자인의 베이지색 블라우스 옷차림으로 입는 것을 추천합니다.
2. 신발은 구두를 즐겨 신지 않아서 특히나 검정구두는 없어요. 운동화를 다양하게 신는 것을 즐기는데 운동화 차림으로 면접가도 될까요?	2. 요즘은 다양한 정장 겸용의 캐주얼 운동화도 많이 나오므로 구두를 못 신는 분이라면 단정하고 깔끔한 형태의 운동화를 신어도 좋습니다.
3. 슬랙스를 입고 면접을 준비하려는데 양말은 꼭 검정으로 신고 가야 하는지요? 스커트를 입고 면접을 가려는데 맨발로 면접을 가도 괜찮은지요?	3. 슬랙스 차림의 경우 슬랙스 계열과 동일하게 양말을 준비한다면 꼭 검정색을 신고 가지 않아도 좋습니다. 면접을 보는 시기가 여름이라서 샌들형 구두를 신는다든지 맨발로 구두를 신더라도 면접에서 신을 벗고 실내로 들어가서 면접을 보게 된다면 꼭 덧신을 준비해서 신고 들어가는 것이 예의바른 모습입니다.

〈종합의견〉

앞에서도 여러 차례 면접 의상에 대해서 언급했지만 면접을 준비하면서 자신 있게 면접복장을 챙겨 입기까지는 많은 갈등과 혼란을 경험하게 됩니다.

면접을 보는 것은 상대방인 면접관에게 자신을 처음으로 선보이는 첫인상이 만들어지는 중요한 시간이므로 깔끔하고 단정한 첫인상이 중요합니다.

해당 면접 복장을 입고 거울 앞에 섰을 때 단정하고 깔끔해 보이고 잘 어울린다는 생각이 든다면 착용하셔도 큰 무리는 없을 것입니다.

유치원이나 어린이집은 어린 영유아들과 생활하는 곳이므로 옷의 색상이나 디자인이 단정하고 차분한 옷차림이 바람직합니다.

너무 짧거나 치렁치렁한 옷, 가슴이나 허리가 드러나 보이는 의상은 면접에서 피하는 것이 좋습니다.

출처: http://www.in-s.kr/

5. 면접 질문에 전문적으로 대답하기

① 영유아 교사를 선택한 동기는 무엇인가?

자신이 교사를 선택하게 된 동기를 찾아보면 내적인 동기와 외적인 동기에 의해서 결정된 것을 알게 된다. 보통 아이들이 좋아서라고 말한 다음 다른 할 말이 없어서 머뭇거린다면 준비를 안 하고 면접에 임한 것이라 볼 수 있다. 아이들과의 활동이 좋아서, 교사로서의 가치와 보람을 느낄 수 있을 것 같아서, 인간을 상대로 가치 있고 성장하는 직업이라서, 영유아기 발달에 중요성을 인식하고 생애 최초의 교사가 되고 싶어서, 사회에 공헌하고 싶어서, 어릴적 꿈이 선생님이라서 등 여러 가지 자신이 선택하게 된 동기를 조리 있게 말하도록 한다.

② 좋은 교사에 대해서 말씀해주세요.

좋은 교사란 영유아에 대한 사랑과 이해를 바탕으로 교사로서의 바람직한 가치와 태도를 가지고 신체적·정신적으로 건강하여야 한다. 또한 교사로서 필요한 전문적인 지식과 기술을 갖춘 사람으로 영유아에게 좋은 모델링이 될 수 있는 교사를 의미한다.

③ 교사로서 좌우명이 있는가?

좌우명이란 나의 삶에 기준을 잡아주는 어떤 문장이나 말 문구로 짧고 간단하게 이루어진다. 예를 들면 학교에 급훈 어린이집에 원훈처럼 자신이 삶을 살아가면서 어떻게 행동이나 처신을 할 때 방향을 잡아주는 정신적인 지주이고 중심인 것이라 본다. 아직도 교사로서의 좌우명이 없었다면 한번 생각해 보자.

반성적인 교사, 근면한 교사, 사랑하는 교사, 성실한 교사, 남을 배려하는 교사, 책 읽는 교사, 공부하는 교사, 남을 돕는 교사, 기록하는 교사 등 수없이 많은 좌우명을 의미한다.

④ **표준보육과정과 누리과정에 대해서 알고 계신 것을 말씀해주세요.**

표준보육과정과 누리과정의 영역을 이해하고 알고 있는가를 본다. 면접 이후 당장 교사로 근무하면서 현장에서 적용하게 되는 교육과정을 알고 있는 것은 당연한 것이다. 추구하는 인간상이나 표준보육과정 6개 영역과 누리과정 5개 영역을 준비하면서 교육의 목표와 목적을 알고 학습을 계획하고 놀이를 준비하고 반응할 수 있도록 연구해야 한다.

⑤ **관찰하고 평가할 수 있는가?**

영유아를 관찰하고 평가하여 다음 놀이단계로 또는 학습단계로 연계하여 발달할 수 있도록 연구하는 보육교사로서 역량을 키울 수 있는가를 알아보기 위한 질문이다.

⑥ **부모님과 상담하는 것이 두렵지 않은가?**

매일 등하원시 부모와 대면하면서 길지는 않지만 상담이 이루어지게 된다.

부모님과 영유아를 대상으로 변화된 모습, 잘하는 모습과 문제되는 행동에 대해서 상담을 하면서 의논하게 된다. 교사는 다양한 자료를 늘 확보하여야 하고, 정확한 관찰과 기록이 필요하며 성장과정과 변화를 파악해야 한다.

이상의 것보다도 더 다양한 질문을 만들어 보고 대답을 찾도록 노력해보자. 영유아 교사의 면접은 일할 수 있는 사람을 찾기 위해 면대면으로 전문성을 알아보는 과정이라는 것을 기억하자.

참고문헌

김평원(2011). “말하기 불안의 분석 모형 연구,” 국어교육학회, 국어교육학연구 40.

김한나(2016). 면접훈련이 말하기 능력과 불안에 미치는 영향. 한국교원대학교 교육대학원 석사학위 논문.

리상섭, 김인숙, 박제일, 최손환, 김창환(2017). 4차 산업혁명 시대의 최신 직업진로설계. 양서원.

박경순(2011). 대한민국 최고의 유아교사가 되기 위한 해법 유아교사 365. 북스카우트.

임유정(2019). 면접의 99%는 스토리텔링이다. 원앤원북스.

이은정. 경험자가 알려주는 면접 보기 전 알아야 할 7가지. 잡코리아 좋은일 연구소. @ejlee.

차대운, 안춘복, 김성민(2008). 면접 스킬 · 클리닉. 법문사.

http://www.kindergartenteacher.tistory.com/

http://www.theway9.com

http://www.ecareer.co.kr/

https://blog.naver.com/

http://www.work.go.kr/

http://www.in-s.kr/

https://youtu.be/imn7tP6uyz0

[유튜브 ‘초인딱세’ 채널]

제10장

입사시험 준비하기(필기 및 실기)

1. 입사시험 준비하기와 실제

1) 입사시험 준비하기

유치원이나 어린이집에 취업하기 위해서 진행되는 면접 시 이론에 대한 평가를 위해 필기시험이 실시되는 경우가 있다. 본 장에서는 입사시험을 구술시험인 면접과 이론시험인 필기시험을 포함해서 소개하고자 한다. 보통 민간이나 가정어린이집의 경우나 소규모 유치원의 경우에는 면접을 통해 구술시험 형태로 진행되기도 한다. 직장어린이집이나 국·공립어린이집의 구인공고를 참고하다 보면 면접 및 필기시험 혹은 수필 형태의 장문을 기술해야 하는 형태로도 진행이 된다. 필기시험으로는 업무에 필요한 구체적인 지식을 알고 있는지를 묻는 예가 많다. 예를 들어 어린이집 내에서 교사가 손을 씻어야 하는 상황은 언제인지, 보육교사는 자신의 전문성 향상을 위해 스스로 어떠한 노력을 하겠는지, 교실의 환경 구성에 대하여 유의하여야 할 점과 영역별 구성, 안전상 유의점에 대하여 아는 대로 자유롭게 기술하라거나, 영유아 관찰이 필요한 이유, 관찰의 구체적인 방법과 기록 방법에 대한 기술, 신입원아 적응 과정을 연령 및 개별적 특성에 따라 어떻게 운영할 것인지 자유롭게 기술하라는 등의 문항으로 평가할 수 있다.

다음은 필기시험을 준비하는 요령에 대하여 살펴보고자 한다.

이력서와 자기소개서 및 증빙서류를 제출하고 나면 유선, 문자, 메일 등을 통하여 서류 전형에 대한 합격이 통지된다. 다음은 서류전형 결과에 대한 안내 및 면접일정에 관련된 안내메일의 예이다.

살펴보자

000 어린이집 교사 서류전형 합격을 축하드립니다,

면접일시는 0000년 00월 00일 오후 00시부터 시작됩니다.
면접 장소의 주소는 00시 00구 00로 00길 00 어린이집입니다.
준비물은 신분증 및 필기도구입니다.
필기시험 안내: 면접전형 이후 필기시험이 40분간 실시됩니다.
보육전반에 대한 문제로 출제되며, 시험에 대한 문의는 받지 않으니 이 점 양해 바랍니다.
메일 수신 즉시 면접 참석여부를 메일로 회신 바랍니다.
메일 제목을 (지원자 이름/ 핸드폰 마지막 4자리)/ 참석 혹은 불참)의 형태로 회신 바랍니다.

대부분의 취업을 준비하는 보육교사라면 서류접수 시점부터 취업기관의 홈페이지나 유치원, 어린이집의 정보공시를 통해 운영형태, 운영관리 일반에 대해서 확인한 후 지원하게 된다. 이러한 과정을 거쳐 서류전형에 합격을 한 것이라면 우선 절반의 성공인 것이다. 면접과 시험은 동시에 진행되는 과정이므로 가능한 전화로는 위치나 면접 시간 등에 대한 문의는 하지 않는 것이 좋다. 혹은 개인 운영기관에서는 서류전형 합격 전에 전화로 간단히 유선 인터뷰를 실시하는 경우도 많다. 이런 경우는 가능한 말을 자제하고 찾아뵙고 인사드리겠다고 응답할 뿐 가능한 전화 인터뷰는 응하지 않는다.

보통 면접에서는 지원자의 이력서와 지원서를 검토하여 예상 질문을 작성하고 지원자의 교육관이나 아동관 혹은 삶을 살아가는 소소한 인생관, 소유 자격증 등 유아교육과 보육 현장에서 요구하는 유치원 교사와 보육교사의 자질 및 업무 능력을 알 수 있는 예상 질문을 미리 작성해 놓는다. 구술시험인 면접의 경우는 임기응변을 통해 개인 **면접**(면접관 1명, 지원자 1명 1:1 면접)인 **경우나, 다대다 면접**(면접관 다수, 지원자 다수), **다대**

일 면접(면접관 다수, 지원자 1명)으로 진행되므로 분위기에 따라 결과에 영향을 준다. 보통 이미 제출된 이력서와 자기소개서를 제출하여, 이력서의 경력 사항은 면밀히 체크하여 확인하고 채용될 기관에서 요구하는 업무 능력이 있는지를 알아볼 수 있는 질문을 작성해 둔다. 이러한 면접이 우선 진행된 후 필기시험을 진행하기도 하지만, 도착하는 대로 필기시험을 진행하고 나서 면접장소로 이동할 수도 있다.

대부분 구술시험이 진행될 경우에 면접자(원장)는 지원자(예비교사)의 답변을 경청한다. 지원자가 말하는 내용 및 말하지 않는 내용 가운데 중요한 정보를 이끌어 내 추가적인 질문을 할 수도 있어 구술시험에 대한 상황은 설정한 분위기에 집착하지 않는 것이 바람직하다.

대부분의 입사시험은 말로 서로 간 대화하며 평가하는 구술시험(면접)과 이론에 대한 본인의 솔직한 의견과 맞춤법, 그리고 글로 표현하는 필기시험이 있다. 이는 차후 교사로 재직하면서 매일 수행하여야 하는 알림장 기술이나 등하원 시 진행되는 간단한 현관브리핑(일과에 대한 부모·교사 간 소통)을 진행할 때의 언어적 습관을 평가하려는 목적이 있다.

다수의 지원자들도 같은 공간에서 대기하거나 함께 시험을 진행하게 된다. 이런 경우를 경험하게 된다면 가능한 분위기는 부드럽고 친절하게 유지하는 것이 좋다. 지원자의 긴장감을 해소시킬 수 있도록 시험 진행을 지원해주는 선배교사나 직원들은 대부분 친절한 말과 미소로 지원자를 맞이한다. 대기공간에는 커피나 차를 대접하여 지원자의 긴장감을 풀어주려고 노력을 한다.

필기시험이 먼저 진행되는 경우에는 보통 중간, 기말고사를 보듯이 시험 전 집중할 필요가 있다. 애써 노력해서 외운 내용들을 다 잊거나 혹은 분위기에 휩쓸려 긴장하거나 예측하지 못한 돌발 상황으로 인해 심리적인 위축이 일어날 수 있기 때문이다. 하지만 필기시험보다 구술시험인 면접이 먼저 진행되는 경우에는 필기시험에 대한 부담이 더 크게 와 닿을 수 있다. 이전에 실시된 구술시험에서 제대로 역량을 발휘하지 못할 경우에 분위기를 극복하지 못하고 필기시험까지 영향을 미칠 수 있기 때문이다.

필기시험 마지막 란에는 채용 기준을 제시하며 희망보수를 쓰게 하는 경우도 있다. 혹은 더욱 구체적으로 실시하고 근무조건(시간연장 근무수당, 연차휴가 등 처우와 복지 등)을 사전에 제시하여 지원자의 합격 의지를 더욱 충족시키는 경우도 있다.

필기시험을 위해 지원한 기관의 홈페이지에서 확인할 수 있는 사항을 확인하고 암기하듯 학습하기보다는 이해하며 말로 표현해보는 연습을 준비하는 것이 좋다. 또한 일반적 유아교육 및 보육과 관련된 누리과정 및 기본적 이론에 대한 무료 온라인 강의를 통해 사전에 필기시험을 준비할 수 있다. 중앙육아종합지원센터나 한국보육진흥원의 강의는 회원가입을 통해 누구나 수강할 수 있으나 유아교육진흥원의 경우는 현장의 교사들에게만 수강자격을 부여하고 있어서 유아교육과 졸업예정자들은 실제적인 도움을 받기 어렵다. 다만 유치원 현장의 재직 교사로서 이직을 준비하면서 본 책을 통해 실무적인 도움을 받고 있다면 이용하기에 어려움은 없으므로 수강을 통해 본인의 직무역량을 강화해 볼 필요가 있겠다.

그림 10-1 중앙육아종합지원센터 e-러닝의 예

출처: http://www.lms.educare.or.kr/

중앙육아종합지원센터에서는 아동학대 예방교육 및 누리과정, 표준보육과정에 대한 강의를 수강할 수 있다. 수강 이후에는 수료증도 발급되므로 이에 대한 정보를 이력서에 추가하여 사전에 입사시험을 위해 노력을 하였다는 점을 강조해도 좋다. 특히 유아교육 현장에서 아동학대에 대한 우려의 목소리가 매우 높다. 이런 사회적 분위기 속에서 입사를 위해 사전에 예방교육 프로그램을 통해 아동학대에 대한 감수성을 스스로 높이려는 노력을 했다는 것만으로도 좋은 인상을 남기기에 충분하기 때문이다.

현재 유아교육기관인 유치원과 어린이집의 기관 평가 지표는 2018년부터 통합지표로 실시된 후 2019년부터는 「영유아보육법」 제30조에 의거 평가제로 적용되었다. 따라서 유치원교사나 보육교사 모두 한국보육진흥원의 온라인 교육강좌 중 평가제와 관련된 교육은 모두 이수해도 좋다. 또한 문서간소화나 안심보육 강좌도 실제 현장에 재직할 경우 매우 유용한 내용을 배울 수 있으므로 반드시 수강하도록 한다.

그림 10-2 한국보육진흥원의 온라인 교육의 예

출처: http://www.edu.kcpi.or.kr/

그림 10-3 서울특별시 유아교육진흥원 내 사이버 연수의 예

출처: http://www.cyberedu.seoul-i.go.kr/

입사시험으로 진행되는 구술시험이나 필기시험은 이미 학부에서 풍부하게 경험한 이론적 지식과 실제적인 교수활동의 실제에 관한 본인의 교육관과 아동관을 모두 표현해 내는 시간으로 활용한다. 즉, 정확한 정답을 기술하기보다는 풍부한 배경지식을 표현하는 것이 좋다.

2) 입사시험의 실제

구술시험인 면접을 통해 어떤 교사를 채용해야 할 것인가에 대한 고민은 면접관이라면 늘 고민하게 되는 내용이다. 다음은 김일태(2011)가 제안한 교사채용에 대한 기준을 살펴보고자 한다.

살펴보자

어떤 교사를 채용해야 하는가?

1. 신체적 특징이 준수한 교사

얼굴, 몸매, 키 등을 본다. 어린이와 학부모는 예쁜 선생님을 무척 선호하는 편이다. 원장이 좋아하는 스타일이 아니라 어린이들이 좋아하는 타입의 교사를 선발해야 한다.

2. 외모의 분위기가 좋은 교사

화장, 헤어스타일, 의상 등을 본다. 화장을 너무 야하게 했거나 머리에 너무 튀는 색으로 염색을 해서 교사로서의 품위가 없다든가, 의상을 너무 경박스럽게 착용하지는 않았는지를 보아야 한다. 교사는 공인이다. 교사는 어린이의 정서에 엄청난 영향을 끼칠 수 있으므로 자신이 선호하는 대로 외부를 가꾸어서는 안 된다.

3. 표정이 밝고 환하게 웃는 교사

외모보다 더욱 중요한 요인이다. 외모나 미모는 슈퍼모델인데, 표정과 성격이 어두워 어린이들을 반 이상이나 떨어뜨리고 석 달도 못 채우고 그만두는 교사도 있다. 설문조사에 의하면 어린이가 가장 좋아하는 교사 1위는 밝고 친절한 선생님이었다.

4. 건강한 교사

며느릿감이든, 교사감이든 가장 중요한 조건이 건강일 것이다. 아무리 책임감이 있어도 몸이 불편하면 결근할 수밖에 없고, 심하면 학기 도중이라도 결국 퇴직하고야 만다. 면접을 통하여 정신 건강(정서적 · 사회적 건강)도 체크해 보아야 한다.

5. 어린이를 좋아하는 교사

의외로 어린이들을 안 좋아하는 교사가 많다. 어린이와 상호작용하기를 천성적으로 좋아하는 교사는 어린이 만화 프로그램을 녹화해 두었다가 퇴근하여 틀어보고 다음날 어린이들과 그것을 소재로 대화도 나누고 주제곡도 함께 부르며 친화하려는 열정이 있다.

6. 끈기와 책임감이 있는 교사

이력서를 면밀히 살펴보면 학창 시절 개근상을 탔든지 전임지에서 몇 년간 꾸준히 근무했는지를 발견할 수 있다. 그리고 면접을 통해서 그 사람의 끈기나 책임감의 정도를 눈치 챌 수 있어야 한다.

면접관들은 가능한 최소한 2년 이상 근무할 사람과 자신의 일에 대해서 책임감 있고 자긍심을 지닐 수 있는 사람을 선호한다. 호감도가 높은 교사일수록 구술시험 단계에서 본인이 희망하는 채용 시 근무조건이나 보수 등을 확실히 정하여 근무계약과 관련된 내용도 서로 확인하기도 한다.

예
- 근무 시간, 특기 지도, 토요근무 등 특근, 휴가, 차량 승차 및 청소 등
- 퇴직금 정산방법, 고용보험 가입내용, 갑근세 공제 내용 등
- 호봉 이외의 각종 수당을 합하여 급여를 정하고, 상여금 및 퇴직금 등은 어느 시기에 어떤 방법으로 지급할 것인지 등(1년 미만 중도 퇴직 시 퇴직금은 월 불입을 하였어도 지급은 불가하다)
- 통상의 경우 기본급+수당으로 정하고, 상여금 및 퇴직금은 연 1회(100%)로 정한다.

해보자

신입(경력)교사 채용 구술시험(면접) 체크리스트에 맞게 예상 답변을 작성해보자.

- 간단히 자기소개를 해보세요.
- 지원자 가정의 장점이나 성장과정에 대해 소개해주세요.
- 입사 후 향후 3년 계획과 최종 목표(비전)에 대해 구체적으로 말해보세요.
- 실습 시 담당한 영유아들과의 상호작용에 있어서 본인의 경험을 소개해보세요.
- 부모님은 지원자에 대해 어떤 계획을 소망하고 있나요?
- 저(원장이나 재단)에게 질문할 내용이 있으면 무엇이든 말해보세요.
- 유치원이나 어린이집의 문제 상황에 대한 대처방법을 알아보세요.
  - 학부모 민원 아동학대를 의심하는 표현
  - 내 아이만 더 챙겨주세요 등
  - 영유아 안전사고 시
  - 학부모가 CCTV를 열람하겠다고 할 때
  - 동료교사와의 갈등
  - 중간관리자와의 갈등 시
- 표준보육과정의 6가지 영역이나 누리과정의 5가지 영역에 대해서 말해보세요.

해보자

구술시험(면접)시 관찰을 통해 평가하는 교사 채용관련 체크리스트를 통해 모의 면접 진행을 통해 내 파트너를 관찰평가 해 보자.
(면접을 진행하는 대기공간에서 재직교사(중간관리자 등)들이 평가하는 부분이 반영되기도 한다.)

- 교사로서 자신의 강점과 약점을 설명하고 약점을 보완하기 위해 어떤 노력을 하는가?
- 평소 지인들은 자신의 장점과 단점을 어떻게 파악하는가?
- 실습을 통해 보육교사로서 어떤 점이 힘들었는가?
- 자신이 되고자 하는 교사상은? (교사에게 가장 중요한 덕목을 한 단어로 표현하기)
- 포트폴리오의 개념, 방법, 교사의 활용방안에 대하여 설명해 보세요.
- (재단 면접 시) 지원한 어린이집이 다닌 다른 곳으로 발령 났을 경우에는?
- 만약 파트너가 아동학대가 의심되는 행동을 했다면?
- 중요한 약속이 있는데 어린이집에 공용 업무 야근이 잡힌다면?
- 가족 생일인데 파트너(선배교사)가 당직을 바꿔 달라고 한다면?
- 파트너가 아파서 일주일을 못 나온다면?
- 선배교사가 너무 일을 하지 않는다면?
- 월급은 얼마 받는지 알고 있나요?
- 학부모가 선물을 준다면?
- 학부모가 교사를 무시하는 행동을 했을 때 어떻게 대처할 것인가?
- 통합보육 시간이 훨씬 지났는데 학부모가 오지 않는다면?
- 만 2세 담임이 되어서 학기 초에 영아들의 적응을 도울 수 있는 프로그램은?
- 다양한 보육프로그램 중 특별히 관심이 있는 프로그램은?
- 교수학습원리에 대해 설명해보세요.
- 이력서나 자기소개서 작성 시 구체적이고 구성력 있게 기술(성의 있는 작성)되었는가?
- 면접 시 착용한 복장이나 이미지는 단정한가?
- 개근한 사실(초임교사)이 있거나 전 직장의 근무경력(경력교사)이 오래 되었는가?
- 목소리의 톤이나 말하는 언어적 습관이 어린이와 상호작용하기에 적합한가?
- 지원자가 표현하고자 하는 의미가 잘 전달되거나 발음이 정확한가?
- 지원자가 의도하는 구술과정에서 자연스럽게 예의가 표출되는가?
- 지원자는 신체적으로 건강한 사람인가?
- 지원자는 자기 직업에 대해 만족감을 가질 사람인가?
- 지원자의 현재의 거처의 거리는 얼마나 되는가 혹은 재직한다면 적당한 거리인가?
- 지원자는 주거주지가 본가인가 혹은 자취나 하숙을 하는가?
- 지원자는 다양한 문제 상황에서 해결할 수 있는 융통성 있는 마음을 가졌는가?

기타 면접방법으로는 개인이 운영하는 기관에서는 전 직원이나 주임교사급 이상이 한자리에 모여서 면접을 진행하기도 한다. 학기 중 파트너 교사가 퇴직하는 경우 이런 면접을 많이 진행하는데, 그 이유는 학기 중 퇴직하는 교사와 비슷한 성향이거나 현재 파트너 교사와 잘 소통하고 협력할 수 있는 신입교사를 채용하기 위함이다. 혹은 채용을 확정하기 이전에 지원자의 업무 실무 능력을 파악하고 지원자도 원 분위기를 파악하기 위해 사전에 일주일 정도 근무해 볼 수 있다. 이런 경우는 대체교사 인건비를 지급받는 조건으로 진행하는 것이 필요하다. 가끔 현장에서는 입사 전 근무를 당연시하여 무임금으로 근무한다는 교사의 민원이 발생하기도 한다. 이는 첫 단추를 불신하게 만드는 좋지 않은 관행이니 사전에 서로 확인한 후 사전 근무를 진행하도록 한다.

살펴보자

현장의 원장님들이 싫어하는 유형의 교사는 누구일까요?

1. 말은 되는데 글이 안 돼요.

서류전형이 1차에 이뤄지는데 이력서나 자기소개를 성의 없게 작성한 경우에는 좋은 이미지를 주지 못한다. 예를 들어 이력서 하단에 도장을 찍지 않거나 사진을 누락하고 학력이나 경력을 너무 축약해서 기록하는 경우이다.

2. 준비능력이 부족하거나 협력하는 마음이 부족해요.

이력서에 포함된 증빙자료가 누락되거나 혹은 면접 당일 증빙자료를 지참하라고 안내를 하였는데 이를 잊거나 혹은 거부하는 경우이다.

3. 앞과 뒤가 달라요.

면접상황에서의 태도와 대기실이나 유선통화 등의 상황에서 표현이나 행동이 너무 다른 교사들의 경우이다.

4. 사랑받은 교사가 사랑을 전해줄 수 있어요.

자기소개서에 가족을 친근감 있게 표현하지 않거나 가정이나 부모에 대해 긍정적인 마음, 감사한 마음보다는 본인이 고생하거나 혜택을 받지 못해 피해상황(언니 편애, 남자형제 편애, 부모불화로 인한 불안감 등)을 표현하는 경우이다.

5. 꼭 일하고 싶다는 열정이나 관심도가 낮아요.

유치원이나 어린이집의 물리적인 환경이나 교사들이나 아이들이 제작한 환경구성에 관심을 보이지 않고 현재의 상황(면접과정이나 필기시험과정)에만 집중해서 주변에 대한 인식을 잘 하지 못하고 관심이 차단되는 경우이다.

6. 사회성 발달이 부족해 보여요.

입사시험이 진행되는 동안의 모든 말과 행동이 친사회적인 표현을 담고 있지 못하거나 자기 표현이 없는 교사 혹은 독선적인 경향이 있는 교사의 경우이다.

7. 아직도 독립을 하지 못했어요.

입사시험 당일에 남자친구나 부모님 혹은 언니 등 가족이 유치원이나 어린이집 기관까지 데려다주고 긴 시간 진행되는 평가 과정에 시간을 자꾸 확인하거나 언제 끝나는지 묻는 경우는 대부분 밖에서 누군가가 기다리고 있는 경우이다.

다음은 필기시험에 대한 예상문제에 대해 살펴보자. 필기시험은 이론, 보육계획안 작성, 희망하는 보육연령에 맞게 물리적 환경구성, 본인의 보육철학이나 문제 상황 시 대처 능력 등에 대해서 객관식이나 주관식(단답형 혹은 서술형) 등 다양한 유형으로 출제되고 있다.

필기시험은 이론적 지식을 평가하기도 하지만 보육이념, 보육철학, 보육가치관 등을 확인하려는 목적이다. 유아교육을 전공하고 유치원교사로 일하거나 혹은 아동학을 전공하고 보육교사로 취업을 하고자 한다면 이 질문에 대해 지원자의 중심이 매우 분명할 필요가 있다. 예비교사인 지원자가 현장의 교사로 재직하게 된다면 무엇을 위해 일할 것인지, 아이들을 바라보는 관점은 어떠한지, 보육의 시간에는 어떤 것이 이루어져야 할지를 분명히 알고 있는가가 면접관이 원하는 정답이다. 실습과 다년간의 학부과정을 통해서 나는 어떤 교사가 되고 싶은지에 대한 답변을 스스로 정의해보면 좋다. 아동 중심의 철학과 놀이 중심 보육, 아동권리존중 보육, 그리고 그것을 지원하기 위한 교사의 역할은 무엇인지 등을 연결하여 같은 맥락으로 답변을 하면 좋다. 좀 더 창의적이고 자기만의 아이디어를 제안하더라도 결국 아동 중심의 권리존중 보육의 철학적 마인드를 가진 교사라는 결론에 도달하면 된다.

해보자

필기시험 예상문제

- 지원자의 보육이념, 보육철학, 보육가치관 등에 대해 서술하시오.
- 만 1세반 환경구성을 배치도로 그려서 제안하시오.
- 자유선택 놀이 시 교사가 유의해야 할 점을 기술하시오.
- 만 2세 영아의 언어발달의 특징을 기술하시오.
- 가을 주제에 맞는 신체놀이를 제안해 보시오.
- 만 3세반 '우리나라를 상징하는 것'이란 주제로 일일계획안을 작성하시오.
- 피아제와 비고츠키의 인지발달의 공통점과 다른 점을 기술하시오.
- 표준보육과정에 기초한 만 0~1세 반의 하루일과를 계획해보시오.
- 색깔에 대한 개념을 놀이 중심의 각 영역별 활동으로 놀이를 제안해 보시오.

필기시험 중 서술형(에세이) 예상문제

- 서술형이나 에세이는 문제유형을 복수로 출제하고 그중에서 1문제를 선택해서 작성한다.
- 희망하는 연령을 결정하고 해당 연령의 발달적 특징을 기술하시오.
- 현재 이슈가 되는(CCTV, 아동학대 등) 주제를 선정하여 학부모-기관-교사와의 입장 차이에서 오는 불신과 갈등에 대한 해결방안에 대해 서술하시오.
- 지난주 적응기간이 지나고 엄마와 헤어지기 어려워하는 영아가 교실에 들어오지 않는 상황에서의 교사의 역할에 대해서 작성하시오.
- 유아반 자유선택활동 시의 교사의 역할에 대해 선생님은 어떻게 학급운영을 할 것인지에 대해 작성하시오.
- 편식이 심한 영(유)아들을 지도하기 위한 선생님의 생활지도 방법을 구체적인 예를 들어 작성하시오.
- 요즘 현장에서는 아동권리존중 보육의 중요성을 매우 강조하고 있다. 선생님은 영(유)아들의 개인차를 존중하는 훈육의 방법으로 어떤 생활지도를 할 것인지 구체적인 상황을 제시하면서 작성하시오.
- 선생님은 왜 교사가 되고 싶었나요? 본인의 성장과정 속의 경험을 제시하면서 교사가 되고 싶었던 동기와 어떤 교사로 성장하고 싶은지에 대해 작성하시오.
- 기관이나 원장님 그리고 학부모와도 크게 어려움이 없다. 하지만 동료교사와의 갈등이 심해서 어려움이 있다. 이럴 때 현장은 아이들과 함께 생활하는 공간이라서 마치 부부싸움을 한 부모를 보는 입장에 영유아들은 노출이 되기도 한다. 동료교사와의 갈등상황은 어떻게 개선해 나가고

싶은지 그 해결방안에 대해 작성하시오.

[참고] 보육계획안을 작성하는 경우에는 보육 목표와 활동에 해당하는 표준보육과정(누리과정)의 내용 범주, 세부내용까지 다 쓰도록 명시되어 있으니 사전에 미리 준비할 때 참고할 필요가 있다.

구술시험 면접이 종료될 즈음에는 면접관이 마지막으로 하고 싶은 말을 질문하므로 가능한 최종적으로 자신을 잘 표현할 수 있는 기회를 당황하면서 놓치는 경우가 많다. 갑자기 질문하면 사실 크게 궁금하거나 하고 싶은 말이 없는 것이 대개의 모습이기 때문이다. 그러므로 미리 생각하여 준비하는 것이 좋다. 예를 들어 현재 어떤 연령의 담임을 구인하는지 혹은 총 몇 명의 교사를 선발하는지에 대해 문의하거나 본인이 답변을 충분히 하지 못한 것에 대해 아쉬운 부분이 있다면 이를 보충하여 답변할 수 있는지의 여부를 확인 받은 후 자기의 소신을 정확하게 표현하고 꼭 채용되어 본 기관에서 성장하고 싶은 의지를 표현하는 것도 좋은 예이다.

인성이나 직업적 적성검사를 요즘 많은 기관에서 기본적으로 실시하고 있다. 보통 MMPI나 직업적성검사 등을 실시하거나 혹은 성격검사의 한 종류를 선택하여 실시한다. 서류전형에 이어 2차 면접(구술과 필기시험 및 실기표현)에서 좋은 점수를 얻은 교사의 인적성 검사지를 전문기관으로 보내어 결과를 받은 뒤 최종 합격 통보를 하고 있다. 전반적으로 기관에 필요하거나 교사로서 적합한 유형이 있으며, 원의 사정에 따라 어울리지 않는 교사가 채용이 될 수도 있지만 대부분은 그 유형의 범위 내에서 채용을 하고 있다. 예를 들어 도형심리 검사지를 활용한 경우 현재 재직교사들의 도형 유형을 반영하여 신규 채용 교사의 유형을 결정하는 경우도 있다.

살펴보자

본인의 인적성 검사를 사전에 실시할 수 있는 취업포털 사이트 잡코리아의 검사를 살펴보자. 잡코리아에서 개인적으로 인적성 검사(유료)를 운영하고 있다. 먼저 로그인 후 [MY홈] >[이력서 관리]에 들어가 좌측에 [인적성 검사] 메뉴가 있으니 확인해 보자.
한 번 검사하면 1년 동안 열람할 수 있고 잡코리아 이력서로 온라인 입사지원 시 함께 첨부하여 제출할 수도 있다.

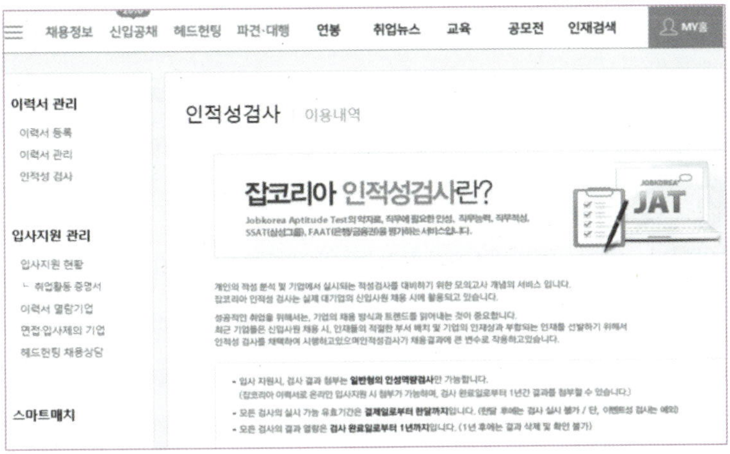

전반적으로 면접 및 인성검사를 하는 곳의 경우 2~3시간 정도 소요된다. 면접을 보는 교사의 수가 더 많으면 시간은 더 많이 소요될 수도 있다. 보통 어린이집 내의 교사실, 상담실, 사무실, 도서실 등 면접공간과 같은 공간에서 인적성 검사가 이루어진다. 물론 각 기관마다 다를 수도 있다.

본 어린이집 채용 심리검사(인적성 검사)

본 심리검사는 00 어린이집 교사채용을 위해 실시합니다. 심리검사의 결과는 채용을 위한 자료로만 활용되며, 기타 다른 목적으로는 사용되지 않습니다. 본 지원자는 위의 내용을 이해하고 검사를 실시합니다. 모든 문항에 응답해주시기 바랍니다.

인적성 검사는 지필로 진행하거나 혹은 사이트를 메일이나 핸드폰 문자로 안내해서 실시하기도 한다. 검사된 결과는 채용의 당락을 결정하는 최종적 채용절차에 해당되므로 신중하게 지문을 읽고 검토한 후 체크하는 것이 중요하다.

면접시간 10분 전 도착과 필요서류는 봉투나 투명파일에 서류별 리스트 순서대로 챙기기, 오고갈 때 인사매너, 깔끔한 옷차림과 헤어는 기본적인 사회적인 예절이다. 혹시라도 면접 장소에서 아는 친구나 동창 혹은 지인을 만났다고 너무 오버하지 않도록 주의해야 한다. 어찌 보면 만난 그 대상도 결국 나와의 경쟁대상인 상황이기 때문이다. 사전에 지원한 기관에 대한 정보를 아는 것도 중요하지만 실제 면접에서는 지원 기관에 대해서 잘 알고 있다고 확신적인 발언을 하지 않는 것이 바람직하다. 긴장이 되더라도 기관에서 제공하는 음료는 성의를 생각해서 조금이라도 마시는 것이 서로 간의 배려이고 예의이다. 대기 공간에서 지원자를 맞이하는 직원의 관찰 평가도 차후 최종 결정에 반영될 수 있기 때문이다. 어느 기관에서는 일부러 기관장이 중간관리자에게 대기실 안내를 맡긴다. 대기실 안에서의 지원자 태도 등을 살피어 평상시의 예절이나 생활습관 등을 자연스럽게 모니터링하기 위함이기 때문이다. 다음은 구술시험 단계에서 자연스럽게 진행되는 수업시연에 대한 실기표현에 대해 살펴보자.

2. 실기표현(수업시연) 준비하기와 실제

입사시험 중 구술시험인 면접 시 실제지도에 대한 사항을 요구하는 경우가 있다. 이를 실기표현 혹은 수업시연이라고 한다. 구인공고 시 사전에 수업시연이 있다고 공지하기도 하지만 면접 시 자연스럽게 수업시연에 대해 요구를 하기도 한다. 특히 다대다 면접의 경우에는 경쟁자들끼리 공개적으로 이뤄지기 때문에 사전에 나만의 수업비법을 몇 가지 준비하는 것이 필요하다. 다음은 실기표현에 대한 준비 방법과 실제적인 내용에 대해서 살펴보고자 한다.

1) 실기표현(수업시연) 준비하기

유치원과 어린이집 취업을 앞둔 예비교사들은 서류전형, 면접에 대해서는 크게 두려움 없이 당연한 채용의 절차로 생각하지만 실기시험이나 실기표현 평가에 대해서는 두려움을 먼저 표현하기도 한다. 하지만 실기표현이라고 하여 특별히 겁낼 필요는 없다. 이미 학부과정에서 오랜 기간 실습시간을 통해, 모의 수업을 통해, 실습을 통해 미리 준비할 수 있는 시간이 주어졌기 때문이다. 또한 대부분 서류전형에 대해서 공지한 후 면접일정을 안내할 때 사전에 준비할 수 있도록 약 일주일 정도의 시간을 확보할 수 있기 때문이다.

수업시연을 진행하는 실기표현은 0~5세의 영유아 연령 중 자신이 특별히 희망하는 연령의 수준에 맞는 내용을 결정할 수 있는 장점이 있다. 새로운 활동보다는 이미 실습했던 연령대에 맞게 사전에 준비하는 것이 유리할 수도 있다. 당연히 실습했던 연령대가 자신감이 더 많겠지만 혹시 실습했던 연령대가 평소 익숙하지 않던 연령이었다면 과감하게 자신이 선호하는 연령대로 바꾸어 실기표현을 준비해도 좋다. 실습했던 연령대로 수업시연을 준비하게 되면 동시에 진행되는 면접에서 더욱 다양한 아이디어를 정리하여 답변할 수 있다는 장점도 있다. 즉, 실기표현은 면접과 병행해서 준비할 수 있다는 장점이 있다.

살펴보자

실기표현을 준비하는 Tip

- 실습 시 이미 경험한 연령을 공략하자.
- 실습 중 진행해 보았던 수업계획서를 검토하여 가장 자신 있는 활동을 선택하자.
- 모든 활동은 도입(이전경험)-전개(활동진행)-평가(활동에 대한 느낌, 경험 나누기)의 단계로 진행되므로 교사 주도가 아닌 영유아들의 반응(이전 경험, 주도하고 싶은 의지 등)이 잘 나타나도록 상호작용을 구성하자.
- 다대다 면접의 상황에서는 다른 경쟁자들이 영유아의 역할을 해주므로 상호작용에 대해 돌발적인 발문이 아닌 수업계획에 맞는 적절한 발문을 계획하자.
- 실기표현은 철저한 준비가 제일 중요하다. 계획된 수업의 내용을 잘 기억할 수 있도록 지속적인

반복 연습을 해 두도록 한다.

- 피아노나 컴퓨터 혹은 악기 다루기 등에 대해서 확인하기도 하므로 이에 대한 역량을 이력서나 자기소개서에 작성하였다면 이 부분에 대한 연습 혹은 답변도 미리 준비해 두면 좋다.
- 실기표현은 내용도 중요하지만 이를 시연하는 지원자의 목소리 톤, 억양, 말의 속도, 표정, 감정 등도 모두 평가가 되므로 적절한 분위기 조성에 대해서도 충분한 연습이 필요하다.
- 무엇보다도 잘 하는가에 대한 평가보다는 열정이 있고 의지가 있는지를 평가하므로 스스로 자존감을 높이며 자신의 강점이 잘 표현되도록 사전 준비를 해 둔다.

2) 실기표현의 실제

수업시연은 자신 있는 활동을 그 자리에서 직접 해 보도록 요구하는 편이다. 따라서 준비된 수업계획에 맞게 선택된 활동의 도입–전개–마무리 순서로 진행하도록 한다. 가끔은 도입만 하고 시간관계상 중간에 멈추게 하는 경우도 있으나 준비하는 지원자는 마무리까지 모두 완성된 형태로 준비하는 것이 중요하다. 다음은 실제 면접 시 요청된 수업시연에 대한 다양한 사례를 살펴보자.

살펴보자

실기표현(수업시연) 주제의 예

- (만 1세 또는 2세 대상): '느낄 수 있어요'
  자료: 점토, 점토판, 점토 틀
- (만 1세 또는 2세 대상): '나도 할 수 있어요'
  자료: 리본막대
- (만 3세 또는 4세 또는 5세 대상): '사랑하는 나와 가족'
  자료: 가족동상사진(헨리 무어의 가족)
- (만 3세 또는 4세 또는 5세 대상) : '겨울'
  자료: 동화책- 눈사람아저씨(레이먼드 브릭스 지음)
- 영아를 위한 오감활동으로 밀가루 점토에 대한 탐색활동을 시연해 보세요.
- 유아를 위한 과학실험활동으로 물에 뜨는것과 가라앉는 대그룹활동을 시연해 보세요.
- 본인이 가장 재미있게 읽었던 그림책을 소개하며 구연동화를 시연해 보세요.

- 유아를 대상으로 안전교육 중 신호등 건너기 활동을 시연해 보세요.
- 김성균 곡 동요 '씨앗'을 만 5세 유아들과 악기연주 활동을 할 것인데, 어떤 악기를 활용해서 어떻게 지도할 것인지 시연해 보세요.
- 요즘 날씨가 매우 덥죠? '여름에 쓰는 물건'에 대한 이야기 나누기 활동을 진행하기 위해 어떤 수업계획을 가지고 어떻게 시연할지 생각해 본 후 시연해 보세요.

실제의 사례를 본 것처럼 이미 준비된 내용 중에서 본인이 선택해서 시연을 준비할 시간적 여유를 준 후 시연하게 하는 경우도 있고 혹은 본인이 직접 준비한 활동을 시연해 보도록 허용하는 경우도 있다. 때로는 학부 때 제일 재미있던 교과목과 가장 힘들었거나 관심도가 적었던 교과목에 대해 질문을 하고 이에 답변을 하며 그 과목 중 가장 재미있게 배웠던 활동을 직접 보여 달라고 요청하는 경우도 있다. 이렇듯 그 상황에 맞게 돌발적으로 다양한 내용들을 요구받게 되더라도 최선을 다해 그 상황을 해결하려는 의지와 부족하더라도 열심을 다하는 태도가 좋게 평가 받을 수 있도록 준비한 만큼을 충분히 표현하도록 한다. 좋은 교사는 잘 하려고 노력하는 교사이기보다는 영유아들과 눈을 맞추고 마음으로 공감하며 함께 놀이를 할 줄 아는 교사이다. 수업시연은 지식과 기술과 태도를 모두 확인할 수 있는 가장 완벽한 교사평가의 방법이기도 하다. 채용 이후 학부모 참여수업을 통해 교사로서의 수업시연은 항상 요구되는 능력이므로 입사 전부터 충분한 연습과 훈련을 통해 수업시연을 잘 수행하는 준비된 태도를 갖추어 나가는 것이 바람직하다.

최종 근로계약이 확정된 경우에는 기관장과 교사 개인 간에 근로계약서를 작성하게 된다. 근로계약서의 내용을 사전에 살피어 최종 근로계약이 체결될 때를 대비하여 잘 검토해 보도록 한다. 모든 기관에서는 사용자와 고용자 간에 근로계약서를 작성하며, 근로계약서에는 임금, 근로시간 및 기타 근로조건 등을 명시한다. 근로계약서는 쌍방이 날인하여 원장과 보육교직원이 각각 한 부씩 보관하도록 한다. 교직원의 휴가, 휴일, 휴식 등 근로시간과 관련 사항에 대해서는 「근로기준법」 등 노동관련 법령에 따르므로 유치원에 입사하는 경우에는 아래 제시된 근로계약서 외 사립기관별 근로계약서가 다를 수도 있다. 다음은 유치원과 어린이집 통합지표 평가인증에서 제시하고 있는 근로계약서 표준 문서로 보건복지부·한국보육진흥원(2022)이 제시한 문서 서식이다. 문서의 어린이집을 유치원으로 변경하여서도 활용되고 있는 서식이다.

서식 1 근로계약서 예시

근 로 계 약 서

(기관명) 대표 ×××(이하 '갑'이라 함)와 근로자 △△△(이하 '을'이라 함)는 다음과 같이 근로계약을 체결하고 상호 성실히 이행할 것을 확약한다.

제1조(담당업무)
"을"의 담당 업무는 ( )로 하되, 업무상 필요한 경우 갑은 을의 담당 업무를 변경할 수 있다.

제2조(근로 장소)
"을" 의 근로 장소는 ( )로 하되, 업무상 필요한 경우 갑은 을의 근무 장소를 변경할 수 있다.

제3조(근로시간 및 휴게시간)
① "을"의 근로일 및 근로일별 근로시간과 휴게시간은 다음과 같다. 단, 업무상 필요한 경우 근로자대표와 서면합의를 통해 휴게시간을 변경할 수 있다.
가. 근 로 일 – 평일, 토요일
나. 근로시간 – 평 일 00:00 ~ 00:00 (휴게시간 00:00 ~ 00:00)
토요일 00:00 ~ 00:00 (휴게시간 00:00 ~ 00:00)
② "갑"은 업무상 필요에 따라 "을"에게 연장, 야간 및 휴일 근로를 명할 수 있고 본 근로계약서의 체결로 "을"은 이에 동의한다.

제4조(임금)
① "을"의 임금은 월급여 총액은 ( )원으로 한다.

구성항목	급여액	계산방법
기본급	원	시급 × (209 시간)
수당1 ( )	원	
수당2 ( )	원	
수당3 ( )	원	
수당4 ( )	원	

② 임금의 구성항목과 그 계산방법은 다음 표와 같다.

③ 전항의 임금은 매월 일부터 일까지 기산하여 당월 일에 “을”이 지정하는 은행 계좌로 송금한다.

> ※ ‘국고보조어린이집’의 경우 아래 조항으로 대체
>
> 제4조(임금)
>
> ① “을”의 임금은 매년 보건복지부 장관이 정한 인건비지원 기준에 따라 ( ) 호봉 갑(을) 월급 총액 ( )원으로 시작한다. (※ 필요한 경우 수당별 금액 기재)
>
> ② 전항의 임금은 매월 일부터 일까지 기산하여 당월 일에 “을”이 지정하는 은행계좌로 송금한다.

제5조(휴일)

① “을”의 유급휴일은 주휴일(매주 0요일)과 근로자의 날로 한다.

② 그 밖의 유급휴일은 “갑”의 복무규정에 따른다.

제6조(휴가)

① “갑”은 “을”에게 근로기준법에 따라 연차유급휴가(전년도 8할 이상 출근 시 연간 15일, 입사 첫해는 전월 개근 시 1일을 주며 실제 사용한 일수는 이듬해 15일에서 차감)를 주며, 그 외 휴가는 “갑”의 복무규정에 따른다.

② “을”의 복무규정상 부여되는 휴가를 사용하는 경우 연차유급휴가를 사용한 것으로 하며, “을”의 근로의욕 고취 및 “갑”의 계산상 편의를 도모하기 위해 연차유급휴가의 사용을 제한하지 아니하는 범위 내에서 매월 “을”의 급여에 연차유급휴가 미사용 수당을 산입하여 지급할 수 있다.

※ 5인 미만 사업장의 경우, 근로기준법 제11조 동법시행령 제7조에 따라 연차휴가에 관한 규정의 적용을 받지 아니하나 사업장상황을 고려하여 연차휴가를 부여할 수 있다.

제7조(준용)

본 계약서에 명시되지 않은 사항은 복무규정 및 근로기준법의 관련조항을 준용하도록 한다.

20 년 월 일

갑(사용자)		을(근로자)	
사업장명 :		이 름 :	(인)
대 표 자 :	(인)	주민등록번호 :	
소 재 지 :		주 소 :	

○○ 어린이집

출처: 보건복지부, 한국보육진흥원(2022).

살펴보자

봉 급 대 장

(단위 : 원)

번호	성명	호봉	급여			공제액					실 수령액	퇴직 적립금	날인
			월급여	제수당	계	국민 연금	건강 보험	고용 보험	소득세 주민세	계			

- ◦ 보육교직원에게 급여 지급 시, 급여와 수당계산의 기초가 되는 사항을 기록하는 봉급대장을 작성하고 보육교직원의 확인 날인이 필요
- ◦ 실수령액에는 급여의 계에서 공제액의 계를 차감한 금액을 보육교직원별 기재
- ◦ 퇴직적립금 통장은 어린이집 명의로 개설, 보육교직원 개별이름으로 매달 적립, 보육교직원 개인별 퇴직적립금의 관리내역(봉급대장)이 기록되어 있고 봉급대장의 월별 퇴직적립금 총액은 퇴직금 적립통장으로 입금된 금액과 일치해야 함

출처: 보건복지부, 한국보육진흥원(2022).

살펴보자

보육교직원 평가 관리(예시)

- 근무평가 내용(참고자료) -

1. 업무태도

- 계획된 보육활동의 실행을 위해 성실히 수업자료를 준비하는가?
- 담당영역의 교구 등록·관리 및 공동구역의 청결유지를 위해 노력하는가?
- 맡은 일에 대해 책임을 전가하지 않고 의욕적으로 해내려고 하는가?

2. 전문성

- 보육지식의 함양을 위해 보육관련 재교육 및 세미나 등에 자발적으로 참여하는가?
- 전문성 있는 보육계획 및 실행을 위해 다양한 보육프로그램의 자료를 참고하며 연구하는가?
- 연구수업 등 장학수업 과정에 충실히 임하며, 장학수업 평가사항을 보육활동에 반영하기 위해 노력하는가?

3. 원아관리

- 영유아를 존중하며 요구에 민감하고 적절히 반응해주는가?
- 영유아의 문제행동을 영유아의 입장에서 이해하려고 노력하며, 적절한 개입을 하는가?
- 매일 아침 등원하는 영유아의 건강상태 및 정서상태 등을 파악하기 위해 노력하는가?

4. 부모와의 관계

- 아동이 어린이집 생활에 관하여 부모와 공유하거나 개인별 아동의 발달과업이 잘 이루어질 수 있도록 가정연계를 위해 노력하는가?
- 부모와 신뢰감 형성을 위해 노력하는가?
- 부모면담, 부모참여수업 등 참여활동에 적극적으로 참여를 유도하는가?

5. 동료 관계

- 보육교사로서 상하 간, 동료 간의 인간관계를 원활히 유지하기 위해 노력하는가?
- 동료교사의 도움과 요청이 있을 때, 적극적으로 도와주려고 노력하는가?
- 동료교사의 고충을 듣고 진심으로 이해하려고 노력하며 격려해주는가?

출처: 보건복지부, 한국보육진흥원(2022).

안녕하세요? 000 선생님
00 어린이집에 채용된 것을 진심으로 축하드립니다. 입사서류를 안내해 드리오니 준비하여 출근하실 때 원장님께 직접 제출 바랍니다.

<입사서류 제출안내>

- 최종학교 졸업증명서
- 성적증명서
- 보육교사 자격증 사본
- 경력증명서
- 기본증명서
- 공무원 채용신체 검사서

이미 서류전형 때 경력증명서나 졸업증명서 등을 제출했다 하더라도 최종 합격 통보를 받은 경우에는 최근 3개월 혹은 1개월 이내에 발급받은 서류로 제출하도록 안내한다. 또한 공무원 채용 신체 검사서의 경우에는 반명함판 사진 2매(1통이 필요한 경우)를 준비하여 병원에 방문하여 공무원 채용에 대한 신체검사를 반드시 확인하고 검진을 받도록 한다. 통상 3~4일 정도면 채용 신체 검사서는 발급이 되므로 사전에 미리 검사를 하는 것이 좋다. 어린이집이나 유치원의 경우 정원 50인 이상의 경우에는 조리실을 집단급식소로 설치하도록 되어 있다. 집단급식소가 설치된 기관에 근무하는 교사는 배식에 참여하게 되므로 보건소에서 감염병 여부에 대한 검사를 추가로 실시하고 보건증, 결핵검사증을 발급받아 두도록 한다.

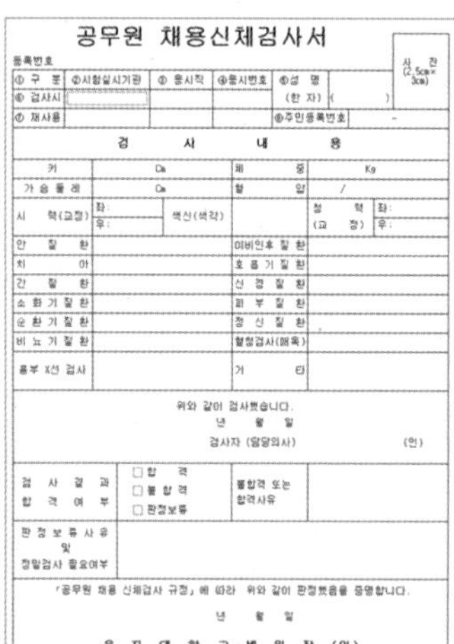
공무원 채용신체검사서

위와 같이 검사했습니다.

『공무원 채용 신체검사 규정』에 따라 위와 같이 판정했음을 증명합니다.

을 지 대 학 교 병 원 장 (인)

그림 10-4 공무원 채용 신체 검사서

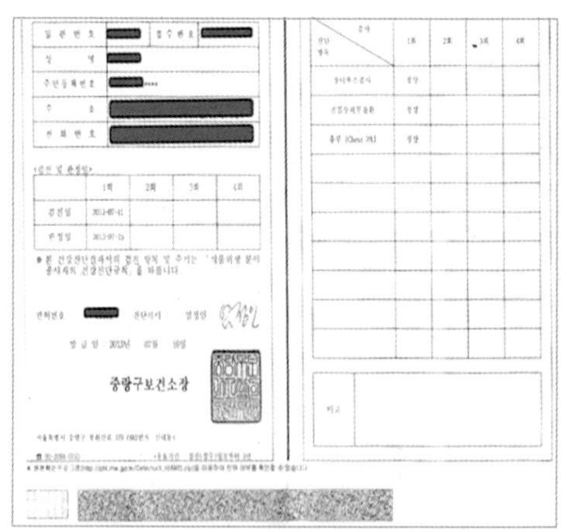
중랑구보건소장

그림 10-5 보건소 보건증(집단급식소)

보육교사로 어린이집에 취업하려는 지원자는 아이사랑 보육포털(www.childcare.go.kr)에 보육교직원으로 가입해 두면 좋다.

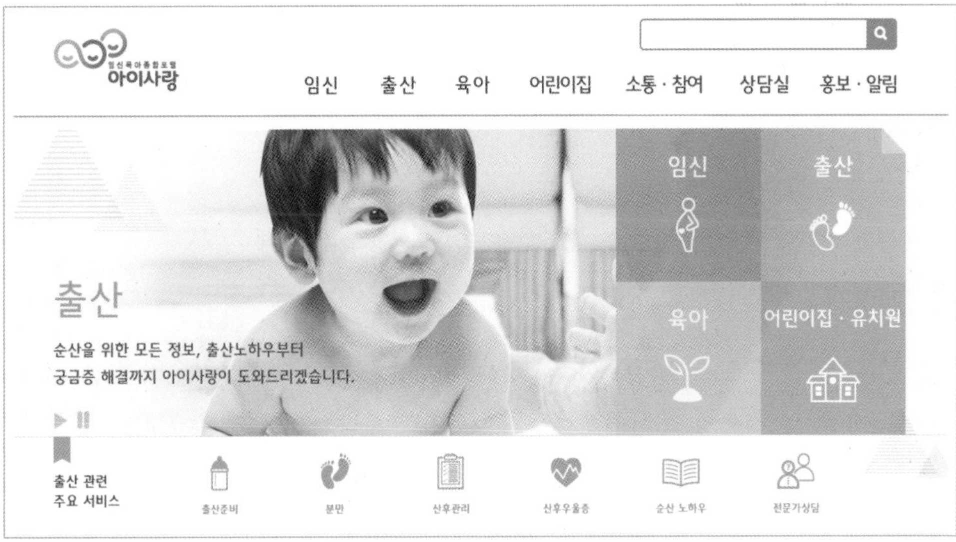

그림 10-6 아이사랑 보육포털

출처: http://www.childcare.go.kr

아이사랑 보육포털 사이트는 육아종합지원센터와 보육인력 국가자격증 포털사이트와도 연동되어 있어서 회원가입 시 제3자 정보공개에 동의하고 가입하도록 한다.

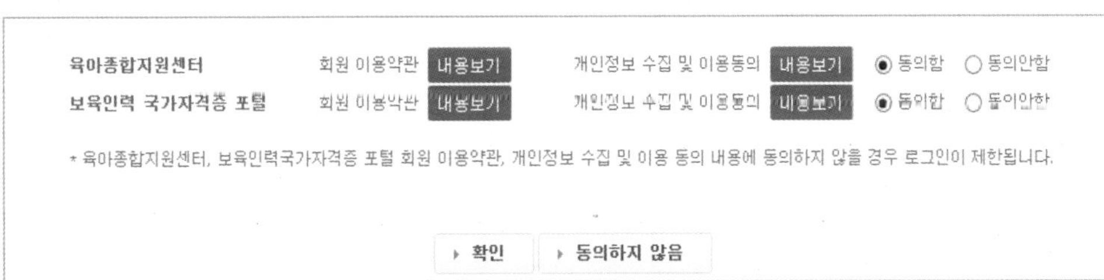

그림 10-7 아이사랑 보육포털 제3자 정보공개 화면

출처: http://www.childcare.go.kr

회원가입 시 회원자격을 보육교직원에 체크하고 가입을 해 두면 차후에 어린이집 임용 시 온라인으로 조회가 되어 임용보고 시 자동으로 등록된다.

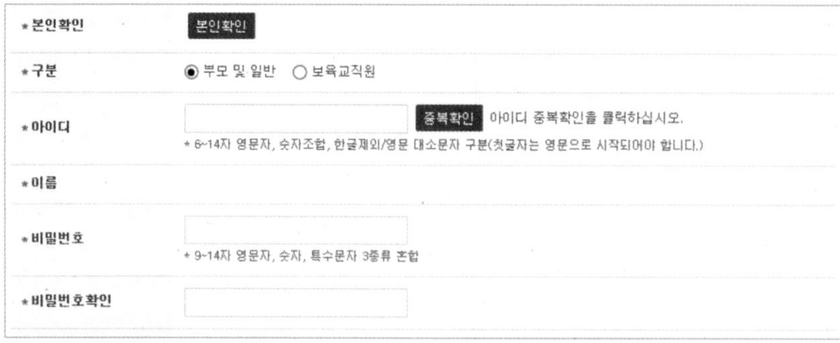

그림 10-8 아이사랑 보육포털 회원가입 화면

출처: http://www.childcare.go.kr

입시시험을 통해 최종 합격을 하고 나면 임용에 대한 서류 및 인수인계, 신입직원 오리엔테이션 등 적응과 동시에 업무가 자동으로 시작되므로 사전에 미리 준비해두면 현장 적응에 많은 도움이 될 것이다. 어려운 과정을 통해 1차 서류전형, 2차 면접, 3차 인적성 검사, 4차 채용 신체 검사 등에 최종 합격을 하고 나면 이젠 유아교육현장에서 당당히 일할 수 있는 유치원교사와 보육교사로 출근하게 된다. 이제는 취업의 실제 단계를 지나 미래를 준비해 나가는 유아교육 전문가로 성장할 것에 대한 비전을 세워보자.

참고문헌

김일태(2011). 교직원에게 인정받는 원장되기. 에듀인.

보건복지부, 한국보육진흥원(2022) 어린이집 문서 서식 양식. 보건복지부.

https://www.cybereduseoul-i.sen.go.kr

https://www.childcare.go.kr

https://www.jobkorea.co.kr/Starter/AptitudeTest/JatTest

https://www.lms.educare.or.kr

https://www.edu.kcpi.or.kr

https://youtu.be/IFgry4KRUvQ

[유튜브 '초인딱세' 채널]

Part 04

미래준비

제11장

첫 출근 준비하기

1. 유아교육기관 교직문화 이해하기

읽어보자

어린이집 원장·교사 "갈등해소법 배웠어요"

인천시는 20일 시청 대회의실에서 원장과 보육교사 200여 명을 대상으로 어린이집 내 대인관계 갈등해소 교육을 진행했다. 인천 지역 어린이집에서 일하는 보육교직원들 사이에 형성되는 갈등 관계를 해소하기 위한 자리다.

지난달 인천시가 어린이집 보육교직원을 대상으로 조직 내 갈등에 대한 설문조사를 벌인 결과 인천 지역 어린이집 2200개소에서 갈등을 경험했다는 소견이 64.3%로 나타났다. 그중에서 보육교직원 간 갈등이 35.7%로 보육교직원과 부모 간 갈등(12.2%)보다 높았다.

어린이집에서 보육교직원 사이 갈등으로 퇴사를 경험한 교사 비율은 47.8%에 이르렀다. 하지만 별도 해결 방법은 마련돼 있지 않다는 응답이 68.7%인 걸 봤을 때 해당 사안에 대책 마련이 필요해 보였다. 어린이집 보육교직원 조직 내 갈등 해소 지원이 무엇보다 필요하다는 응답도 78.3%를 차지했다.

이날 기아소하 직장어린이집 김연진 원장이 강사로 나서 조직 갈등 문제와 대처방법, 공감과 소통을 위한 대화법, 성격 및 심리유형 테스트 등을 통해 보육교직원이 상호 신뢰를 높일 수 있는 방안에 대해 강의했다.

인천시는 앞으로도 대집단 심리교육, 소모임 및 권역별 모임, 힐링 프로그램 및 평가회 등 포괄적인 조직 갈등 해결을 위해 적극적인 교육 사업을 펼치는 등 안심 보육환경을 조성하기 위해 적극적으로 나선다는 계획이다.

인천시 관계자는 "설문조사 결과 어린이집에서 보육교직원들이 겪고 있는 조직 내 갈등 해소가 건강한 보육환경 조성을 위해서도 시급한 문제로 대두되고 있다"며 "이를 해결하기 위한 노력으로 보육교직원 간 상호 신뢰감 형성, 화합과 소통문화를 바탕으로 한 보육교직원들의 교육을 계속해 나가겠다"고 말했다.

출처: 인천일보(2018. 3. 22.)

4차 산업혁명의 시대로 접어든 오늘날 우리는 지능지수(IQ), 감성지수(EQ) 외에 도덕성 지수(MQ) 등을 중요하게 인식하는 시대가 되었다. 이는 유아교육에 종사하는 우리는 단순히 영유아들만을 잘 돌보는 것을 넘어서 아동, 학부모, 지역사회인사 등의 고객에게 감동을 주도록 노력해야 한다는 것을 의미하는 것이기도 하다.

직업의 귀천과 관련하여 많은 논란이 있지만 오늘의 우리는 '근로와 여가를 누구나 공평'하게 누리도록 하는 시대에 살고 있고 사회 구성원들이 자신의 적성과 흥미를 계발할 수 있는 직업관을 형성하고 개인의 생애 개발과 사회의 상생적인 복지 및 생산적인 평생교육체계를 구축하고 이를 통해 개인의 행복과 사회의 정의, 그리고 국가의 발전에 기여할 수 있는 정체성을 확립해 오고 있다.

1) 교직의 특성

우리는 유아교사라는 직함을 가지기에 앞서 유아교사 집단의 직무특성을 잘 이해할 필요가 있다. 교직문화는 특정한 교사 집단 혹은 광범위한 교직사회에 공유되고 있는 태도, 가치, 신념, 습관, 가정 및 행동양식을 말한다(Hargreaves, 1992). 이러한 교직문화는 교사의 근무환경이나 조직의 분위기, 의사소통 방식 등에도 영향을 끼치며 교사의 직무 만족도에도 영향을 준다. 유아교육기관의 교직문화는 집단 고유의 특성을 가지고 있고 그 문화에 따라 영향을 받게 되는 일반적인 교직과 다른 특성을 지니고 있다.

첫째, 대부분의 교사가 여성으로 이루어져 있고 일반 직장과 비교해 볼 때 비교적 소규모의 집단으로 인관관계를 중요하게 생각하는 특성이 있다.

둘째, 소규모를 이루는 집단 크기로 비교적 가족적이며 개인사도 함께 나누는 밀접한 인간관계를 가지는 만큼 동료교사와의 관계, 원장과의 관계가 교사생활에 중요한 영향을 끼친다고 할 수 있다.

셋째, 교육과정이 국가적으로 구성되고 있지만 실제 수업을 계획하고 전개하는 데에는 근무기관의 특성과 담당하는 학급 반의 유아들에 따라 융통성을 가지고 교육활동을 전개해야 하는 비구조적 교육과정을 가진다.

넷째, 한 사람이 동시에 여러 가지 일을 책임지고 해결해야 하는 경우가 많다.

유아교사의 교직문화는 개인적이면서도 집단적인 특성을 가지고 상호 협력해야 하는 부분이 있으므로 의사소통이나 양보하는 의식을 가지는 것이 중요하며 항상 발전하려고 노력하는 자세가 필요하다고 하겠다. 여러 가지 힘든 일이 있겠지만 무엇보다 소중한 유아를 사랑하고 가르치는 일의 중요성을 깨닫고 자신이 어떻게 그 문화에 적응해 갈 것인가 하는 적극적인 태도가 필요하다 하겠다.

2) 교사의 자기 평가

교사가 처음 교직에 발을 딛게 될 때, 교사에게 필요한 지식과 역량을 모두 완벽하게 갖추고 시작할 수는 없지만, 인간에게 있어서 영아기, 유아기, 아동기, 청소년기, 성인기와 같은 인생의 주기가 있는 것처럼 교직 생활도 일정한 주기를 가지고 변화하고 발달해 나간다고 볼 수 있다. 박은혜 외(2016)는 이러한 교직의 주기를 교직을 위한 준비부터 초임교사로서 교직생활을 시작하고, 교직 경력을 쌓아가면서 퇴직에 이르는 시기까지라고 말한다.

초임교사들은 예비교사에서 교사로서의 전이과정과 현상에서 여러 문제와 부딪히면서 갈등과 혼돈의 과정을 거치기도 한다. 학교에서 배운 지식과 기술의 현장 적용에 어려움을 느끼고, 교사가 지녀야 할 자질과 능력에 대한 회의 등으로 좌절과 갈등을 겪기도 한다. 그러나 초임 기간을 어떻게 보내느냐에 따라 교사로서의 정체의식을 가지게 되고 이러한 변화 과정을 거치면서 전문가로서의 성장과 발달을 이룰 수 있게 된다. 초임교사는 여러 가지 갈등의 문제에 맞닥뜨렸을 때 좌절하는 것이 아니라 능동적으로 문제를 해결해 나가며 이러한 연속적인 문제 상황의 해결과정을 통해 더 나은 지식과 결과를 가지게 되고, 이로써 초임교사의 삶에 있어서의 질적 변화를 동반하기도 한다. 이러한 반성적 사고는 초임교사의 역경을 침착하게 해결하여 당당하게 교사로 설 수 있게 하는 중요한 전략이 된다.

'어떤 신념이나 지식에 근거를 두고 그것으로부터 만들어진 결과에 근거하여 신념이나 지식을 능동적이고 지속적으로 신중하게 고려하는 것(Dewey, 1993 재인용)을 뜻하는 반성적 사고의 개념을 바탕으로 다음의 체크리스트를 통해 초임교사의 전문성을 진단하고 교사로서의 질 향상을 도모해 보자.

표 11-1 초임교사의 자기 평가 체크리스트

개인적 자질		매우 부족	부족	보통	충분	매우 충분
	내용	1	2	3	4	5
인성	1. 나는 유아를 자주 안아주고 따뜻하게 대해준다					
	2. 나는 긍정적인 인간관을 갖고 있다					
	3. 아는 주어진 일을 성실하게 수행한다					
	4. 나는 유아를 위해 헌신적으로 봉사한다					
	5. 나는 타인을 잘 배려한다					
	6. 나는 학부모를 비롯한 동료교사, 기관장과의 원만한 관계를 유지한다					
	7. 나는 모든 일에 인내심을 가지고 임한다					
	8. 나는 모든 유아를 공정하게 대한다					
건강	9. 나는 신체적으로 건강하다					
	10. 나는 정서적으로 안정되어 있어 마음이 평온하다					
	11. 나는 유능하고 가치로운 사람이다					
	12. 나는 용모가 단정하고 자세가 바르다					
전문적 자질		매우 부족	부족	보통	충분	매우 충분
지식	13. 나는 다양한 영역에 지식이 풍부하다					
	14. 나는 유아의 신체운동 건강을 신장시킬 수 있다					
	15. 나는 유아의 의사소통능력을 향상시킬 수 있다					
	16. 나는 유아의 사회관계를 촉진시킬 수 있다					
	17. 나는 유아의 예술경험을 확장시켜 줄 수 있다					
	18. 나는 유아의 자연탐구를 도울 수 있다					
	19. 나는 여러 영역에서 아동 발달을 촉진시킬 수 있는 다양한 활동들을 계획하고 실시한다					
	20. 나는 유아의 발달과 학습에 있어 직접적인 경험과 놀이의 중요성을 이해한다					

	21. 나는 유아의 행동을 관찰, 기록하여 평가한 것을 교육과정에 반영할 수 있다					
	22. 나는 유아의 발달과 학습과정에서 나타나는 개인 내 차와 개인 간 차를 이해한다					
교수 기술	23. 나는 교과과정을 유아의 발달수준에 맞게 재구성하여 실시한다					
	24. 나는 교육목표에 적절한 내용 및 방법을 계획 실시한다					
	25. 나는 여러 가지 활동들을 통합적으로 조직한다					
	26. 나는 계획한 프로그램을 현장에 잘 적용한다					
	27. 나는 다양한 발달영역을 통해 유아를 평가한다					
	28. 나는 유아 및 교육과정에 대한 평가자료를 효율적으로 활용한다					
	29. 나는 유아가 이해하기 쉽고, 유아의 사고를 촉진할 수 있는 언어를 사용한다					
	30. 나는 일상생활 속에서 유아들 간의 의견과 생각을 교환하도록 장려한다					
	31. 나는 창의적으로 사고하여 문제를 해결한다					
	32. 나는 예기치 못한 사태나 유아의 요구에 따라 활동을 변화시킬 수 있는 융통성이 있다					
	33. 나는 정기적으로 부모들과 의사소통하고 부모가 유아의 학습과정에 적극적으로 참여할 수 있도록 격려한다					
	34. 나는 교육프로그램의 계획이나 실천에 있어 지역사회의 자원과 인사를 적절히 활용한다					
	35. 나는 아동의 흥미와 요구를 고려하여 자료 및 교수매체를 선정, 조합 혹은 수정한다					
	36. 나는 학급 규칙을 긍정적이고 이해하기 쉽게 만들어서 일관성 있게 적용한다					
	37. 나는 적합한 문제 해결 방법을 이용하여 유아들이 기본생활습관을 기를 수 있도록 지도한다					
	38. 나는 유아교사직에 대한 확고한 신념과 사명감을 가지고 있다					
	39. 나는 유아의 능력을 인정하고 독립적인 개인으로 대한다					
	40. 나는 유아의 권리 옹호를 위해 노력한다					
	41. 나는 유아교육과 관련된 최근 동향과 문제점들을 알고 개선하려고 노력한다					
	42. 나는 전문성 신장을 위한 활동에 지속적이고 적극적으로 참여한다					
계						

출처: 김창희(2014).

3) 동료교사와의 관계

앞에서 언급한 바와 같이 교직을 수행하는 것은 다른 업무와는 구별되는 특징이 있어서 인간관계는 매우 중요한 사안이라 할 수 있다. 사람에 대한 관심, 상대에 대한 긍정, 곧 인격에 대한 긍정에서 인간관계가 출발한다고 볼 때 인간관계는 상호 존중의 진실한 관계로, 바람직한 인간관계는 서로 열려 있어야 하고 상대를 중요한 존재로 인정해야 한다. 정직해야 하고 성실하고 겸손함을 갖춰야 한며 일관성 있게 역지사지(易地思之)의 자세로 바라보아야 한다. 자기중심적 사고와 태도는 바람직한 인간관계를 형성하는 데 있어서 가장 저해되는 요인 중의 하나로, 편견과 차별적인 태도, 거짓과 형식도 저해요인이라 할 수 있다. 보육교사는 영유아, 학부모, 그리고 동료교사 및 원장, 지역사회와의 관계를 맺고 있다. 영유아와의 관계에 있어서 영유아를 인격체로 존중하고 그들의 권리를 존중해 주며 바람직한 모델링이 되어야 한다. 학부모와의 관계에 있어서도 학부모의 의견을 수용하고 보호자적 권리를 존중해 주어야 한다.

동료 교사와의 관계에 있어서 동료 간의 갈등이나 반목은 피교육자에게도 직접적인 영향을 주게 되는 요인으로, 명랑한 교육 풍토의 조성을 저해하게 되므로 교사 상호 간의 인간관계가 원만하게 형성될 수 있도록 노력해야 한다. 어린이집은 지역사회와의 연계를 통하여 상호 협조하고 지역사회는 물론 국가 발전에 선도적인 역할을 해 나가야 하므로 보육교사는 지역사회의 전통을 존중하고 어린이집의 교육활동을 지역사회에 홍보하고 지역사회의 이해와 협조를 구해야 하며, 지역사회 발전의 핵심적 존재로서 변화를 모색하는 선진적인 의식을 가져야 할 것이다.

교사는 취업이 된 그날부터 학급 집단의 책임자로 역할을 수행해야 하는 특이성을 가지고 있다. 또한 교사 조직이 수평적 조직이기 때문에 지위와 역할의 분화가 적고 획일적 근무 환경 속에서 단기간에 변화를 볼 수 없는 특성이 있다. 이는 자칫 회의감이 들 수 있게 하는 요인이 될 수도 있으므로 자신의 정신 건강을 위하여 운동이나 나름대로의 스트레스 해소법을 활용하여야 할 필요가 있다.

해보자

• 나는 왜 보육교사를 선택하게 되었는가?

• 보육교사는 (   )이다.
  - 그렇게 생각한 이유는?

• 나의 장점과 단점

장 점	단 점

교직이란 인간을 상대로 하는 직업으로 인간의 전인적 발전을 돕는 직업이다. 어린 연령의 유아에 대한 사랑과 존중을 바탕으로 미성숙자를 상대로 하는 직업이며 끊임없이 자기 계발을 도모해야 한다.

유아교사들 중 남성 교사가 증가하는 추세이긴 하지만 여전히 유아교사는 여성적 지업 성향을 가진 소규모를 이루는 집단적 특성을 가지고 있다. 또한 유아교육기관의 교육은 성장발달선상에 있는 영유아들을 대상으로 비구조적인 교육과정을 적용하고 성인의 도움이 필요한 영유아에게 끊임없이 손길을 줘야 하는 과중한 근무 조건을 특성으로 하고 있다.

따라서 유아교사의 집단에서 동료교사 간에 서로 지지하고 격려하는 관계를 형성하고 교사 상호 간의 인간관계에 있어서 신뢰를 토대로 하는 상호협력의 정신으로 동료교사와 원만한 인간관계를 형성할 수 있도록 해야 한다. 또한 구성원에 대한 일체감을 가지고, 서로가 가진 좋은 정보를 공유하도록 하는 것도 중요하다.

기관 내에 종사하는 모든 교직원과 잘 지내려고 노력하는 자세가 필요하며 어떤 일을 하는 사람이든 동등하다는 생각을 갖는 자세가 필요하다. 직장의 권익을 우선으로 생각하는 자세를 기본으로 기관의 모든 구성원의 행동이 외부에 보여지는 이미지라는 것을 기억하도록 하고 모든 직원은 영유아들에게 영향을 끼친다는 것 또한 기억해야 할 것이다. 특히 요즘에는 SNS를 통하여 정보공유가 급속도로 쉽게 전파될 수 있는 환경이다. 작은 행동 하나가 본인의 삶에 큰 영향을 미칠 수 있으므로 누구에게든 좋은 점을 배우려는 태도를 가지고, 선배 교사에게는 예의를 갖추고 배우려고 하는 태도를 가지도록 하자. 교직업무의 특성을 이해하고 영유아의 권리 존중에 대한 이해와 실천을 돕기 위해 교직원이 스스로 체크해 볼 수 있도록 개발된 체크리스트를 통하여 주기적인 자가체크를 하고 이를 통해 영유아–교사 간의 긍정적인 상호작용 및 영유아 권리 존중 민감성 향상에 도움을 받도록 하자.

연번	내용	확인
1	**어린이집 일과에서 영유아의 권리 존중을 실천하고 있습니까?**	
1-1	낮잠 및 휴식에 대한 영유아의 개별적 욕구를 반영할 수 있는 적절한 환경(시간, 공간)을 조성해 주고 있다.	
1-2	대·소집단 활동에 참여하지 않거나 계속해서 놀이하려는 영유아의 욕구를 존중해 주고 있다.	
1-3	급·간식에 대한 영유아의 기호, 먹는 속도와 양을 존중해 주고 있다.	
1-4	배변, 배뇨 등 영유아의 기본적인 생리적 욕구를 존중해 주고 있다.	
1-5	보육교직원은 일관성 있는 태도로 영유아의 욕구를 존중해 주고 있다.	
2	**영유아가 보육과정의 계획과 운영에 참여할 수 있는 구조가 있습니까?**	
2-1	영유아가 만든 결과(작품, 사진, 노래, 블록, 구조물 등)에 대해 존중하며 적절히 게시되어 있다.	
2-2	영유아의 의견이 잘 표현될 수 있는 분위기를 조성하며 영유아의 의견을 반영한 보육과정을 운영한다.	
2-3	규칙을 정할 때는 영유아의 의견을 반영하거나 동의를 구하고 있다.	
3	**놀이시간에 영유아를 존중하는 상호작용을 하고 있습니까?**	
3-1	영유아의 개인차를 인정하고 놀이에서 자율성과 주도성을 지지하는 상호작용을 한다.	
3-2	영유아의 흥미, 관심, 기분 및 건강상태를 전반적인 맥락으로 파악하고 있다.	
3-3	영유아간의 관계를 살피며 상호 역동성을 파악하여 상호작용한다.	

연번	내용	확인
4	**영유아 권리 실천을 위해 어린이집을 다양한 방법으로 개방하고 있습니까?**	
4-1	어린이집 운영위원회를 운영하고 있다.	
4-2	열린어린이집 운영 등의 다양한 방식으로 양육자의 참여가 이루어지고 있다.	
4-3	양육자의 보육실 참관(절차 및 방법, 안내)이 이루어지고 있다.	
5	**보육교직원은 영유아의 권리 존중을 위해 양육자와 소통하고 있습니까?**	
5-1	보육교직원은 양육자와의 소통을 통해 영유아의 전반적인 상태(기분, 건강, 배변 등)와 가정내 주요한 정보를 파악하고 있다.	
5-2	양육자에게 규칙적인 등·하원시간 등 안정된 생활습관의 중요성을 전달하고 있다.	
5-3	보육교직원은 영유아에 대하여 양육자와 서로 협의하고 책임을 공유하는 적극적인 노력을 하고 있다.	
6	**영유아 권리 존중의 이해와 실천을 위한 보육교직원의 교육이 이루어지고 있습니까?**	
6-1	영유아 권리존중을 위한 보육교직원의 교육이 실행되고 있다.	
6-2	아동학대신고의무자에 대한 교육, 양성평등교육 등을 이수하였다.	
6-3	영유아권리의 기초가 되는 'UN아동권리협약'의 내용을 이해하고 있다.	
7	**영육아의 권리 보호를 위해 보육교직원의 적절한 근무환경이 이루어져 있습니까?**	
7-1	보육교직원의 적절한 근무환경 마련에 대한 노력이 이루어지고 있다.	
7-2	보육교직원의 업무스트레스 해소를 위한 구체적인 노력이 이루어지고 있다.	
8	**영유아 권리 존중을 위해 보육교직원 간 협의·지원이 이루어지고 있습니까?**	
8-1	어린이집 운영(보육과정, 특별활동, 견학, 행사 등)의 계획과 평가에 보육 교직원의 의견이 수렴되고 있다.	
8-2	반 운영의 어려움이 있을 때 자체 회의를 통해 협력 및 해결하는 구조가 있다.	

2. 학급운영 계획하기

1) 첫 출근 전에 해야 할 일

이제 곧 첫 출근을 앞두고 준비해야 할 것들 중 놓친 것은 없는지 다시 한번 살펴보자. 신학기가 되면 준비해야 할 것들이 많아서 마음이 분주해진다. 특히 신임교사라면 처음이자 서툴고 당황스러운 일들이 발생할 수도 있으므로 미리미리 준비해야 할 것들을 목록을 만들어 확인하면서 정리해 보면 어떨까? 내가 맡아야 할 연령의 발달특성을 충분히 이해하고 담당해야 하는 반의 유아들에 대한 특성을 미리 숙지하도록 하자.

오리엔테이션을 통해 학부모와의 첫 만남이 이루어지는 경우가 많으므로 첫 인사는 매우 중요한 의미를 갖는다.

사랑스러운 내 자녀를 맡아줄 초임 교사를 불안한 시선으로 우려하는 부모들도 있지만 그렇다고 주눅들 필요도 없다. 자신감 있는 표현과 말투, 은은한 미소를 띄운 얼굴, 단정한 옷차림을 기본적으로 갖추고 인사말을 준비하도록 한다. 본인의 교육철학 및 신념을 충분히 어필할 수 있도록 하며 학급운영 방침을 조리 있게 발표할 수 있도록 준비한다.

입학식 이전에 부모에게 발송할 초대장도 선배교사와 의논하여 준비하도록 하고 신발장, 사물함, 출석카드, 이름표 등에 영유아들의 이름표를 미리 준비하여 붙이는 작업도 순조롭게 진행될 수 있도록 해야 한다.

신학기에는 차량노선이나 유아의 이름이 익숙하지 않기 때문에 차량노선표와 비상연락망을 미리 받아서 익히고 유아의 이름은 외워서 첫날에 친근감 있게 불러주자. 이는 유아를 반기는 표시이자 관심의 표시이므로 신경을 쓰도록 하자. 유아들이 알 수 있도록 연령에 맞게 사진이나 글씨가 포함된 이름표를 만들어 옷장이나 사물함, 신발장 등에 붙일 수 있도록 준비해 두자.

신임교사는 유아교육기관의 모든 것들이 낯설고 새로운 환경이므로 기관의 물리적 구조와 환경, 인적 환경을 파악해 놓을 필요가 있다. 놓치기 쉬운 소소한 것들이 있을 수 있으므로 기관의 다른 교사나 교직원을 빨리 파악하고 잘 사귀어 도움이 필요할 때 요청할 수 있도록 하면 좋다. 하루 일과를 머릿속으로 그려보며 필요한 것들이 무엇이 있을지 그려보자.

2) 학급 경영관리

유아교사가 융통성 있고 세심한 학급운영을 위해서는 학급경영의 원리를 이해하고 학급 운영관리를 세분화하여 체크해 볼 필요가 있겠다. 당장 모든 것을 다 할 수는 없더라도 머릿속에 그림을 그리고 세분화하여 구체적인 계획을 세울 필요가 있다.

표 11-2 영유아 교사의 학급 경영관리 영역

영 역	내 용
유아관리	학급편성, 유아에 대한 이해, 유아관찰, 유아 평가 등
공간관리	학급의 공간활용, 흥미영역의 배치, 공간의 변화 등
교재교구와 자료관리	교재교구의 제작 및 활용, 보관
일과활동 관리	교육계획 수립, 전개, 평가
생활지도	기본생활습관 관리(청결, 질서, 예절, 절제), 문제행동 지도 등
학부모 관리	부모회 조직 및 운영, 부모참여, 부모참관, 강연회, 상담, 가정통신 등
행사관리	교육적 측면의 행사 운영

출처: 서울특별시 교육청(2007).

해보자

1. 어린이집(유치원)에서 하고 싶은 일과 하고 싶지 않은 일

하고 싶은 일	하고 싶지 않은 일
이 유	**이 유**

2. 동료와의 갈등 상황이 생겼을 때 나만의 해결방안은 무엇일까?

3. 매력적인 유아교사되기

1) 교사의 역할이해

돌봄을 실천하는 보육교사는 다른 직업과는 달라서 타인에게 모범이 되는 삶이 요구되는 일로 백혜리(2012)는 연령에 따른 보육교사의 역할과 지위에 따른 보육교사의 역할이 요구된다고 하였다. 윤혜경(2010)은 보육교사의 역할을 양육자, 생활지도 및 건강, 안전 관리자, 보육프로그램 구성자, 지역 사회와의 교류 및 부모교육 담당자, 보육프로그램 평가자로서의 역할을 가진다고 하였다.

또한 보육업무는 영유아를 건강하게 양육하고, 안전하게 보호하며, 발달특성에 적합한 교육을 제공하는 복지서비스라 할 수 있다. 그러한 일을 담당하는 보육인은 사랑과 존중과 전문지식을 바탕으로 영유아의 전인적 성장에 영향을 미치는 전문직업인이다. 그러므로 보육인은 윤리적 의식과 태도를 가지고 사회적 본분에 임해야 한다.

이러한 다양한 역할을 잘 수행해 내기 위해서는 교사의 효능감이 중요하게 작용한다고 할 수 있다. 교사의 효능감은 현장에서 교사가 기대되는 상황 또는 활동에서 요구되는 행동을 교사 자신이 얼마나 잘할 수 있을지에 대한 판단, 또는 교사가 학습자의 수행에 영향을 끼칠 수 있는 능력을 갖고 있다고 믿는 정도를 말한다. 보육교사는 영유아의 발달에 대하여, 영유아의 교육에 대하여, 의사소통에 대하여, 보육과정에 대하여 지식과 기술을 가지고 보육교사직에 대한 사명감과 윤리의식을 가질 때 효능감이 발휘된다고 할 수 있다. 학업성취나 학점, 학습자들의 동기나 교사의 혁신 수용, 교사의 학급관리 전략과 긍정적인 관계를 경험할 때 교사들은 자아효능감을 가질 수 있고, 이는 본인의 능력에 대한 믿음으로 인간의 행동과 성취 수준에 영향을 미칠 수 있다.

신임교사는 알아야 할 것도 많고 익혀야 할 것도 많아서 업무에 필요한 능력을 키우기 위해서는 많은 노력과 시간이 필요하다. 업무에 필요한 능력을 갖추고 익숙해지기 전에는 제일 늦게 퇴근한다는 마음가짐으로 스스로 업무를 파악하도록 노력하자. 그래야만 퇴근하기 전에 주어진 일을 마무리할 수 있는 유능한 교사, 전문가로서 점차 성장해 나갈 수 있게 될 것이다.

2) 교사의 자기관리

출퇴근 시간이 정해져 있는 직장인이 일 년 동안 한번도 빼놓지 않고 출퇴근 시간을 정확하게 지키는 것이 쉬운 일은 아니다. 그러나 만약의 경우 출근 시간이 늦어질 경우 미리 기관에 연락을 취하고 상황을 설명하고, 도착 예정시간을 알려 주어서 기관에서 상황에 맞는 대처를 할 수 있도록 하는 것이 필요하다.

질병이나 사고, 기타 사유로 인해 부득이하게 퇴근시간 전에 조퇴를 해야 할 경우가 생길 때에도 먼저 원장에게 사정을 설명하고 허락을 얻어야 한다. 그리고 수업 도중이라면 유아들에게 상황을 설명해 주고 대신할 교사를 소개해 주는 절차를 거쳐 유아들이 불안해하거나 놀라지 않게 하도록 하자. 기관에서 언제라도 연락이 가능하도록 비상연락망을 알려 주는 것도 반드시 기억해 두자.

부득이하게 결근을 해야 할 경우가 생길 때에도 최대한 빨리 원장에게 사정을 설명하고 허가를 받아서 기관에서 대체교사를 투입할 수 있도록 해야 한다. 대체교사가 해야 할 업무를 자세하게 기록해 두고 교육계획에 따른 수업 자료를 준비해 두고 유아들의 특성도 기록해 두고 전달이 되어서 유아들에게 최대한 피해가 가지 않도록 해야 한다.

보육교사는 다른 일반의 직장인들과는 달리 영유아들을 대상으로 보육을 하고 있으므로 교직윤리가 필요하다. 적절한 의사결정을 위해, 힘과 지위에 따른 영향력을 올바르게 행사하기 위해, 다양한 영유아와 학부모의 요구를 조화롭게 수용하고, 누리과정 및 보육과정을 바림직하고 일관성 있게 운영하기 위해서, 또한 적절한 교사의 역할 범위 설정을 위해서도 교직윤리가 필요하다.

교직윤리는 자기관리의 윤리, 학생과의 윤리, 교직원 상호 간의 윤리, 가정 및 사회와의 윤리, 직무 수행상의 윤리로 나눌 수 있는데 한국보육시설연합회와 육아정책연구소가 함께 개발한 우리나라의 보육교사 윤리강령은 다음과 같다. 보육기관에 첫 발을 내디

디기 전에 보육교직원의 윤리강령을 다시 한번 되새기고 실천을 위해 노력하도록 하자.

『어린이집 원장 및 보육교사 윤리강령』

보육은 영유아를 건강하게 양육하고, 안전하게 보호하며, 발달특성에 적합한 교육을 제공하는 복지서비스이며, 보육인은 사랑과 존중과 전문지식을 바탕으로 영유아의 전인적 성장에 영향을 미치는 전문직업인이다. 그러므로 보육인은 윤리적 의식과 태도를 가지고 사회적 본분에 임해야 한다.

이에 어린이집 원장과 보육교사는 스스로 책무성을 발현하여 윤리강령을 제정함을 밝힌다. 본 강령을 직무수행의 규준으로 삼아, 보육현장에서 발생하는 윤리적 갈등을 해결하고, 생존권, 보호권, 발달권, 참여권 등 영유아의 권리를 보장함으로써, 직무상의 윤리적 책임을 다하여 전문직업인으로서의 위상을 공고히 하고자한다.

더불어 영유아와 그 가정, 동료와 사회의 존엄성을 존중하는 보육의 실천으로 다각적인 신뢰를 구축하고, 영유아의 잠재력을 최대한 발휘시킴으로써 영유아가 긍정적인 자아개념을 형성하고 유능한 사회인으로 성장할 수 있도록 도와, 궁극적으로는 영유아와 그 가정, 동료와 사회의 통합적·이상적 복지 실현에 기여하고자 한다.

제Ⅰ장. 영유아에 대한 윤리

1. 영유아에게 고른 영양과 충분한 휴식을 제공하여, 몸과 마음이 건강한 사람으로 자라도록 돕는다.
2. 성별, 지역, 종교, 인종, 장애 등 어떤 이유에서도 영유아를 차별하지 않고, 공평한 기회를 제공한다.
3. 영유아는 다치기 쉬운 존재임을 인식하여 항상 안전하게 보호한다.
4. 영유아에 대한 정서적, 언어적, 신체적 학대를 행하지 않는다
5. 어린이집 내외에서의 영유아 학대나 방임을 민감하게 관찰하며, 필요한 경우 관련 기관("아동보호전문기관" 등)에 보고하고 조치를 취한다.
6. 영유아의 인격을 존중하고, 개인의 잠재력과 개성을 인정한다.
7. 개별적 상호작용 속에서 영유아의 요구를 수용하기위해 노력한다.
8. 영유아의 사회, 정서, 인지, 신체 발달을 통합적으로 지원하는 보육프로그램을 실시한다.
9. 특별한 도움을 필요로 하는 경우, 전문가와 협력하여 영유아의 입장에서 최선의 대안을 찾는다.
10. 보육활동을 계획, 실행, 평가하는 모든 과정에 영유아의 흥미와 의사를 반영한다.
11. 영유아의 개인적 기록과 정보에 대해 비밀을 보장한다.

제Ⅱ장. 가정에 대한 윤리

1. 상호 신뢰를 바탕으로 영유아의 가정과 동반자적인 관계를 유지한다.
2. 각 가정의 양육가치와 의사결정을 존중한다.
3. 경제적 수준, 가족형태, 지역, 문화, 관습, 종교, 언어 등 어떤 것에 의해서도 영유아의 가정

을 차별 대우하지 않는다.
4. 보육활동 및 발달 상황에 관한 정보를 정확하게 제공하여 영유아에 대한 가정의 이해를 돕는다. 다문화, 심신장애 등으로 의사소통에 도움이 필요한 경우 문제를 해결할 최선의 방법을 도모한다.
5. 어린이집 운영 전반에 관한 정보를 공개하여 영유아 가정의 알 권리에 응한다.
6. 보육프로그램과 주요 의사결정에 영유아의 가정이 참여하도록 안내한다.
7. 필요한 사회적 지원, 전문서비스 등 관련 정보를 제공하여 영유아 가정의 복리 증진을 돕는다.
8. 영유아 가정의 사생활을 보호하고 익명성을 보장한다.

제Ⅲ장. 동료에 대한 윤리

[어린이집 원장]
1. 최상의 보육서비스 제공에 필요한 인적, 물적 환경의 조성 및 유지를 위해 노력한다.
2. 보육교사를 신뢰하고 존중하며 전문성과 자율성을 인정한다.
3. 성별, 학연, 지연, 인종, 종교 등에 따라 보육교사를 차별하지 않는다.
4. 업무 관련 의사결정이 필요한 경우, 보육교사의 의견 개진 기회를 보장한다.
5. 보육교사에게 지속적 재교육 등 전문적 역량 제고의 기회를 부여한다.
6. 보육교사에게 적정 수준의 보상(보험, 급여 등)을 안정적으로 제공하며, 복지증진에 힘쓴다.
7. 보육교사 개인의 기록과 정보에 대한 비밀을 보장한다.

[보육교사]
1. 존중과 신뢰를 바탕으로 협력하며, 서로의 전문성과 자율성을 인정한다.
2. 상호간 역량계발과 복지증진에 부합하는 근무환경이 되도록 힘쓴다.
3. 어린이집 원장 및 동료와 영유아 보육에 대한 신념을 공유한다.
4. 보육교사로서의 전문성 향상을 위해 스스로 노력한다.
5. 어린이집 내에서 영유아 및 보육교사의 인권과 복지를 위협하는 비윤리적 사태가 발생한 경우, 법률규정이나 윤리기준("한국보육시설연합회 윤리강령위원회" 참조)에 따라 조치를 취한다.

제Ⅳ장. 사회에 대한 윤리

1. 공보육에 대한 책임을 인식하고, 항상 질 좋은 보육서비스를 제공한다.
2. 영유아의 안전을 위협하는 환경이나 정책이 발견될 시, 관계기관과 협의하여 개선한다.
3. 공적 책임이 있는 어린이집으로서 재정의 투명성을 유지하고, 부정한 방법으로 사적 이익을 취하지 않는다.
4. 영유아의 권익보호를 위해 관련 정책 결정 및 법률 제정에 적극 참여하며, 사회적으로 이를 널리 알리는 데 앞장선다 .
5. 지역사회 실정에 맞는 어린이집의 책임과 역할을 인지하고, 실천하고자 노력한다.

출처: http://www.chrd.childcare.go.kr/

참고문헌

김길수, 황현숙, 길현주 공저(2016). 새내기 유아교사가 알아야 할 교직실무 101가지. 동문사.

김재환(2003). 유아교육기관의 교직문화 진단 연구. 숙명여자대학교 대학원 박사학위논문.

김진아, 이종희(2008). 보육종사자가 지각한 보육시설의 조직문화. 한국영유아보육학회, 0(55), 119-149.

김창희(2014). 유아 초임교사의 자질에 대한 자기 평가 연구. 한국유아교육학회. 567-568.

류미향, 김성숙(2013). 교사 자질로서 인간관계 능력에 관한 고찰: 예비교사를 중심으로. 육아지원연구, 8(20), 155-176.

박은혜 외(2016). 유치원 교사를 위한 교직실무. 창지사.

박은혜(2009). 유아교사론. 창지사.

백은주, 조부경(2004). 유치원 교사의 전문성 발달수준 자기평가 도구 개발. 유아교육연구, 24(4), 95-117.

북스카우트(2011). 유아교사 365. 북스카우트.

서울특별시 교육청(2007). 유치원교직실무 편람. 서울특별시 교육청.

유미림, 인재천(2015). 영유아 교사의 직무이해를 위한 교직실무. 동문사.

Hargreaves(1992). *Mr. Men and little miss: Annuanl.*

인천일보. 2018. 3. 22.

http://www.kcpi.or.kr

http://youa.sen.go.kr

http://www.childcare.go.kr/

http://www.kicce.re.kr

http://central.childcare.go.kr/ccef/main.jsp

http://chrd.childcare.go.kr/

http://grandmap.co.kr/

https://youtu.be/ZB-i1K-N1rE

[유튜브 '초인딱세' 채널]

제12장

대학원 진학하기

읽어보자

어느 최교사의 이야기

유치원 교사로서의 경험을 하면서 교육은 교실에서만 일어나는 것이 아니라 보이지 않는 곳에서의 나의 생활태도와 행동이 그대로 아이들에게 영향을 줌을 깨닫게 되었다. 나의 모든 것이 아이들에게 영향을 끼친다고 생각하게 되자 나는 당황하게 되었다. 내가 과연 아이들을 가르칠 만한 인격과 자질을 갖춘 사람인가? 나는 어떤 사람인가? 무엇을 추구하는 사람인가? 아이들은 나에게 무엇을 배우는가?

병설유치원 분교에서의 2년 만기를 다 채우고 규모가 조금 큰 지역의 한 학급 28명의 유치원으로 옮기게 되었다. 나의 행동에 많은 책임을 느껴 오던 중 존경하는 초등학교 선생님의 말씀은 나를 생각하게 하였다. "그렇게 많이 행하는 것이 진정 아이들을 위한 것이냐, 너 자신을 위한 것이냐?" 처음에는 그게 무슨 말인가 싶었다. 이해가 되지 않았다. 그 이후로 그 말은 자꾸 나의 머릿속을 두드렸다. 그러면서 점차로 드러나는 실체는 아이들은 없고 오직 나밖에 없었다.

이것저것 좋다는 연수를 무조건 쫓아다녔지만 교육에 있어 체계성을 세우지 못하고 내 자신이 누구인지, 무엇이 옳은지도 제대로 알지 못한 채 무조건 열심히만 하고 있었다. 그것이 대학원 석사과정으로 나를 이끌었다. 대학원에 와서 많은 것을 다시 배우고, 기존에 있던 나의 지식들을 정리하기 시작했다. 그리고 나 자신에 대한 깊이 있는 관심을 갖고 나와 교육과 교직에 대한 소명감을 새로이 찾고 있다. 나의 미래 희망은 시골 마을의 소중한 할머니 유치원 선생님이다.

출처: 교육인적자원부(2006).

졸업예정자로 현장에 첫발을 딛을 때와는 다르게 현장에서의 생활이 어느 정도 익숙해지는 3~5년 이상의 경력교사로 근무하게 되면서 점점 비전과 미래에 대하여 막연한 불안감을 갖기 마련이다. 내 발전을 위해서도 그렇지만 이론적으로도 부족하다는 것을 느껴 학문에 대한 목마름과 영유아들을 더 잘 교육하기 위해 교사다움을 갖춘 전문성에 대해 열망하기 마련이다. 본 장에서는 대학원에 진학하는 다양한 방향에 대한 정보를 살펴보며 향후 대학원 진학에 대한 미래준비를 수립해보는 데 도움을 주고자 한다.

1. 대학원의 이해

유아기는 다른 어느 시기보다 교육환경에 의한 영향을 많이 받는 시기이고, 그중에서 교사는 유아에게 가장 많은 영향을 미치는 인적환경이다. 또한 교사는 단순한 지식 전달자가 아니라 창조적인 지식을 생산하고 확산하는 원동력으로서 전문적 지도성을 발휘할 것을 요구 받고 있기 때문에 교사교육이 더욱 중요하게 부각되고 있다(임승렬, 2005).

교사의 새로운 도전 및 고학력화되어 가는 사회적인 분위기는 교사들에게 대학원 진학에 대한 동기를 부여하고, 자신을 개발하지 않으면 도태되고 발전할 수 없다는 인식이 확산됨에 따라 교사들이 대학원에 진학하는 현상이 점점 늘어나고 있다. 이와 더불어 90년대 이후 교육대학원, 특수대학원에서부터 원격대학원에 이르기까지 유아교육 관련 전공의 현직교사 재교육을 위한 석사학위 과정이 증가하였고, 공립 유치원교사의 경우 대학원 진학은 승진을 위한 점수나 파견점수 등과 연결되면서 현직 교사들의 대학원 진학을 가속화시키고 있다(염지숙, 이영애, 2015).

2017년 12월 기준 우리나라 유치원교원의 수는 53,808명(교육부, 2018), 보육교사의 수는 235,704명(보건복지부, 2018)으로 보고되고 있다. 유치원 교사들은 다양한 교육프로그램과 전문적인 지식을 키우기 위해서 교육대학원, 일반대학원, 특수대학원 등을 선택하고 대학원을 통해 새로운 도전에 대한 욕구를 해소하고 있다. 교육대학원을 통해 다른 동료 교사들을 만나면서 정보도 교환하고, 현대사회가 급변하면서 변화하는 교수 방법과 전문성에 대한 재교육을 통해서 전문성을 갖춘 교사로 거듭나기 하고 있다.

「고등교육법 시행령」 제21조에서 대학원의 종류는 그 주된 교육목적에 따라 일반대학원, 전문대학원, 특수대학원의 3종류로 구분된다. 일반대학원은 대학을 졸업한 사람이 보다 전문적인 학술, 기예를 연구하는 과정으로, 대학 졸업자가 석·박사 학위를 취득하기 위해서 진학하고, 순수학문을 연구하는 곳이다. 전문대학원은 대학졸업자에게 전문 직업 분야에서 인력을 양성하기 위한 것으로 주로 의학전문대학원, 법학전문대학원, 경영전문대학원 등이 이에 속한다. 특수대학원에 속하는 교육대학원은 현직교원과 교육전문가들의 양성 및 재교육을 목적으로 하며, 야간이나 방학 중에 운영되는 석사과정이다. 그러므로 진학의 동기도 현직 교원들의 다양한 수업방안 연구와 자질 향상을 위해 진학하며, 학력을 위한 석사 학위 또는 교원자격증을 취득하기 위한 이유 등 상위 자격 취득 및 자아실현의 욕구와 관련이 깊다고 할 수 있다. 즉 전문 영역의 관련 문제를 실질적으로 탐색, 정립, 해결해나가는 능력을 배양하는 것이다(김성길, 2001). 유아교육과 교육대학원의 입학 자격에 대해 살펴보면 자격증 유무에 따라 자격증 없이 입학 가능한 대학, 유치원교사 자격증이 없으면 입학이 불가능한 대학원으로 나누어 볼 수 있다. 교육대학원에서 유아교사 자격증이 발급되지는 않지만 보육교사 자격증을 소지하고 있으면 교육대학원 졸업시 유치원 정교사 2급 자격증을 취득할 수 있다.

2011년 교육기본통계조사 결과 발표에 의하면, 대학원 종류별 학위취득자 비율은 일반대학원이 46.9%, 전문·특수대학원이 53,1%로 전문·특수대학원이 일반대학원에 비해 상대적으로 학위 취득자를 많이 배출하고 있는 것으로 나타났다. 이는 교육대학원이 현직 교원들에게 재교육 및 계속적인 교육의 기능을 하고, 고급 전문 인력으로 하는 기능, 교원 자격증이 없는 학생들을 위한 교원을 양성하는 기능, 교육대와 사범대학과를 이수한 사람들에게는 상위 자격증을 부여하는 등의 다양한 기능을 갖고 있기 때문이다.

유아교육과가 개설된 교육대학원의 교육과정을 살펴보면 유아교사에게 필요한 지식의 기초로 심리 발달론과 놀이이론 교과목을 중요하게 다루고 있으며, 현직 유아교사의 전문가 양성에 목적을 두고 현장에서 필요한 과목을 위주로 교과목을 개설하여 현직 교원의 재교육과 계속교육에 중점을 두고 교육과정을 운영하고 있다(안유리, 이대균, 2012).

일반대학원과 교육대학원의 기능은 〈표 12-1〉과 같다.

표 12-1 일반대학원과 교육대학원의 기능

구분	일반대학원	교육대학원
대상	대학의 학부 과정 이수자	학부과정 이수자 및 현직 교원
연계성	학부의 모 학과와 연계	교육대, 사범대 모 학과와 연계
주 기능	전문 학술인의 양성 순수학문 연구 대학교원 양성 고급 전문 인력 양성	재료육 및 계속교육 고급 전문 인력 양성 교원양성 상위자격 부여
보조기능	재교육 및 계속교육	학문 연구

출처: 김변주(2004).

일반대학원은 보통 수업이 평일 9시부터 6시에 수업이 진행되는 경우를 말하며, 교육대학원은 현재 재직 중인 교사들을 재교육을 위한 교육과정으로 퇴근 후 저녁시간에 수업이 진행된다. 일반대학원의 장학금 혜택이나 교육대학원의 장학금 혜택 등은 각각 모집 학생들의 배경이 다르기 때문에 장학금 지급의 형태나 자격 등도 각 학교급마다 상이할 수도 있다.

일반대학원의 3월 신학기 입학생의 전형은 통상 전년도 10~11월 중에 진행되며, 교육대학원의 경우에는 학교급마다 일반대학원과 동시에 전형이 이뤄지기도 하나, 대부분은 교육대학원의 경우는 일반대학원이 종료된 이후에 바로 시작되는 경우도 많다. 다음은 대학원에 직접 지원하기 위한 방법에 대해 살펴보고자 한다.

국가의 제도적인 차원으로 유아교육에서는 유아교사로 임용된 후 전문가로서 성장하도록 지속적으로 돕고 있으며, 교원 연수에 관한 규정 시행규칙(교육과학기술부령 제808호 규정, 일부개정 2011. 10. 26) 제7조에 의해 일반적으로 직무연수는 유치원 교원 및 장학직을 대상으로 60시간을 이수하도록 되어 있다.

2. 대학원 지원하기

읽어보자

다음은 00 유치원 교사들이 나눈 대화의 일부이다.

최교사: 선생님, 초임교사라 적응이 힘드시죠?

김교사: 네, 조금 힘들어요.

최교사: 저도 초임교사 시절에 힘들었던 것 같아요.

김교사: 선생님도 그러셨군요.

최교사: 그런데 저는 어느 정도 교사 생활에 적응했을 때 계속 발전하고 싶어 전문서적도 읽고 연수도 다녔어요. 배운 것을 활용해서 수업을 계획하고 실행, 평가하면서 혼자 열심히 노력했어요.

김교사: 정말 열심히 하셨군요.

최교사: 주임 교사 때는 대학원도 다녔고, 저의 능력을 향상시키기 위해 노력을 많이 했던 것 같아요.

김교사: 저도 선생님처럼 열심히 해야겠어요.

출처: 2016학년도 공립유치원 교사 임용 시험 전공 기출문제 지문

교사들은 대화 중 위의 김교사처럼 졸업을 하고 초임교사로 근무하며 적응하는 것에 많은 어려움과 갈등욕구를 느끼게 된다. 특히 수업 진행에서의 능력 부족, 학부모와의 어렵고 불편한 관계, 동료 교사 및 원장과의 갈등 등에서 어려움을 느끼면서 성장과 발전을 위해 재교육에 대한 노력을 하기 시작한다. 교사들은 현직교육의 필요성에 대해 높게 인식하고 있으며, 이를 위하여 현직교사들의 재교육 방법 중의 하나인 대학원 진학을 선택하고 있다.

표 12-2 교육대학원 유아교육전공 개설 현황

지역	유아교육전공이 개설된 교육대학원		설치수
	교사재교육기관	교사양성기관	
서울	건국대, 고려대, 국민대, 덕성여대 서울교대, 서울여대, 세종대, 숭실대 중앙대, 한성대	경희대, 동국대, 명지대, 성신여대 숙명여대, 연세대, 이화여대, 총신대 한국외대, 한양대	20
인천 · 경기	가톨릭대, 강남대, 경인교대, 성결대 아주대, 안양대	가천대, 경기대, 수원대, 인천대	10
강원	강릉원주대, 춘천교대, 한종대		3
충북	서원대, 한국교원대	충북대	3
대전 · 충남	건양대, 중부대, 충남대, 호서대	순천향대	5
전북		우석대, 원광대, 전북대	3
광주 · 전남	광주교대	전남대, 조선대	3
대구 · 경북	동양대, 영남대	계명대, 대구대	4
부산 · 경남	경성대, 동아대, 동의대, 부산교대, 부산대, 울산대	경남대, 신라대, 인제대	9
제주	제주 국제대		
총	35	26	61

출처: 교육통계연구(2017).

현재 우리나라 유아교사는 유치원 교사와 보육교사로 분류할 수 있으며, 이를 위해 2 · 3년제 대학의 유아교육과, 4년제 대학의 유아교육 및 아동학 관련 학교, 방송통신대학, 교육대학원 등 다양한 기관에서 교육을 하고 있다. 유치원 교사는 여러 경로를 통해 양성되지만 보통 2 · 3 · 4년제 대학의 유아교육과이며, 아동학 관련 전공자 중에서도 교직이수자의 경우 학과 정원의 10%까지 유치원 교사 자격을 취득할 수 있다. 현재 유아교육과가 설치되어 있는 2 · 3년제 대학이 251개, 4년제 대학이 87개, 교육대학원이 61개로 나타난다(교육통계연구, 2017).

대학을 졸업한 현직 교사들은 주간에 학교 수업을 들어야 하는 일반대학원보다는 야간이나 방학을 이용하여 수업을 들을 수 있는 교육대학원이 더 선호도가 높다. 전국의 134개의 교육대학원 중 유아교육학과가 개설되어 있는 교육대학원은 61개이고, 그 중 교원양성 과정을 운영하는 곳은 26개에 달하는 것으로 조사되었다(교육통계연구, 2017).

교원양성 과정의 기능을 하는 교육대학원은 2017년 기준으로 전국에 30학교가 있으며, 학부 전공과 교육대학원의 전공분야가 일치하거나 유사하면 입학이 가능하다. 동일 전공을 위하여 사이버대학, 독학사, 학점은행제, 일반대학원, 타 교육대학원 등에서 학점을 취득해도 인정 받을 수 있다. 유아교육전공의 대학원 입학 후 교원 자격증 취득에 필요한 소정의 과정을 이수하면 규정상 유치원 정교사 자격증 2급을 수여하는 것으로 하고 있다. 유치원 교원 양성 교육대학원의 수업 형태 및 자격종별 수여 현황은 〈표 12-3〉과 같다.

표 12-3 유치원 교원 양성 교육대학원 현황

설립별	대학원명	수업형태	운영전공	자격종별 및 표시과목
국립	군산대	야간	유아교육전공	유치원 정교사(2급)
	부산대	야간	유아교육전공	유치원 정교사(2급)
	전남대	계절	유아교육전공	유치원 정교사(2급)
	전북대	야간	유아교육	유치원 정교사(2급)
	충북대	계절	유아교육전공	유치원 정교사(2급)
국립계	5		5	
공립	인천대	야간	유아교육전공	유치원 정교사(2급)
공립계	1		1	
국공립계	6		6	
사립	가천대	야간	유아교육전공	유치원 정교사(2급)
	경기대(수원)	야간	유아교육전공	유치원 정교사(2급)
	경남대	야간	유아교육전공	유치원 정교사(2급)
	경성대	야간	유아교육전공	유치원 정교사(2급)
	경희대	야간	유아교육전공	유치원 정교사(2급)

설립별	대학원명	수업형태	운영전공	자격종별 및 표시과목
	계명대	야간	유아교육	유치원 정교사(2급)
	대구가톨릭대	계절·주간	유아교육전공	유치원 정교사(2급)
	대구대	야간	유아교육	유치원 정교사(2급)
	동국대	야간	유아교육전공	유치원 정교사(2급)
	명지대	야간	유아교육	유치원 정교사(2급)
	성신여대	야간	유아교육	유치원 정교사(2급)
	수원대	야간	유아교육	유치원 정교사(2급)
	숙명여대	야간	유아교육전공	유치원 정교사(2급)
	순천향대	야간	유아교육전공	유치원 정교사(2급)
	신라대	야간	유아교육전공	유치원 정교사(2급)
	연세대	야간	유아교육전공	유치원 정교사(2급)
	우석대	계절	유아교육	유치원 정교사(2급)
	원광대	야간	유아교육	유치원 정교사(2급)
	이화여대	야간	유아교육	유치원 정교사(2급)
	인제대	야간	유아교육전공	유치원 정교사(2급)
	조선대	계절	유아교육전공	유치원 정교사(2급)
	총신대	야간	유아교육전공	유치원 정교사(2급)
	한국외대(서울)	야간	유아교육전공	유치원 정교사(2급)
	한양대	야간	유아교육전공	유치원 정교사(2급)
사립계	24		24	
총계	30		30	

출처: 교육부(2017).

유치원 정교사(2급) 자격 취득을 하기 위해서는 전문대학, 대학, 산업대학, 방송통신대학의 관련학과(유아교육학과, 아동복지학과, 아동학과, 보육학과)를 졸업하고, 교육대학원에서 유아교육을 전공하며 석사학위를 취득해야 가능하다. 관련 학과를 졸업하지 않고는 교육대학원에서 유아교육을 전공하여 석사학위를 받더라도 유치원 정교사(2급) 자격 취득은 불가능하다. 교육대학원에서 교원 자격증 취득 요건은 〈표 12-4〉와 같다.

표 12-4 교육대학원 교원 자격증 취득 요건

2013학년도 이후 입학자						
교직과목 (총 22학점 이상)			전공과목 (총 50학점 이상)		교직적성 인성검사	응급처치 및 심폐소생술
교직이론	교직소양	교육실습	교과교육영역	교과내용영역		
6과목 (12학점) 이상	3과목 (6학점) 이상	4학점 이상 (교육봉사 활동 2학점)	2과목 (6학점) 이상 포함	기본 이수과목 5과목(14학점) 이상 포함	2회 이상 적격판정	2회 이상 실시

출처: 교육부(2018).

대학원의 석사과정 모집일정은 각 대학마다 조금씩 다르지만, 보통 전반기와 후반기로 나누어 전기, 후기 2번의 모집 일정이 있다. 모집과정과 인원, 일정, 전형 방법 등은 대학마다 다르니, 각 대학의 홈페이지를 방문하여 확인해야 한다. 보통 대학원의 일정은 〈표 2-5〉와 같다.

표 12-5 모집일정

모집일정	모집과정	절차	전반기	후반기	제출서류
일반전형	석사 박사 석·박사통합	홍보기간(각 대학원별 홈페이지 방문확인)	9월 하순	3월 하순	학교 홈페이지 에서 양식 다운
		원서접수	10월 초-중순	4월 초-중순	
		서류제출	원서접수 후 날짜 확인하여 접수		
		심층면접	학교마다 공지 (11월경)	학교마다 공지 (보통 5월 쯤)	
		합격자발표	면접 2-3주 후 날짜 공지		

전형 요소별 비율은 보통 서류평가와 면접 및 구술시험으로 진행하는데, 각 학교별로 조금씩 상이하나 보통 서류평가로 학부성적이 포함되며, 면접 및 구술시험으로 전공분야, 향후 연구하고 싶은 방향, 교직 인성 적성분야 등을 평가하여 전형 요소별 반영 비율에 따라 일괄 합산하여 전체 성적순으로 선발한다. 각 학교의 선발 인원과 요소별 반영 비율은 각 학교 홈페이지 입학 자료란에 들어가면 자세하게 볼 수 있다.

표 12-6 전형방법 예시

구분	서류	면접 및 구술시험(50%)				합계
		전공분야	연구수행 능력분야	교직인적성 분야	소계	
일반전형	50%(100점) (학부성적)	30% (60점)	10% (20점)	10% (20점)	50% (100점)	100% (200점)

유아교육과 대학원 입학 시 유아교육 정교사 자격증은 필수이며, 입학원서는 보통 학교 홈페이지나 인터넷으로 접수·출력하여 제출하게 된다. 학교마다 제출 서류가 다르므로 꼼꼼하게 확인하여 체크하여 준비해야 한다.

표 12-7 제출서류 예시

제출서류	보수	비 고
입학원서	1	인터넷 원서 접수 후 출력 ※ 수험표는 전형일에 지참
졸업(예정)증명서	1	대학 졸업(예정) 증명서
성적증명서	1	대학 성적 증명서 ※ 학부 편입생은 편입 전 대학 성적 증명서 첨부
교원자격증 사본	1	소지자에 한함
재직증명서 및 경력증명서 원본	1	공무원/ 현직교원/ 00학교 병설유치원 교사 : 재직증명서 1부 사립학교 유치원교사: 재직증명서, 교육청발행 경력증명서 각 1부

(추가 제출 서류)

※ 외국대학에서 학위를 취득한 자: 학위조회동의서 1부, 성적 및 졸업 공증서류(비영어권국가) 1부, 추가 인증서류 1부

가. 학력조회를 위한 학위조회 동의서 1부(본교양식)

나. 한글, 영어 이외의 외국어로 기재된 외국대학 출신자의 성적표 및 졸업증명서는 한글로 번역하여 공증을 받은 후 제출함.

다. 추가인증 서류: 아포스티유 확인서/영사 확인서/중국교육부 학위인증서 중 1부

교원양성체제의 개편안에 따라 교육대학원은 교원 양성 기능을 축소하고 재교육을 강화하는 방안으로 변화될 수 있으므로, 각 학교의 입시 요강을 꼭 확인하는 것이 중요하다.

궁금해요

안녕하세요? 4년제 대학 졸업 후 유치원에 취업하고 싶은 학생입니다. 아동학과 계열을 졸업해도 유치원에 취업이 불가능하다고 알고 있습니다. 유치원 정교사 자격증 취득방법에 대해 알아보고 있습니다. 유아교육 정교사 자격증이 없어도 유아교육학과 대학원 진학이 가능한가요? 또한 대학원을 졸업하면 유아교육 정교사 자격증이 교부되나요?

➲ 유아교육 정교사 자격증을 취득하기 위해서는 교직이수가 필수적이에요. 비전공자의 교직이수를 위한 길은 일반적으로 한국 방송통신대학교 유아교육학과를 입학하거나 교육대학원 유아교육학과를 졸업하면 취득이 가능합니다. 특히 교육대학원 진학할 때는 전국 모두 교육대학원이 동일하게 동일 혹은 유사 전공만 지원이 가능합니다. 보통 유아교육과, 아동학, 아동복지학, 보육학과 이외에 다른 계열은 인정하지 않습니다.

※ 전공과목 36학점 인정 기준

1. 교육대학원 입학 전에 전공별【동일(유사)전공 인정학과】에서 학사학위 취득 시 취득한 전공과목의 학점만 인정함
2. 반드시 성적증명서에 「전공」이라고 표기되어야 함
   예) 「전공필수」, 「전공선택」, 「전공기초」, 「전공핵심」 등
   ※ 「학부기초」, 「계열기초」 등 「전공」 이라고 표기되지 않은 경우 전공과목으로 인정하지 않음
   ※ 「학점 은행제」를 통해 학사학위를 취득한 경우 자격증을 취득한 학점은 인정하지 않음
   ※ 「독학에 의한 학위취득시험」을 통해 학사학위를 취득한 경우 합격한 과목 또는 동시험이 면제되는 교육과정에서 이수한 과목은 과목당 최대 3학점을 인정함
3. 특수/ 디중전공 출신자인 경우 성적증명서에 「복필, 복선, 다전, 다선」 등 복수/ 다중전공 과목임이 표기되어야 함
4. 성정증명서에 「전공」이라고 표기되어 있다 하더라도 「교원자격증 표시과목별로 지정된 기본이수과목」 및 「교육대학원 지원전공의 교육과정」과 비교하여 현저하게 상이한 과목은 전공과목으로 인정하지 않음
5. 전공과목 36학점 이수 기준은 2017학년도 2학기에 수강중인 교과목까지만 인정함
   - 증빙서류로 이수구분이 표기된 「2017-2학기 수강신청확인서」를 제출하여야 함
6. 과목별로 취득한 학점이 c등급 또는 70점 이상인 경우만 인정
   ※ 교육대학원 입학전에 전공과목 36학점을 이수하지 못한 경우
   - 교육대학원에 입학을 하더라도 교원자격증은 발급이 불가함

읽어보자

○○ 대학교 대학원 면접시험 합격 수기

현장에 계신 선생님이나 임용을 준비하시는 선생님들 중에서 대학원 준비하고 계신 분도 계실 것 같아서 간단하게 면접 후기 올립니다^^ 저는 얼마 전 대학원 질문에 친절한 댓글 답변을 받아서요~ 궁금하신 분께 도움이 되었으면 좋겠네요!

5명씩 입실해서 바구니에 놓인 질문지를 뽑아서 답변하는 형식으로 진행되었어요! 1번 선생님부터 대답하는 거였는데 앞 번호일수록 생각할 시간이 짧아서 좀 불리할 것 같다는 생각이 들었어요. 저는 4번 뽑아서 앞에 선생님 분들이 대답하시는 동안 생각할 시간을 가지고 대답할 수 있었습니다.

그보다 인성면접과 전공면접을 같이 진행한다고 나와 있었는데 인성면접은 물어보지 않았어요. 이미 서류로 다 검증한 것이려나요..? 그리고 전공면접은 그다지 전공지식과 관련이 깊지 않다는 생각도 들었네요. 제가 받은 질문은 "텔레비전, 인터넷 등이 유아교육에 미치는 순기능과 역기능"이었습니다. 그 외 생각나는 질문은 "지역사회와 연계한 유아교육 방법", "발달단계에 따른 영어교육 방법", "놀이 중심의 교육과정"이었습니다.

너무나 면접 시간이 짧게 느껴졌고, 제가 들어 갔을 땐 각각 2분 정도 대답하셔서 다섯 명 면접보는데 10분 정도도 안 걸렸던 것 같네요 너무 떨리고 대답을 잘했는지 기억도 안 납니다. 그리고 마지막에 이 학교를 선택한 이후에 향후에 어떤 연구를 하고 싶은지 앉은 순서대로 말하라고 했습니다. (학교 사이트에 들어가서 학교에 대한 정보와 교수님들의 전공과목, 내가 향후 연구하고 싶은 관심 분야에 대해 생각하고 면접에 임해야 하겠습니다)

긴 기다림을 끝으로....합격 소식을 듣고 열심히 학교에 다니고 있습니다.^^

출처: daum 카페 유치원 임용고시

살펴보자

교육대학원에서 유치원 정교사 2급 취득하기

1. 교사자격기준: 「유아교육법」 제22조 별표(2) 자격기준 제3호
2. 교원자격증 발급 종류: 유치원 정교사(2급)
3. 교원자격증 취득 자격 요건
   가. 교육대학원에서 석사학위를 받은 자
   나. 학부의 전공(복수전공, 다중전공)과 교육 대학원 전공이 유사/동일하여야 함
   다. 학부의 전공(복수전공, 다중전공)에서 전공과목을 36학점 이상 이수한 자 (2010학년도 후기 입학자부터 적용)
   라. 교원자격증 무시험검정 합격기준을 충족한 자
4. 교원자격증 무시험검정 합격기준

구분	(졸업한 학부(대학) 인정 학점 * 교육대학원에서 취득한 학점)
전공과목	50학점 이상 1. 기본 이수 과목 14학점(5과목) 이상 포함 2. 교과교육 영역: 6학점(3과목) 이상 포함 -교과교육론 -교과교재연구 및 지도법 -논리 및 논술
교직과목	22학점 이상 1. 교직이론 12과목 12학점(6과목) 이상 - 교육학개론 - 교육과정 및 교육평가 - 교육심리 - 교육방법 및 교육공학 - 교육사회 - 교육행정 및 교육경영 - 교육철학 및 교육사 2. 교직소양 6학점(3과목) - 특수교육학개론 - 교직실무 - 학교폭력의 예방 및 대책 3. 교육실습 4학점(2과목) - 교육실습(학교현장실습) 4주 이상 - 교육봉사활동 60시간 이상
성적기준	교직과목 평균 성적 80점 이상 전공과목 평균성적 75점 이상 *교육대학원 재학 중 취득한 성적만 산출
기타	-공업계 표시과목 취득자: 산업체 현장실습 30일(2학점) -교직 적성 및 인성검사 적격 판정 2회 이상

살펴보자

특별전형의 방법으로 유치원 정교사 2급 취득하기

각 학교별로 (서영대 등) 특별 전형의 방법으로 성인학습자 대상의 유치원 정교사 자격증을 취득할 수 있는 방법이 있어 아래와 같이 소개한다. 각 시도별로 점차 운영하는 대학이 점차 넓어지고 있으니, 평소에 유아교육에 관심있는 분은 도전해 볼 만하다.

다음은 그 중 경기도에 소재한 서영대학교 성인학습자를 위한 특별전형의 입학전형 내용이다.

매주 토요일 전일 수업을 듣는 방식으로 진행되며, 서영대학교에서 직접 대면으로 듣게 되는 3과목과, 비대면으로 수강하게 되는 과목이 3과목으로 3년의 학제로 편성되어 있다.

성인대상 특별전형으로 무시험 입학이며, 입학금도 면제이므로, 평소 유치원 정교사 자격증 취득이 목표였던 분들에게는 희소식이다.

30세 이상 성인학습자 특별 전형이지만, 일반학생(고등학교 졸업 이상 30세 미만)도 입학 가능하므로, 모든 연령이 입학 가능하다.

제출서류는 입학원서와 고교 졸업증명서, 고교 생활기록부이므로 그 절차나 구비 서류도 복잡하지 않아 성인 학습자들이 토요일 하루를 투자한다면 좋을 결실을 맺을 수 있다.

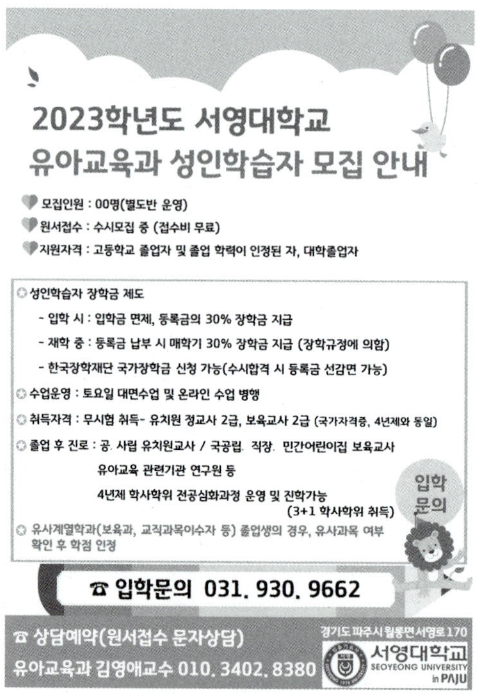

3. 대학원 진학하기

유아교육학과 대학원을 지원을 돕기 위해서 일반대학원, 교육대학원, 국립특수대학원의 모집요강과 전형방법에 대한 안내를 하면 다음과 같다.

1) 일반대학원

일반대학원은 대학을 졸업한 사람이 보다 전문적인 학술, 기예를 연구하는 과정으로, 대학 졸업자가 석·박사 학위를 취득하기 위해서 진학하고, 순수학문을 연구하며, 보통 평일 9시부터 6시에 수업이 진행된다. 일반대학원의 진학의 예로 성신여자대학교 대학원을 살펴보면 다음과 같다.

① 모집요강

표 12-8 전형일정

구분	일정	비고
원서접수	2022.10.12.(수) 10:00~ 10.20.(목) 17:00까지	• 성신여자대학교 홈페이지(www.sungshin.ac.kr) • 유웨이어플라이(www.uwayapply.com)
서류제출	2022.10.12.(수) 10:00~ 10.21.(금) 17:00까지	• 등기우편 또는 방문제출 • 마감일 도착분에 한하여 인정 • 방문제출 10:00~17:00(토, 일 제외) 보낼 곳 : 우편번호(02844) 서울시 성북구 보문로 34다길 2 성신여자대학교 대학원교학팀(성신관 8층 810호)
전형일시	2022.11.12.(토)	• 시험시작 30분 전까지 대기 장소 입실 • 상세 시간 및 장소는 별도 공지 • 지원학과, 전공별 장소 및 시간 확인 필수 • 수험표는 전형일에 지참
합격자 발표	2022.12.16.(금) 예정	성신여자대학교 홈페이지
합격자 등록	2023.01.04.~ 2023.01.10.(화) 예정	• 국민은행 전국지점(등록금 고지서: 등록 기간 중 인터넷 교부) • 등록기간에 하지 않을 경우 합격이 취소됨

표 12-9 지원자격

구분		자격
신입학	석사학위과정 석 · 박사통합과정	• 국내 · 외 대학에서 학사학위 취득자 또는 2019년 2월 학사학위 취득예정자 • 법령에 의하여 이와 동등한 학력이 있다고 인정된 자 • 식품영양학과 임상영양사전공은 영양사 면허를 가진 자 • 간호학과 노인전문간호사과정은 최근 10년 내 3년 이상의 해당 실무경력(전문간호사 자격인정 등에 관한 규칙 제4조 제2항 관련 별표 1. 자격구분별 실무경력인정기관 참조)에 인정되는 자
	박사학위과정	• 국내 · 외 대학원에서 석사학위 취득자 또는 2019년 2월 석사학위 취득예정자 • 법령에 의하여 이와 동등한 학력이 있다고 인정된 자
편입학	석사학위과정	• 국내 · 외 대학원 석사과정에서 1학기 이상 이수하고 6학점 이상 취득한 자로서 지원학과와 전공이 동일 또는 유사한 자 • 인정학기 및 학점 : 1학기, 6학점 이내 • 한국어문화교육전공은 2019학년도 신설전공이므로 편입학 불가

② 전형방법

가. 전형 요소별 비율

학위과정	계열	전형요소			합계
		서류	면접 및 구술시험	실기평가	
전체	일반계열	50%(100점)	50%(100점)		100%(200점)
	예능계열	33.3%(100점)	33.3%(100점)	33.3%(100점)	100%(300점)
	체육학과	50%(100점)	50%(100점)		100%(200점)

※ 석사학위과정의 졸업성적 우수자 특별전형 지원자도 일반전형과 동일하게 평가하며, 예능계열 실기평가는 면제한다.

나. 전형방법

학위과정	계열	전형방법
석사학위 과정 석·박사 통합과정	공통	• 서류전형(학부성적) • 면접 및 구술시험
	심리학과	• 접수일 기준 2년 이내의 공인 영어성적표 소지자는 서류 제출 시 원본 제출 ※ 자세한 사항은 학과로 문의 (02)920-7132
	미술계학과	• 전공실기 : 포트폴리오 심사
	음악계학과	• 전공실기 : 전공별 실기과목 참조(11페이지)
박사학위 과정	공통	• 서류전형(대학원 석사성적) • 면접 및 구술시험
	미술학과	• 전공실기 : 포트폴리오 심사
	음악학과	• 전공실기 : 전공별 실기과목 참조(12페이지)

※ 학과(전공)에 따라 별도의 테스트를 진행할 수 있으며, 기타 자세한 사항은 해당 학과에 문의 바람.

③ 제출서류

제출서류	석사	박사	석박 통합	비고
입학원서	○	○	○	인터넷접수 완료 후 출력하여 제출 유웨이어플라이(www.uwayapply.com)
대학교 졸업(예정)증명서	○	×	○	학점은행제 및 독학학위제 학사학위취득자는 국가평생교육진흥원에서 발급하는 학위 수여(예정)증명서 ※ 편입학 : 대학원 수료증명서 또는 재학증명서로 대체
대학원 졸업(예정)증명서	×	○	×	최종 평균평점/만점, 백분율 기재 • 졸업예정자는 직전학기까지의 성적증명서 제출 • 학점은행제 및 독학학위제 학사학위취득자는 국가평생교육진흥원에서 발급하는 성적증명서 제출 • 해외대학교(원) 졸업(예정)자 : 7페이지 참조 ※ 편입학 : 대학원 성적증명서
대학교 학사과정 성적증명서	○	×	○	
대학원 석사과정 성적증명서	×	○	×	
연구계획서	○	○	○	
개인정보동의서	○	○	○	인터넷접수 완료 후 출력

표 12-10 연구계획서 양식

2022학년도 전기

석사학위과정 연구계획서

학과(전공)			
성명		수험번호	
1. 자기소개			
2. 진학동기			
3. 전공분야 연구계획 및 졸업 후 진로계획			

위와 같이 연구계획서를 제출합니다.

지원자: (서명 또는 인)

2) 교육대학원

교육대학원은 현재 재직 중인 교사들을 재교육을 위한 교육과정으로 퇴근 후 저녁 시간에 수업이 진행되며, 유아교육전공의 대학원 입학 후 교원 자격증 취득에 필요한 소정의 과정을 이수하면 규정상 유치원 정교사 자격증 2급을 수여하는 대학원도 여러 곳 있다. 교육대학원의 예로 명지대학교 대학원의 지원요강을 살펴보고자 한다.

① 모집요강

표 12-11 모집학과

계열	학과	전공	신입		편입		비고
			석사	박사	석사	박사	
인문사회	국어국문학과	국어국문학	○	○	○	○	
	영어영문학과	영어영문학	○	○	○	○	
	중어중문학과	중어중문학	○	○	○	○	
	아랍지역학과	아랍지역학	○	○	○	○	
	일어일문학과	일어일문학	○	○	○	○	
	문예창작학과	문예창작학	○	○	○	○	
	사학과	사학	○	○	○	○	
	문헌정보학과	문헌정보학	○	○	○	○	
	청소년지도학과	청소년지도학	○	○	○	○	
	미술사학과	미술사학	○	○	○	○	
	아동학과	유아교육 · 보육전공	○	○	○	○	
		아동가족심리치료	○	○	○	○	
	행정학과	행정학	○	○	○	○	
	법학과	법학	○	○	○	○	
	정치외교학과	정치외교학	○	○	○	○	
	경영학과	경영학	○	○	○	○	
		부동산학	×	○	×	○	
	국제통상학과	국제통상학	○	○	○	○	
	경제학과	경제학	○	○	○	○	
	경영정보학과	경영정보학	○	○	○	○	
	철학과	철학	○	○	○	○	
	디지털미디어학과	디지털미디어학	○	○	○	○	
공학	데이터테크놀로지학과	데이터테크놀로지학	○	×	×	×	
	응용소프트웨어학과	응용소프트웨어학	○	×	×	×	
학과간 협통과정	사회복지학		×	○	×	○	
	심리재활학		×	○	×	○	

• 지원자격

가) 국내외 정규 대학에서 학사학위를 취득한 자 또는 2019년 2월 취득 예정자

※ 2019년 2월 학사학위 취득을 하지 못할 경우 자동적으로 입학이 취소됨

※ 2월 28일까지 학사학위 졸업증명서 우편으로 발송하여 자격 증명 필요

나) 관련 법령에 의하여 위와 동등의 자격이 있다고 인정된 자

② 전형방법

표 12-12 전형일정

구분	일정	내용
원서접수	2022.10.17.(월) 09:00~11.04.(금) 17:00까지	인터넷접수(www.uwayapply.com) ※ 접수 후 바로 우편 발송 요망 ※ 서류도착 확인 여부는 uwayapply 홈페이지에서 확인 가능
서류제출	2022.10.17.(월) 10:00~11.04.(금) 17:00까지	• 인터넷으로 접수된 원서와 제출서류를 함께 제출 • 방문(택배) 접수처 인문캠퍼스(서울) : 경상관 6층 대학원교학팀 자연캠퍼스(용인) : 창조예술관 6층 대학원교학팀 • 우편접수 : 17058 경기도 용인시 처인구 명지로 116 명지대학교 대학원교학팀(김태연 앞)
면접 전형	2022.11.19.(토)	해당 학과에서 학생에게 일정을 개별연락 ※ 해당 학과 연락처「8페이지 13번 항목」 참고 제출서류에 결격사유가 없는 한 모든 지원자는 면접 전형 대상자임
합격자 발표	2022.11.29.(화) 14:00 예정	명지대 홈페이지(www.mju.ac.kr) 공지사항 참조 대학원 홈페이지(gs.mju.ac.kr) 합격자발표 참조
합격자 등록기간	2023.01.09.(수)~ 01.11.(금)	합격자 확인 후 고지서 출력하여 납부 (추후 한국장학재단 학자금 대출 신청기간이 상이한 경우 합격자 등록기간 조정 가능)

• 전형방법 및 배점

가) 전공구술 및 면접시험 : 100점(면접 불참 시 자동 불합격)

※ 구술면접은 각과 교수진이 진행함

※ 전공분야 학문적 심도, 전공분야 외국어 능력, 전공 관련 경력사항, 사고의 논리성, 학문적 열의와 품성 등에 대한 다면적 평가가 이루어짐

나) 서류평가 : 50점

※ 학업계획서, 성적 등에 대한 평가가 이루어짐

③ 제출서류

- 입학지원서 인터넷(uwayapply)접수 시 사진파일을 업로드한 경우 사진은 제출하지 않음
- 모든 서류(졸업증명서, 성적증명서 등)는 원본으로 제출
- 입학지원서는 접수기간 중 uwayapply에서만 입력가능(학업계획서 양식은 접수기간 중 uwayapply에서 다운로드 가능 및 모집요강 공고에서도 다운로드하여 작성가능)

제출 서류
1. 입학지원서 1부(uwayapply에서 출력) 2. 학사 졸업(예정)증명서 1부 3. 학사 성적증명서(백분율 기재) 1부 4. 학업계획서(소정양식) 1부 5. 사진(3.5㎝ x 4.5㎝) 1매 6. 추가제출서류('나'항 해당자에 한함)

표 12-13 학업계획서 양식

학 업 계 획 서

2019학년도 전기

구 분	□ 신입학 □ 편입학	과 정	□ 석사 □ 박사 □ 석박사 통합
학 과		전 공	
수험번호		성 명	

제 12 장 대학원 진학하기

3) 국립특수대학원

우리나라의 평생교육과 원격교육을 선도하는 국립특수대학원으로서 방송통신대학교 대학원은 첨단 원격강의로 재택학습이 가능하고 기존원격교육시스템 활용으로 교육비용을 최소화한 대학원이다. 방송통신대학교 대학원 유아교육학과는 현대사회에서 요구되는 유아교육 · 보육의 질을 향상하고, 유아교육 · 보육 분야의 전문 인력을 양성하기 위해 개설되었다. 평생교육이념과 원격교육 교수매체 이용을 바탕으로 현장에 있는 교사들이 매일 학교에 출석하지 않는다는 시간적 이용의 편리성과 국립 대학원이므로 교육비가 저렴하다는 장점이 있다.

① 모집요강

표 12-14 모집유형 및 모집 인원

구분	전형유형	학과	총모집인원	비고
대학원	일반전형	문예창작콘텐츠학과 실용영어학과 실용중국어학과 아프리카 · 불어권언어문화학과 일본언어문화학과 법학과 행정학과 영상문화콘텐츠학과 농업생명과학과 생활과학과 정보과학과 이러닝학과 바이오정보 · 통계학과 환경보건시스템학과 간호학과 평생교육학과 청소년교육학과 유아교육학과	780명 (정원내)	※ 정원 외 선발(특별전형)은 별도 기준
경영 대학원	일반전형	GM전공, HR컨설팅전공, 테크노경영전공, 마케팅전공, 회계금융전공, 경제정책전공, 국제무역전공	100명 (정원내)	※ 전공선택은 2학기부터 함 ※ 정원외 선발(특별전형)은 별도 기준

표 12-15 지원자격

구분	대상자
일반전형	• 국내외에서 학사학위를 취득한 자(2019년 2월까지 취득예정자 포함) • 법령에 의하여 이와 동등 이상의 학력이 있다고 인정된 자
특별전형	• 교육부령이 정하는 위탁학생 • 북한이탈주민 • 부모가 모두 외국인인 외국인 학생 • 외국에서 우리나라 초·중등 및 대학 교육에 상응하는 교육과정을 전부 이수한 재외국민 또는 외국인

※ 단, 유아교육학과는 "유치원교사 자격증" 소지(예정)자에 한함. 간호학과는 "간호사면허증" 소지자에 한함

② 전형방법

- 학과별 전형방법 등은 공고를 참조
- 최종합격자 선발(면접전형): 1차 서류전형합격자를 대상으로 면접실시
- 면접대상자는 본인임을 확인할 수 있는 공적 신분증을 반드시 지참하고 참석하여야 함

구분	기간(일정)	장소 및 방법	비고
지원서접수 (인터넷 접수)	2022.10.17.(월) 09:00~ 2022.10.28.(금) 18:00	대학원·경영대학원 홈페이지/입학정보	※ 10.28.(금) 18:00 이후 접속 불가 ※ 방문, 우편접수 불가
침부시류 제출	2022.10.17.(월)~10.28.(금)	등기우편 제출	※ 10.28.(금) 소인분까지 인정
1차 합격자 발표	2022.12.05.(월)	대학원·경영대학원 홈페이지/공지사항	
면접	2022.12.10.(토)	학과별 시행	면접일정은 1차 합격자 발표 시 홈페이지에 공지
최종 합격자 발표	2022.12.16.(금)	대학원·경영대학원 홈페이지/공지사항	
합격자 등록	2023.1.5.(목)~1.09.(월)	카드 또는 은행납부	

③ 제출서류

구분	대상자	제출서류	제출방법
모든지원자		• 입학지원서, 자기기술서	인터넷 제출
기본 서류 (필수)	학사학위 소지(예정)자	• 대학졸업(예정)증명서 원본 1부 • 대학 전학년 성적증명서 원본 1부 ※ 편입학자는 편입전 전적대학 졸업·성적증명서도 제출 ※ 실점(100점 환산 점수)이 기재된 성적증명서 제출	우편 제출 (10.26.(금) 소인분까지 인정)
	외국학교 출신자	• 외국대학 졸업(예정)증명서 원본 및 한글번역문(공증) 각 1부 • 외국대학 전학년 성적증명서 원본 및 한글번역문(공증) 각 1부 • 학력인정확인서(본 대학원 지정서식1) 1부 ※ 주한 해당국 대사관 또는 해당국 주재 한국대사관 발급 • 출입국사실증명서(출입국관리사무소 발급) 원본 1부	
	독학사 출신자	• 학위수여증명서 원본 1부 • 성적증명서 원본 1부 (전적대학 졸업(수로)자는 출신대학 졸업(수료)·성적증명서 제출) → 유아교육학, 정보통신학 독학학위 전공자는 필수 제출	
	학점은행제 출신자	• 학사학위(예정)증명서 원본 1부 • 성적증명서 원본 1부	
	유아교육학과지원자	• 유치원교사자격(예정)증 사본 1부	
	간호학과지원자	• 간호사면허증 사본 1부	
추가 서류	국가보훈대상자	• 국가유공자(유족) 확인원 원본 1부	
	기초생활보장수급자	• 수급자증명서(본인) 원본 1부 ※ 원서접수 마감일 현재 1개월 이내 발급분	
	해당자	• 경력증명서 원본(재직증명서 원본/자격증(컴퓨터, 전공 관련 자격증, 기타) 사본/(사회)봉사 증명서(사회복지 자원본사 실적 인증서 등) 원본 등	

※ 방송대 학부 출신자는 입학 지원서 작성시 방송대 졸업·성적증명서 온라인 제출 가능(우편제출 불필요)
단, 방송대 편입학 등으로 졸업(수료)한 자의 경우 타 대학 졸업·성적증명서 우편 제출해야 함

④ 입학지원서 접수방법

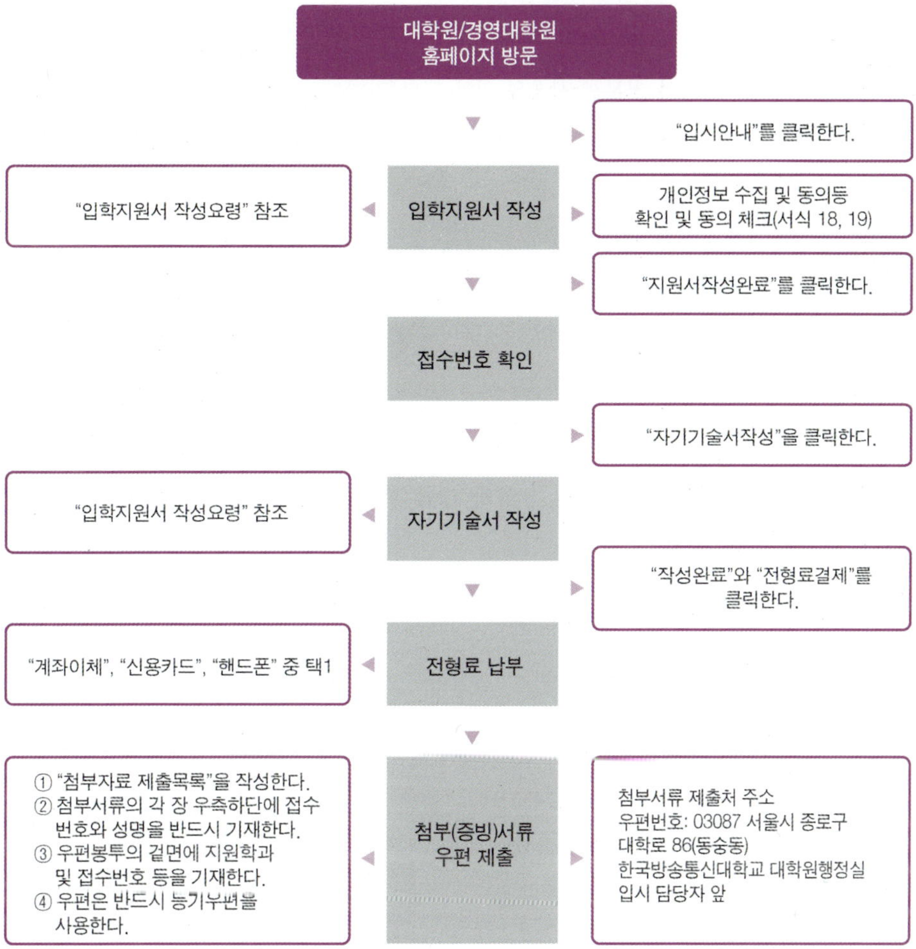

대학원에 대한 전국의 전반적인 분포, 경향, 경쟁률 등의 소식은 다음의 사이트를 검색하면 자세히 안내 받을 수 있다.

http://www.grandmap.co.kr/

☞ 전국 1,200여 개 대학원 정보를 무료로 제공하는 '지식 나눔 사이트'

참고문헌

교육부(2017). 교원양성현황.

______(2018). 교원자격검정 실무 편람.

교육인적자원부(2006). 교사의 전문성 신장을 위한 동료 장학자료.

교육통계연구(2017).

김변주(2004). 제7차 교육과정의 구현을 위한 새로운 교육대학원 교과과정. 숙명여자대학교 교육대학원 석사학위논문.

김성길(2001). 교육대학원 전문화 방향에 관한 연구. 연세대학교 대학원 석사학위논문.

보건복지부(2018). 2017 보육통계.

안유리, 이대균(2012). 대학원 생활을 병행하는 유아교사들의 경험과 의미, 열린유아교육연구, 17(6). 27-52.

염지숙, 이영애(2015). 경력 유아교사의 대학원 과정 경험: 이상과 현실의 간극 좁히기, 유아교육연구, 35(3), 81-99.

임승렬(2005). 유아교육전공 교육대학원 교육에 대한 학생과 교수의 인식과 요구. 유아교육연구, 25(4), 105-132.

http://cafe.daum.net/kindertest

제13장

전문가로 성장하기

해보자

나의 꿈 지도에 맞게 계획 수립하기

• 각 질문을 읽고 생각해 본 나의 꿈 지도에 대한 답을 기술해보자.

• 선생님은 왜 교사가 되었나요?
• 선생님의 최종 목표는 무엇인가요?
• 그 최종 목표를 위해 지금 이뤄야 할 단기 계획은 무엇인가요?
• 단기 계획을 위해 지금 해야 할 일은 무엇인가요?
• 지금 해야 할 일을 위해 무엇을 준비하고 있나요?

누구나 교사로 출발하여 기관장이나 연구자, 교수자, 전문가로 성장하고 싶은 꿈이 있다.

위의 활동을 진행하면서 어떤 생각이 들었는가? 본 장에서는 단순히 취업과 진로지도를 위한 단기적인 계획보다는 장기적인 계획을 위한 내용을 중심으로 살펴보며 전문가로 성장하기 위해 선행되어야 할 다양한 과제들에 대해서 알아보자.

1. 교사의 성장과 발달

누구나 교사가 되고 싶다는 꿈과 열정으로 대학 학부과정을 마치고 현장으로 입문하고 나면 꿈같은 현실보다는 자기와의 싸움과 갈등이 시작된다. 초임교사는 혼돈과 갈등 속에서 시작된다. 그렇게 시작된 교사의 성장과 발달은 시간이 흐른만큼 경력이 쌓이게 되고 경험 속에서 자신의 정체성을 찾고 자신만의 노하우를 발견하면서 경력교사로, 유아교육 현장전문가로 성장하게 되는 것이다. 초임교사는 영유아들이 성장하듯이 그들과 함께 생활하면서 성장하고 성숙해지는 것이다. 초임교사는 가정을 떠나 가장 어린시기에 사회와 처음 만나는 영유아들에게 의미 있는 타인이 된다. 이는 영유아들을 정신적·육체적으로 조화로운 인간으로 성숙할 수 있도록 길러주는 동시에 교사 자신도 진화하고 성숙해지며 발달하는 것을 의미한다.

1) 교사의 발달단계와 전문성

카츠(Katz, 1989)는 보육교사의 전문성 발달단계를 교사의 관심사에 따라 생존기, 강화기, 갱신기, 성숙기로 나누어 4단계로 정리하였다. 카츠는 이러한 4단계의 발달단계에 따른 과업을 제시하였고 각 발달단계에 적합한 훈련이 적기에 이루어져야만 보육교사로서 전문성이 향상된다고 보았다. 카츠의 발달단계별 전문성 수준을 구성함으로써 보육전문가로 성장할 수 있고 경력보육교사의 직업적 자아실현이 이루어진다.

(1) 생존기

생존기는 초임교사로 근무하는 첫 1년의 시기를 의미한다. 생존기 1년의 시간은 우리가 생각하지 못한 다양한 경험들을 하게 된다. 이 짧은 시기에 우리가 기대하거나 혹은 기대하지 않더라도 매일의 현장에서는 수많은 에피소드들이 일어난다.

초임교사로서 입사하자마자 2월 신입 영유아들과의 만남, 부모님과 동료교사와의 관계, 업무처리를 하루에 어떻게 원활하게 처리할 수 있을지가 관심사다. 또한 자신의 능력이 소진되고 정신적인 혼란과 이론과 현실의 괴리를 느끼며 갈등하는 시기가 될 수도 있다. 그러므로 이 시기에는 현장에서 답을 찾고 실천하며, 한 가지씩 방법과 기술을 터득해 나가며 대처할 수 있어야 한다. 현장의 선배 경력교사의 조언을 듣고 원장님의 격려와 지원을 받는 것이 가장 필요한 때이다. 이 시기의 발달단계별 전문성 수준을 구성하는 방법은 보육교사에게 필요한 지식, 기술, 태도를 인식하고 이해하며, 이러한 인식과 이해를 기초로 기본적인 것을 적용하는 역량중심으로 구성하는 것이 바람직하다. 이 시기의 교사는 초임교사 시기이다.

해보자

나의 생존기에는 어떠한 경험들이 기대가 되는지 기술해보자. 그리고 그러한 상황들을 위해 어떤 준비를 하고 싶은지 혹은 어떻게 극복해 나갈 수 있는지 계획해보자.

(2) 강화기

강화기는 1년 말에서 3년 정도의 교사생활 시기이다. 1년의 생존기를 지나고 나면 2년차 교사로서의 재경험은 지난 첫 해의 경험이 기준이 되기도 하지만 두 번째 경험해 나가면서 맞춰가는 자기 자신을 만나게 된다. 또한 재반복되는 연간의 교육과정과 다양한 행사들을 경험하면서 이전 경험에 대한 안정감을 기반으로 주도성과 자신감도 나타나기도 한다. 이 시기는 보육교사로서의 안정감과 재미를 느끼며 자신이 모든 것을 다 알고 있는 것처럼 자신감이 충만한 시기이다. 이 시기에는 어린이들과 생활하면서 발생하는 어떤 문제 상황에서도 당황하지 않고 문제의 실마리를 찾고자 자신이 알고 있는 지식을 동원해 개별 영유아에 대해서 인식하는 시기다. 이 시기는 보육현장에서도 초임교사의 경력이 만 2년 경과 이후 보수교육을 시작하는 시기이다. 직무교육과 승급교육을 실시함으로써 이론을 접하고 새로운 교육방법과 프로그램을 학습하여 현장에 적용 가능하도록 발달하게 되는 것이다. 보육교사의 보수교육에 대해서는 아래 내용을 살펴보며 참고하기 바란다. 이 시기의 교사는 경력교사 시기이다. 다만, 이직을 하고 새로운 기관에 적응을 한다면 다시 생존기가 되는 경우가 많다. 그 이유는 각 기관마다의 고유한 문화와 특성, 운영방침에 따라 차이가 있고 영유아들에 대한 적응, 선후배 교사들과의 관계형성과 학부모와의 신뢰구축 등이 다시 시작되기 때문이다. 즉, 강화기는 한 기관에서의 지속된 경험이 누적될 경우 안정적인 적응과 발전이 기대된다.

해보자

나의 강화기에는 어떠한 경험들이 기대가 되는지 기술해보자. 그리고 그러한 상황들을 위해 어떤 준비를 하고 싶은지 혹은 어떻게 극복해 나갈 수 있는지 계획해보자.

(3) 갱신기

초임교사로서의 생존기를 잘 버티고 이직하지 않고 재경험들을 반복해 나갈 때 안정적이고 주도적인 자신감이 형성되는 것이 장점이라면, 단점은 단조로운 일상에 대한 무료함과 새로운 것에 대한 기대감이 높아지는 것이다. 혹시 이직을 통해 새로운 기관에 취업을 하게 되면 더 많은 정보나 경험을 하며 배울 수 있지 않을까라는 막연함 기대감이 충만한 시기가 갱신기이다. 혹은 새로운 학문에 대한 도전이나 이미 경험한 것을 통해 이 길이 내 길이 아닌가 하는 막연한 불안감 대신 확고한 자기 판단이 서는 시기이기도 하다. 갱신기는 약 2년에서 5년까지 정도의 경력교사 단계로 이 시기쯤에는 교사로서의 신비스러움보다는 좀 더 새롭고 혁신적인 프로그램 개발이라든지 공동체 모임에서의 토론이나 학술회, 세미나에 참석하고 정책에도 관심이 높아지면서 이성적으로 교육에 관심이 많아진다. 이 시기에는 새로운 이론이나 연구를 이해 분석하여 적용함으로써 교사로서의 역량을 강화하고, 다른 보육교사들을 지원하는 멘토로서 역량을 중심으로 활동하는 것이 바람직하다. 이 시기의 교사는 주임교사나 원감의 역할을 무난하게 수행할 수 있는 시기다.

해보자

나의 갱신기에는 어떠한 경험들이 기대가 되는지 기술해보자. 그리고 그러한 상황들을 위해 어떤 준비를 하고 싶은지 혹은 어떻게 극복해 나갈 수 있는지 계획해보자.

(4) 성숙기

보육교사나 유치원 정교사 자격을 기준으로 볼 때 보편적으로 2급 교사로 현장에 투입된다. 유치원교사의 경우에는 2급에서 1급 정교사 연수에 지명되기까지 보통 5년 이상의 시간을 필요로 한다. 법에서 정해준 기간인 3년보다는 더 많은 기간 동안 현직에 있어야 1급 연수자로 선정될 수 있다. 보육교사의 경우는 1급 승급교육을 신청하여 2주간 참여하여 시험을 거쳐 일정 점수 이상으로 통과하고 총 경력이 3년을 초과하는 시기에 1급으로 승급된다. 갱신기가 위의 과정과 같은 시기일 수도 있지만 어찌보면 실제적으로는 성숙기에 해당된다. 즉, 2급 교사로서의 경험이 반영이 되고 승급과정을 거쳐 갱신을 하고 난 후 성숙기에 입문한다는 뜻이다.

성숙기는 5년 이상 만 9년 정도의 경력으로 기관의 운영에 대해서 판단하여 결정하고, 기관운영을 위해 개발하며, 다른 교사들, 부모, 지역사회를 지원하는 역량을 가지게 된다. 물론 현직에서 적절한 지원과 교육이 있어야 하며 자신의 노력 여하에도 관련이 깊다. 교사로서의 자신감을 갖고 있으며, 현장의 실제적인 현상에서 그러한 사건이 발생하게 되는 철학과 인간의 정신세계를 알고 이해하려는 관심과 질문에 자신의 역량을 강화하기 위해 학회세미나를 참석하고 전문가와 대화를 즐기며, 대학원 진학을 하고 많은 학생들 앞에서 강연을 하는 경력원장으로서의 모습을 보여주기도 한다. 이 시기의 교사는 연구자의 모습을 보이게 되는 시기이다.

해보자

나의 성숙기에는 어떠한 경험들이 기대가 되는지 기술해보자. 그리고 그러한 상황들을 위해 어떤 준비를 하고 싶은지 혹은 어떻게 극복해 나갈 수 있는지 계획해보자.

2) 교사의 역할과 자질

(1) 영아반 교사의 역할

영아반 교사는 생애 초기 사회경험을 하게 되는 영아들에게는 엄마와 같은 역할을 하는 중요한 대상이다. 교사의 성품, 온정적인 돌봄, 양육태도, 의사소통 방법들이 모두 영아에게 영향을 미치며 그러한 생활습관들은 영아들에게 모델링 대상이 된다. 즉, 영아반 교사의 교육철학이 영아들의 인성과 가치관을 형성시키는 데 큰 영향을 끼친다. 영아반 교사는 개인적인 자질과 전문적인 자질을 모두 겸비한 열정적인 교사로서 지적인 전문성과 프로그램 개발 및 실천을 하며 온정적인 사랑을 실천하는 교사라야 한다.

① 발달단계를 이해하라

영아반 교사는 영아의 월령까지도 고려해야 한다. 한 반으로 구성된 3명, 5명, 7명의 영아들은 세부적으로 들여다보면 월령이라는 차이가 있다. 초기연령(1~4월생) 중기연령(8월생), 후기연령(9~12월생)으로 구분하더라도 그 안에서도 또 세부적인 월령의 발달 차이가 발생하기도 한다. 같은 동일연령 내에서도 발달적 수준에 맞게 놀잇감이 준비되어야 한다. 발달수준별 교재교구를 준비하는 것이 보육환경을 구성하고 영역별 놀잇감을 구성하는 첫 단추이다. 어린 영아들의 의사소통은 언어적 요소보다는 비언어적인 요소도 많이 있고 계획된 교육과정보다는 잠재적 교육과정에서 활동도 발생하게 되므로 구성주의 비고츠키의 근접발달이론을 이해하는 것도 도움이 될 것이다.

② 따뜻한 성품을 갖춰라

영아반 교사는 교육자이지만 양육자로서의 올바른 인격이 제일 중요한 것이다. 영아들의 신변을 안전하게 보호하고, 정상적으로 발달할 수 있도록 도와주어야 한다. 즉, 교육보다는 보호가 최우선되어야 한다. 아무리 사랑한다 할지라도 안전하게 보호하지 않으면 위험한 상황에 노출이 될 수 있기 때문이다. 여기서 보호란, 항상 부모와 같은 마음을 가지고 영아를 돌봐주어야 한다는 의미이다. 이를 위해 영아반 교사는 기다려주고, 비언어적인 의사소통에 대한 표현을 잘 파악할 수 있는 성품의 넉넉함과 여유로움이 필요하다.

③ 건강한 체력을 관리하라

신체적·정신적으로 건강한 교사는 아이들과 신나게 놀이하고 함께 뛰어놀 수 있고 아이들의 마음을 읽어주고 이해하며 건강하게 지도한다. 어린이집 교사는 개인적인 휴가를 빼고는 방학이 없이 하루 8시간을 근무하고 일 년 동안 쉼 없이 몸으로 움직이는 직업이기 때문에 아이들만큼 신나게 놀이에 참여하기 위해서라도 정신적·육체적으로 건강을 유지해야 한다. 교사가 쉴 수 있는 휴게시간에는 동료교사들과 구체적인 계획을 세우고 업무에 지장을 주지 않는 범위에서 서로 배려하는 마음으로 돌아가면서 모든 교사가 쉴 수 있도록 노력하는 것이 건강한 체력관리를 하는 데 큰 도움을 준다.

④ 일상생활 지도에 충실해라

어린이집에서 교사는 교사 전체가 로테이션으로 진행하여 8시간 근무하지만 영유아는 어린이집에 등원하여 하원하기까지 길게는 12시간을 어린이집에서 보낸다. 영유아들은 아직 자신의 의사를 자연스럽게 표현할 수 있는 발달단계는 아니다.

그렇지만 신체적인 변화는 매우 빠른 속도로 성장하는 시기에 있다. 일상생활 속에서 새로운 것을 배우고 놀이하는 하루 동안에 수많은 문제와 다툼이 일어나고 놀잇감을 가지고 수없이 의견 충돌이 생기게 된다. 이러한 생활 속에서 모든 것을 교사 혼자 의사결정하는 것은 영유아의 사회성 발달과 판단력, 사고력을 기르는 데는 바람직하지 않으므로 아이들 스스로 의사결정과 판단을 할 수 있도록 노력하고 기다려주고 칭찬해주어야 한다. 위험한 상황에서도 교사는 적절한 역할 수행을 하여야 한다. 의사결정자, 조언자로서 아이들의 놀이를 도와주고 어려운 것에 도전할 수 있도록 믿어주고 이끌어 주어야 한다.

⑤ 비언어적 의사소통에 집중하라

영아일수록 교사의 모든 것을 모델링하여 모방과 동일시 대상으로서 교사를 따라하게 된다. 교사는 영아의 행동에 관심을 갖고 언어에도 민감하게 상호작용해주는 것이 좋다. 만약 교실에 아이들과 다른 놀이를 진행하고 있더라도 멀리 위치해 있는 아이에게도 언어가 아닌 손짓, 눈짓, 몸짓으로, 고개를 끄덕이며 반응해주기 등 영아에게 호응해주는 비언어적인 상호작용을 다양하게 계속하는 것이 바람직하다. 영아들은 말로 의사표현을 능숙하게 하지는 못하지만 자신의 몸을 이용하고 짧은 언어로 자신의 욕구를 충족시키게 된다. 교사는 민감하게 의사소통을 해야 하며 비언어적인 상호작용 즉, 의사소통이 이루어져야 한다.

(2) 유아반 교사의 역할

유아교사는 어린이의 기본적인 권리를 옹호하고 하나의 인격체로 존중하며 어린이집에서 어린이들을 인간적인 존재로 존엄성과 행복을 추구할 권리를 보장하여 행복한 어린이집을 만들어 갈 수 있도록 유아반을 관찰하고 평가하는 조력자로서의 교사가 되어야 한다.

① 새로운 활동을 준비하라

교사는 교수자 및 학습 조력자로서의 역할을 수행하며 새로운 활동이 일어날 수 있도록 자극해주고 협력해주는 지원자가 되어야 한다. 관찰자, 참여자, 조력자의 역할을 수행하고 아이들의 활동이 확장되어 일어날 수 있도록 교사는 관찰과 평가를 계속하고 해석하고 인터뷰까지도 유아들과 실시해서 새로운 놀이가 탄생될 수 있도록 유도해주면 더욱 창의적인 놀이를 할 수 있게 된다. 충분한 계획과 준비를 걸쳐 아이들이 요구할 때 준비한 교육활동 수행이 될 수 있는 기회를 제공해 준다.

② 민감하게 관찰하라

교사는 상호작용자로서의 역할을 민감하고 적절하게 수행하여야 한다. 그렇게 되기까지 교사는 유아들의 개별적 요구, 흥미 등을 잘 관찰하며 아이들이 필요로 하는 적절한 교재교구를 제공해주고 아이들의 활동에 민감하게 반응해야 한다. 유아들을 신뢰하고, 가능성에 대해 기대를 갖고 아이들의 놀이의 흐름을 파악하고 아이들이 찾고자 하는 것을 얻을 수 있도록 도와주고 이끌어주는 교사로서 섬세하고 정확한 관찰이 요구된다.

③ 유아의 주도성을 방해하지 마라

교사는 유아 스스로 관찰하고 탐구하여 신중하게 판단하도록 격려하는 것이 중요하다. 창의적인 생각을 칭찬해주고 격려하여 아이들의 생각을 확장해주고 촉진시켜 주어야 한다.

호기심을 가지고 흥미로운 놀이를 진행하고 있는 상황에서는 충분한 시간을 만들어 주어 놀이를 방해하지 않고 즐거운 탐색이 일어날 수 있도록 분위기를 조성해주는 것이 바람직하다.

④ 또래관계에 집중하라

아이들은 또래를 통해서 많은 생활을 배우고 경험하게 된다. 친구들과 그룹으로 놀이하면서 협동하는 것도 배우게 되며 또래관계를 형성하여 놀이하고 계획할 수 있게 된다. 교사는 또래관계가 잘 형성될 수 있도록 놀이를 안내하고 관찰하고 조력해주어야 하며 유아들은 또래관계 속에서 많은 경험을 하고 자신의 정체성을 인식해갈 수 있도록 도와야 한다. 유아교육기관이라는 기관의 공간에서 가정을 떠나 처음으로 만나는 친구들과 선생님과 사회생활의 시작으로 타인을 배려하고 양보하며 나눌 수 있도록 함께라는 의미를 알 수 있게 도와준다.

⑤ 초등연계활동에 관심을 가져라

유아반에서는 학교를 간다는 것에 관심을 갖도록 하고 초등학교 교실을 둘러보러 가는 것이 학교에 관심과 호기심을 해결하게 해주는 것이다. 초등학교는 1학년부터 6학년까지 있으며 수업시간과 놀이 시간이 있다는 것도 알려주고 어린이집에서 따라 해보는 것도 재미있어 한다. 어린이집과 다르게 교실의 짝꿍과 지정된 자리가 있다는 것을 이해할 수 있게 해주고 짝꿍과 함께 앉아 있어 보는 놀이도 해본다. 학교에서는 숙제와 준비물이 있다는 것을 알고 학교는 어린이집과 다르게 많은 선생님과 많은 교실이 있고 화장실도 다르게 생겼다는 것을 확인해본다. 학교에서는 연필을 사용해서 글씨를 쓰고 발표한다는 것을 알고, 많은 친구들이 있고 넓은 운동장과 도서관이 있다는 것도 알려준다. 학교는 즐거운 곳이고 여름과 겨울에 즐거운 방학이 있다는 것을 알아보고 놀이해본다.

해보자

- 여러분은 현장에서 담당하고 싶은 학급의 연령은 몇 세인가?
  본인이 희망하는 학급에 맞는 연령의 발달을 생각해보자.
  해당 연령의 교사라면 어떤 교사의 역할이 필요할까?

- 내가 담당하고 싶은 학급의 연령을 제시하고 이에 필요한 교사의 역할에 대해 기술해보자.

3) 개인적 자질

(1) 양육자

영유아들의 학습과정은 놀이로 전개된다. 천천히, 누적적으로 증가하는 직선이 아닌 놀이과정 속에서 배워가는 학습과정이므로 발달과정에서 그 발달의 결과를 확인하기까지는 참으로 시간이 오래 걸린다. 잘 가르치기 이전에 우리는 기다릴 줄 알아야 한다.

그것이 잘 가르치려는 첫 단계이고 마음의 자세여야 한다. 이러한 기다림의 태도야말로 가장 중요한 부분이고 그 기다릴 줄 아는 여유에는 모든 것이 달려 있다. 기억하라! 교사는 여러분이 의도하든 의도하지 않든 아이들이 어떻게 되고, 어떻게 자라게 될지에 대한 영향을 준다. 이러한 민감성을 유지하면서 기다리는 자세는 교사의 직무역량이라고도 할 수 있다.

(2) 교수자

유치원이나 어린이집의 교사는 하루 종일 어린이들과 일상생활 속에서 상호작용을 하므로, 교사의 역량이 어린이들에게 민감한 영향을 미친다. 교사의 전문성을 발달시키고 교사의 자존감과 효율성을 높여 줄 때 교사는 행복감을 느끼게 된다. 이렇게 형성된 교사의 전문가적 자질은 보육의 질을 향상시키고 어린이들이 행복하고 만족하는 수준 높은 교육·보육 환경으로 교사의 직무역량에도 영향을 미친다는 것이다. 교사는 가르치는 것뿐 아니라 운영방법, 교육계획 마련에 있어서도 의사결정 및 조언자로서의 역할이 다르고 시대가 변함에 따라 교사의 자질과 가르치는 자세와 역할도 달라지기 마련이다. 자기 주도적 학습능력을 길러주고 안내자의 역할을 충실히 하는 교사가 훌륭한 교사라고 말할 수 있을 것이다. 유치원이나 어린이집 교사는 어린이를 돌보는 일이 주된 하루일과이다. 또한 교사가 담당해야 할 업무 중 행정과 사무처리 업무도 많은 시간을 필요로 한다.

(3) 상담자

유치원이나 어린이집에서 근무하는 교사들은 어린 연령의 아이들과 생활하므로 생활 속에서 문제가 되는 행동이나 부적응에 대한 많은 사건들을 어린 아이들과 대화로 문제를 해결할 수는 없는 상황이다. 이러한 환경에서 교사들은 부모님과 어린이의 문제에 관해서 관찰과 기록을 토대로 상담을 하는 경우가 대부분이다. 기관에서 정기적으로 실시되는 일 년 동안에 두 번의 정기적인 상담이 모든 원아 전체를 대상으로 이루어진다. 또한 긴급한 문제를 상담하기 위해서는 수시로 상담을 실시하기도 하는데 이러한 경우에는 특정 대상만을 상담하며 경우에 따라서 집단 상담이나 개별상담을 적절하게 실시한다. 상담을 위한 절차에 따라 상담이 이루어지며 상담한 내용을 문제행동에 적용해서 실시해보고 실행의 결과를 부모님과 연계하여 가정연계가 이루어지도록 상담자로서 교사의 역할이 중요하다.

2. 전문적 자질 갖추기

1) 배움에 대한 욕구

카츠(Katz, 1989)는 보육교사의 전문성 발달단계를 교사의 관심사에 따라 생존기, 강화기, 갱신기, 성숙기로 나누어 4단계로 정리하였다. 초임교사로 근무하는 생존기를 지내고 나면 교사의 성향에 따라 다르긴 하지만 강화기와 갱신기의 경력교사가 되는 시기에 대부분의 교사는 배움을 찾아 다양한 교육을 받고 자신의 전문성을 발달시킨다는 것처럼 다양한 교육을 찾고자 원한다. 교사는 하루 온종일 근무하면서 아이들과 힘겨운 일상을 보내다 보면 교사들의 배움에 대한 욕구는 자연스럽게 주말이나 인터넷 사이트를 통해서 교육을 받을 수 있는 온라인 자격증 과정을 선호하며 다양한 교육을 이수하고 전문적인 자격을 갖추어나가게 된다.

(1) 학회 자격증 과정

육아종합지원센터 홈페이지를 방문하여 나눔 정보 카테고리의 관련 사이트를 검색해보자. 세부항목으로 유관기관을 클릭하여 구분 란에 학회 및 연구소를 검색하면 다양한 학회의 정보를 찾을 수 있다. 그중 관심 있는 학회 홈페이지를 방문하여 관련 자격증 과정을 검색해보자.

그림 13-1 중앙육아종합지원센터

출처: http://www.central.childcare.go.kr

해보자

• 중앙육아종합지원센터의 관련 사이트를 방문하여 학회에 발행하고 있는 다양한 자격과정에는 무엇이 있을지 찾아보고 관심 있는 자격과정에 대하여 조사하고 그 이유에 대해서 서로 의견을 나누어 보자.

(2) 오프라인 지역별 교육

유아교육 보육관련 다양한 업체에서 혹은 관련 기관(교육청, 유아교육진흥원, 연합회, 육아종합지원센터 등)에서 실시하고 있는 다양한 현장 직무 교육에는 무엇이 있을까? 온라인의 교사교육 정보에 게시된 다양한 오프라인 지역별 교육에 대하여 관심 있는 교육과정을 살펴보고 교육에 참여해 볼 수 있다.

해보자

오프라인 교육정보의 예 : ㈜ 키즈넷 원격평생교육원

출처: https://www.kiznetedu.com

2) 포용력을 갖춘 인간관계

현장의 교사는 영유아들의 돌봄과 교육을 실천해야 하며, 다양한 인간관계를 형성하게 된다. 원장의 기관운영에 있어서도 인간관계 구성은 매우 중요한 요소로 손꼽는다. 예를 들어 정원이 30명인 기관이라고 하면 영유아들은 30명이지만, 영유아들의 부모는 총 60명, 30명의 영유아들을 담당하는 교직원들은 최소 10명이 필요하다. 이때 30명의 정원규모이지만 총 100명의 인간관계와 함께 조직 관리를 해야 하는 부분이 원장의 업무 영역이다. 이를 기준으로 만 1세 교사는 총 5명의 영아들을 담당하지만 그들의 가족

최소 10명, 영아반 보조교사, 혹은 통합반인 경우에는 장애 담당교사, 파트너 교사뿐 아니라 다른 연령의 교사 및 기타 교직원을 포함해 20명이 넘는 인간관계를 맺게 된다. 그들과 소통하면서 영유아 교육, 돌봄, 부모교육 및 지역사회 협력 등을 이끌어 가야 한다.

어린이집의 보육이라는 직무를 수행하는 교사들의 모임인 교사 공동체를 통해 새로운 교육방식과 전문적인 프로그램 개발을 논의할 수도 있고, 공통의 문제를 해결하는 중요한 결과들이 이루어진다. 어린이집과 관련된 업무를 떠나서도 다양한 분야에 종사하는 공동체 모임과 활동하게 되며, 새로운 경험을 하고 인간관계를 맺음으로써 즐거운 삶을 영위하고 폭넓은 인간관계를 맺게 된다. 다양한 인연을 맺는 관계 속에서 우리가 특별히 관심을 가지고 집중해야 할 부분에 대해서 살펴보자.

(1) 영유아

앞서 살펴본 영아교사와 유아교사의 역할은 직무에 대한 내용을 의미한다. 당연한 직무를 역량 있게 실천하는 것은 지식과 기술적인 부분을 의미하지만, 포용력을 갖춘 인간관계에서의 영유아는 그들의 권리존중을 의미한다. 영유아들은 우리가 최일선으로 보호하고 돌보며 교육을 남낭할 때 권리를 존중하고 있는지가 매우 중요하다. 아동 권리존중에 대한 기본적 이해를 바탕으로 인간관계를 형성해야 한다.

해보자

- 영유아들과 바른 인간관계를 형성하기 위해 그들의 권리를 존중하는 태도가 중요하다. 여러분이 생각하는 권리존중 교육은 무엇인가? 중앙육아종합지원센터에서 소개하는 관련 영상을 시청한 후 일과운영 중에 실천할 수 있는 권리존중에 대해서 이야기를 나누어보자.

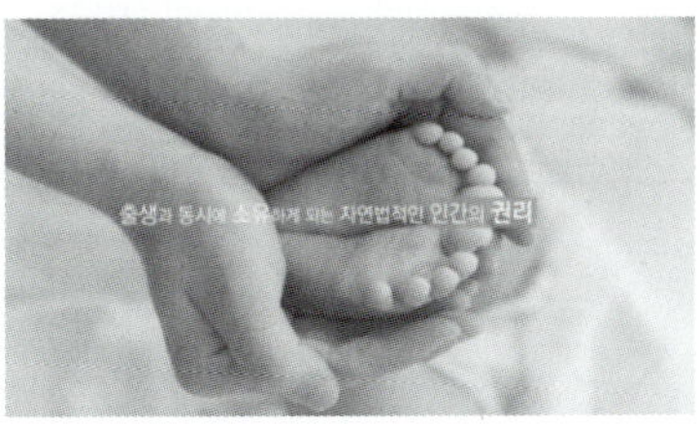

(2) 부모

어린이와 관련된 부모와 가족구성원에 대해서도 바람직한 인간관계를 구성해야 한다. 교사는 제2의 부모라고도 한다. 엄마의 역할을 교사가 수행하고 있기에 부모와의 의사소통이 매우 중요하다. 부모의 양육태도를 이해하고 요구를 파악하여 부모교육과 함께 가족지원을 할 수 있어야 한다. 이는 지식과 기술적인 역량이라면 이를 효과적으로 수행하기 위해서는 포용적인 관계를 사전에 형성해야 한다. 형성된 관계는 지속적인 신뢰를 구축하면서 매일 반복적이고 소통하는 태도로 관계를 형성해야 한다.

해보자

학부모와 좋은 관계를 형성한다는 것은 참으로 중요한 태도이다. 실습 중에 혹은 수집된 다양한 정보를 통해 학부모 민원 사례에 대해 기술해 보고 해결 방안에 대한 서로의 의견을 소통해보자.

민원사례	해결방안

(3) 동료 교사

어린이집에 함께 근무하는 동료와의 관계가 원만해야 포용력을 갖춘 교사로 성장·발달 할 수 있게 된다. 입사하여 근무하는 동안 가족보다 더 많은 시간을 보내고 가족보다 더 많은 끼니를 함께 나누는 것이 직장동료이다. 선후배 관계이자 함께 협력하는 동료이기도 하다. 내가 불편하다고 자기 분량을 줄이거나 최소화하면 줄어든 업무의 분량만큼이 동료의 몫으로 돌아가는 풍선효과도 나타나는 관계이다. 동료 교사와 좋은 관계를 형성하기 위한 나만의 노하우나 자기의 강점에 대해서 생각해보자.

해보자

- 초임교사로 현장에 입문을 하게 되는 경우는 다양하다. 고등학교를 졸업하고 바로 대학에 입학하여서 현장에 입문하는 경우도 있지만, 고등학교를 졸업한 이후에 사회생활을 먼저 경험하고 대학에 입학하여 초임교사로 현장에 입문하게 되는 경우도 있다. 혹은 자격을 취득했지만 다른 계통의 일을 하다가 차후에 현장의 초임교사로 입문하는 등 다양한 경로로 현장의 교사가 된다. 이런 경우 학번은 빠르지만 사회경력이 초임일 수도 있고 그 반대의 경우가 될 수도 있다. 혹은 1년, 2년, 3년, 4년, 석사과정 등을 통해 학력이 서로 다를 수도 있다. 이런 다양한 연령층, 다양한 경험들을 가진 사람들이 모여 동료교사라는 집단을 형성하게 된다. 이런 상황에서 나만의 강점은 무엇이고 어떤 노력을 통해 좋은 동료관계를 형성해 나갈 수 있는지 기술해보고 서로의 강점을 발표하며 소통해보자.

(4) 원장

초임교사의 입장에서 원장과 어떻게 관계를 형성해야 하는지에 대한 두려움이 많다. 현장에서 만나게 되는 초임교사들은 대부분 원장과 눈을 어떻게 마주쳐야 하는지, 원장과 같은 공간에 있는 것만으로도 불안해한다. 반면 동료 교사보다 원장과의 의사소통이나 인간관계를 더 쉽고 편안해 하는 경우도 있다. 그렇다면 원장과는 어떻게 관계를 맺는 것이 중요할까?

매년 입학하는 신입생들이 더 사랑스럽고 더 애정이 간다. 그만큼 더 많은 기회와 배려가 있다. 많은 것을 기대하기보다는 더 많이 도전해보고, 더 많이 실패해보며 더 많은 경험을 하도록 기다리고 배려한다는 것이다. 따라서 원장과의 관계는 수직관계, 상하관계라기보다는 지금 내가 처한 이 상황적 경험을 가장 먼저 경험한 선배로, 이전 경험이 풍부하고 교육적 철학이나 운영방침에 대한 실천적 지식과 기술 역량이 많고 태도적으로 가장 도움을 받을 수 있는 직접적인 관계로 인식하는 것이 좋다. 내가 먼저 보다 더 진솔하고 겸손한 마음으로 도움을 청한다면 내가 가진 고민과 어려움을 누구보다도 더 먼저 손 내밀어 도와주시고 지원해줄 수 있는 관계이다.

3) 보육과정에 관한 지식과 운영능력

초임교사로서 지식, 기술, 태도는 기본적인 역량을 갖추었는가를 점검해 볼 필요가 있다. 1장에서 살펴본 NCS 사이트의 보육분야 업무를 기준으로 다양한 역량을 살펴볼 수 있다. 혹은 보육 1급 승급과정 유치원 1급 연수과정에서 구성한 교과목을 기준으로도 충분히 그 역량을 살펴볼 수도 있다. 전문가의 입장에서 가장 필요한 보육과정에 대한 지식과 운영능력을 발달시키기 위해서 어떤 역량을 구체적으로 함양해야 하는지 온라인과 오프라인으로 나눠서 그 내용을 자세히 살펴보고자 한다.

(1) 온라인

그림 13-2 서울특별시교육청교육연수원

출처: http://www.seti.go.kr

유아교육 현장의 경우에는 각 지역청의 교육연수원에서 진행하는 다양한 교육에 참여할 수 있다. 집합연수와 원격연수가 혼합된 블랜디드 러닝 방식으로 운영되는 경우가 많다.

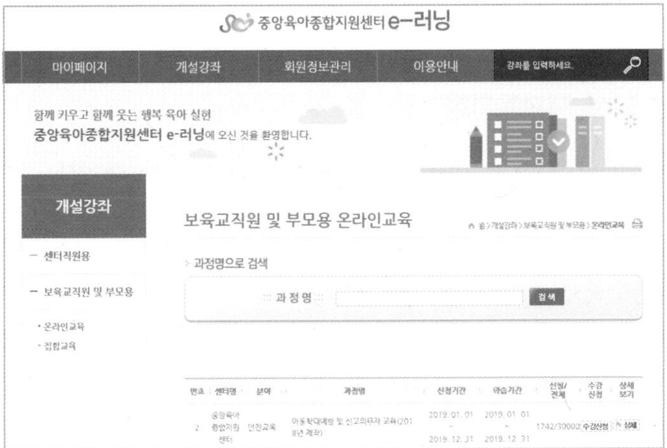

그림 13-3 중앙육아종합지원센터 e-러닝

출처: http://www.lms.educare.or.kr

보육현장의 경우에는 중앙육아종합지원센터의 E-러닝 사이트나 한국보육진흥원의 E-러닝 사이트 등을 통해 다양한 교육을 수강할 수 있다.

그림 13-4 키즈넷

출처: http://www.kiznetedu.com

혹은 키즈넷 원격평생교육원과 같은 사업주 훈련, 재직자 훈련 등을 통해 다양한 직무교육 등을 수강할 수 있으며 모두 국비가 지원되는 무료교육으로 비용에 대한 부담이 없다.

(2) 오프라인 교사 재교육과정

시간과 공간에 제약을 받지 않고 스마트폰으로 쉽게 접할 수 있는 온라인교육은 정보공유나 새로운 관계를 만들어 가는 데 어려움이 있다. 반면 오프라인 교육은 직접 참석해서 대면교육으로 수강하여야 하나 수강생으로 만나게 되는 다양한 관계를 통해 현장의 정보를 직접적으로 수집할 수 있는 장점도 있다. 그 중에서 가장 장시간 동안 진행되는 교육은 승급교육과정이다. 유치원의 경우는 한 달 정도, 어린이집의 경우는 2주간 진행된다.

4) 구체적 실무역량: 각 연령별 학급운영 실무과정

No.	환급유형	카테고리	샘플보기	과정명	학습시간	교육비	지원금액	결제금액
4	고용보험환급	직무향상		학급운영 내비게이션, 만0~1세반의 연간학급운영 실무 톡톡	총 10시간	45,980원	37,243원	8,737원
3	고용보험환급	직무향상		학급운영 내비게이션, 만2세반의 연간학급운영 실무 톡톡	총 10시간	45,980원	37,243원	8,737원
2	고용보험환급	직무향상		학급운영 내비게이션, 만3세반의 연간학급운영 실무 톡톡	총 10시간	45,980원	37,243원	8,737원
1	고용보험환급	직무향상		학급운영 내비게이션, 만4~5세반의 연간학급운영 실무 톡톡	총 10시간	45,980원	37,243원	8,737원

그림 13-5 연령별 학급운영 내비게이션(만 0~5세) 실무과정

출처: https://www.kiznetedu.com

교사는 국가수준의 보육교사 자격증 이외에도 현장의 실제 업무를 뒷받침할 수 있는 역량이 필요하므로 이에 대한 전문적인 교육을 수강하면 전문성 향상에 많은 도움이 된다. 특히 재직 중에 고용노동부의 사업주 훈련과정을 수강하면 1만원 이하의 교육비로 1년간 연령별 학급운영에 대한 세부적인 실무내용도 학습할 수 있다. 키즈넷 원격평생교육원에서 개발한 '학급운영 내비게이션 연간학급운영 실무 톡! 톡!' 과정을 통해 다양한 실무적 실기역량을 갖추어 나갈 수 있다. 현장에서 요구되는 다양한 직무에 필요한 실제적인 전문 과정을 온라인으로 무료로 수강하여 지식과 기술을 함양해 나갈 수 있는 장점이 있다. 사업주 훈련 과정이므로 본인의 필요에 의해 수강 이후 각 연령별 멘토들과 커뮤니티(유튜브, 네이버, 다음)에서 '초인딱세'를 검색하면 도움 멘토링 서비스도 받을 수 있다.

5) 반성적 사고와 저널쓰기

(1) 반성적 사고

동료장학의 한 방법으로 반성적 저널쓰기를 많이 하고 있는데 이에 대해 자세히 살펴보자.

듀이는 반성적 사고에 대해 자신의 신념이나 실천적 행동의 원인이나 궁극적인 결과를 적극적이면서도 끈기 있게 살피고 주의 깊게 사고하는 것으로 정의하였다. 듀이는 반성적 사고를 하려면 탐색의 과정을 익히기 전에 열린 마음, 책임감, 진실된 태도를 먼저 가져야 한다고 말했다. 교사가 반성적 사고는 언제나 하지만 그것을 글로 써서 기록하고 자신의 사고를 반성한다면 생각으로만 하는 반성적 사고보다는 매우 큰 효과를 얻게 될 것이다.

어린이집에서 생활하면서 어떤 문제가 발생했을 경우 나 자신에게 책임을 묻고 '왜'라고 돌이켜 생각했던 경험은 없었던 것 같다. 내가 하루를 준비해서 아이들과 놀이했다면 나는 무엇을 가르치고 알 수 있도록 그들을 도와주었나? 내가 하는 일이 누구에게 도움을 주고 어떤 결과를 가져다주는 것인가? 가끔은 질문을 한다 해도 답을 찾기는 어렵고 딜레마를 겪게 되는 경우가 많다.

듀이(Dewey, 1933)는 반성적 사고의 정의를 '사고를 해방시키고 새로운 지식을 획득하며 문제를 능동적으로 해결해 나가는 것'을 강조하면서 '어떤 신념이나 지식에 근거를 두고 그것으로부터 만들어질 결과에 근거하여 신념이나 지식을 능동적이고 지속적으로 고려하는 것이라고 했다. 즉, 생각을 해방시키고 고정관념에서 벗어나 새로운 지식에 근거하여 도출된 결과를 논리적으로 고려하여 지속적으로 풀어나가는 사고로 정의하고 있다.

듀이의 반성적 사고 태도

- 열린 마음: 능동적이고 적극적인 의미를 갖는 태도로 자발적으로 새로운 문제를 고찰하는 것이며, 새로운 지식을 받아들이는 것이다. 열린 마음은 여러 방면의 의견을 듣고 어떤 사실이라 해도 자신의 신념의 오류를 발견하는 것이다. 자신의 생각이나 사실을 근거로 하더라도 다양한 측면에서 생각해보고 새로운 지식을 바탕으로 자신의 신념에 오류까지도 발견할 수 있도록 속단하지 않는 생각을 말한다.
- 전심전력의 태도: 어떤 것에 흥미를 느낄 때 자기 자신이 그 속에 몰두하는 태도다. 이러한 자세는 새로운 탐구와 해석이 계속될 수 있게 한다.
- 지적 책임감: 지적책임감이란 계획된 정신적 과업을 스스로 선택하는 것으로서 신념에 근거해서 행동한 결과에 책임을 지는 것이다.

고미경(2007)은 보육교사에게 반성적 사고가 중요한 이유를 다음과 같이 말하고 있다.

첫째, 반성적 사고는 교사가 인식하지 못하고 있던 교사의 경험이나 신념을 검토하고 분석할 수 있는 소중한 기회를 준다. 교사는 자신의 행동과 생각을 되돌아보고 신중하게 재고해볼 수 있는 기회를 제공한다.

둘째, 반성적 사고는 교사의 문제해결력을 향상시켜준다. 교사의 교수-학습과 영유아의 놀이 결과는 교사가 목적한 것과 다르게 흐를 수가 있다. 교사는 영유아의 놀이를 관찰하고 평가함으로 다음 놀이계획에 변화를 주어야 한다는 결과에 따라 반성적 사고가 생겨나고 교육은 영유아의 놀이를 활성화해주는 결과를 가져오게 된다.

셋째, 반성적 사고는 교사의 결정능력을 향상시킨다. 교사가 반성적 사고를 하기까지는 시간이 꽤 걸리지만 반성적 사고를 함으로써 교사 자신의 행동을 객관적으로 생각할 수 있고 자신의 생각을 객관적으로 결정하는 데 도움이 된다.

(2) 반성적 저널쓰기

① 반성적 저널쓰기 목적

글로 기록하는 저널쓰기는 반성적 사고에서 가장 많이 사용되는 방법으로, 경험을 기록하고 자신의 교수방법에 대해 점검하며 문제해결력을 증진시키는 데 목적이 있다.

저널쓰기는 일기쓰기와 같이 어떤 일이 일어나고 진행되고 고민하고 반성하며 경험과 생각을 적는 것이지만 교사라는 전문가적인 방향으로 자신을 회고하며 반성하고 마음 속 생각까지도 끌어내어 반성하는 반성적 저널쓰기로 사용되고 있다. 일지에서는 실행평가 부분에서 찾아볼 수 있다.

프로그램의 계획을 어린이들과 실행하면서 그 상황을 관찰하고 느낀 결과를 토대로 무엇이 보완되어야 할지 확장되어야 할지 반성적인 사고를 하고 결과를 다음 계획에 반영될 수 있도록 평가를 하는 것도 결과적으로는 반성적 사고를 활용한 보육일지 작성이 되고 있는 것이다. 또한 어린이집에서 행사를 진행하기 전에 교사회의를 통해 행사의 계획과 진행상황을 논의하고 행사계획을 수립한다. 이어서 행사가 진행되고 행사과정에서 예상하지 못한 상황이나 문제가 발생했다면 무엇이 문제였는지 행사를 마치고 행사에 대한 품평회를 진행할 때도 집단으로 이루어지는 반성적 회의가 될 수가 있는 것이다. 그렇게 함으로써 다음 행사에서는 똑같은 문제가 발생하지 않고 행사를 순조롭게 할 수 있다는 긍정적인 결과를 얻게 되는 것이다. 반성적 사고는 교사뿐 아니라 모든 경우에 인생을 살아가면서 쉼 없이 반복되고 사고하는 과정이라 생각된다.

② 반성적 저널쓰기의 중요성

교사들의 전문성 향상에 필요한 방법 혹은 동료장학의 한 방법으로 저널쓰기를 많이 실천하고 있다. 저널쓰기는 교사로서의 경험에 대한 자신의 생각을 기록하는 것이다. 즉 저널쓰기를 통해 교사는 자신의 지식, 기술, 태도, 감정, 행동의 이유 등을 이성적인 타인의 입장에서 볼 수 있게 된다. 교사들이 저널쓰기를 통하여 자신이 무엇을 알고 있는지, 자신이 무엇을 느끼는지, 자신이 무엇을 하고 있는지, 왜 하는지의 이유를 알 수 있도록 하기 때문에 전문성 향상에 도움이 된다.

저널쓰기는 자신의 개인적인 생각을 적는다는 점에서 일기와 비슷하지만 일기가 전적으로 개인의 사생활에 관한 것이라면 저널은 개인적인 차원이 아닌 전문성을 가진 교사로서의 의견을 기록한다는 점에서 차이를 가진다. 결과적으로 교사는 감정적인 자신의 마음을 이성적으로 봄으로써 자신의 교수행위를 되돌아보고 반성할 수 있게 된다. 교사로서의 자신을 돌아보고 스스로 정체성을 찾아가는 기회로 발전적인 교사의 길을 걷게 된다.

3. 교사로서 자기 목표 수립하기

초임교사로서 카츠의 보육교사의 전문성 발달단계 생존기, 강화기, 갱신기, 성숙기 4단계를 교사의 관심사에 따라 거치게 된다면 현명한 초임교사는 카츠의 발달단계를 이용할 줄 알고 생존기 단계가 어렵게 지나가는 과정임을 인식하고 스스로 자신의 목표를 계획하고 실행하고 유지하면서 갱신기 경력교사로 성공적인 전문가로 꿈을 이루게 될 것이다.

교사로서 자기 목표를 수립하는 방향은 장기적으로는 대학원에 진학을 하거나, 전문자격을 갖춘 전문교사로 성장을 준비할 수 있다. 단기적으로는 예비초임교사인 졸업반으로서 올 한 해에 대한 계획이나 혹은 임용 이후 초임교사로서의 1년을 어떻게 보낼 것인지 구체적인 계획을 수립해 보자.

1) 대학원 진학하기

12장에서 대학원 진학하기에 대한 자세한 정보와 세부적인 방법을 살펴보았다면 본 장에서는 구체적인 진학계획을 수립하는 것에 대해 실행하고자 한다. 초임교사가 되기 위해서 대학생활을 통해 이론적인 바탕을 마련했다면 실습을 통해 어린이집 6주간의 현장경험이 초임교사의 자산인 것이다. 앞으로 현장에서는 더 이상 실습은 없다. 매일 매일이 실전이고 자신에 대한 도전인 것이다. 그래도 다행인 것은 카츠의 보육교사의 전문성 발달단계가 그리 길게 느껴지질 않기 때문이다. 생존기 정도는 문제없이 극복하고 빛나는 강화기를 스스로의 노력으로 맞이할 수 있게 된다는 것이다. 그리고 연구하는 경력교사가 되는 것이다.

대학원 진학 계획을 수립하기 전에 자신의 삶을 되돌아보고 삶의 성장 그래프를 그려보고자 한다. 자신의 인생을 회고해 보면서 인생그래프를 그려보자. 태어나서 지금까지 가장 행복했을 때와 가장 힘들고 고생했던 때를 자세히 적어가면서 기록해보자. 앞으로 나는 나를 알고 사랑하며 전문적인 교사로서 성장하기 위해 대학원을 진학하기 위한 계획을 세워보자.

해보자

• 내 삶의 성장 그래프 그려보기

유아기, 초등기, 청소년 전기(중등), 청소년 후기(고등), 청년기(대학), 생존기, 강화기, 갱신기, 성숙기, 결혼(임신, 출산, 자녀양육), 장년기(40-50대), 노년 초기(60대), 노년 중기(은퇴 이후), 노년후기(종신)으로 구분해서 그래프를 그려보자. 지난 시간도 되돌아 볼 수 있지만 앞으로의 삶도 예측해 볼 수 있다.

2) 전문 자격 계획하기

위에 제시한 내 삶의 그래프를 기준으로 하여 전문적인 교사로 성장하기 위해 자격 취득에 대한 계획도 병행해보자. 현재 취득한 자격증 이외에 본인이 관심이 있는 자격들에 대해서 검색해서 취득 시기나 취득 계획 등을 세부적으로 검토해보자.

해보자

- 관심 있는 자격은?
- 자격 취득 방법은?
- 자격 취득에 소요되는 비용은?
- 자격 취득 이후의 계획은?

3) 재교육 계획하기

초임교사 1년 과정을 잘 견딘다면 2년부터 시작되는 강화기는 유연하게 교사 재교육이나 직무교육 등을 통해 새롭고 다양한 교육을 쉽게 경험하게 될 것이다. 자기의 상황에 맞게 재교육을 받고 자격을 갖추어야 한다면 어떤 재교육이 어느 시기에 필요할지에 대해 생각해보자. 발전적인 연수를 주기적으로 계획하고 실행하는 것이 전문가로 성장하는 지름길이다.

해보자

- 자기 역량강화를 위해 몇 년차에 어떤 교육과정 연수받고 싶은지 다양한 직무연수에 대한 정보를 광역시 단위 보육진흥원이나 육아종합지원센터에서 검색해서 교육과정을 기술해보자.

	년차	년차	년차
희망 재교육 과정			

(1) 예비 초임교사(4학년)

아이들이 좋아서 유아교육을 하고 보육을 선택한 학생들을 볼 수가 있다. 학교에서는 배우는 학생이라서 예비라는 말이 학생들의 실수를 봐주지만 초임교사의 준비 부족과 치명적인 실수는 현장의 아이들에게는 용서 받을 기회조차 바랄 수가 없는 것이다. 항상 준비해야 하고 철저해야 한다. 반성적인 자세로 극복하고 자신의 노력으로 가능성을 찾고 완성되어 나가야 하는 것이다. 어떻게 초임교사로 준비해 갈 것인가?

해보자

예비 초임교사인 졸업학년(2년, 3년, 4년제)에서 1학기와 2학기로 구분하여 현장의 실무능력을 갖추기 위해 내가 노력해야 할 부분이 무엇인지 기술해보자.

	지식	기술	태도
1학기			
2학기			

(2) 임용 후(1년) 1년간의 재교육 계획

카츠의 생존기라는 1년을 어떻게 효율적으로 대처하고 극복하며 성장해 갈 수 있을 것인가 구체적으로 계획해보사. 과연 어떻게 생존할 것인가? 이 시기에 자신의 정체성에 혼돈을 일으키면서 교사라는 직업을 포기하는 일이 일어날 수도 있다는 것이다.

해보자

- 임용이 되어 현장에 입문한 초임교사가 된다면 나는 어떤 계획을 가지고 역량강화를 위해 재교육을 계획하고 있는가? 지금 현재 나에게 가장 큰 불안감은 무엇이고 이를 위해 임용 이후 1년 동안 어떤 노력을 하고 싶은가?

나의 불안요소	
1년간 역량강화 계획	

(3) 월별 세부 계획

2항에서 살펴본 1년간의 목표를 다시 세부적으로 월별로 세분화해서 나눠 보자. 실천적 계획이 되려면 보다 더 세부적인 계획이 실행력을 높인다. 교사로서의 자기목표를 이루기 위한 재교육이 될 수 있도록 월별 계획을 작성해보자.

해보자

- 나의 불안요소를 파악하고 이를 위한 재교육 과정을 세부적인 월별 계획으로 수립해보자. 매월 현장은 다양한 교육행사로 분주하다. 1년에 3분기로 나누어 비어 있는 칸에 내가 도전해 볼 수 있는 재교육에 대해서 기술해보자.

3월	4월	5월	6월	7월	8월
적응기간	학부모 상담	가정의달 교육행사	1학기 학부모 행사		휴가 집중기간
9월	**10월**	**11월**	**12월**	**1월**	**2월**
	2학기 학부모 행사	학부모 상담		휴가 집중기간	진급/졸업

‘교사의 성장 이후에는 어떤 비전을 세울 수 있을까?’라는 질문에 대부분의 교사는 ‘원장’이라고 답한다. 본 ‘취업·진로 내비게이션’ 실무서는 2단계 취업 후 각 연령별 담임교사로서의 실무서인 ‘연령별 학급운영 내비게이션’이 연계되는 형태로 발간되었다. 각 연령별 담임교사로서 영유아 교육 이외에 부모상담이나 부모교육도 중요한 업무역량이다. 이를 위해 ‘MZ부모를 위한 내비게이션’을 참고하여 현장의 전문가로 성장해 나갈 수 있다. 교사로서의 다년간 재직 경력을 쌓으면 1급 교사로, 중간관리자로도 성장할 수 있다. ‘원장 내비게이션’을 참고하여 기관운영자로서도 성장해 나갈 때 도움이 되는 ‘내비게이션’ 시리즈를 통해 최종 비전을 이루어보자.

참고문헌

고미경(2007). 유아교사론. 창지사.

Dewey, J. (1933) *How wethink: Arestatement of the reflective thinking to the educative process*(2nd revised edition). Boston: D. C. Health.

Katz, L. G. (1989). Talks with teachers and More taiks with Teachers. 이차숙 편역(1990). 유아교사를 위한 제언. 양서원.

http://www.nile.or.kr
http://sll.seoul.go.kr
http://oer.knou.ac.kr
http://www.kocw.net
http://www.ebs.co.kr
http://www.hunet.co.kr
http://www.kmooc.kr
https://bdes.nile.or.kr
http://www.le.or.kr
https://www.all.go.kr
https://lledu.nile.or.kr
http://www.nime.or.kr
http://www.parents.go.kr
http://univ.nile.or.kr
http://www.matchup.kr
유튜브 '초인딱세' 채널
네이버 '초인딱세' 블로그
다음 '초인딱세' 카페

제14장

제도와 정책 이해하기

읽어보자

유보통합 밑그림 연내 나온다…'8시까지 돌봄' 단계 추진

교육부가 올해부터 유치원(유아교육)과 어린이집(보육)을 합치는 '유보통합'을 본격 추진하기 위한 밑작업에 착수한다. 초등돌봄 시간을 오후 8시까지 늘려 돌봄 수요에 대응하고 그 시간 동안 다양한 맞춤형 방과후 학교 프로그램을 제공하는 '늘봄학교'도 올해 실시할 계획이다. 이주호 사회부총리 겸 교육부 장관은 5일 오전 윤석열 대통령에게 이 같은 '가정맞춤 교육개혁' 내용이 포함된 2023년 교육부 주요업무 추진계획을 보고했다.

• 유보통합…2024년까지 기반마련, 2025년 본격추진

'가정맞춤 교육개혁'의 핵심은 윤 정부 국정과제인 유보통합과 초등 전일제학교(늘봄학교)다. 이 중 유보통합은 유치원·어린이집으로 이원화된 유아교육 · 보육 체제를 하나로 합치는 것으로, 교육계 해묵은 난제였으나 이번 정부에서 강한 해결 의지를 보이고 있다. 교육부는 이달 중 '영유아 교육 · 보육 통합 추진위원회 및 추진단'을 교육부 내에 설치할 계획이다. 지난해 12월 행정예고된 두 조직의 설치 · 운영 규정에 따르면 추진위원장은 이 부총리가, 추진단장은 보건복지부 소속 공무원이 맡는다. 김태훈 교육부 교육복지돌봄지원관은 "유보통합과 관련된 중요한 부분은 추진위에서 심의하고 결정하는 구조이고, 추진위가 원활하게 업무할 수 있도록 지원하는 조직이 추진단"이라며 교육부 주도로 유보통합이 추진됨을 분명히 했다. 추진단과 추진위는 내달 유보통합 밑그림을 담은 '제3차 유아교육발전기본계획'(2023~2027)을 수립해 발표할 계획이다.

로드맵	1단계('23~'24): 격차해소, 기반마련	→	2단계('25): 통합 본격 시행
학부모	단계적 교육비 부담 완화		교육비 부담 제로화
교사	처우 개선, 자격·양성 체제 개선방안 마련		개편된 자격·양성과정 적용
시설	안전한 환경조성		시설 기준 개선안 적용

↑ ↑

조직	교육 중심의 중앙·지방 관리체계 일원화		일원화된 관리체계로 지원
재정	재원(유특회계·국고·지방비) 통합		통합된 재원으로 운용
법령	관련 법률 일괄 제·개정('24)		제·개정 법률 시행

올해 상반기 중엔 유보통합 추진의 가장 큰 걸림돌 중 하나였던 소관 부처 일원화 등이 담긴 '관리체계 통합방안'을 발표한다. 나아가 하반기엔 '어린이집 · 유치원 간 격차 완화방안'을 마련할 예정이다. 이 부총리는 지난 4일 "교육부, 복지부 양 기관의 중앙 · 지방 관리체계를 교육 중심으로 일원화하는 방안을 상반기에 발표하고, 유치원, 어린이집 간 격차를 완화하기 위한 방안도 현장의 다양한 의견을 수렴해 하반기까지 마련하겠다"고 설명했다. 이 같은 과정을 거쳐 2024년까진 영유아 교육격차를 해소하기 위한 기반을 마련한다. 교육을 중심으로 중앙과 지방 관리체계를 단계적으로 일원화하고, 유아교육지원특별회계와 국고 · 지방비 등으로 나눠진 재원을 통합하며, 유치원과 어린이집 교원의 자격 및 양성 체제를 개편하는 작업이 진행될 예정이다.
2025년부터는 제 · 개정된 법을 시행해 유보통합을 본격 추진한다. 일원화된 부처 및 재원 아래 개편된 교원 자격과 양성과정을 적용하고, 영유아 학부모의 교육비 부담을 '제로화'해 국가책임교육을 실현하겠단 계획이다. 이 부총리는 "유치원과 어린이집을 영유아 발달과 특성을 고려한 '질 높은 새로운 교육기관'으로 재설계하고, 지방교육재정교부금 등을 활용해 교육의 질을 제고하겠다"고 밝혔다.

출처: 뉴시스(2023. 1. 5.)

해보자

- 앞의 자료를 읽어 본 후 현재 유아교육 보육현장이 가장 큰 문제점은 무엇인지 생각해보고 관심이 있거나 실습 현장에서 느낀 어려움에 대한 여러분의 의견을 기술해보자.

제도와 정책은 전문적인 역량이 필요한 유아교육과 보육현장의 교사들에게는 매우 중요한 분야이다. 한 국가의 제도와 정책의 방향은 국가의 미래계획을 좌우하는 중요한 기준이 된다. 또한 이러한 제도와 정책은 실제 법으로 제정된 후 실제 행정으로 전달체계에 의해 순차적으로 현장의 영유아, 부모, 원장, 교사들에게 보육서비스 형태로 제공된다. 그동안 우리나라에서 진행되었던 제3차 보육 중장기 계획과 유아교육 혁신 방안에 대해 살펴보고 제4차 보육 중장기 계획을 기반으로 초임교사로 성장해나갈 방향을 검토하는 데 참고할 필요가 있다.

1. 보육 및 유아교육 정책동향

보육사업에 대한 중장기적인 계획은 2006년 새싹플랜이란 이름으로 1차 중장기보육계획이 여성가족부 소관시기에 수립되었다. 원래는 2006년부터 2010년까지의 시기로 계획되었으나 정권이 바뀌고 1차 계획을 보완하여 2009년에 아이사랑플랜이 수립되었다.

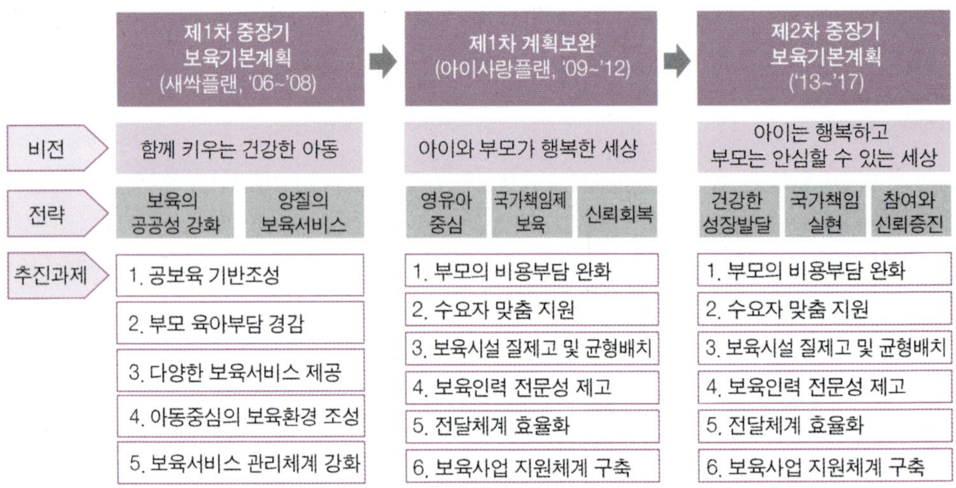

그림 14-1 1, 2차 중장기 보육계획 세부내용

2006년 새싹플랜은 여성의 사회진출 증가에 대한 요구에 맞게 보육서비스 공급에 중점을 두었고 정책의 비전은 함께 키우는 건강한 아동으로 수립하여 보육의 공공성 강화와 양질의 보육서비스 제공에 대한 전략을 수립하였다. 추진과제로는 공보육 기반 조성, 부모 육아부담 경감, 다양한 보육서비스 제공, 아동중심 보육환경 조성, 보육서

비스 관리체계 강화로 정하여 보육사업을 실행하였다.

2009년 정권의 변화와 함께 보육업무는 보건복지부로 이관되어 새 정부 국정철학에 맞춰 기존 계획을 수정 · 보완하여 재수립된 아이사랑플랜이 수립되었다. 아이사랑플랜은 국가의 책임을 강조하고 보육서비스를 기관 중심이 아닌 영유아 중심으로 설정한 것이 가장 큰 변화로 아이와 부모가 행복한 세상을 비전으로 설정하였다. 추진전략은 영유아 중심, 국가 책임 보육, 신뢰회복으로 하고 6가지 추진과제를 설정하여 보육사업을 실행하였다. 6가지 추진과제는 부모의 비용부담 완화, 수요자 맞춤 지원, 보육시설 질 제고 및 균형배치, 보육인력 전문성 제고, 전달체계 효율화, 보육사업 지원체계 구축이다.

2013년 제2차 중장기 보육 기본계획은 2017년까지 추진되었다. 제2차 중장기 보육계획의 핵심은 무상보육 도입과 함께 보육서비스의 질 강화에 중점을 두었고 비전은 아이는 행복하고 부모는 안심할 수 있는 세상으로 설정하였다. 추진 전략은 건강한 성장발달, 국가책임의 실현, 참여와 신뢰증진으로 정하고 6대 추진과제를 설정하였다. 6대 추진과제는 부모의 비용부담 완화, 수요자 맞춤지원, 보육시설 질 제고 및 균형배치, 보육인력 전문성 제고, 전달제계의 효율화, 보육사업 지원체계 구축으로 설정하고 보육사업을 추진하였다.

2017년 12월 27일 보건복지부는 보육 · 양육에 대한 사회적 책임 강화를 실현하기 위한 제3차 중장기보육 기본계획을 발표하였다. 이전의 보육 기본계획이 보육서비스 공급 확충과 무상보육 확대에 초점이 맞춰졌다면, 제3차 계획은 보육의 공공성 강화와 보육서비스 품질 향상에 중점을 두고 수립하였다.

제3차 계획의 비전은 영유아의 행복한 성장을 위해 함께 하는 사회로 정하여 제시하였고 4개 추진과제로 보육의 공공성 강화, 보육체계개편, 보육서비스 품질 향상, 부모 양육지원 확대로 설정하였다.

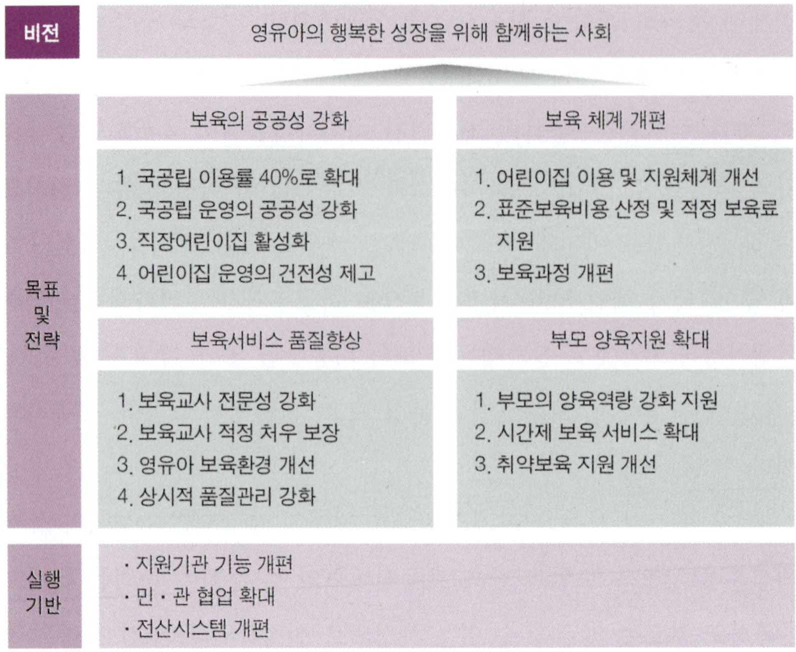

그림 14-2 제3차 중장기 보육 기본계획 비전 및 정책과제

2018년부터 2022년까지 추진된 제3차 보육중장기 보육계획에 대한 성과를 분석하면 다음과 같다. 첫째, 우리나라 합계출산율은 0.81명('21년)으로 저출산이 장기화되는 가운데, 생애 초기 시기의 공적 투자에 대한 중요성이 사회적으로 강조되었다. 이는 세계은행(2020) 등의 보고서에서 영유아 시기 양질의 돌봄이 전인적 발달과 학업·직업적 성취 등 생애 전반에 미치는 긍정적 영향 강조하는 것과 맥락을 같이한다. 한편, 어린이집 최초 이용 시기가 조기화되는 상황에서 부모들은 일과 가정 간 균형 지원 확대와 더불어 육아지원서비스 질적 향상을 가장 희망하는 것으로 나타났다. 보육실태조사 결과, 어린이집 최초 이용 시작 시기는 2015년 말 기준 24.1개월이었으나 2021년 말 기준으로는 21.8개월로 하향화되고 있다. 또한, 2021년 보육실태조사 결과 어린이집 보육교사의 근로시간은 하루에 9시간 44분을 일하고 있는 것으로 확인되었고, 급격한 영유아 수 감소에 따라 어린이집 기관수는 지속 감소하였다. 2017년 말 기준 4만여 개에서 2022년 11월 말 기준으로 전국 어린이집은 3.1만 개소로 줄어들었고, 이에 따

른 보육서비스의 안정적인 제공이 필요하다는 요구가 확인되었다. 이러한 5년(2018~2022)간의 사회변화 상황을 반영하여 제4차 보육 중장기 계획이 수립되었다.

제4차 보육 중장기 기본계획의 비전은 '보육·양육서비스의 질적 도약으로 모든 영유아의 행복한 성장 뒷받침'이며, 정책목표는 첫째, 영유아 성장발달 단계에 적합한 촘촘한 양육·보육지원 체계 구축이다. 둘째, 미래 대응 보육서비스의 품질 향상으로 부모의 신뢰도 제고이다. 셋째, 모든 영유아에게 격차 없는 동등한 출발선 보장이다. 지난 5년(2018~2022)간 추진한 실적과 보육서비스의 질적 도약에 대한 성과의 분석을 기반으로 하여 제4차('23~'27) 중장기 보육 기본계획을 수립한 세부적인 내용은 〈표 14-1〉과 같다.

표 14-1 제3차('18~'22) 성과분석과 제4차('23~'27) 중장기 보육 기본계획의 보육서비스의 질적 도약

구분	그간의 실적 ('18~'22)	성과분석	양육 및 보육서비스의 도약 (제4차 중장기 보육 기본계획, '23~'27)
인프라 확충	• 국공립어린이집: 2,578개소 • 육아종합지원센터: 130개소 • 시간제보육서비스 기관: 393개소	• 성과: 공공보육이용률의 대폭 확대 • 한계: 취약지역과 공공성 개념 모호 • 방향: 국공립어린이집 지속 확대, 서비스 접근성 제고	• 국공립어린이집 확충 : 2,500개소 • 취약보육지역 지정 지표 마련 • 시간제보육서비스: 어린이집 내 통합반 확대
가정 양육 지원 확대	• 가정양육수당: 56만명(연평균) • 영아수당: 10.5만건(월평균) • 아이돌보미: 3천명(연평균)	• 성과: 가정양육시 현금성 수당·가정방문서비스 대폭 확대 • 한계: 부모대상 종합적 양육지원 체계 미흡 • 방향: 맞춤형 정보제공, 틈새·긴급 보육 지원 강화	• 부모급여제도 도입 (0세 100만원, 1세 50만원) • 부모교육·정보제공 플랫폼 구축 • 지역사회 양육지원기관 연계 확대
어린이집 서비스 내실화	• 보육지원체계 개편: 연장반 4.8만개 운영 • 보조·연장·대체교사 배치: 25.6만명 • 어린이집 평가 의무화 도입: 98.1% 어린이집 평가 참여	• 성과: 어린이집 안정적 운영의 기반 마련 • 한계: 정책 환경에 적극 대응 미비, 어린이집 자율적 운영권 미확보 • 방향: 어린이집 인적·물적 환경 개선, 자율적 품질관리체계 마련	• 외부 환경에 유연, 안정적으로 대응하도록 관리체계 전면 개선 • 과정·질 중심으로 어린이집 평가체계 개편 • 보육교직원 양성체계 개편과 교육 강화로 전문성 강화
추진 체계 강화	• 한국보육진흥원 설립('19년) • 보육통합정보시스템 기능 고도화 • 표준보육과정 개정	• 성과: 내용·전달체계 기반 마련 • 한계: 외부자원과의 효율적 연계 부족 • 방향: 양육·보육 인프라의 효과적 연계 및 조정	• 보육정책 통계 DB 구축 및 정책적 활용 • 어린이집 공동 운영 체계 마련 • 육아종합지원센터를 HUB 기관으로 관련 지역사회 내 자원과 서비스 연계

제4차('23~'27) 중장기 보육 기본계획 '보육 · 양육서비스의 질적 도약으로 모든 영유아의 행복한 성장 뒷받침'을 비전으로, 국정과제인 '안전하고 질 높은 양육환경 조성'을 실현하기 위한 총 4개 전략, 16대 주요 과제로 구성되었다. 세부적인 내용은 보건복지부 보도자료(제20058호, 22.12.13)를 참고해보자.

비전	보육 · 양육서비스의 질적 도약으로 모든 영유아의행복한 성장 뒷받침			
목표	· 성장발달 시기별 · 미래 대응 질 높은 보육환경 조성 · 모든 영유아에게 격차 없는 동등한 출발선 보장			
전략	영아기 종합적 양육지원 강화	영유아 중심 보육서비스 질 제고	보육교직원 전문성 제고 및 역량 강화	안정적인 보육서비스 기반 구축
추진 과제	· 부모급여 도입으로 양육비용 경감 · 종합적 육아 지원 서비스 제공 · 맞춤형 양육정보 제공으로 부모 양육역량 강화 · 육아 건강 · 상담 서비스 지원 강화	· 어린이집 보육 최적으로 환경 조성 · 어린이집 품질관리 체계 개편 · 영유아의 건강한 성장 · 발달 지원 및 권리존중 확산 · 놀이 중심 보육과정 내실화	· 보육교직원 양성 및 자격체계 고도화 · 보육교직원 전문 역량 강화 · 보육교직원 권익 보호 환경 조성 · 보육교직원 근무 환경 및 합리적 처우 개선	· 어린이집 안정적 · 효율적 지원 체계 마련 · 공공보육 확대 및 내실화 · 인구구조 변화에 따른 보육 사각 지대 예방 · 지원기관 등 전달 체계, 시스템, 홍보 고도화

그림 14-3 제4차 중장기 보육 기본계획 비전 및 정책과제

2. 보육 관련 이슈

보육 정책 환경은 국가와 사회마다, 시마다 다르다. 이는 보육이 국가와 사회가 갖고 있는 환경에 노출되어 있고, 때로는 그 환경이 가진 문제를 해결하는 데 수단이 되는 사회의 특성을 반영하기 때문이다. 앞으로 나아갈 방향을 위해 보육 정책에 대한 주요 쟁점을 살펴보고 이에 대해 자세한 자료 조사와 발표를 통해 보육 정책에 대해 보다 주도적으로 관심을 갖고 실행해 보도록 한다.

해보자

- 앞에서 살펴본 다양한 보육·유아교육 정책과 관련된 내용 중에서 어떤 쟁점들이 기억에 나는가? 관심이 있거나 특별히 기억에 남았던 내용에 대한 여러분의 의견을 기술해보자.

1) 국·공립어린이집 확충

우리나라의 보육정책은 민간시장의 양적 팽창 이후 국가의 책무성이 대두되었고 보육의 질적 수준에 대한 요구로 인해 국·공립어린이집 확충은 한국 보육정책 논의마다 빠짐없이 등장하는 주요 정책과제이다. 보육의 공공성과 국가의 책무성 및 보육서비스의 질적 수준제고를 위한 국·공립어린이집 확충은 가장 필요한 정책과제로 오랫동안 논의되어 왔다. 그간(박근혜, 이명박 정부) 중앙정부의 정책 추진방향은 부모의 비용부담 완화와 민간어린이집의 질 향상 중심의 보육정책이었으며, 그 추진과정에서 국·공립어린이집 확충은 더욱 축소되었다가 2018년 문재인 정권에서는 국·공립어린이집 확충을 실현하였다.

반면 서울시는 보육정책의 최우선 과제로 국·공립어린이집 확충을 적극적으로 추진하기 시작하였다. 특히 국·공립어린이집 확충의 장애요인으로 제기되었던 비용부담, 민간 반발 등의 문제를 해소하고 비용절감과 함께 민간부문과의 상생을 도모한 확충 방식은 정책추진의 큰 동력이 되었다. 2012년부터 2016년까지 총 4,839억 원의 예산을 소요하여 761개의 국·공립어린이집 확충을 확정지었으며, 2017년 300개소를 추가 확충하였고 2020년 동안 750개소를 추가 확충할 계획에 있다. 2020년 국·공립어린이집 비율은 시설 수 대비 약 33%, 정원 수 대비 약 50%가 된다(서울시, 2022). 이는 한

국 보육정책에서 한 번도 시도된 적 없는 큰 성과이자, 사회적 합의에 따른 목표치로 언급되어 왔던 '국·공립어린이집 30%'를 초과달성하는 것으로 이후 보육 공급체계 전반에 큰 변화를 가져왔다.

국·공립어린이집은 보육관련 전문성이 있고 공공성을 확보한 위탁체에 위탁한 경우 이용 학부의 만족도가 높고 서비스 질 개선을 우수하였다(김송이 외, 2017). 하지만 국·공립유치원과 비교한다면 현재 위탁보육이 과연 진정한 국·공립기관인가에 대해서도 생각해보자.

해보자

국·공립어린이집 확충을 위한 방안 모색

서울시 국·공립어린이집 확충 성과 분석 및 미래 전략 방안 마련(김송이, 김한나, 2017) 연구 보고서를 참고하여 지방정부로서 선도적으로 국·공립어린이집을 확충해나가는 방안에 대하여 살펴보자. 서울시의 경우는 2018년 "국·공립어린이집 +1000 확충"사업이 종료되었고 현 정부는 어린이집 이용아동 대비 40%까지 국·공립어린이집 확충이 정책 공약이므로 본 방안을 모색하는 것이 필요하다. 중앙정부의 정책추진을 위해 지방정부인 서울시의 다각적 국·공립어린이집 확충 방식을 살펴볼 필요가 있다. 서울시는 종교법인, 개인 등 일부 전문성과 공공성 등이 보장되지 못한 위탁체들이 증가하면서 민간어린이집과의 차별성 확보, 국·공립어린이집의 공공성 및 서비스 질 담보 등에 대한 우려가 제기되었다. 이를 위해 어떤 대안과 방안을 모색하며 국·공립어린이집 확충을 위한 정책을 진행하고 있는지 살펴볼 필요가 있다.

현실을 반영하여 학부모들이 원하는 "누구나 이용할 수 있는 국·공립어린이집"의 사업을 실현할 수 있는지 여러분의 생각을 아래에 기술하고 다함께 의견을 소통해 봅시다.

내가 생각하는 국·공립어린이집 확충 방법에는 무엇이 있을까?

국·공립어린이집 확충 방안에 대하여 조사하고 발표한 팀의 의견을 잘 경청하고 궁금한 사항이나 의견이 있으면 기술하고 다함께 소통해 봅시다.

2) 누리과정비 인상

2012년 누리과정에 대한 국가책임을 실현하고, 무엇보다도 누리과정의 질 개선을 통한 저출산 해소를 위해서는 누리과정 도입 당시의 예산계획과 현 정부의 국정방향에 따라 누리과정비를 유아 1인당 30만 원까지 지원하여야 한다고 계획하였다. 하지만 22만 원으로 동결되었다가 2022년 현재 28만 원으로 꾸준히 인상하였다.

누리과정 재정 지원현황을 보면, 국·공립유치원은 10만 원, 사립유치원과 어린이집은 28만 원의 보육료를 지원하고 있다. 종일반을 이용할 경우에는 여기에 추가하여 국·공립유치원은 5만 원, 사립유치원과 어린이집에는 7만 원을 추가로 지원하고 있다. 하지만 유치원에 직접 지원하는 학급당 경비 등의 지원을 목적으로 한 학급 운영비는 유치원만 25만 원이 추가 지급되고 있다. 또한 사립유치원 교사에게는 교직수당으로 25만 원을, 인건비 보조를 위해서는 21만 원을, 담임수당으로는 13만 원을 포함하여 총 1인당 59만 원의 교사지원금을 지원하고 있다. 반면, 어린이집 보육교직원에는 각 지자체마다 상이한 처우개선비, 복리후생비 등으로 각기 다른 수당으로 지급되고 있는 현실이다. 보육교직원의 처우개선은 보육의 질 개선, 저출산 및 보육부담 해소를 위한 필수 요건이므로 운영비와 별도 예산을 편성하여 안정적으로 지급할 필요가 있다. 유치원과 달리 어린이집 누리과정운영비에서만 교사수당을 공제하고 있는 부조리부터 가장 먼저 시정해야 한다. 왜냐하면, 누리과정 운영비 7만 원은 100% 아이들을 위한 비용이기 때문이다. 보육예산은 아이들에게 최우선으로 제공되어야 하고 그 후에는 보육교직원을 위한 복지로 집행할 수 있도록 재무회계규칙에도 명시되어 있다.

해보자

- 누리과정은 국가의 책무성이 강화된 제도로 강력한 국가의 의지가 실현된 제도이다. 하지만 2013년 전면 도입 이후, 재정적인 이유로 유치원과 어린이집의 교사들이 차별받고 있다. 이를 해결하기 위한 여러분들의 의견에 대해 서로 소통하여 보자.

해보자

- 14장에서 제시된 다양한 유아교육 보육의 제도와 정책에 대한 내용을 중심으로 살펴보아야 할 이유는 초임교사들의 성장과정에서 제도와 정책이 주는 영향력은 상당히 크기 때문이다. 앞에서 제시된 다양한 이슈들 이외에 현재 사회적으로 이슈가 되고 있는 제도와 정책들에 대해서 살펴 보고 그 주제에 대해서 기술해보자.

1. 유치원 3법
2. 에듀파인 도입
3. 평가인증 제도 의무화 이외에 추가적인 부분들을 기술해보자.
4.
5.
6.
7.
8.
9.
10.

교사로 임용된 이후 나의 세부적인 계획에 대해서 기술해보자.

	1년차	2년차	3년차	4년차
나의 계획				

위에 나열한 다양한 이슈들이 나의 성장계획에 어떤 영향을 주는가에 대해서 살펴보고 향후 나아갈 방향에 대해서도 의견을 나눠보자.
현장의 교사는 제도와 정책으로부터 자유로울 수 없다. 현장의 아이들에게도 집중할 필요가 있지만 전문가로서 성장하기 위해 제도와 정책에 대한 지속적 관심은 반드시 필요하다.

앞으로 나아갈 방향을 위해 보육정책에 대한 주요 쟁점 중에서 유보통합, 표준보육비용의 현실화, 국·공립어린이집의 확충, 표준 보육시간, 누리과정 보육료의 인상 등에 대하여 살펴 보았다. 그중 4가지 주요 쟁점에 대해서도 팀별 과제수행을 통해 스스로 정책의 현안과 문제점과 나아갈 방향을 도출해 보았다. 그 외에도 관심이 있거나 현재 사회적으로 이슈가 되고 있는 정책들에 대해서도 다각적인 방안을 모색해 볼 필요가 있다. 보육정책은 시대의 요구와 흐름에 따라서 진행되는 속도가 매우 빠르다. 또한 보육서비스의 제공자와 수요자의 입장에서 다르고, 보육재정을 투입하는 국가와 이에 대한 수혜를 받게 되는 영유아, 부모, 기관운영자, 기관 근로자 등 각각의 입장 차이가 크다. 그만큼 모두에게 충족한 보육정책이 실현되는 것이 어렵다고 볼 수 있겠다. 따라서 세계 주요국가들의 보육정책을 기초로 하여 이 시대에서 요구되는 의견을 수렴하고 나아가 미래세대를 위한 보육정책이 추진되어야 한다. 이를 통해 저출산을 극복하고 인재를 양성하여 국가 경쟁력을 키워야 미래의 주인공 영유아들이 건강하게 성장하여 기성세대로 자리를 잡아 다음 세대로 사회를 유지해 나갈 수 있다. 이 책을 통해 보육정책에 관심을 갖는 보육전공자가 확대되고 보육현장에서 끊임없이 보육정책에 대해 참여하며 함께 만들어가는 것이야말로 보육정책의 첫 단추가 될 것이다.

참고문헌

교육부(2017). 유아교육혁신방안 보도자료. 교육부.
김송이, 김한나(2017). 서울시 국공립어린이집 확충 성과분석 및 미래전략 방안.
보건복지부(2017). 제3차 보육중장기 계획발표 보도자료. 보건복지부.
서울시(2022). 서울보육사업.

뉴시스. 2023. 1. 5
동아일보. 2022. 10. 18
키즈맘. 2018. 7. 11.

찾아보기 index

저자소개

■ **이소은**

미국 North Carolina 대학교 대학원 아동학 유아교육박사
현, 한국방송통신대학교 유아교육과 교수
저서: 아동미술, 아동상담과 생활지도 등 다수

■ **김진욱**

서울대학교 대학원 아동학 박사
현, 명지대학교 아동학과 교수
저서: 보육정책론, 만 0~5세 학급운영 내비게이션 등 다수

■ **이미애**

명지대학교 대학원 아동학 박사
현, 마포구 육아종합지원센터 센터장
저서: 보육정책론, 만 0~5세 학급운영 내비게이션 등 다수

■ **김보경**

건국대학교 대학원 유아교육 박사수료
현, 시립 태전어린이집 원장
저서: 만 2세, 3세 학급운영 내비게이션 등 다수

■ **김성인**

건국대학교 대학원 유아교육 박사수료
현, 서울형 인화어린이집 원장
저서: 만 0~1세 학급운영 내비게이션 등 다수

■ **인지선**

성신여자대학교 대학원 유아교육 박사수료
현, 청강문화산업대학교 유아교육과 외래교수
저서: 만 4~5세 학급운영 내비게이션 등 다수

[제2판]
유치원－어린이집 예비 초임교사를 위한

취업 · 진로 내비게이션

1판 1쇄 발행 2019년 7월 1일
2판 1쇄 발행 2023년 1월 30일

지 은 이 | 이소은 김진욱 이미애 김보경 김성인 인지선

발 행 인 | 박철용
발 행 처 | 양서원
주 소 | 경기도 파주시 직지길 522 파주출판도시
전 화 | 031-955-8000(代)
팩 스 | 031-955-8005
홈페이지 | www.yswpub.co.kr
이 메 일 | yswgroup@naver.com
출판등록 | 1987년 11월 24일 제 406-2003-037 호

ISBN 978-89-994-1335-3

정가 20,000원